# 股是股非之一
# 猎取强势股

一路奔行 著

四川人民出版社

图书在版编目（CIP）数据

股是股非之一：猎取强势股/一路奔行著.—成都：四川人民出版社，2022.1（2025.11重印）
ISBN 978-7-220-12418-1

Ⅰ.①股… Ⅱ.①一… Ⅲ.①股票投资-基本知识 Ⅳ.①F830.91

中国版本图书馆CIP数据核字（2021）第183752号

GUSHI GUFEI ZHI YI：LIEQU QIANGSHIGU

**股是股非之一：猎取强势股**

一路奔行 著

| 责任编辑 | 薛玉茹 |
|---|---|
| 装帧设计 | 李其飞 |
| 责任校对 | 申婷婷 |
| 责任印制 | 周 奇 |

| 出版发行 | 四川人民出版社（成都市槐树街2号） |
|---|---|
| 网　　址 | http://www.scpph.com |
| E-mail | scrmcbs@sina.com |
| 新浪微博 | @四川人民出版社 |
| 微信公众号 | 四川人民出版社 |
| 发行部业务电话 | （028）86259624　86259453 |
| 防盗版举报电话 | （028）86259624 |
| 照　　排 | 成都木之雨文化传播有限公司 |
| 印　　刷 | 成都蜀通印务有限责任公司 |
| 成品尺寸 | 185mm×260mm |
| 印　　张 | 16.5 |
| 字　　数 | 300千 |
| 版　　次 | 2022年1月第1版 |
| 印　　次 | 2025年11月第9次印刷 |
| 印　　数 | 40001—50000 |
| 书　　号 | ISBN 978-7-220-12418-1 |
| 定　　价 | 62.00元 |

■版权所有·侵权必究

本书若出现印装质量问题，请与我社发行部联系调换
电话：（028）86259453

# 前言

## 做一个有纪律、有规则、有系统的交易者

踏入股市那一刻，没人想到自己会亏损，更没人想到会亏损惨重。市场中流传的动人神话深深地嵌进急于致富、急于翻身的众股民脑海之中。人们激情澎湃、急不可耐地欲一展拳脚，同时，股市也风情万种地迎接蜂拥而至的来客。

好运，也曾在你深思熟虑买进某一只股票时向你靠近，记忆中的斩获增添了赚钱的信心——不需要太久，自己就会跻身富裕之列。在这种状态下，很少有人去深究获利的支撑点来自哪里，随之而来的问题也就向纵深延展：原来传说中极具风险的股票交易，简单得就像把一件东西从左手交到右手，况且，证券交易简洁而优雅，于是你更加喜欢这个市场。更重要的是，一入市就幸运地洞悉了股市最大的"奥秘"，那就是有人告诉你，股价会像海潮一样起起落落，有涨就有跌，跌了还会再涨。因此，从一开始就形成股价跌了几天或跌了一定幅度后就开始买进的习惯。偶尔的失利也一度让你警觉，于是你找到了更为妥当的黄金分割点，同时也知道了一些重要的交易策略：金叉买进死叉卖出、缩量关注、突破买入等。投资报告会上，证券从业人员敬业地教授你如何解析上市公司的潜在价值，怎样通过看季报、年报、市盈率、净资产收益率、每股经营现金流等来评定股票基本面的优劣。你不仅学会查看各时段的换手率、量比、主动买卖盘等盘面知识，明白如何跟踪各大基金公司重仓持有的股票，以此期待大行情的到来，还分析学习了众多的技术指标，并在很短时间内快速把自己武装起来，一步一步趋于专业化。可是，随着知识面的扩大、时间的推移，一年、两年、三年，你不曾想过也不愿意去想的事情却在执意发生，那就是亏损，持续地赔钱。尽管不曾去想、不愿意去想的残酷事实冰冷地存在着，自己却不愿意停下来。与此同时，股市里新的传奇仍然在上演，只不过这种

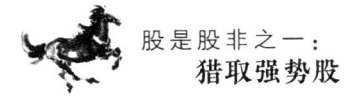

## 股是股非之一：
## 猎取强势股

传奇就是与你无缘——看好的股票涨势如虹，买进的股票就是不动，甚至大幅回落。为什么运气总是差那么一点点？就一点点而已！你可曾挖空心思地想过，彻夜不眠地想过？还有没有想过会有更残酷的事情可能在等着你？

证券市场不断上演的奇迹确实令人神往，不过，既然是奇迹，就说明稀少与不易，更多的则是平常的残酷。这个市场的残酷是什么？是输多赢少，输的人多赢的人少。输的人是输得多赢得少，赢的人是赢得多输得少，看似相对却并非对应吻合。然而，证券市场的残酷还不仅在于今天手中的市值跌了多少，今年又赔了多少，证券市场之更大残酷在于：交易者获得的喜悦可以与人分享，而伤痛悲愤只能藏在自己心里无人分担，并且，在某一天不得不咽下曾经的执着，不舍地黯然离去时，听不到一声"请珍重"的道别。或许那时，在你眼中，股票是那么的杂乱无章，市场也毫无规律。而在你转身离去的时候，股市的奇迹仍旧精彩上演，股市仍旧风情万种地迎接一位又一位新到之客。

天地间，万物皆运动，运动皆有规律。

股票交易是一种经济活动，不同利益方的不同角力使它进入更剧烈的运动状态。当所有的运动发生碰撞时，不是百炼成钢，就是粉身碎骨。

或许，你会说，那落魄的背影不是现在的你，也不是将来的你。我也对此深信不疑，但不可否认的是，曾经有无数这样的背影黯然离去。身为交易者，贸然闯入股市，既不想学习，又不武装自己，其结果不难想象。但问题的关键不在这里，问题的关键是，我们学习过、努力过、深刻检讨过，实战时，结果仍然不如意，甚至丝毫没改变最初滞重的步履。面对这种状况，当怎样？该是问问自己的时候了！要问自己到底缺失了什么，要不停地问自己，千百次地问自己。

或许，你会问，股市的行情就是上涨和下跌，K线就是阴线和阳线，均线就是上穿和下穿，成交量就是放量和缩量，指标就是分散和聚合，还会有什么？还能有什么？有！就是你那颗复杂而多变的心——什么行情都想做，什么位置都敢买，什么形态都敢碰，见突破就买，见反弹就抢，见止跌就介入，不允许脉冲，不容忍放量，不习惯没有股票。特别是获得"止损"这方盾牌之后，更是无所畏惧——剑来盾挡、棍来盾防，把止损用得炉火纯青，甚至不止损就觉得不够专业。于是，宝贵的资金、苦苦积攒的血汗钱就在一次次止损中流失，最后，连举盾的力气也因为不停劳作被耗尽。再问问自己，问自己大亏小赢的症结在哪里？直到有了正确答案！

或许，你有这样的经历，自从看了许多证券投资书、自从问道大师或赢家们的操盘技艺和操盘心得以后，对股市的认知有了长足进步，对行情的把握也有了分寸。然后你小心翼翼地选择机会，规规矩矩地进行交易，赢利也逐渐地增多。但是很可惜，这时你的心悄然地膨胀了——原来，只要有了"绝招"，面对股市就像面对提款机，然后就自以为是，自以为比市场聪明，比主力聪明，比所有市场参与者都聪明，比当年尽心指导你的导师还聪明，这就是你储备丰富仍然进步缓慢的核心所在。

在这个高风险的市场里行走，新手最大的风险是不知道有风险，不相信有风险，常处于盲目幻想的混沌状态，把股票市场简单看成一个掷骰子的地方，纯粹是一个"无纪律、无规则、无系统"的三无赌客，因此常遭市场的闷棍。此时，就看谁能迅速明白这个市场存在着巨大风险这一本质，并即刻停止幻想和盲动行为，认真学习、感悟，并逐步得到提高。老手最大的风险是明明知道风险却漠视风险，即高估自己、低估市场，或者亏损时记得风险，赢利时自认天下无敌，这是最可怕的风险，也是彻底摧垮投资者的致命风险。凡人凡事，骄必败、败必疑、疑则伤、伤则怕。此时，就看谁能痛定思痛并敬畏风险，坚守自己经过学习、实战提炼出来的交易规则，以恒定的姿态完成每一次交易。"懒惰、马虎、骄傲、浮躁"是阻止人走向成功的四大障碍，这四种行为的杀伤力在股市里会十倍、百倍地被放大！老手也好新手也罢，既然决定要继续待在这个市场，就要静下来，检视自己有哪些阻挠前行的行为和意识，并毅然决然地摧毁它！

在相同的市场，有的人迟半步于主力买进，迟半步于主力卖出；有的人早半步于主力买进，早半步于主力卖出。这半步，已定输赢。半步是机会，半步是风险，半步之间有玄机！你会选择哪半步呢？

本书多视角展示了市场的各种风险，阐述了对交易机会的衡量与把握，很少涉及各类技术指标的应用话题，再三强调"强势资金"以及"强势资金的行为与意志体现"才是股票市场的"根脉"。如果这本书的内容能使你产生共鸣或者对你有所帮助，是我的荣幸。书中有少部分内容可能不适合初入市的投资者，但我仍然希望能够帮助到你。由于本人曾经跌落地狱，尽管后来穿越地狱，却也深感个中滋味，地狱里的阴森恐怖并不是每一个人都能承受的。何况，有时，阳光下的地狱比黑暗中的地狱有过之而无不及。为此，我想提醒你，不要急着去借贷或集资入市，你完全可以在另一个行业里，或者以其他方式赚取资本——在磨砺你意志的同时，也再一次温暖你的梦想。这是我对能看到本书的读者所寄予的特别期望。

"谁先摆脱过去，谁就可以抢先赢得未来！"如果过去输了，那么就请全力投入到争取赢得未来的行动中去！

从2014年始，笔者陆续编写了"股是股非"系列共三种书，即《股是股非之

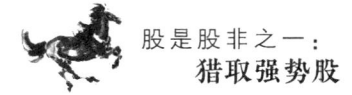

## 股是股非之一：猎取强势股

一：猎取暴涨股》《股是股非之二：暴涨大形态》《股是股非之三：暴涨之星》。书籍自首次出版面市至今已近七个年头。"股是股非"上市以来，受到众多读者及证券投资交易者的喜爱和认可，并被给予了高度赞誉。为了"股是股非"更加契合当下市场投资结构，更务实展现"三度投资理论"，也为向更多投资交易者传递"三度投资理论"的普适性，应出版社约稿，"股是股非"系列第一本修订版历经数月整稿打磨终于付诸出版，更名为《股是股非之一：猎取强势股》。修订版在保持原有理论、理念框架不变的情况下作了调整，精选全新案例并一一加以剖析举证。希望修订版能给新老读者朋友们带来更多帮助。

本书致力于向读者呈现如下几大板块内容：

1. 系统分析压制股价拉升或导致股价突然夭折的几类风险。全面、深刻剖析大小图表引发交易失败的风险。这些风险，部分是市场熟知而明显的，部分是市场陌生并暗藏着的。

2. 解析催生强势行情的直接核心因素。包括强庄行情中最具价值的几种"量行为"，最具实战价值的均线使用定律，以及量价与均线最佳的契合模式。

3. 对各时段强势行情以及龙头股行情的追踪与交易策略。包括对潜在强势行情的前期识别，洞悉龙头个股起飞前的经典变盘暗示以及在起飞时的精准切入。

4. 积极、健康的交易心态修炼。包括交易内、交易外的修炼。

本书中提到的"三度理论"，基于图表技术是指"厚度、力度、速度"三要素。厚度代表主力资金介入的能量饱满度，集中体现在成交量表现形式上；力度代表主力对前期资金能量的固守度，集中体现在K线以及成交量的经典匹配表现上；速度代表主力拉升股价的意志强度，集中体现在股价拉升时的速度上。厚度、力度、速度三要素是一段行情或一只股票强势行情启动的必备条件。三度反映的是主力拉升股价的核心动力，度量股票行情走势的强弱以及股价强势上升的核心逻辑。认知、透析"三度理论"及经典实战赢利模式，有助于交易者轻松识别各类风险，规避不必要的损失；提前筛选即将发动行情的板块与个股；为强势短线以及强势波段启动点的恰当介入提供理论依据及盘面提示。

本书向读者呈现原版"三度理论"及实战赢利模式，需要强调的是，"三度理论"的核心是人，是人的思维、人的理念，脱离这样的思维与理念，均不是所表述的"三度理论"。

"简单与高效并存，强势与安全共生"是本书的价值所在。

一路奔行　于成都

# 序一

## 守规则，财自由

从事司法工作多年，看到了太多的不守规则，不遵守法律而失去自由，身陷囹圄的案例。万物是平衡的，规则和自由也是平衡的，自由不是无限的，没有节制的自由，不守规矩的自由，不是真正的自由。在古代，北方少数民族纵情奔驰在大草原上，方圆百里空无一人，想干啥就干啥，那是因为不会影响到别人，可现如今的社会，群居生活下，你的自由不能影响他人的权利，尤其是在体系之内，不守规则，身边的钱财物想拿就拿，而该尽的义务不尽，只讲权利，不讲责任，只要自由，不要约束，那是不可能，也是不现实的。人类社会由部落进化为国家，就证明我们不再是散兵游勇，而是成建制的集团军了，举国体制之下，令行禁止，上传下达，有法可依，才能够保证大多数人真正的自由和权利。

守规则的自由，才是有保障的自由；守规则的自由，才是真正的自由。这一点，从去年的新冠肺炎疫情，我们也深深地感触到了。守规循矩得自由，很多人想，这和投资买卖股票有什么关系？万物相通，法法道同，在股票投资中，守规则是交易的最高行为准则，也是投资的最高境界，要赚到股市的财富必须遵守规则。

守规则，要懂规则，懂规则，要学规则，那么学习熟知规则是第一步。

以蒋文辉先生的"三度投资理论"同交易体系来说，想通过运用三度体系的知识在股市里持续挣到钱，那就要先学习、熟读有关三度的所有书籍及教材，系统学习蒋老师的面授实战课程，把三度的知识、交易规则读懂学透，这样用起来才会得心应手。结合我自身的学习与收获，我谈三层感受。

第一个层次是学，学三度体系的知识与交易规则。如果没有个十遍八遍的看书，二十遍三十遍的反复琢磨，想在股市中把三度的知识运用自如，那是不可能

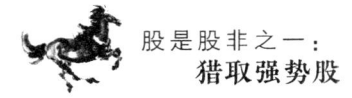

的。同样，老师的面授实战辅导课程涉及的知识，不经过反复温习巩固，多次小单实战检验、积累总结，要达到出手就赢也是不现实的。

　　本人2018年3月参加老师的面授课程，面授前已经把老师的三本书熟读了多遍，面授完到现在已经整整三年了。这三年来，本人每天早上五点起床看书，上下班的路上坚持听老师的语音课，晚上回来做文件夹分析案例，周末也不休息，就是在家拖地洗衣，甚至陪爱人逛街买菜也戴着耳机听课，每天近乎保持五六个小时的学习时间，最多时，周六或周日一天下来，有十几个小时在家里看书学习，头脑中除了老师的书本知识，就是股票的走势图，对于股市知识的学习达到了近乎痴迷的地步。未接触三度前，下班基本都约人在外面活动，自从学习股票知识以来，很少在外应酬，真是像鲁迅先生说的，把别人喝咖啡的时间也用来学习。这样，从学习的时间上算下来，再加上2007年入市以来零星的学习时间，基本上符合了一万小时定律。所以，如果你不把书从薄看厚，再从厚看薄，经历一个知识入门、深学、再高度提炼的过程，是不会把老师的三本书看透、学明白的，老师的书看上去简单明了，但那是老师历经千锤百炼再化繁为简提炼后呈现给我们的，而里面所有关于交易的知识里都有条件，条件就是实施交易的规则。

　　第二个层次是悟。我是个比较笨的人，我经常把自己比作二流人才，因为不能像聪明人一样，看几遍书就能把书看明白、悟透，所以，就只能比别人多下功夫了。看不明白市场行情时，就厚着脸皮给老师打电话请教，要不就在书中找原因，再把书看一遍或者听一遍，不把问题想明白，不把其中逻辑理顺决不罢休。实话实说，这三年的学习，比我当年高考三年下的功夫、吃的苦可多了去了。老师的三本书是股票投资知识中短线选股的画龙点睛之笔，他教会我们怎么去给"龙"点"睛"，找到好位置并在起爆点骑上去。但是，你光知道起爆点这个睛，不知道哪些是将要起涨的龙，也不行。睛没点在眼眶里，点在了额头、下巴，甚至龙的大腿上，那也是白费，而且会适得其反，龙没腾空起来不说，反身还会给你一爪子。所以，还需要学习一些基本的股市知识，打好基本功，比如：什么是趋势，什么是顶底形态，什么是中继形态，什么是量价关系，什么是支撑和压力，什么是主力的吸筹和出货，这些知识是教会你画龙，你只有学会了画龙，知道龙身在哪，龙腰在哪，龙脸在哪，龙的眼眶在哪，然后，用老师的三度知识去点睛，才会真正选出好股票，给龙点上睛，让龙腾飞。我把老师的三度比作股市中至刚至阳的"九阳神功"，老师教给我们招式，还需要我们自己经常去练习，不但需要练习招式，还需要练习基本功，去扎马步（做文件夹），练站桩（分析案例）。俗话说，练武不练功，到老一场空，说的就是这个道理。如此一边结合练习学习，一边琢磨感悟其中的道理，往深处念，往高处想，把各个环节连贯融通，尤其是把三度体系的理论逻辑与实战逻辑融合进行感悟体会。

第三个层次是守。前两个层次，只是把股票投资知识学深学透，化为自己的知识融入知识体系，但真正地运用到投资中才是最难的，毕竟知道不代表做得到。知行合一，才是最高的投资层次。研究一只好股票，从大的国际、国内政策面到行业研究，从基本面到技术面，从趋势到形态，从量时空稀释风险到量形态还原主力身影，再到厚度力度速度，没有全方位的考量，是不会选出一只好股票的。部分同学一看到量价异动就冲进去了，不出一天就被套住了，那多是没遵守三度的交易规则，没遵守自己的投资交易知识规则。明明是主力还在出货下降趋势中的量价异动，你进去了，说明你根本没有明白什么是量时空稀释风险，见到小利而忘记规则，不套你套谁。看到了量时空稀释风险，选的股票一买进去就是半年不涨，要么没强势量形态还原主力身影，要么没在风口，没见强势盘面。总之主力都没进，你比主力还着急，走在主力的前面，谁会给你拉升股票？规则，三度的交易规则哪里去了？有时我在想，是他们不知道规则吗？是他们不懂规则吗？其实不然，他们懂，只是没有遵守，没有做到知行合一而已。如果你不能一眼看懂股票的合理走势，说明你没有学好，没有理解，没有悟透，那是你第一第二个阶段就没有修炼好。什么时候，你能像老师一样灵活运用三度的规则，遵循三度"半步之间"交易原则，遵循"用量时空去稀释风险，用量形态还原主力身影，用量价异动让均线归位"，遵循主流与盘面选股，挑选出有厚度、有力度的好股，等它在A区、B区起涨时，你再冲进去。当然了，关键别忘了，还需要熟练运用老师面授时教给我们的"核武器"：N步原则。那么，到那时，你想不挣钱都难。

三度行，行云流水；行三度，自在大道！只要脚踏实地认真学好、悟懂三度知识，遵守三度交易体系规则，那么，实现财富自由并不难。这就是"守规则，财自由"。是的，我的标题就是这个意思，愿你能理解，就像愿你真正理解三度知识一样。

加油吧，三度的同学朋友们，财富自由在前面等着你！

北京　任伟<br>
2021年3月

# 序二

## 牡丹如风

得知蒋先生邀请我给《股是股非：猎取暴涨股》（现更名为《股是股非之一：猎取强势股》）写序时，除了诸多的惶恐不安之外，还感到有一份沉甸甸的责任在肩上，作为一个受益于"三度战法"的过来人，我有责任把这样一本堪称经典的书引荐给众多读者，翻开这本书，你也就翻开了股市人生中最幸运的一页。

自己读过的股票书也有一二百本之多，但面对这本如此独到、精准剖析股票的书，却是有着石破天惊的感受，看到了水落石出后的刀光剑影。而书中，也随处可见作者处事、为人、炒股的干练、厚道与境界。

2008年是中国股市血流成河、泥沙俱下的年月，无数人的资产在一年时间中被血洗，我算是侥幸的，只在按捺不住的跃跃欲试之中投入了十分之一的资金，然而，入市仅短短数月几被尽数吞没。时值2008年10月，当梦想的光芒被一点点地磨光殆尽，脑子里便苦苦搜索所有认识的人——有谁还在坚持着？电话一个一个打过去，回复都是损失惨重。最后，终于听到一个和煦的声音："我稳住了。"在那种市道，既然可以稳住，必然是非常与众不同！于是，每天厚着脸皮请教买了什么股、选的什么票——从000413到600818，再到000065、600293，一只又一只大涨的股票从他口中轻轻道出、于盘中冉冉升起，一个不可思议接着另一个不可思议，面对这样的辉煌，哪个人能不热血沸腾，不跃跃欲试？

我们来到这个市场就是为了赚钱、为了更简洁更高效地赢利，买进后就能大涨是每一个投资者最大的梦想！看到蒋先生提及的股票，随后均快速进入强势大涨行情，我仿佛看到自己已经靠近财富的大门。在随后的交流中，我逐渐知道了"三阳控三阴""超常规短资""强势再收集"，知道了"均线使用五定律"，知道了"量时空安全边际",知道了"大形态",更重要的是知道了"如何精准参照大盘做个股"的方法,以及树立了"唯有强势才最安全"的操作理念。一扇多少人也没能为我打开的大门,却被蒋先生轻轻为我推开了——仿佛它原本就是虚掩着的。我想,只有蒋先生这样的人才有这样的力量和智慧,为我如此愚钝之人点开天机。

蒋先生笔下的"三度"盈利模式,高度提炼、总结出了强势股的运行规律以及最高效的交易时机。我所认知的"三度"中的厚度,乃指量形态之高度、宽度、密集度;力度,乃指盘面契合度、均线支撑度、位置承载度、洗盘力道、题材、技术支撑力道等;速度,乃指洗盘的速度、竞价的速度、盘中拉升的速度、跃上涨幅的速度,是主力拉升意志最后的强势爆发。正如作者所言:"厚度、力度、速度,三者的瞬间叠加就是能量的引爆点,其势之宏一如天幕顿开,绚丽霞光喷薄而出,遍射五岳三川;共势之烈一如决堤之江洪,怒放奔腾一泻千里。这种能量的重合,就是主力资金、意志、意向的集结同发,其精妙之处在于早一步不能达其功,晚一步不能致其效。更至高意义在于强势精准短线与强势波段行情,在有能量支撑勃发时,临盘参与者的行动与心理指引。"

正是这样的指引,让我一次次步入幸运之列,盘面稍稳,一匹匹猛牛黑马从手中脱颖而出,盘面稍差,也能获得涨停板。我非常清楚地记得,2009年4月2日与作者通电话时,他提到当天最好的涨停板是浪潮软件,属于强势波段启动点,并仔细分析了原因。但因为该股次日大幅跳高接近5个点开盘,自己就没敢动手,结果是看着股价一路上涨一路后悔。好在看着浪潮软件暴涨的同时,自己在蒋先生的提示下,比照浪潮软件的特点,搜索到了当时类似盘面的几只股票,并于2009年4月20日成功狙击重组停牌前的高淳陶瓷(600562)。该股停牌一个月后,奇迹第一次为我绽放了!至此,信心再也没离开过我,幸运之神也开始屡屡眷顾于我。事后,我向蒋先生报喜,他回答了一句震撼我灵魂的话:一只股票同一个国家一样,它的奇迹不是靠碰到,它孕育于强势,传承于经典!

大盘从2009年8月开始,又一次步入下降趋势,至今依然在葡萄震荡。一年当中,涨的时间少,跌的时间多,机会在哪里?是买进死守还是根本不做?该怎样操作?其实,在每天的大阳线与启动的涨停板当中,最值得操作的几只,一定在"三度"盈利模式当中诞生。于我而言,紧随"三度",时时风光,抛开"三度",举步维艰。"三度"理念与实战模式,清纯却又奢华地畅游在股海之中。而股市之中亏损累累的大众,正如仓央嘉措的一首诗所言:

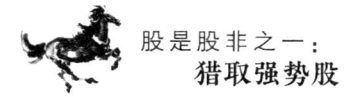

**股是股非之一：猎取强势股**

> 这佛光闪闪的高原
> 三步两步便是天堂
> 却仍有那么多人
> 因心事过重
> 而走不动

此念与彼念，相去甚远。人在股市，当刨根问底，股市与股票的"根"就在此间。此间有真味，欲辨已忘言！在此，请让我对蒋先生无私将自己多年炒股心法呈现于世人面前致以崇高的敬意，并与有幸读到本书的读者分享蒋先生才情高妙的句子。

　　于股市，最眷恋跟随强势主力那半步之间的清灵与通达，通达那份"再机无价"的交易机会；

　　于鲜花，最倾情那"雪霜历尽精魂在，一夜春风吐二乔"的绝华雍容；

　　于人生，最仰慕那些历经磨难的"焦骨"，只需一席、一地的春拂，即牡丹花开，花开如风般的妖娆。

杭州　吴成
2014年1月

# 序三

## "三度"的佛道儒思想

把《股是股非之一：猎取暴涨股》粗读、细读、再精读之后，作为一个久在股市之中浸淫之人，我的第一感觉：这是一本用良心和智慧写就的书！

好作品，无须太多缀辞、包装及评论，因为作品本身会说话，会走进人心。但是我忍不住想说几句自己粗浅的认识。古人说，厚德载物。对于这本书而言，是厚德载道。它简约而又富丽，朴素而又精致，正所谓：见素抱朴！不见其朴素，难知其精致；不知其精致，也难见其朴素！

股市之门是一道"窄门"，成千上万的人怀揣着发财梦心潮澎湃地进入，成千上万的人又悄无声息无可奈何地离开。人们都看到证券公司贴着醒目的标语"股市有风险，入市须谨慎"，却不知风险究竟来自哪里。本书作者在开篇就以完善的视角和劲道的笔力层层破解各种风险，为有幸读到这本书的读者，投射出投资路上的第一缕曙光。作者用心之良苦可见一斑。

海上的灯塔一定要有高度，且不能漂来漂去。综观全书，"量价异动让均线归位"是精华中的精华，这九个字读来铿锵有力，掷地作金石声。九个字精确并极具哲理地道出了"量、价、时、空"的最佳关系，而这一句所包含的精髓及形成的效果，就是"灯塔"效应。凭自己游弋股海数年的经验，我相信那些少数已经进入"窄门"的人，正是暗合作者书中"灯塔"所指明的方向，准确地找到了书中所提及的"最佳交易区"，所以我深刻理解它的价值之所在。在书中，作者引导读者不自作聪明地走在趋势前面，也不半信半疑地远远落在主力后面，即"半步之间"的操作理念，这种操作理念高度反映了儒家的"中庸"及"和同"思想，也将该思想智慧体现在作者提炼的"三度"投资策略中。书中的"中庸"绝不是平庸、低

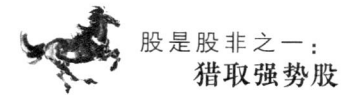

股是股非之一：
猎取强势股

调、消极，"和同"也不是无主见的附和，而是通过亦步亦趋的跟随和还原强势主力身影之后对精准机会的全力以赴，是实事求是的态度，是大智慧。正因如此，作者在书中反复强调："诚实"是股市之中的最高品格力量。

道法自然，是黄老思想的核心。自然是变化的，月有阴晴圆缺，岁有四季轮回。股市是自然的一部分，它无时无刻不在变化，它最大的魅力来自变化，最大的风险更是来自变化。作者以变化应对变化，以规律合乎规律，在深刻剖析主力操盘意图之后，提炼总结出多种简单、高效、经典的赢利模式，从而达到以天和天、人股合一的至高操盘境界。书中的"三度"理论顺应"三生万物"的自然法则，蒋先生所列举以及操作过的股票自厚度而见力度，由力度而产生速度，厚度、力度、速度的结合就迸发出高度，"三度"于此，已淋漓尽致地体现出"三生万物"的道法精妙。

"应无所住而生其心"，当时目不识丁的六祖慧能闻之而开悟，一方面说明六祖乃大根器人，另一方面说明佛法之不可思议。本人是在多年接触佛法中渐悟到股市变化之妙道而获小成，再与蒋先生深刻交流其"意随盘面舞"的操盘思想后，方知其还有妙道和不可思议之处。我也曾接触过蒋先生的几位高徒，目睹他们在盘中行云流水般的挥洒自如，更是领略到其妙道的不可思议和不可思议的妙道。"即性之相，一旦晴空。即相之性，千波竞起。"抓住了股票运动本质的形态，就是即性之相，投资之路风和日丽；没有抓住股票运动本质的形态，就是即相之性，会被一个又一个浪头打翻。盘面每时每刻都在变化，如果操盘者的心过于执着于单纯的形态或战法，就跟不上盘面的变化，所以，外不着相，内不动心，就能达到身智无碍，任股随形的境界。"意随盘面舞"简练而深邃地指引投资者如何"参照大盘做个股"以及如何"衡量领涨盘面的个股特征来决断市场的大位置"，这正是蒋先生三度交易系统最高妙之处，亦是最独到之处！

儒家思想的内修外治，是个人与社会的调和；

道家思想的道法自然，是个人与自然的调和；

佛家思想的明心见性，是洞察自己的本来面目，达到自身的调和。

简单地说，三种思想就是人与自然、与社会、与自身的调和统一，最终达到和谐幸福理想的人生境界。三教合流的大统思想就是和谐，在《股是股非之一：猎取暴涨股》中，和谐已被先生深入浅出地高度诠释和演绎。《管子·五辅》云："所谓三度者何？曰：上度之天时，下度之地宜，中度之人顺。"当是指天时地利人和。在《股是股非之一：猎取暴涨股》中，蒋先生提出的量时空过滤风险，即上度之天时;量价异动让均线归位,即下度之地宜;意随盘面舞,即中度之人顺。这天、地、人之三度与厚度、力度、速度之三度产生的合二为一的共振力量,就能够起到"动于九天之上"的出神入化的效果。至此,股市与操作者完美达到和谐的统一,正所谓"桃花流水杳然去,别有天地非人间"。

《股是股非之一:猎取暴涨股》的面世,我相信,对于已经在股海中沉浮数年而迟迟不前的老股民,书中的交易理念与实战模式,将会是醍醐灌顶的一剂良药,将会使其更快、更稳地踏入赢利的行列;对于刚踏入股市的新股民,是尽快认识股市真相的一条最佳捷径,可以让许多人少走无数的弯路。一本好书的第二次生命,就是在读者那里得到重生。我更坚信,有胆识道出股市中"大是大非"之人,势必也能创造无数次重生的奇迹。

香港　秦真<br>
2014年6月

# 目 录

| | | |
|---|---|---|
| 引　言 | 认识风险比认识机会更重要 | 001 |

**第一章　透析量时空** ·········· 004
　　第一节　量时空提供机会 ·········· 004
　　第二节　量时空大压风险 ·········· 022

**第二章　量形态还原主力身影** ·········· 033
　　第一节　量形态选股 ·········· 033
　　第二节　量行为跟随主力 ·········· 038

**第三章　量价异动均线归位** ·········· 044
　　第一节　量价异动 ·········· 045
　　第二节　均线归位 ·········· 051
　　第三节　量价异动让均线归位 ·········· 061

**第四章　最佳交易区** ·········· 067
　　第一节　强势 A 区 ·········· 067
　　第二节　强势 B 区 ·········· 076
　　第三节　风险 C 区 ·········· 083

## 第五章　经典赢利模式 ········· 090
### 第一节　强势结点赢利模式 ········· 090
### 第二节　单日强硬洗盘赢利模式 ········· 099
### 第三节　缺口赢利模式 ········· 115
### 第四节　强势循环低点赢利模式 ········· 133

## 第六章　卖对股票 ········· 143
### 第一节　明显见顶卖出策略 ········· 144
### 第二节　明显遇顶卖出策略 ········· 148
### 第三节　C区卖出策略 ········· 153

## 第七章　赢利之路 ········· 159
### 第一节　量能体叠加术 ········· 160
### 第二节　量能体叠加与题材互证 ········· 169
### 第三节　学习经典案例及交易策略 ········· 175

## 后　记 ········· 228
## 附　录　蒋文辉老师及三度操盘教育公信力展示 ········· 234

# 引 言
## 认识风险比认识机会更重要

股市里是机会多还是风险多？当然是风险多，因为亏损的投资者比例超过80%，而在80%的比例中，亏损惨重者不在少数。

投资者对股票交易存在的风险认识少，还是对机会认识少？答案是对风险与机会认识都少。因为赢利的投资者比例低于20%，而在这20%的比例中，算得上赢利的低于半数。这个现实存在的数字比例谁也改动不了，还将伴随股市一直延续下去。

看来，投资者要想在股市里有所收获并能立稳脚跟，更迫切需要做的是认知这个市场的风险，再把控、管理好风险，然后才是获得较为安全的交易机会。

股市之中存在着哪些风险呢？

第一类风险是"大局势秩序"发生破坏时带来的风险。

这是市场个体力量不可逆转的风险，亦是整个市场的系统风险，是所有参与者同等承担的风险。这类风险包括战争带来的恐惧意识风险，经济危机、能源危机、突发重大自然灾害导致的恐慌意识风险，突发重大政策调控带来方向性信息不对称导致的忧患意识风险等。这些危机和风险对市场信心会造成直线打击，其巨大的杀伤力在短期内难以消化、难以恢复。尽管如此，笔者还是认为，上述风险中，除了突发重大自然灾害不可预见，其他诸如战争、能源、政策调控带来的危机等，对于成熟的证券投资者来说，大多可以提前嗅出味道，关键是你是否高度警觉。比如，现代战争不可能说发动就发动，怎么也有国际外交或政治上的时间周旋。政策的调控哪一次不是三令五申后才颁布呢？而这些都能在反映国家政策、经济，被称为政治走向晴雨表的股市中提前体现。那么，通过判定图表信息给出的风险信号就可以

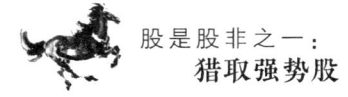

股是股非之一：
猎取强势股

间接地获得相当多隐蔽的系统风险。

第二类风险是股票图表信息直接呈现出来的交易时机风险。

这是交易者直面交锋的风险，也是交易者最该关心、最该重视、最该知道的风险，这是可控的。通过对图表内容呈现出来的信息进行风险评估、风险过滤，就能衡量交易机会是否成熟、点位是否恰当。因为所有的利润都是在一买一卖之间产生的，这种衡量至关重要。

图表信息呈现出来的风险包括：

1. 量时空带来的时空大压辐射区的风险，这是一只股票运行中的大级别风险。它提示投资者，此时不用考虑买进。

2. 量形态隐藏的风险，这是未还原主力身影，主力意志还较模糊，交易时机不明朗的风险。它透露的信息就是投资者现在不要急于买进。

3. 价格与趋势线形不相匹配的风险，这是各期市场资金行为不协调、凝聚力差、意志不统一的盘面风险。它提醒投资者持币观望，机会还需要再等待。

4. 盘面特征飘忽不定的风险，这是行情基础不牢固，仍处在徘徊状况、机会不明的风险。它提示投资者：市场重心未稳，不要盲动，并高度警觉，不要轻易出击。

另外，还有股性差异的风险、题材消息不对称的风险、指标背离的风险等。上述这些风险的过滤、评估适用于各个周期走势，更适用于进行各周期风险的叠加分析。

读者看到这么多风险陈列，是否迷惑？或许在想：盘后慢慢选股还行，盘中多是突发性的行情启动，哪有工夫去评判？想到这点就对了，就怕想不到！笔者认为，只要对本书中涉及的风险脸谱有彻底了解、认识，实战中就能以秒为单位加以排除，再以秒为单位做出决断。盘中三五秒，盘下两三年，当你盘下做的功夫足够，那么，盘中突发性启动的大小行情，自然就与你盘下选股是同一交易系统内的模式，盘中也就运用自如了。

记住，成就交易成功的功夫，99%是在盘后下的。

第三类风险是投资者自我认知偏离的风险。

这种风险恐怕是投资者最难对抗、最难跨越的风险，对它的态度将决定前行的速度，对它的理解也将决定成就的高度。这种风险的难，在于谁都看不见摸不着，但却能轻易导致不愿意看到的结果。这种风险的管控其实又异常简单——对自己说话算数就行。

在这个资本处于高度博弈状态的市场，有相对没有绝对。投资者首先要时刻告诫自己：自己对于这个市场的认知是非常有限的。什么意思？就是时刻不要忘记提醒自己："不要认为自己无所不能。"于是，就有了证券市场最为经典的话——只赚自己交易系统内的钱。知舍才知取，舍弃是为了全力以赴。

同样，这个市场有定律没有铁律。这就需要我们清醒地认识到，经过自己反复锤炼过的交易系统里依然没有必胜的绝招，依然没有不需要调整的投资策略。此一时彼一时，变化与运动才是这个市场的最高法则。修正是为顺势，顺势就是高效。

在这个似有形又无形的市场，有轮回没有永远。股价涨跌无异于日升日落、花开花谢，我们能跟好一段趋势已经很不错了，别奢望去做市场行情的开拓者，那是极其幼稚的想法。日出而作、日落而息，这是天地间耕耘的大法则，因此，在行情周期的末期，要主动停下来，有信心的空仓，是智慧更是境界。休养调节不是荒芜，是为更高效地工作。当能够清醒认知自己在市场中的分量时，我们才能淡然迎送市场的起起落落，坎坷也就能变为坦途。

充分认识、过滤、把控风险之后，就是寻求机会并把握住机会。机会有大有小，行情有长有短。多数投资者心中有一个相同的愿望，就是能捕获到既安全又强势的行情机会。

有吗？有！几乎各个时段都有——就在这个"高风险又不确定"的市场。这种机会就是本书所要表达的核心内容——异动归位之后的"再机"交易模式，即"半步之间"交易策略。

# 第一章 透析量时空

一只股票自上市那天起，就开始了它的时空之旅。当然，有了交易，也就有了风险。这只股票几经上涨与下跌，起落之间就有了价格的高点与低点，也就有了广义上的支撑与压力，这种支撑与压力更多来自前期正能量筹码、负能量筹码对它的辐射力度。所谓负能量筹码就是前期被动套牢的筹码、亏损的筹码；所谓正能量筹码就是前期赢利的筹码以及主动被套的筹码。我们把一只股票这种在一定交易时段内的量价演变过程叫作"量时空"。量时空孕育机会也蓄积风险，机会多来自量时空中有正能量筹码集中表现形式的行情走势，风险多来自量时空中有负能量筹码集中表现形式的行情走势。量时空中的"量"，包括成交量，也包括量变；量时空的"时"，包括时间，也包括时机；量时空的"空"，包括空间，也包括时空。量时空能生出股市众多是非，也能化解股市诸多情绪，不管机会还是风险的发生，都来自量时空推进演变过程中出现的某个时机结点。

于股市，量时空为王。

## 第一节 量时空提供机会

主力为何拉升股价？多数交易投资者可能不会去想这个有些乏味的问题，更不会深究，"管它为什么拉，只要它拉就行了"。如果换一个问题："你为什么买？"你又当怎样回答呢？你的答案最好不是这样："它一拉我就买！""主力为什么拉"

与"我为什么买"是不可分割的两个问题,只管自己为什么买而不管主力为什么拉,情况显然有些不妙。如果连主力为何拉升股价都说不出个子丑寅卯,那么买卖股票多是稀里糊涂。

主力为何拉升股价,是投资者自始至终需要明白的大问题,这是投资路上第一道技术之门、理念之门。这道门是生死攸关的分水岭,必须率先打开它。

按操作意图,主力拉升股价可以集中归纳为三大类:

1. 拉高出货:拉高价位,腾出空间,目的是利于顺利出货。
2. 拉高建仓:紧急拉高,鲸吞筹码,目的是降低时间成本。
3. 拉高试盘:虚晃拉高,试探虚实,目的是谋定而后动。

下面分别对这三大类拉高进行例证分析。

## 一、拉高出货

主力拉高价位,拉出高度,腾出空间,目的是利于顺利抛出低位收集的筹码,完成最终赢利。

弘亚数控(002833)的股价于2019年12月12日开始,在低位连续以阳线报收,主力明目张胆收集筹码六天之后,作了两天缩量小阴线洗盘后,于2019年12月24日开始连拉十天阳线,腾出较大空间之后于高位顺利派发,完成最终大赢利。

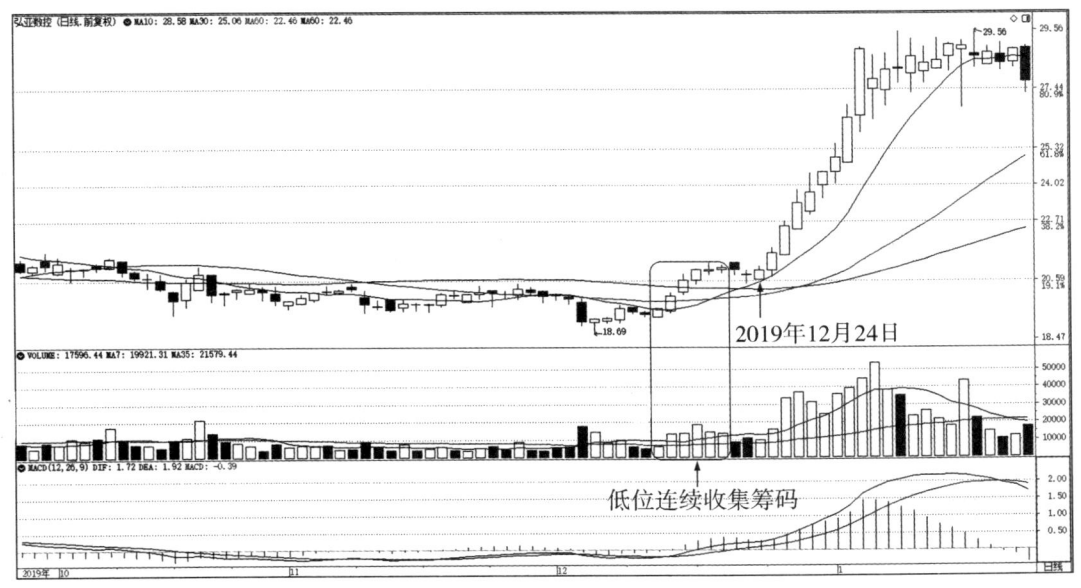

图 1-1-1

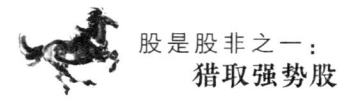

这就是低位收集，拉出空间，顺利从容出货的操盘过程。

这种行情，拉升意图显现之初就是投资者最放心介入的时机，最佳交易机会是在主力收集筹码后、洗盘完成或震荡末端出现再度反向之时。见图1-1-1。

立昂技术（300603）的股价在2020年1月初出现连续几天上涨，股价也从均线系统下稳稳站到均线系统之上，同时成交量也同步急剧放大，这是很清晰地反映主力在积极低位建仓的图表特征。2020年1月10日股价阴线洗盘，次日即展开两个主升浪的波段拉升。当然，这两个波段拉升过程中也存在震荡，对于这一点，投资者需要知道，主力每拉一根阳线，一般都会有跟风盘跟进，那么，抖落前期已经赢利的跟风筹码是主力拉升行情过程必须要做的工作之一，因此，行情在上升过程中的小幅震荡、回落是很正常的，持股者对洗盘和出货要有足够的认知，否则，再好的行情也只能是在捡几粒芝麻后望洋兴叹。见图1-1-2。

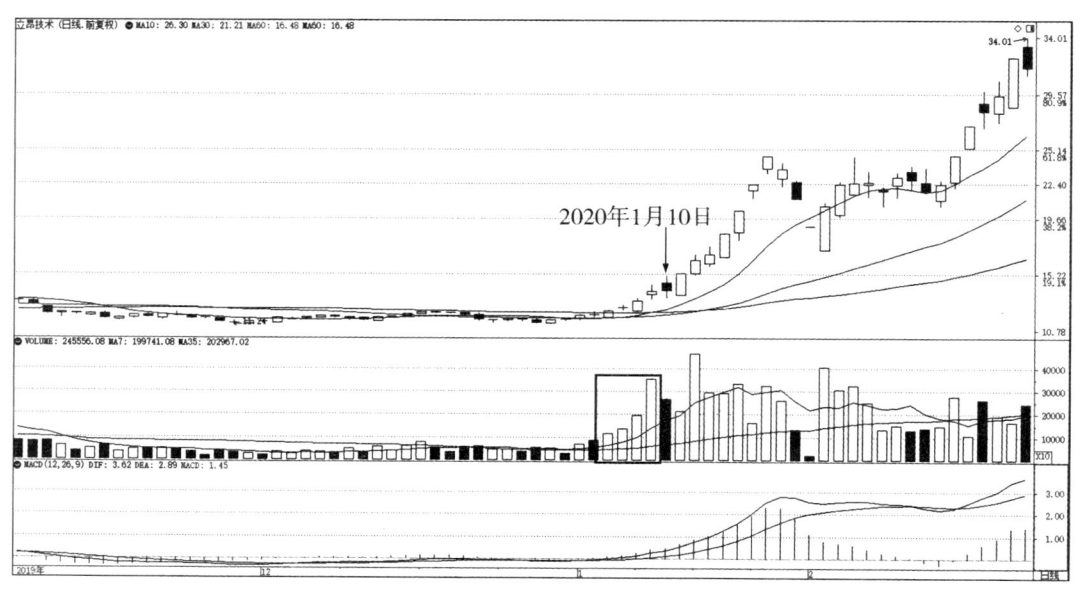

图1-1-2

完成主波段拉升后的股价，要么后期走势拖拖拉拉再走一小段，要么在相对高位换手派发筹码，高位换手派发就会在高位留下派发的痕迹。在下图立昂技术的走势很清晰地呈现了派发的痕迹。2020年3月5日，股价高开低走，全天收带量的倒灌K线。这是股价在高位再次出现倒灌，倒灌往往是股价的见顶标志，倒灌后的股价在相当一段时间内将以回落为主调。见图1-1-3。

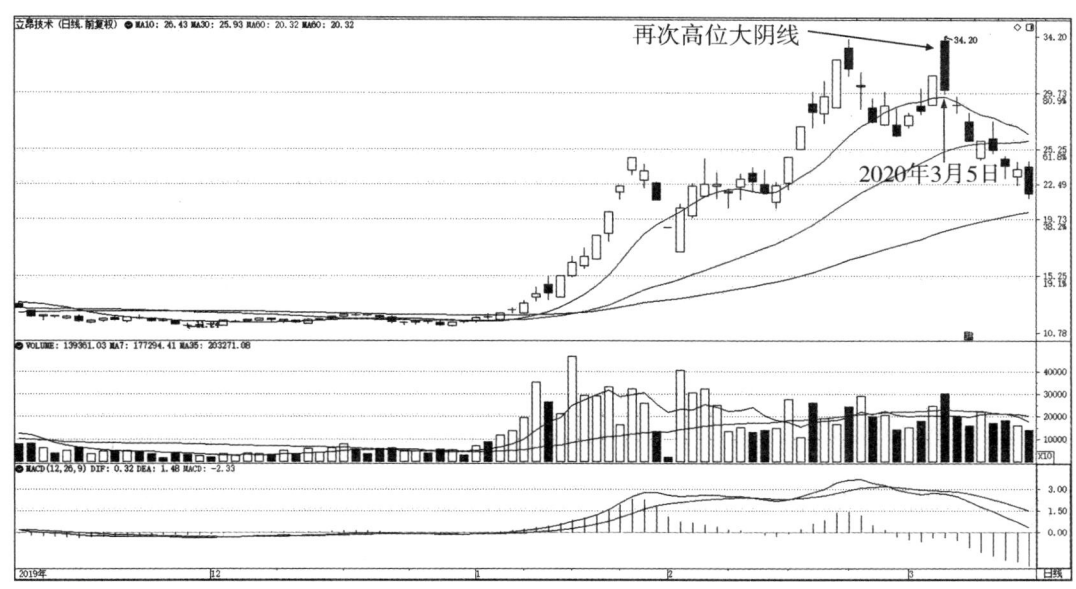

图 1-1-3

股价的走势，在更多时候是看不清轮廓的，冷不丁的一根阳线往往极具诱惑性，一旦行动却又出乎意料地来一堆阴线，这种行情是难以看清、难以把握的。对于这样看不清的行情就不要动，直到行情可以看清时再行动。低位或相对低位明显收集筹码就是"看得清"的重要标志之一。

富满电子（300671）整个行情是较为清晰的走势，先是框中 2020 年 6 月 22 日

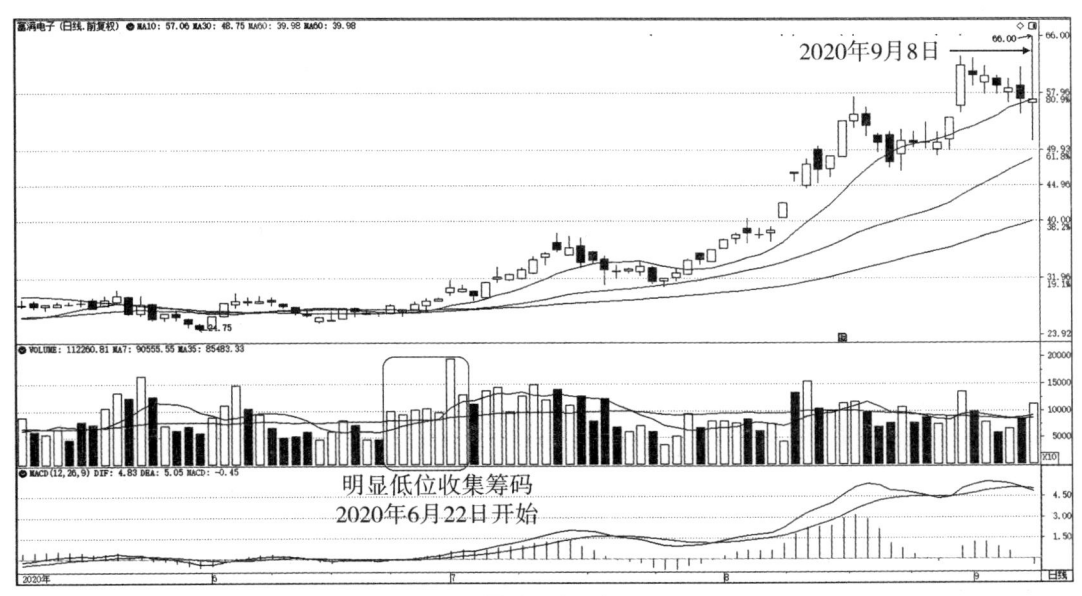

图 1-1-4

开始的几个交易日主力大肆收集低位筹码，随后有一个小波段拉升，接下来是小波段洗盘，再然后主波段拉升，最后高位盘旋并于2020年9月8日长上影滞涨明确顶部。如这般有了一大堆强势资金的堆砌入驻，后期的迅猛行情就有了保障，主力也就有了拉高欲望，行情才可以预期，这样的拉高出货初期是我们交易的良机。见图1-1-4。

股价有低点区，也会有高点区。把握股价相对低点区介入，更要把握相对高点区积极卖出。只想低价区买进，不愿在高价区卖出，显然是不合理的行为。富满电子的股价见顶再拐弯后即开始下跌，而这仅仅是下跌的开始。见图1-1-5。

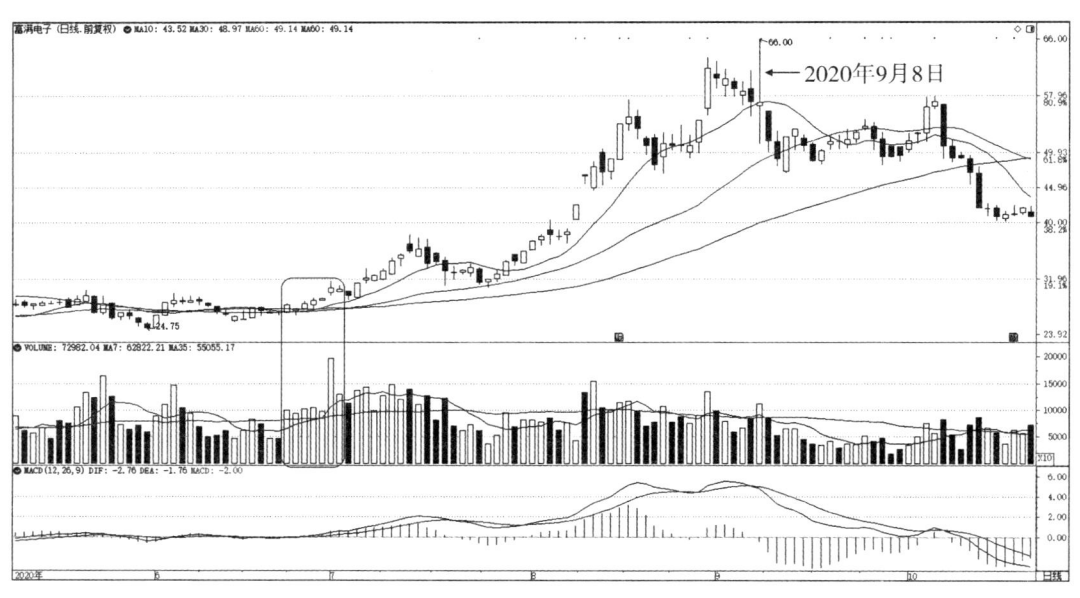

图1-1-5

永吉股份（603058）的股价在一个大箱体横向推进，在这段时间的目的、方向我们看不太清楚，然而在方框内这几天显著放大的成交量加上价格的初步上行，就给我们一种方向性的初步暗示。随着"正极"成交量的持续冒出，以及均线系统的"欲抬头状"，后期股价的大幅拉升就有了多种依据。股价洗盘完毕和突破箱体，这就是我们很好的交易时机。拉升一大波后，股价在高位一改前面态势，于2020年7月6日、8日频繁出现带量的大阴线，这又是主力高位派发换手的见证，持仓者要见状出局，锁定利润。实战中对于这种急拉的行情如果非要等到均线死叉，估计利润已经回去了一大半还多，何必呢！见图1-1-6。

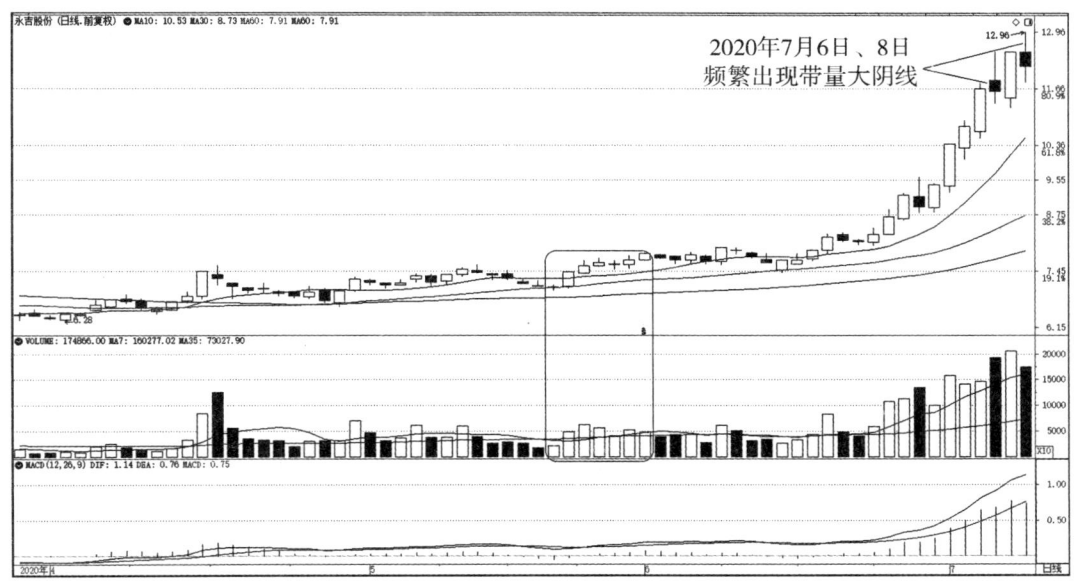

图 1-1-6

赛诺医疗（688108）同许多科创板股票一样，上市首日股价即开始大幅下跌，几番折腾之后股价走出 W 双底状，成交量区的阳量柱也逐步增多增高，这是主力在低价区积极买进筹码的信号，均线系统逐渐走向 A 区，做多趋势基本向好。2020年 5 月 26 日，股价走出了均线系统金叉后的首根带量中阳线，对于股性不太活跃

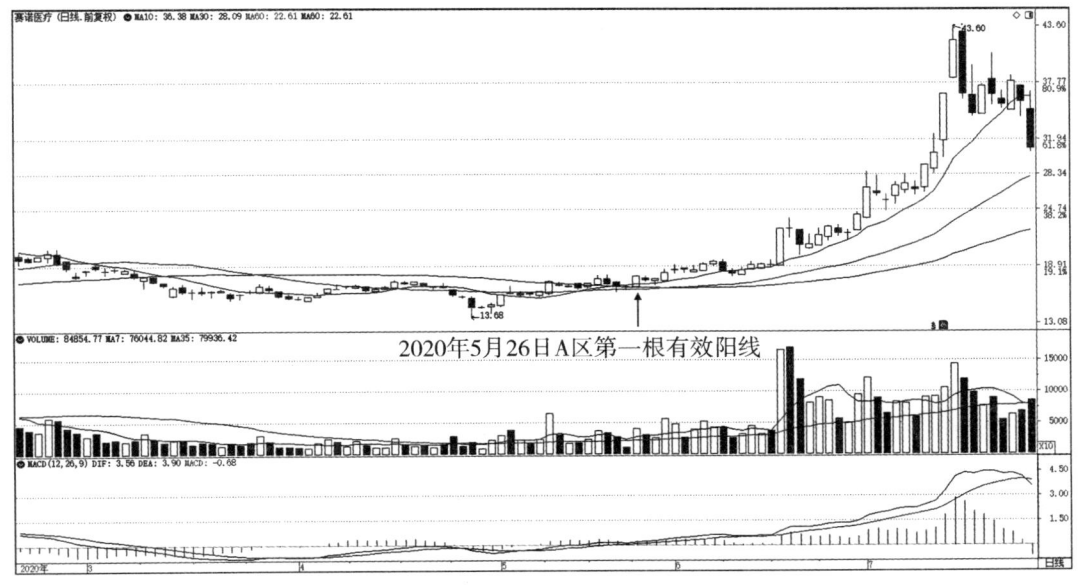

图 1-1-7

的科创板，这是挺好的首次介入机会。随后股价依附 10 日进攻线攀爬，直到 2020 年 7 月 13 日、14 日两天急拉暴涨到头。见图 1-1-7。

缓慢爬升或震荡攀升的股价一旦进入短期急拉段，一停滞即是顶部区，这点适用于大多数股票走势。拉高股价最终目的是出货，急拉股价目的是尽快出货。赛诺医疗的股价在最后冲刺后，于 2020 年 7 月 15 日一转身就不再回头。见图 1-1-8。

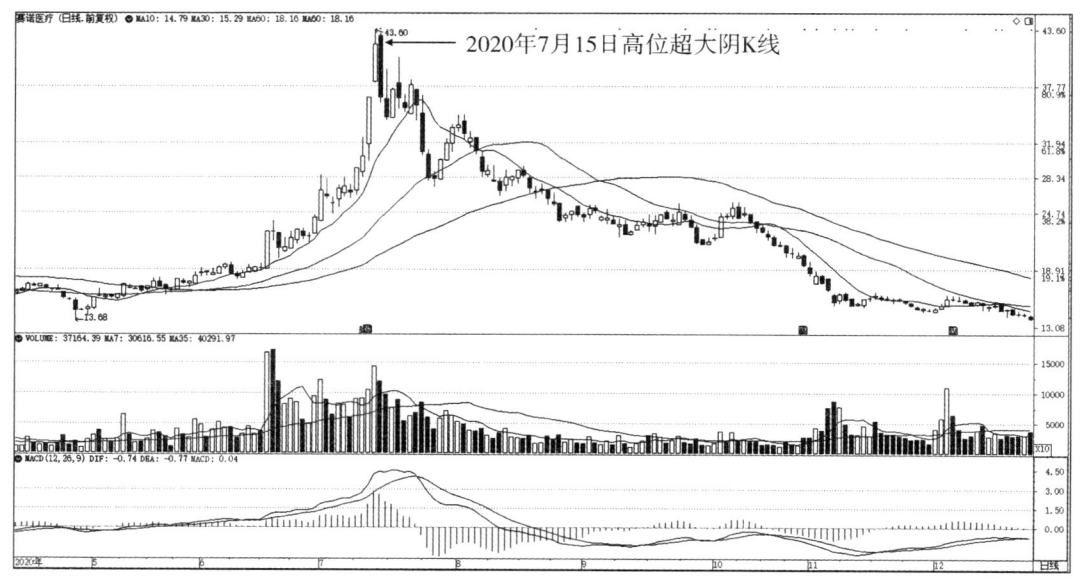

图 1-1-8

手中有足够的低价低位筹码，主力才有大幅拉升的动力，股票有了丰厚的底部正能量，拉出空间的条件才初步具备。记住：只是初步具备。

## 二、拉高建仓

主力顺应某种突发的市场信息趋势，强势抢夺市场筹码，目的是压缩时间成本，迅速完成主要的底仓建立。

在 2019 年 2 月 18 日、19 日两天，由于受"大力鼓励民间资本参与主体市场投资"的政策的强烈刺激，多元金融板块表现激烈，陕国投 A（000563）的主力用两个涨停板的拉高方式，完成重要的底仓筹码抢夺，后低开低走，用一根缩量阴线洗盘，次日即反转，冲刺完成一波干净、直接的犀利做盘。

认为该股是强势拉高建仓的理由是：在拉升之前，我们看不到较突出的成交量收集动作，图中画框的两天巨量应该是主力紧急鲸吞的筹码。实战中，不管主力多么耐心地进行潜在收集，没见到它决心的表露，我们宁愿相信时机未到。在股市，我们对看到的尚需慎重，何况是还没看到的呢！就该股而言，如果前期的小行情没能做，那么，既然判断是拉高建仓，后期更大的行情就值得期待。我们也看到，股价在进行一天的回调后即刻展开反转攻击。这种迎合重要市场题材消息紧急拉高放量的情况当高度警惕，简明洗盘后再次反向时大胆跟进。见图1-1-9。

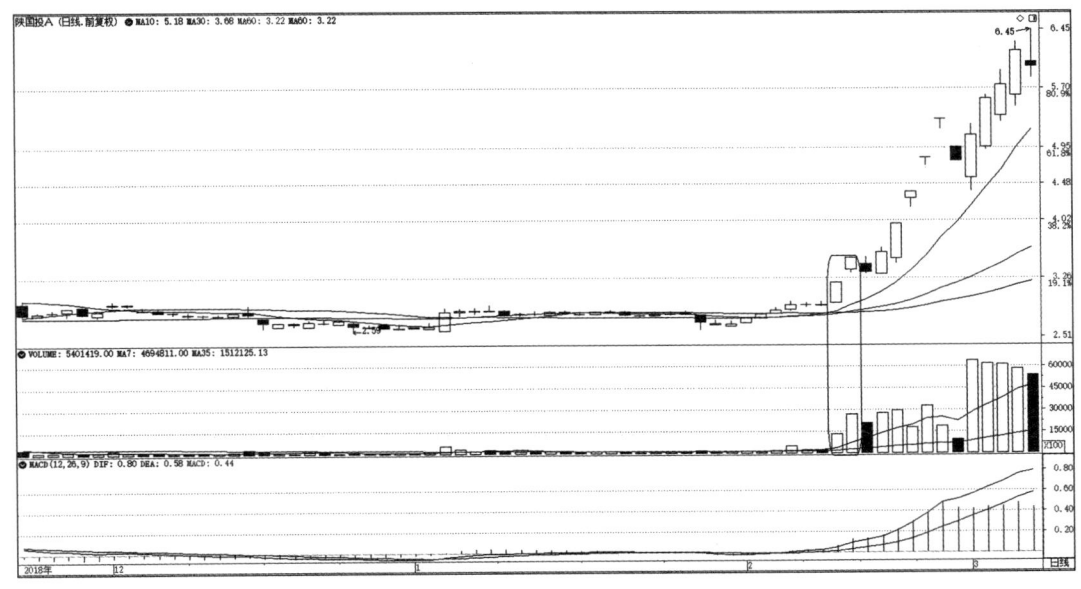

图 1-1-9

建仓的方式较多，强势拉高建仓是主力对市场筹码明目张胆的掠夺。强势放量拉高，意外下跳且快速缩量，继而迅速反转，当属典型的强悍短资手法。

康强电子（002119）从2019年5月8日开始突然从水下冒出，连续三天涨停，股价逼至前期高点。到前期高点的股价主动停滞不前并向下跳，下跳的股价当日止跌，蓄势三日后随即强势反转，开启短期翻倍之旅。强势短暂拉升，意外下跳，迅速反转，并创出更高的行情。这就是抢筹建仓的拉高行情套路。见图1-1-10。

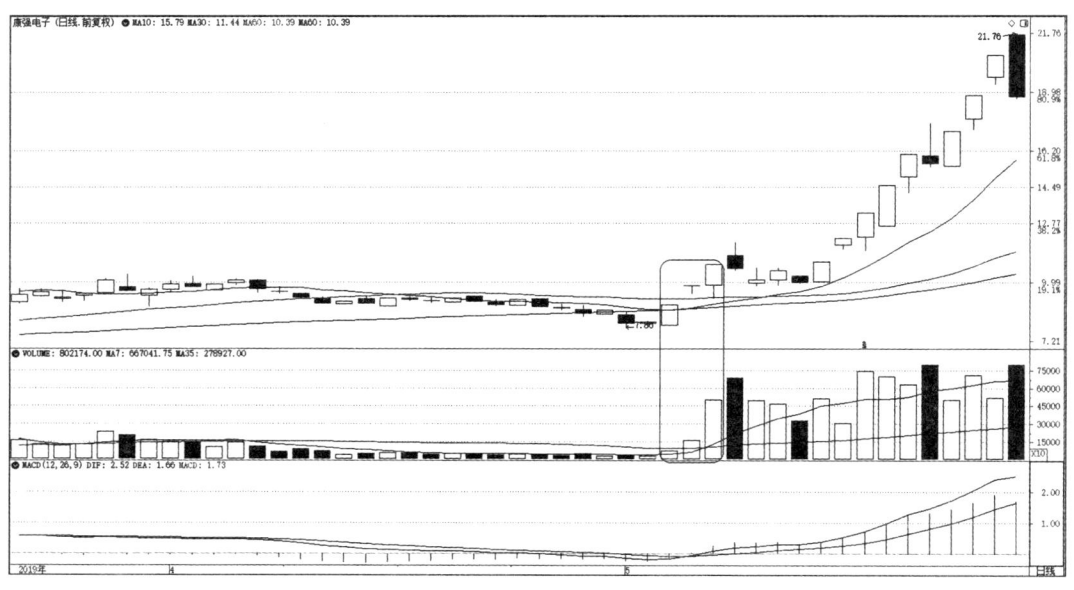

图 1-1-10

对于拉高建仓的突发行为，如果对初期的行情介入不当，其结果就是：股价下洗，然后小赢或小亏出局，真正反转行情来时犹豫不定。对于突发拉高的行情，我们很多时候是不敢确定、不能把握的，但是我们是能够看到的，所以，看到后的跟踪与跟进是需要我们更努力做的事情。

顺便我们看看康强电子上涨时，2019 年 5 月 8 日至 30 日这段时间的大盘走势。小框中对应的时间是个股拉高建仓与主升浪，而大盘处于空头状态下的横盘阶段。对比两幅图，是想说明一点，主力既然敢拉高建仓，也就有决心、有实力做更高的行情。如果过多地、全神贯注地去解析判断外界对大盘后势的影响，倒是可以考虑分点心、花些功夫搜寻一下这种有强势表现欲望的个股，再好好跟踪。当然，前提是你要学会跟踪，懂得跟踪。另外，我国的证券市场已进入一个全新的大时期、大格局，在这种宽广的投资背景之下，主导强势板块、强势个股行情的市场资金受大盘牵绊已呈现减弱之势，尤其在注册制实施后，这种情况将更甚。在这个市场，图表上的价格走势是唯一正确的，它胜过所有的言论。见图 1-1-11。

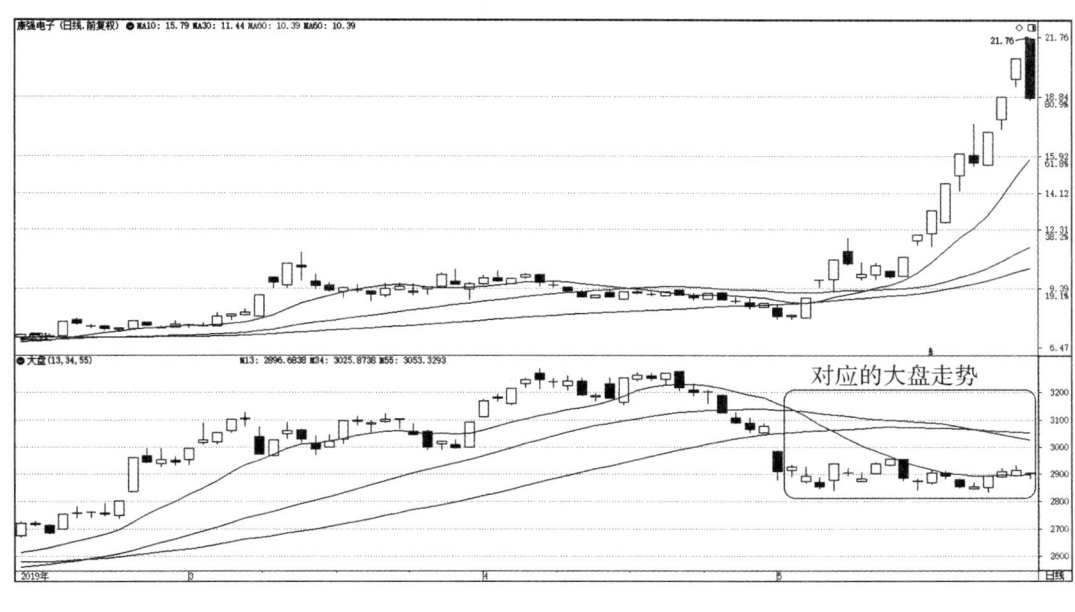

图 1-1-11

除了紧急几天拉高建仓外，还有一种"不太急"的拉高建仓，即波段拉高建仓。下面这个案例是对波段拉高建仓的剖析。

金龙鱼（300999）上市后，股价始终围绕上市当天成交价区上下震荡，11 个交易日后股价于上市首日成交低价区明显止跌并缓缓上行创出新高。创出新高的股价又徐徐回落，成交量收敛得非常精致。2020 年 12 月 14 日，股价在均线密集区重新收出一根接近 10 个点的大阳线，这是波段建仓和波段洗盘完毕再次波段行情的启动阳线。后期金龙鱼的股价在短期内走出了当时段首批"深圳注册制"板块中非常亮丽的波段行情。见图 1-1-12。

主力用波段拉高建仓，就会用波段洗盘。及时发现并有效跟踪这种建仓模式，除了察看日线图，也可以参考周线图。周线图要求总体满足阳 K 线放量异动，回调 K 线阴量缩量缩到很小。见图 1-1-13。

判断拉高建仓对投资交易者是非常有意义的工作，也是一项有挑战性的工作。拉高建仓涉及对题材的把握、对位置的衡量、对量能的要求、对盘面的认知等知识点。毕竟，拉高建仓对应的是强势波段行情，多花功夫也是值得的。

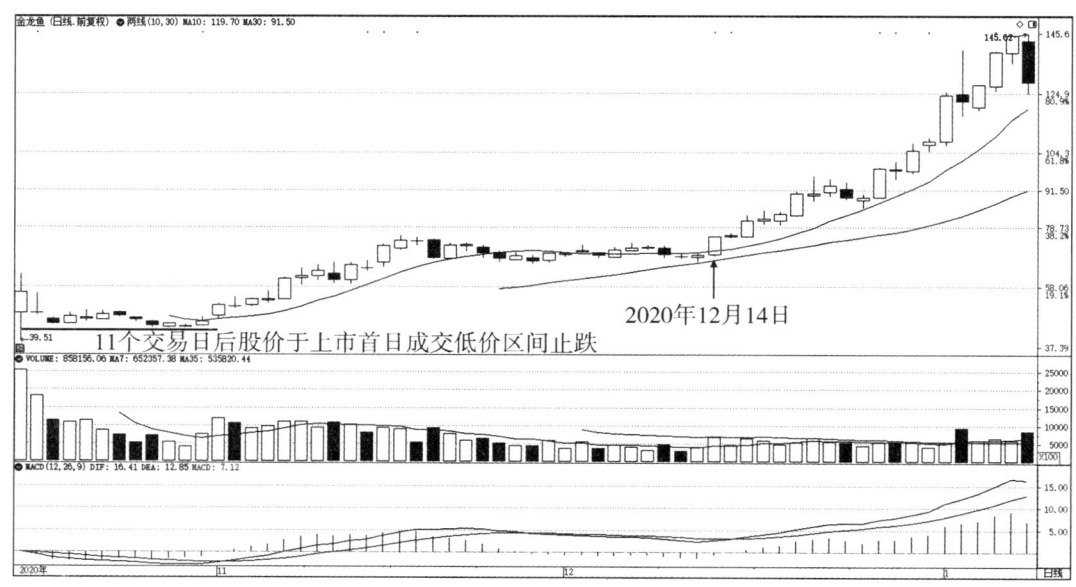

图1-1-12

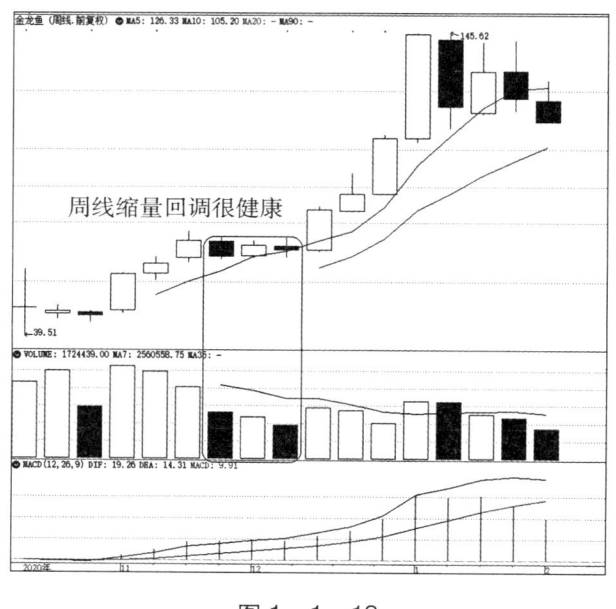

图1-1-13

### 三、拉高试盘

主力通过拉高，初步探究筹码分布的虚实状况，谋定而后动，目的是为制订个股操盘计划探明真实路况。主力探明路况是想要知道潜在竞争对手实力是否强大，有多少对手，市场有多少筹码是松动的，有多少是顽固的，是该放弃还是争取，发动行情的时机恰不恰当。所有这些,都要通过盘中反复试盘才能知道答案,知道答案就能制订利于自己的计划。

(一) 建仓可行性试盘

主力建仓可行性试盘,在图表上的表现就是,在没风没浪的走势中,一根或间隙几根大阳线意外而强劲地从盘中冒出,甚至直冲涨停板,多数情况是当天收出长上影,个别也能收稳大阳线。见图1-1-14、图1-1-15。

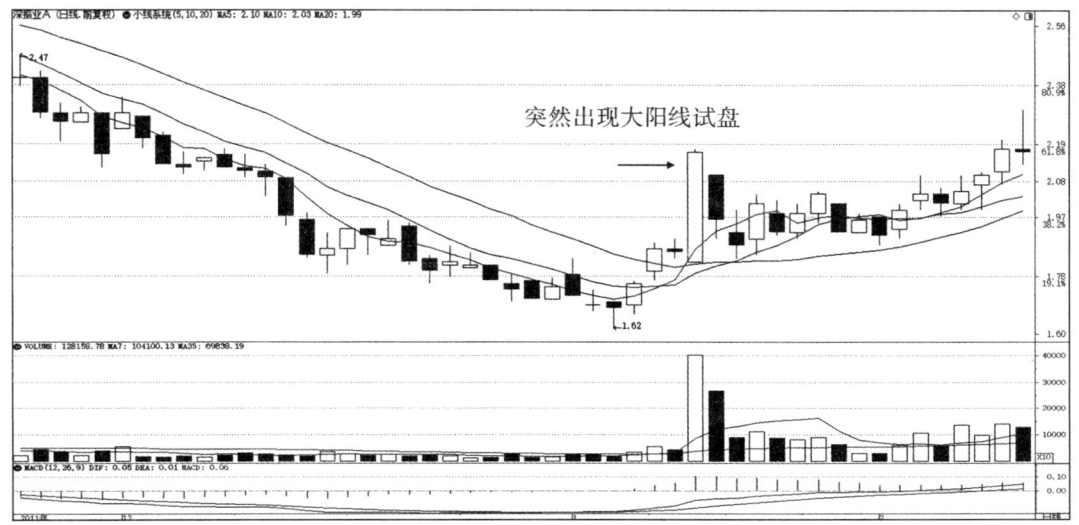

图 1-1-14

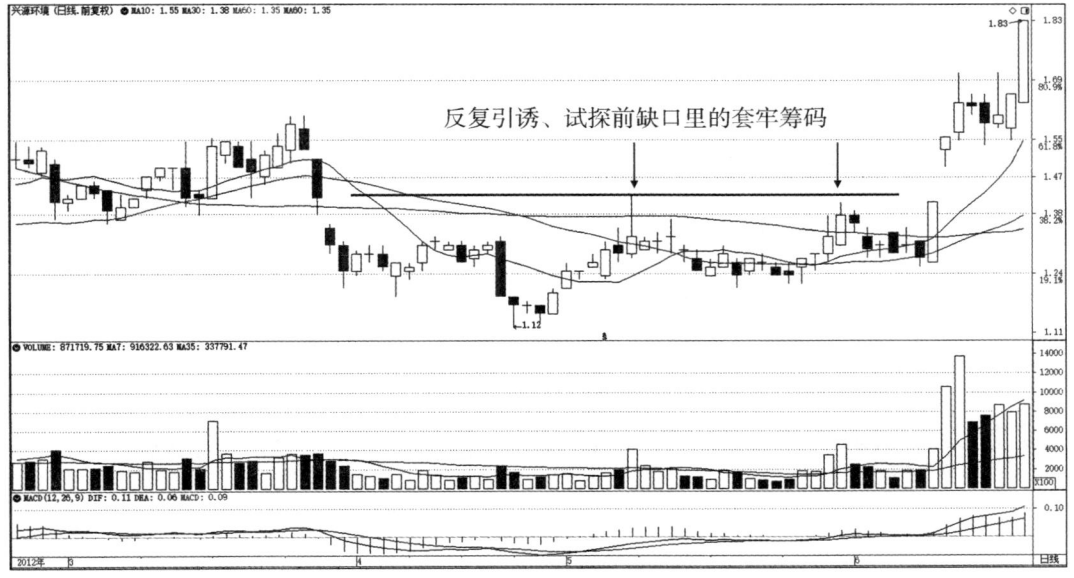

图 1-1-15

行情走势中,并不是所有的大阳线都是好阳线。前期没有任何量能支撑的拉升,注定只能鹤立鸡群一小段时间。

图1-1-14、图1-1-15分别是以接近涨停板和上影线试盘。通过试盘知道上档虚实之后,适合压价的展开压价倒逼,适合收集的展开收集。只有当市场风险筹码达到主力所要求的稀释状态时,主力才会展开大肆收集或大幅拉升。

试盘包括两种,一种是为建仓的可行性进行试盘,一种是大幅拉升前的试盘。区分点就是看前期有无充足底量,更重要的是使用后面章节关于"量时空风险过滤与评估"以及"量形态还原主力身影"的方法进行识别。至于向下挖坑打压式的试盘,在此就不赘述了,因为行情没上来一切都具有不确定性。在不确定的情况下采取行动,要么很有资金实力,要么很聪明,市场允许"很有资金实力"者的发挥,而无数次被蹂躏的就是"很聪明"者。

河钢资源(000923)的股价于2020年10月15日突然从底部大幅起跳而不涨,连续三天悬在空中放量而不涨,随后股价再次下跳,形成一个岛形下跳缺口,走势确实比较难看。不过随后几天,连续放量的阳线把下跳缺口又封堵得严严实实,走势图形又煞是喜人。2020年10月15日这三天,回过头来看就是主力建仓可行性试盘。试盘成功后,主力就开始在底部区毫不遮掩地收集筹码积极建仓。见图1-1-16。

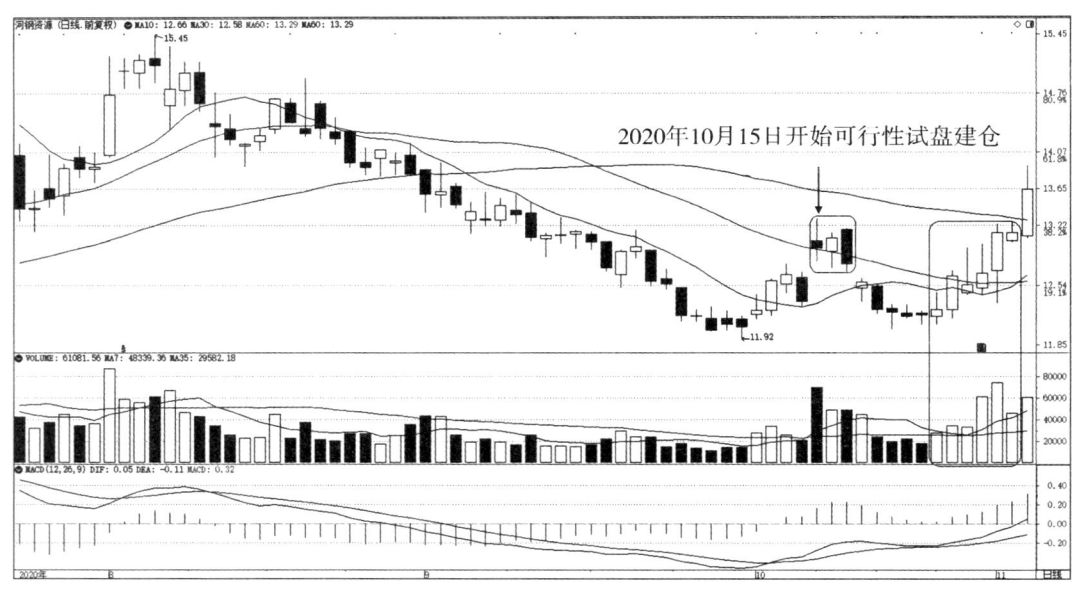

图1-1-16

河钢资源的主力在低位大举建仓后，借市场做多氛围，马不停蹄做出了一大波行情，拉出空间后在高位反复高开低走的大阴线里完成换手派发。短期暴涨如此高位换手给谁？一是有利益关系的"战略伙伴"，二是被妖风激励起来的一批批"捉妖"人。见图1-1-17。

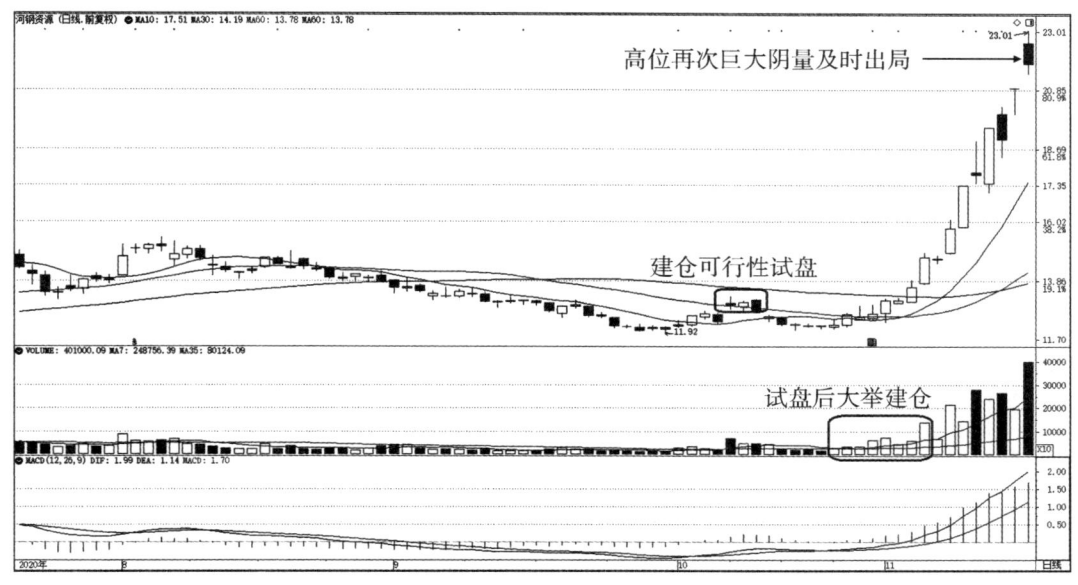

图1-1-17

（二）正式拉升前试盘

拉升股价前的试盘，言下之意就是万事皆具备，只差一试探。资金已经进场，图表上能量堆积已完成，股价所处位置好。在好位置上，多数是股价上冲留下长上影，偶见高开低走黑太阳。

海得控制（002184）股价于2020年7月1日在前颈高处出现跳空高开，全天收放量的长上影K线。基于位置，基于能量，这根带量的长上影极有可能是拉升前的试盘加补量的行为，实战中应留意。见图1-1-18。

次日，海得控制的股价继续上攻收阳线，这根阳线是对好位置上的试盘长上影的确认，实战中这天介入较为妥当。随后股价一路小跑，中途以小阴线轻微停顿后加速快跑，小阴线次日为这一波行情的第二买点。股价于2020年7月14日高开巨阴倒灌阶段见顶，选择出局。见图1-1-19。

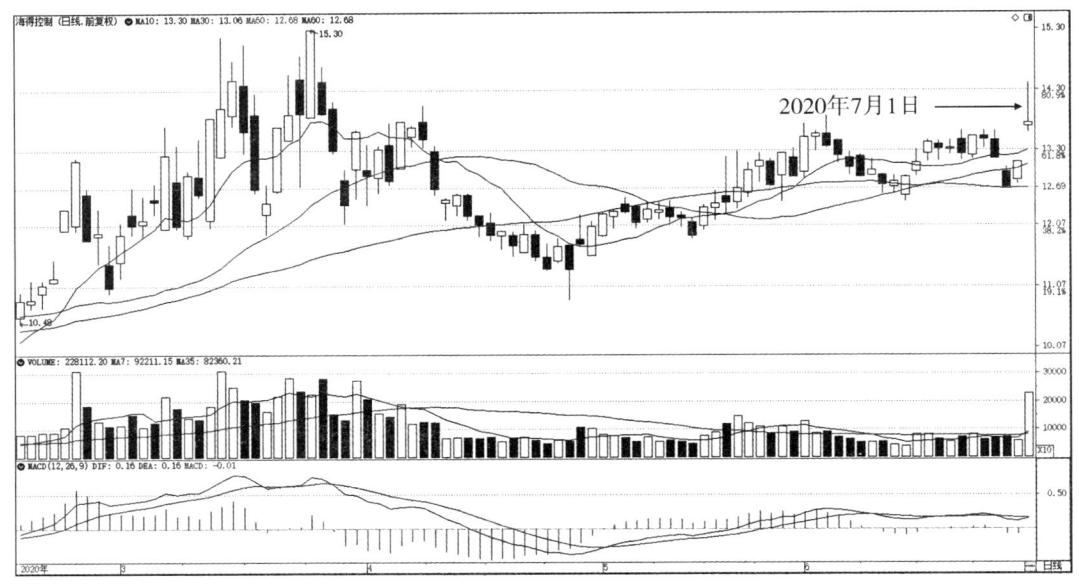

图 1-1-18

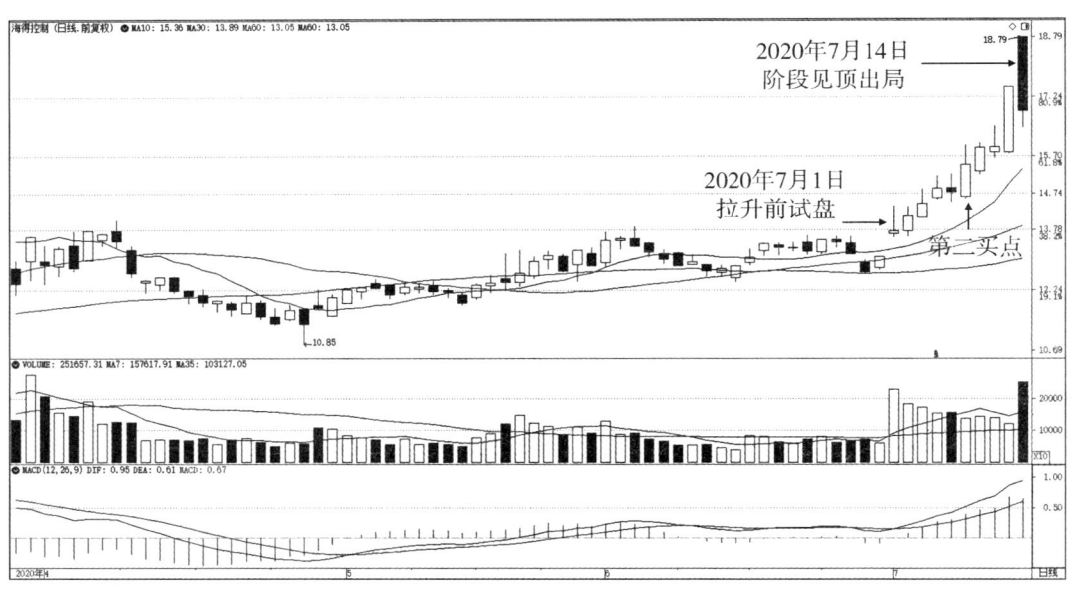

图 1-1-19

陕鼓动力（601369）股价在 2020 年 12 月 31 日和 2021 年 1 月 4 日相对高位出现两天带量的长上影，这又是拉升前的试盘行为。

判断拉升前的试盘理由很充足：位置好；前期、近期阳量充沛；K 线经典。若股价次日或随后几日继续上攻，追进的勇气就可以大一些；若随后几日是明显缩量调整，也可以适当低吸。见图 1-1-20。

图 1-1-20

陕鼓动力试盘后,又逗留了两天即强势反转,走出了一波较为紧凑的行情,随后在相对高位释放出阴量,短线交易要及时选择出局。高位"异样"的K线同成交量往往是高危的身影,在此时选择出局是较好的策略,健康调整后的积极上攻再考虑买回来并不吃亏,这个道理一旦想通了,交易路上就会少去很多烦心事。见图 1-1-21。

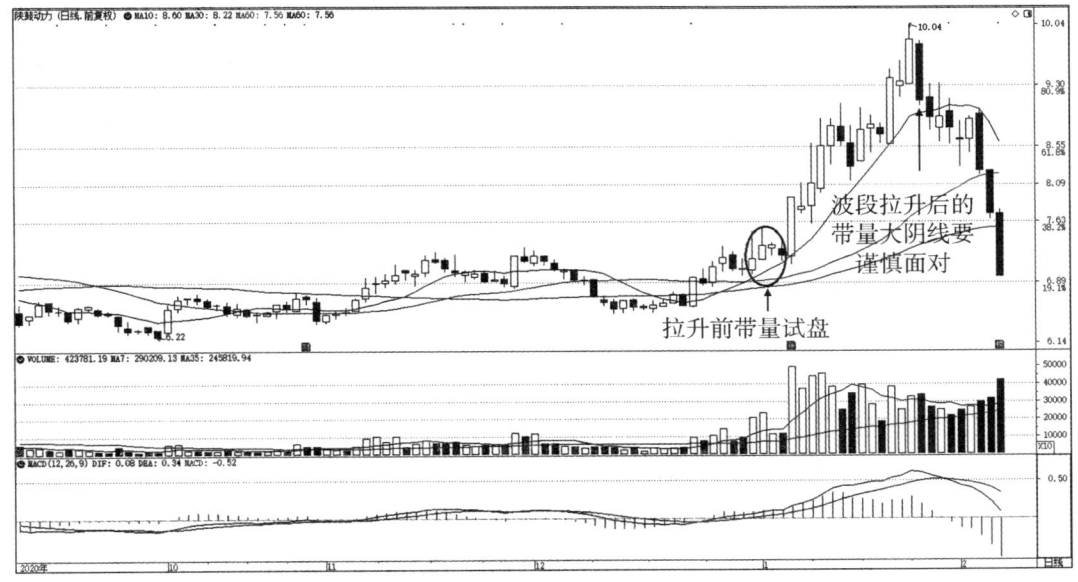

图 1-1-21

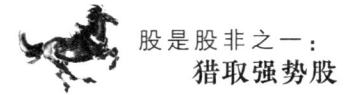

## 股是股非之一：猎取强势股

安克创新（300866）股价在 2020 年 11 月初有几个交易日是连续大阳线走势，虽未见涨停，但连续大阳线也算强劲。箭头所指的 2020 年 10 月 30 日的长上影正是处在前期股价平台高点，这属于拉高前试盘动作，随后的上攻就是很明确的跟进机会。注册制制度下这样的走势将成为常态，也是主流走势，把握住这样连续两三天中大阳线行情是挺愉悦的。见图 1-1-22。

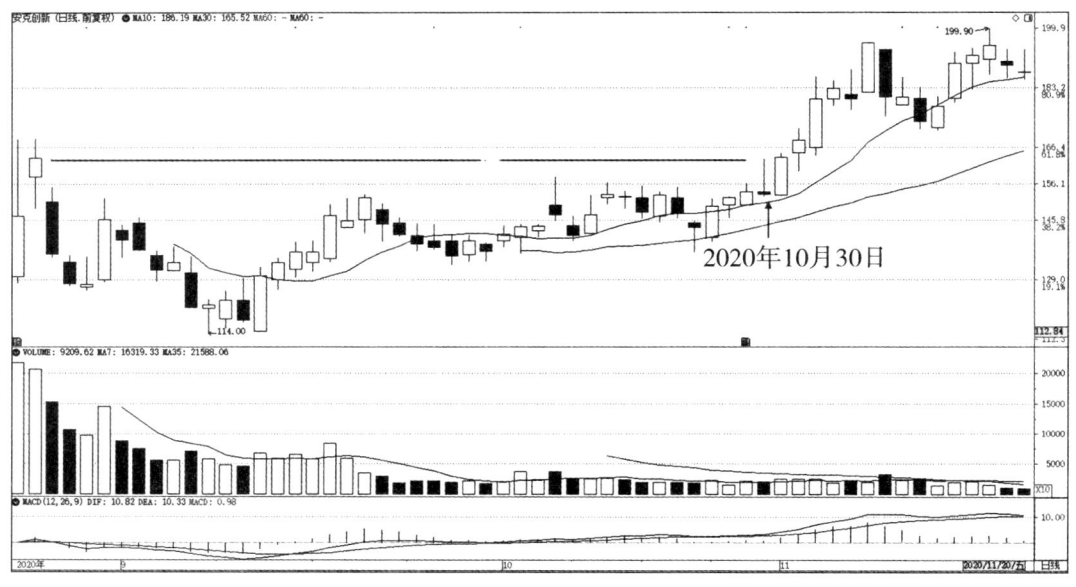

图 1-1-22

南方轴承（002553）的股价在 2020 年 11 月 16 日以涨停板开盘，开盘后不久涨停板打开，全天收最低价的黑太阳。黑太阳后期准确走势是不能确定的，但这个"腹部"位置的高开低走行为值得跟踪。竞价巨量涨停是主力所为，盘中巨量打开涨停是主力所为，选择这个位置这个时机是主力所为，对于我们而言，选择这个位置异动是我们所为。次日，股价在下午盘中拔地而起，用两分钟吞掉所有抛单收回试盘黑太阳。两分钟对很多人来说时间太短：来不及看到，看到后来不及分析，分析时来不及确定，确定时又犹豫，犹豫中涨高了，封板了。当然，两分钟对于三度人来说时间太宽裕了，第一时间看见，再秒判秒定秒杀。功夫到家，逻辑在心，兵器在手，狙击盘中强势股波段启动点不难。见图 1-1-23、图 1-1-24。

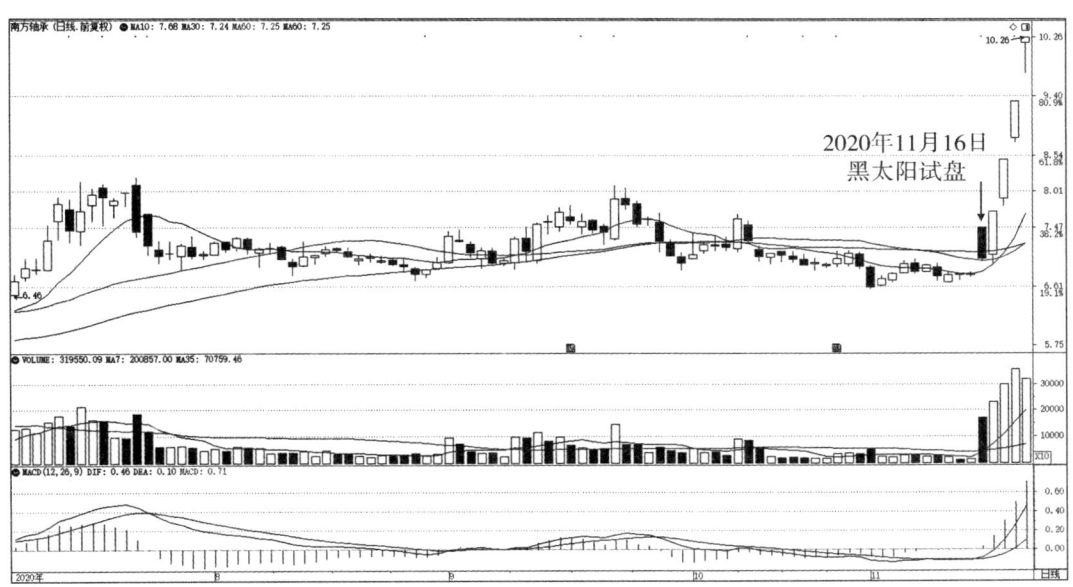

图 1-1-23

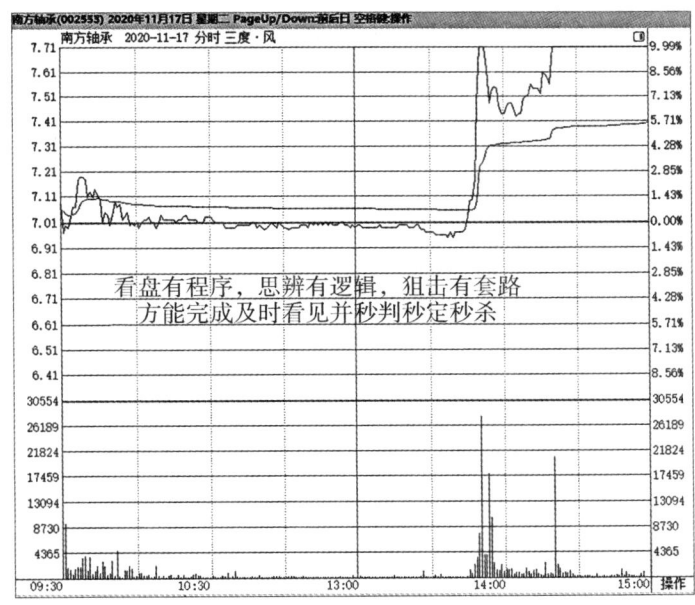

图 1-1-24

**总结：**

本节阐述了主力主要的三大类拉升意图：

一是为拉出较大空间利于出货。

二是为节省时间成本抢筹建仓。

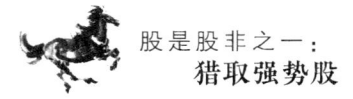

三是为探究盘面虚实拉高试盘。

了解这几类拉升意图，是为后面章节走进"量时空稀释风险"与"量形态还原主力身影"架一座桥。这三类拉高，投资者更希望的是参与拉出较大空间的拉高，其次是适当参与抢筹建仓的拉高行情并进入后面的主升段，最不希望的是建仓试盘。在实战中，如何识别主力不同的拉升意图呢？这就需要借助"量时空"这把尺子来度量评估，"量时空"可以过滤图上的各级别的风险。

图上，量时空的压力风险是主力充分出货、出完货的见证，刚实行大举出货的主力哪有拉高行情的企图？没有企图哪来的激情？因此，只要图上主力未稀释前期的时空压力风险，图上量形态未还原主力的身影，我们就不参与交易。只有这样，我们才可以更多地规避风险，排除市场诸多的不确定因素，置身于较确定的交易环境。

## 第二节  量时空大压风险

量时空大压主要来自四个方面：

1. 明显顶部压力。
2. 明显趋势压力。
3. 巨量下跳缺口压力。
4. 前暴跌起始区。

### 一、明显顶部压力

明显的顶，在任何一只股票的历史走势中轻易就能找到。归纳一下，明显的顶就是"有价""有量""有形"的"三有"单日高点。即价格滞涨或高空倒灌，成交量巨大，K线因价格滞涨或高空灌下形成经典形态。因股价滞涨同时释放出较大成交量的高位K线见顶形态，是一只股票的主力在高价区集中卖出股票留下的身影。明显的顶，对股价后期的走势有非常大的压力。

下面简要列举一些较为经典的、明确的顶部K线和K线组合，并加以说明。

如图1-2-1，升势末端，股价最后因诱多留下巨量受阻长上影K线单日见顶形态。高位、巨量、长上影，这些是组成股价明显顶部的显著特征，长上影不管是什么颜色，价格见顶的意义都是一样的。要避免自己在这把利剑下受伤，唯一的也是最佳的方法就是不要狂情追高。股价远离 A 区、B 区的拉升不用理它（A 区、B 区见后章节详解），持股者见到上述形态应该即刻锁定利润。

如图 1-2-2，升势末端，股价开盘后如洪水般放量下泄形成巨量倒灌单日见顶 K 线形态。股价在相对高位高开或在开盘之后直接灌下，犹如晴天突然惊雷，暴雨倾盆。这是主力清仓大甩卖的惯用手法，股价出现这类 K 线形态，多以大跌或暴跌紧跟其后。躲在大阳线里的是闷雷，冒头高开的是响雷，都是要变天的前兆。一旦发生这种情形，伴随霹雳声的就是高速下挫，这对希望出局而未出局的股票持有者的伤害将是撕心裂肺的。中小投资者当能避开就避开，果断再果断。

如图 1-2-3，股价在大幅拉升后，高位再次放出巨量并以大阳实体 K 线或涨停板出现，多为主力最后诱多，很危险，应警惕"独阳"顶部形态。行情以大阳线持续上升没什么不妥，关键问题是主力不会在高位用更高的价格再次投入更大的资金，你也不会。既然如此，出现巨量就只有一种可能，主力筹码倾泻。实战中，持股者最迟应该在收盘前主动锁定利润。图形上，"再"的表现形式是判断是否接近顶部的关键。

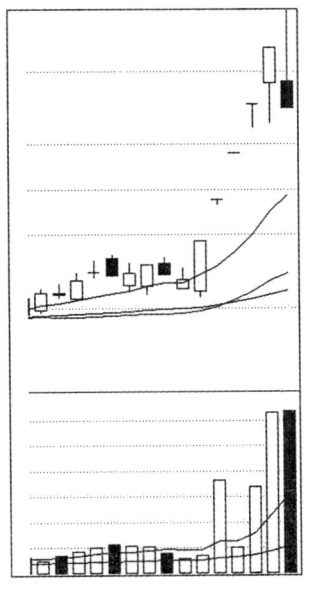 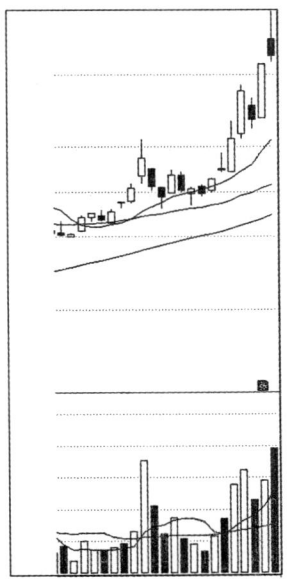

图 1-2-1

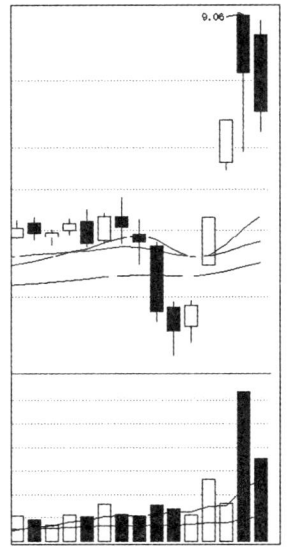 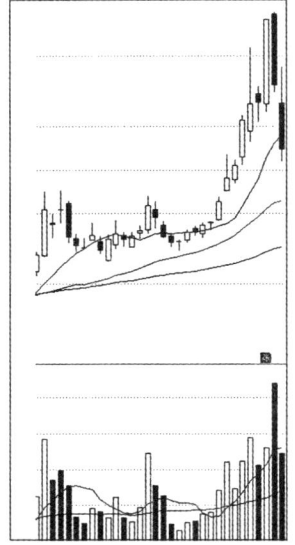

图 1-2-2

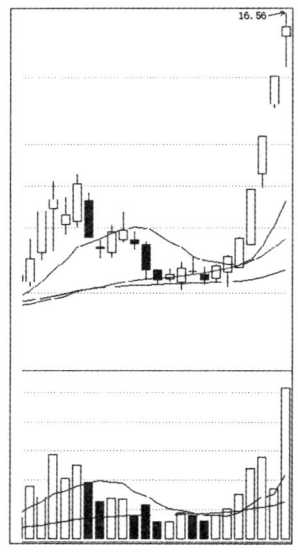 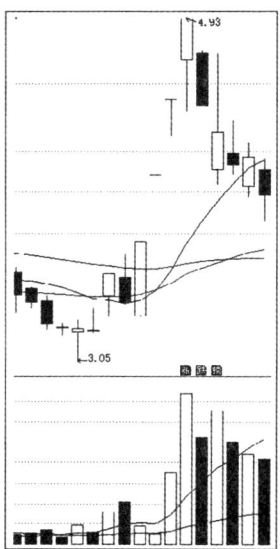

图 1-2-3

梅轮电梯（603321）在 2020 年 8 月 21 日再次大跌，主要就是受制于前面 2020 年 4 月 22 日的巨量长上影顶部压力；2020 年 8 月 21 日的倒灌又为后面 2021 年 1 月 7 日开始的暴跌指明了方向。见图 1-2-4。

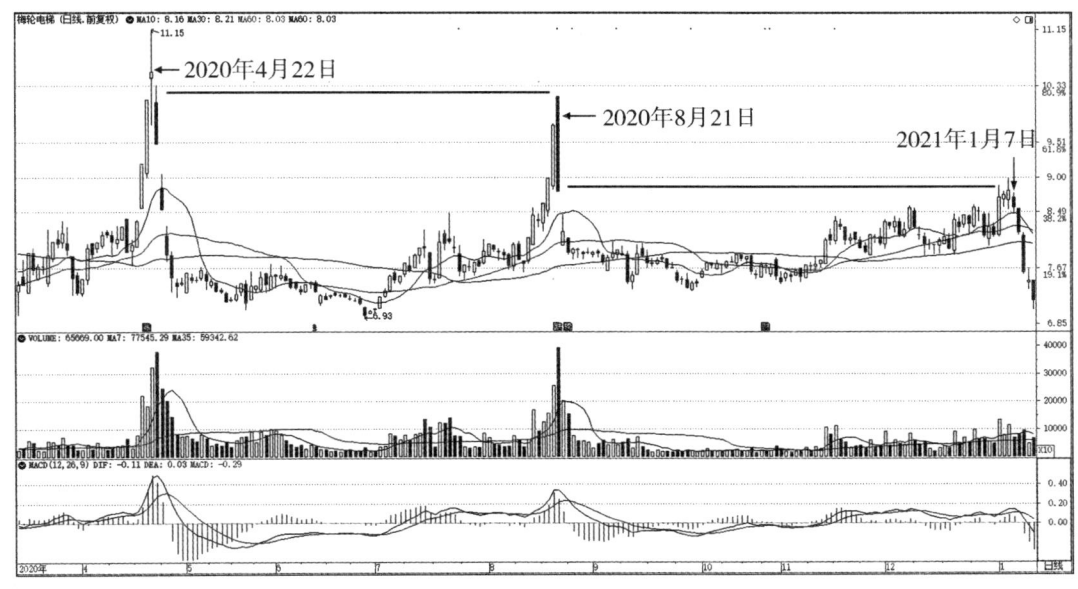

图1-2-4

股价运行过程中,每一个明显顶部对股价都有一个极强的压制作用,这种作用源于顶部形态后面巨大的套牢盘,悬在高空的套牢盘犹如一个个炸弹,很少有人愿意去碰,没有十足的能力就别去碰。

宏和科技(603256)2020年7月24日股价一小波反弹至前面2020年5月15

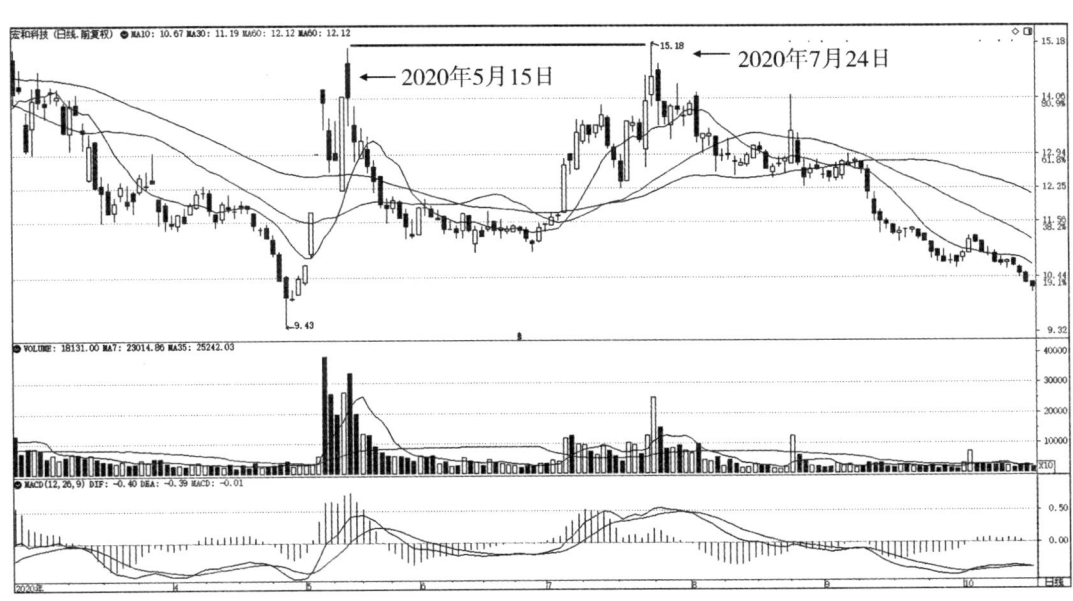

图1-2-5

日的巨量倒灌顶部后又开始新一轮暴跌。而暴跌前股价还是连续两天的放量阳线，乍一看似有突破的样子。样子归样子，没有实力的样子就是花架子。就是这一两根大阳线，被前面同位置高度的一根顶天巨量大阴线折弯了腰。此后，股价一路下行。可见，量时空大压风险非同儿戏，投资交易当慎重待之。见图1-2-5。

湘潭电化（002125）股价从底部首次异动到2020年2月24日高位倒灌见顶，历经68个交易日涨幅刚好超一倍。超一倍的股价也是一波三折，最后用一字板急拉见顶。这种结实的顶出现后，后面的走势将会是折了又折。湘潭电化的股价在2020年7月8日后再次转身向下，开始新一轮的下跌。对于结实顶部下面的这一波小反弹，笔者以为不做为妥。笔者根据对股票的大量研究以及反复实战认为：只有量时空才能作为衡量一只股票是否有效突破或有效反转的标准。所有的技术分析手段只有在量时空充分稀释了风险之后才得以顺利展开，在量时空高压之下，任何技术分析手段都成了花拳绣腿，实战中成不了气候还极易被主力不断伤害。量时空适用于每一个周期，包括周线、日线、60分钟线。见图1-2-6。

图1-2-6

福光股份（688010）股价在低位资金进场的推动下有一小波行情。2020年7月15日股价高开上冲，但全天收出一根巨量长上影K线。巨量长上影线并不可怕，可怕的是正好遇上前顶。遇到这种情况，持仓者出局是上佳选择，场外观望勿躁动。见图1-2-7。

股价再次见顶的特征是在前顶"再次"甩出巨量并滞涨，再次滞涨一定要慎重待之，存有幻想是要吃大苦头的。而随后的任何低吸也犹如在漆黑不见五指的夜里盼星星盼月亮一般，太一厢情愿。这话或许有些牵强，但这是历史的经验。福光股份股价双顶之后的走势见图1-2-8。

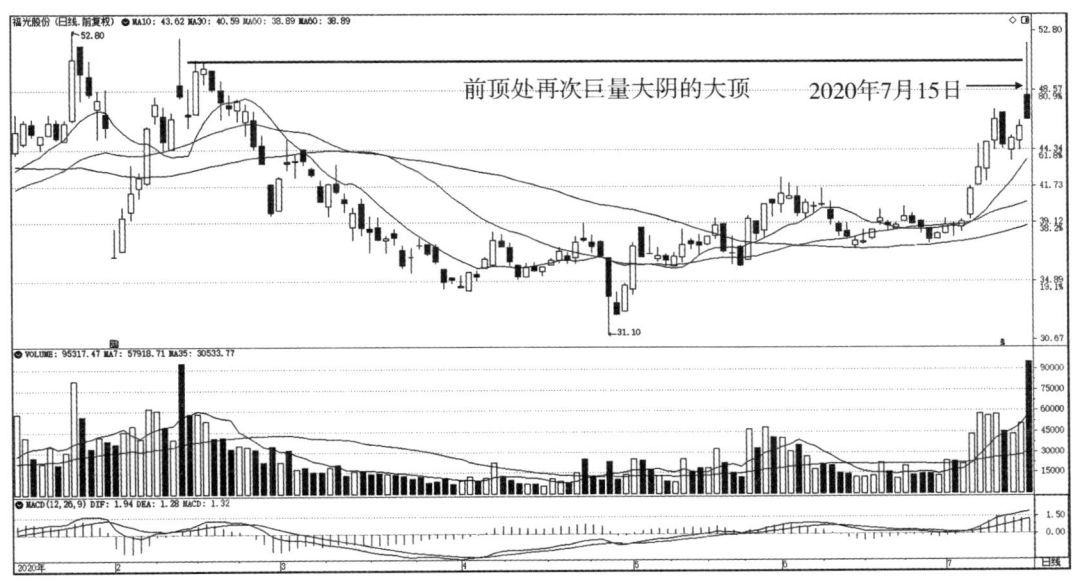

图1-2-7

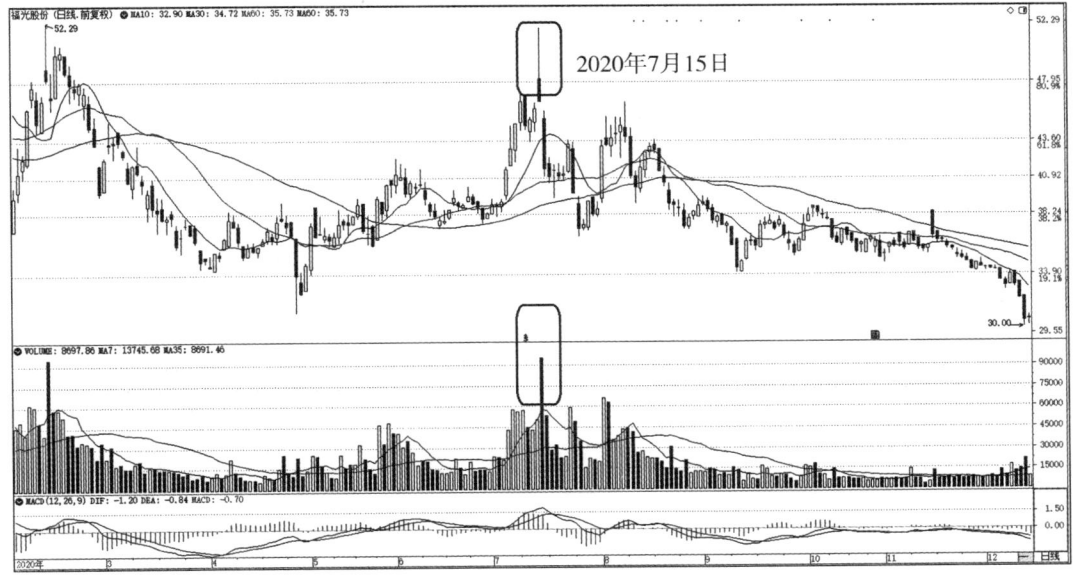

图1-2-8

## 二、明显趋势压力

由于前期股价重心不断下移，股价高点与低点依次降低，以高点连线形成的向下趋势，压力辐射的风险是较大的。跨度越大，压力越大，同样，均线向下角度越大，压力就越大。

通化金马（000766）股价在 2019 年 11 月 4 日于下降途中小幅反弹见顶大跌，又小幅反弹又遇顶大跌，再小幅反弹再见顶大跌。如此循环重复大跌小反弹的走势，股价始终受制于趋势大压之下逐波滑落。图中几处箭头可见受压情况。见图 1－2－9。

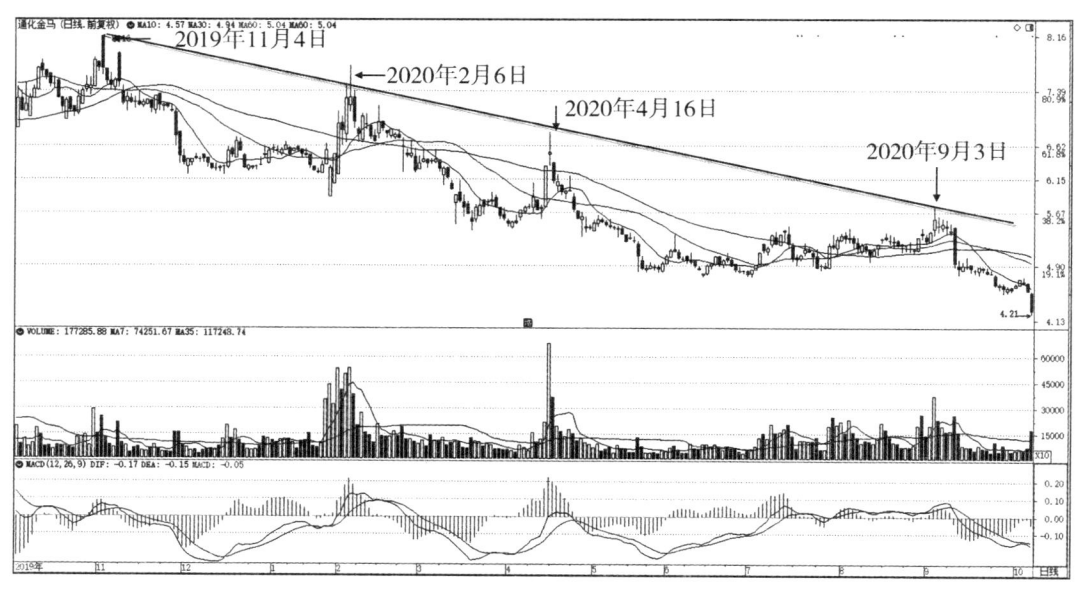

图 1－2－9

格力地产（600185）股价因"免税牌照"的利好催生出一波暴涨行情后，于 2020 年 7 月 7 日开始的这几个交易日出现大级别顶部。大级别顶部的标志是高位再次频繁出现大阴量群。随后股价掉头变向并走向趋势大压的下跌趋势轨道中。图中 30 日均线成了天然的趋势大压线。见图 1－2－10。

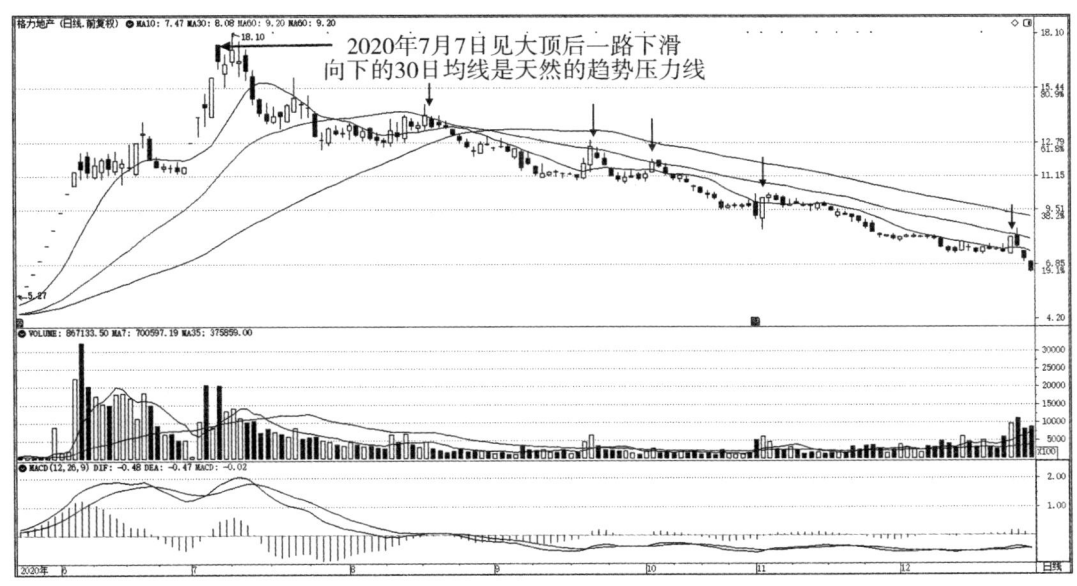

图 1-2-10

经验告诉我们，股价上涨一旦受到某条均线的重复支撑而再次上涨，这条均线在未来行情向上过程中就会是天然屏障，支撑股价持续攀爬，原因在于这条均线映射的是现阶段主力的操盘成本线，即主力的操盘线。同理，下跌过程中一旦某条均线重复压制股价，那么这条均线就是趋势压力线，直到趋势压力被底部异动资金瓦解，才会生成趋势逆转。细节之间的功夫亦是"是非"判别的真功夫，因此不要随意去抄底，也不要任性去抢反弹。

### 三、巨量下跳缺口压力

股价在高位区带量或巨量下跳形成向下跳空缺口后，这个缺口在相当长时期内，将对股价上升形成巨大压力。不管这种缺口是因为基本面发生实质性重大利空，还是主力资金链有了大问题而发生大甩卖的恶行，总之，不到万不得已，主力是不会容忍这种带量下跳行为发生的。这种缺口所形成的巨大压力很难在短期内得到稀释，因此，实战中要主动避开。

温州宏丰（300283）股价继连续两日 20% 的涨停板后再继续高开上冲未果，于高位连续三日出现振幅巨大的长上影，这是主力在高位换手派发获利筹码的行为。2020 年 9 月 9 日留下的阴性的长上影更加明确反映顶部之后即将变向。次日，股价大幅低开，全天收跌停。随后股价进入下降通道，途中有一两次小反弹，反弹到下跳缺口处戛然而止继续向下，并在缺口位置再次甩出巨大阴量，随即开始了大幅度、长时间的下跌。见图1-2-11。

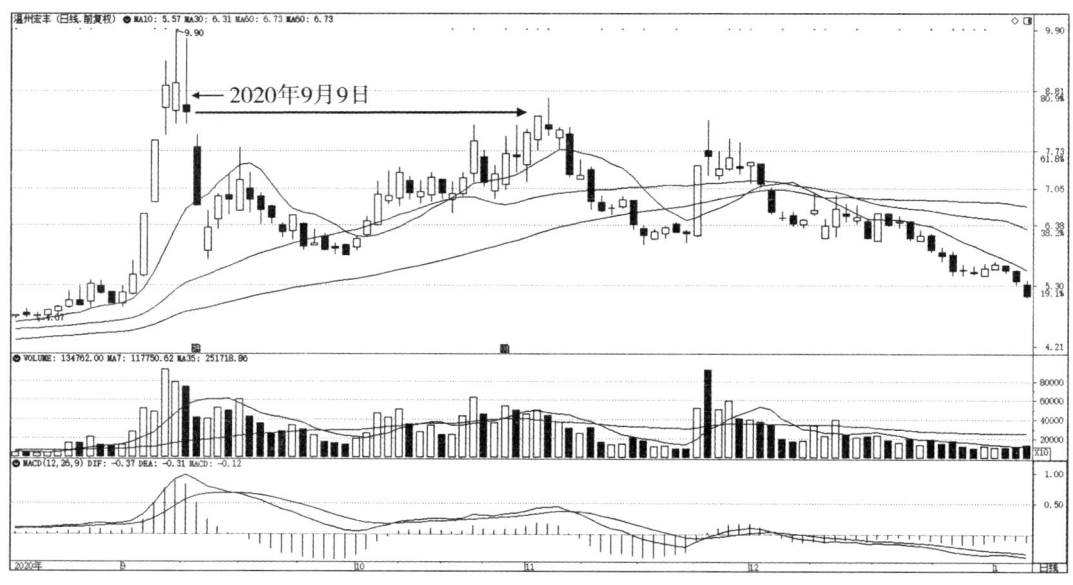

图1-2-11

著名的"墨菲法则"指出：越不希望发生的事情往往越可能发生。但这一法则中漏掉了重要的一环——对风险的认识与防范。既然不希望事情发生，就是知道有潜在风险，就要加强风险防范。在雨天行走比在晴天行走容易滑倒，那么雨天行走就更要小心，否则滑倒的可能性就会加大；鱼刺要卡喉，就不要张开大嘴风卷残云，否则就会重复被鱼刺伤到；迟到不好就要提前准备出发。总之，要想脱离时常倒霉、麻烦不断的状况，就要知道生活中的基本常识并改掉马虎的习惯。同理，股价拉升后出现的高位下跳缺口风险是巨大的，这是"麻烦"的盛产地，那么，在巨量下跳缺口的压力辐射区，不可追突破，要做只做远离缺口的行情。

华业香料（300886）上市次日即2020年9月17日股价就开始带量大跌，第三日大幅低开低走，这两天就形成了较大的下跳缺口。随后股价小反弹到缺口下沿就再也不敢抬头，股价在一些人还在留恋招股书上的香料味之时徐徐下滑，然后以飞流直下三千尺的走势证明：缺口大压下的香味莫留念！见图1-2-12。

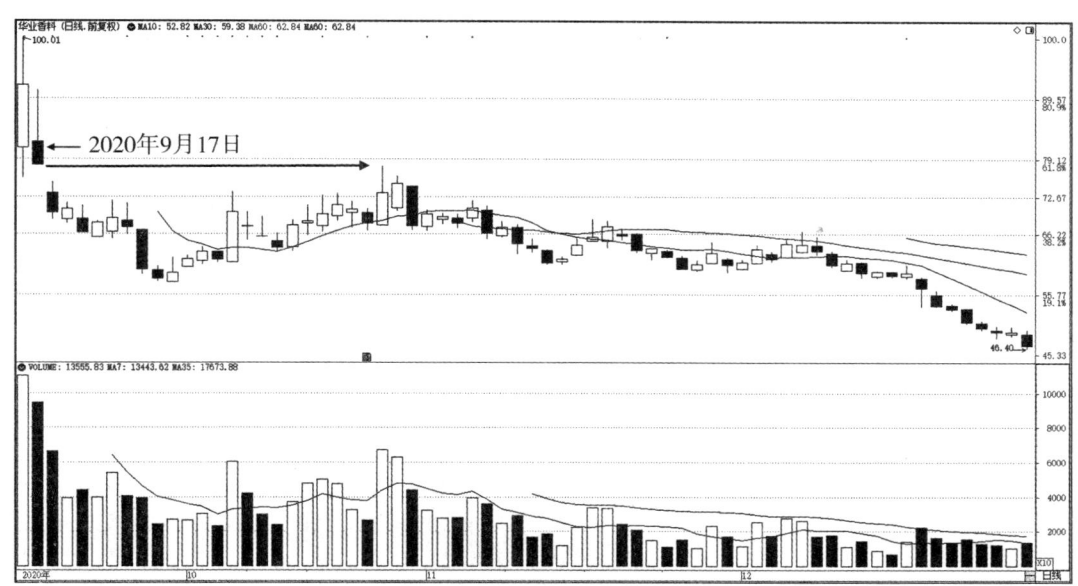

图 1-2-12

再看青海春天（600381），该股因公司利好消息大涨了一波，于2021年1月5日巨量倒灌见顶并下跳形成缺口。这样单日明显见顶叠加带量下跳缺口的顶部确凿无疑。随后短期内任何的买进行为都是极其危险的。这是大资金、大股东不计成本大溃逃的写实。无论在均线上，在前面向上的缺口上，还是在随后缩量阳线上，都不要理睬它，不要去蹚这潭浑水。见图1-2-13。

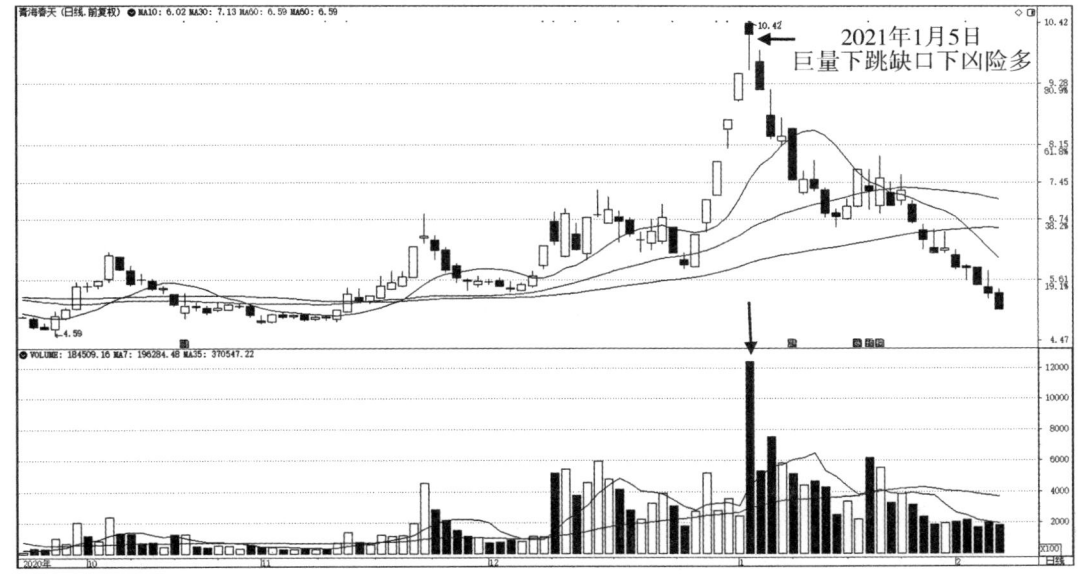

图 1-2-13

南岭民爆（002096）几波拉升之后，在高位释放大阴量且股价表现出蹑手蹑脚准备开溜状。2020年12月10日，C区（详见第四章风险C区）出现带量跌停板，宣告股价回天无术，这一天再次破进攻线时，是持仓者最后的最佳出局时机。随后，股价又空板下来，在60日均线上停留了几天，形成一个平台。如果在这个平台低吸，可能相当长时间得不到任何好处，而且还要承担股价再下一个台阶的暴跌风险。缺口大压是极具风险的地带，在缺口大压形成后短时间内不要心存幻想，也不要企图在此时间窗口使用操盘技术。高压之下无形态，无支撑即无技术可言。见图1-2-14。

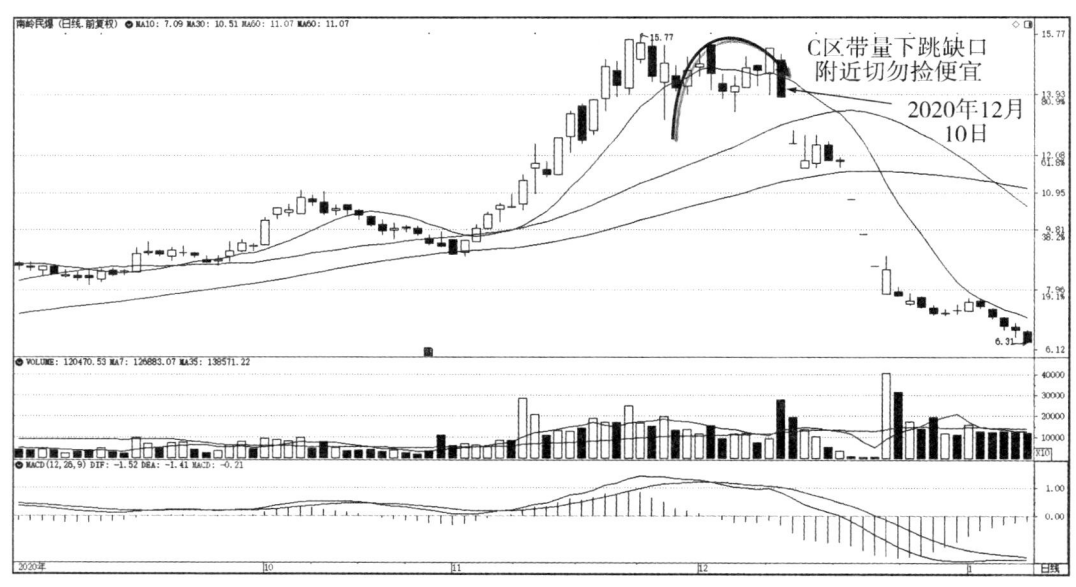

图1-2-14

**总结：**

本节论述了量时空风险在图形上的三种主要表现形式：明显顶部压力，明显趋势压力，巨量下跳缺口压力。实际上，图形上的风险远远不止这些，只是这三种更具代表性，容易对交易者造成较大伤害，不管盘后选股还是临盘实战，都要有意识地回避。习惯成自然，习惯也能成就一切。当我们对这些明显的量时空风险多加认识并有了足够敬畏之后，就会进行本能式的规避，如此，操作中的风险就排除了极大部分并能较为妥当地保留住到手的利润。实战中，余光所至，即可舍取，两三秒而已。

图形中的量时空风险过滤了，是否剩下的就是机会了？不是！准确答案是，还不够，还需要等待，等待更重要的一环——量形态还原主力身影。

# 第二章
## 量形态还原主力身影

在二级市场，中小投资者欲做好股票就得先选好主力、选好股票，然后好好地跟住主力，顺应股价走势。如果某只股票的成交量有正极能量大肆放出、价格有明显异动，显然就是有新资金，或者主力在操作。主力进场后，都会洗、震、逼，不管力度大小，都有这些动作。动作做完了是否就要立即拉升股价呢？没这么简单，还要等到主力再次进场。只有主力再次进场，股价才离拉升的时机不远了。要鉴别上面这些情况，就需要我们借用成交量的组合形态，初步找出有较强主力隐身于内的股票，接着再"还原"主力的身影。

我们把某个时间段成交量的组合形态称为量形态。在图形上，量形态是一段时间内，由高低不同、有阴有阳的成交量柱体与成交均量线所构成的组合形态。"兵马未动，粮草先行。"量形态反映个股的"粮草运输"状况，通过解读量形态，再结合其他一些图形信息，我们就可以窥探主力"粮草运输"行进路线，据此也就可以研究主力部队的走向。

## 第一节 量形态选股

有主力资金入驻且形态较好的股票，量形态总体的表现是"三阳控三阴"。什么是较好的股票？就是中小投资者买得到、能够操作的股票。因资金规模小，买不到、不能够操作的疯股、妖股，不做也罢。

"三阳控三阴"是指成交量中的阳量（正极能量）与阴量（负极能量）组合而成的三种性质形态。在图形上，这三种性质形态表现为：阳众阴寡、阳放阴缩、阳聚阴散。

"阳众阴寡"在成交量窗口上的具体表现就是阳量柱众多，阴量柱寡少。形态的性质就是进场的正能量资金是主体，控制着出场的负能量资金。

"阳放阴缩"在成交量窗口上的具体表现就是阳量柱放大，阴量柱收缩。形态的性质就是进场的正能量资金投放度控制着负能量资金的流出度。

"阳聚阴散"在成交量窗口上的具体表现就是阳量柱聚合堆积，阴量柱分散稀少。形态的性质就是进场的正能量资金意志的集中度控制着负能量资金意志的散乱度。

我们从三阳控三阴的量区中，初步挑选气势连贯、意志坚定、财大气粗的主力作为跟踪观察目标——集中精力跟这种主力。试想一下，一只股票，量区里的阴柱众多，阴柱个头高大而聚合，这样的股票会有行情？有多远的行情？

我们看到益生股份（002458）股价在 2019 年 2 月 15 日一个鲤鱼打挺跃过龙门后，即开启了一波波澜壮阔的行情，股价用干净紧凑的两波完成了接近两倍的暴涨之旅。该股正式启动前，量区里框住的两堆阳量异常醒目，量能极其丰厚，三阳控三阴的量形态极其完美，这是主力资金吸纳低位筹码的见证。只有量能丰厚，后期出现主升浪才有强硬的保障。见图 2-1-1。

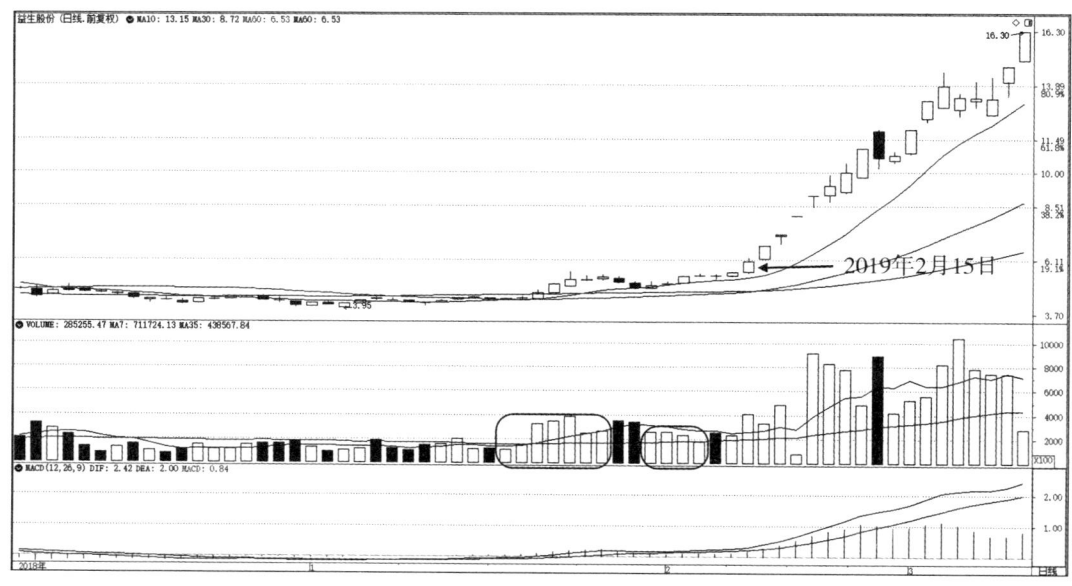

图 2-1-1

天齐锂业（002466）从 2020 年 11 月 20 日开始，量区里阳量不断冒出来，图形上三阳控三阴的特点异常鲜明。股价也在顺着向上的均线持续攀爬。上涨放量、回调缩量，这是经典的波段行情特征，类似的行情走势相对稳健，进出机会以及持股都较从容。实战选股工作中，这样的模式可作为重要的选项。见图 2-1-2。

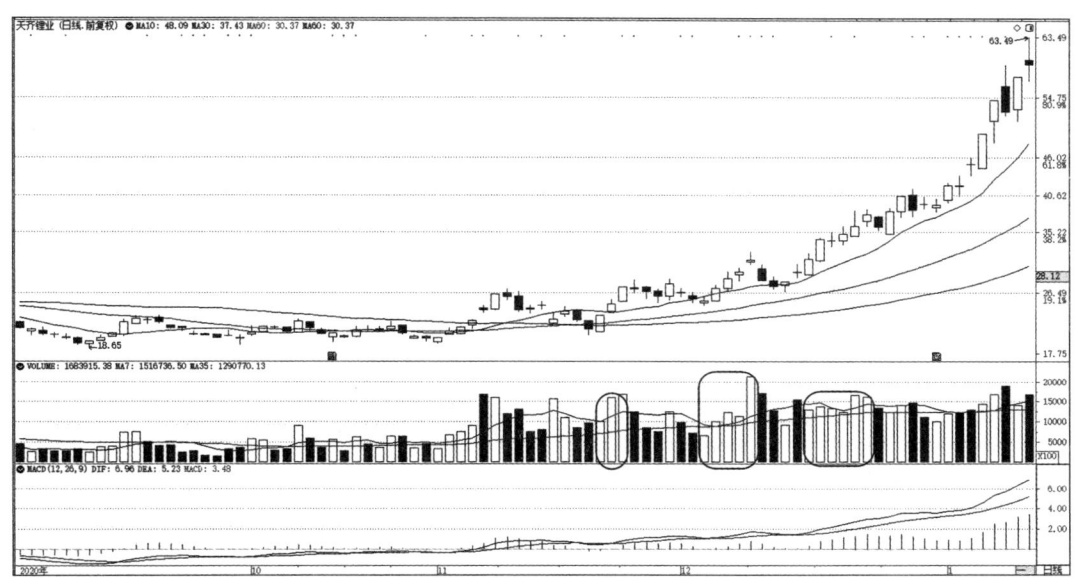

图 2-1-2

芯源微（688037）上市首日大涨后，在这天的大阳线之上，在量区 A/B/C 处

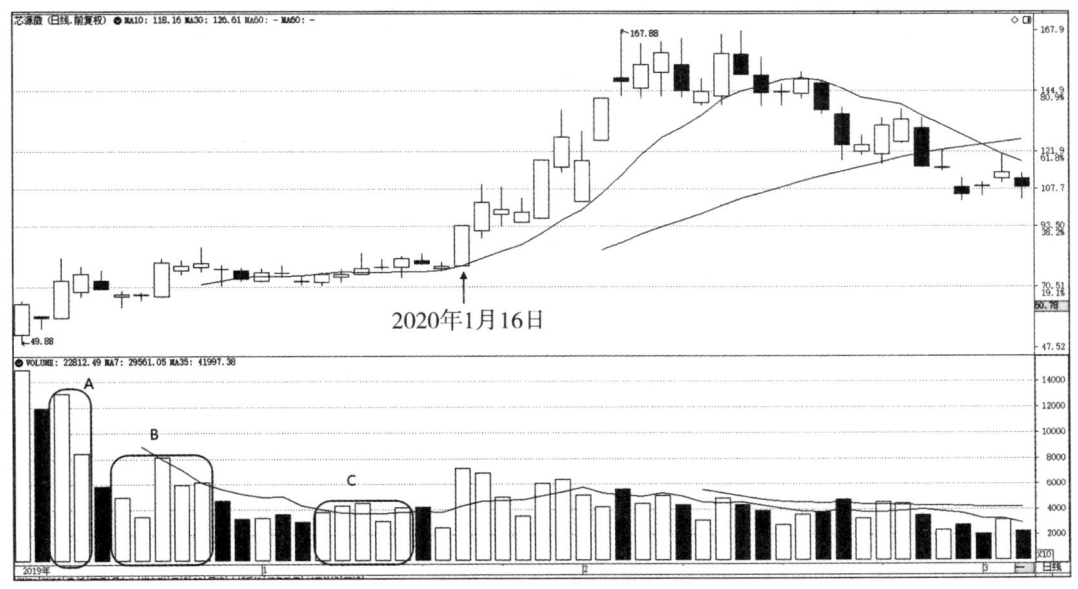

图 2-1-3

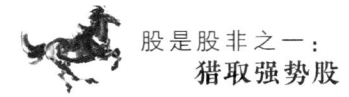

依次出现了三次明显的阳量堆,同期的阴量极为寡淡稀少,这是明显的多方强势主力在收集大批低价筹码。这种三阳控三阴的量形态完全满足强势主力的特性,这是我们要集中精力搜寻的股票类型。收集足够筹码后,股价轻柔往下垂了下眼帘,于 2020 年 1 月 16 日以 20% 涨停板实施大突破,强势进入主升浪。见图 2-1-3。

来看一下下面这个例子,这是关于量形态"非"的案例。

康缘药业(600557)单从量形态看其 2019 年 8 月至该年 11 月的走势,就能清楚七八分。阴量柱高大且多,阳量柱散且少,同时,量柱对应的 K 线也多是小蚂蚱样,说明股性变差没了活力,对这类不是三阳控三阴,而是三阴控三阳的股票,主动避开为妙,该股后期走势将以下跌为主。见图 2-1-4。

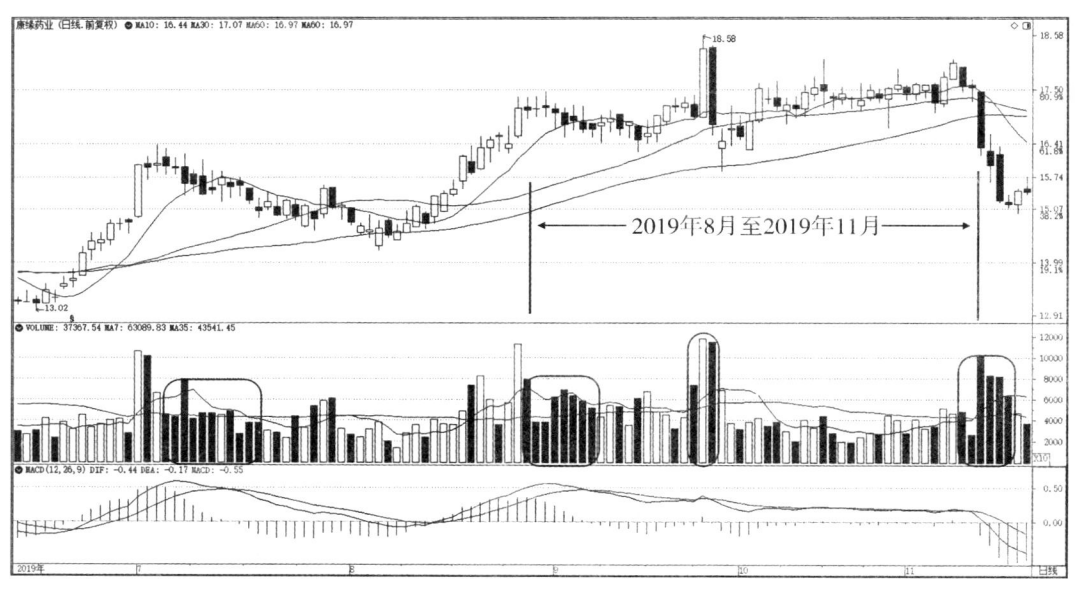

图 2-1-4

股票如人,人的着装就是在告诉他人,自己欲做什么样的人。在生活中,赶时髦是一道风景,但在股市里,乱跟题材打探消息、乱赶"追涨停板"的时髦、乱抄底,却是要受罚受罪的。康缘药业在下跌一大波后,在半途中依然阴量柱几乎满眼都是,根本看不到像样的阳线。没有三阳控三阴的量形态,股价就像只猴子上蹿下跳,还时不时龇牙咧嘴挑逗围观的人。在选股操作时,请记住,阴量一片必将带出一片阴凉。见图 2-1-5。

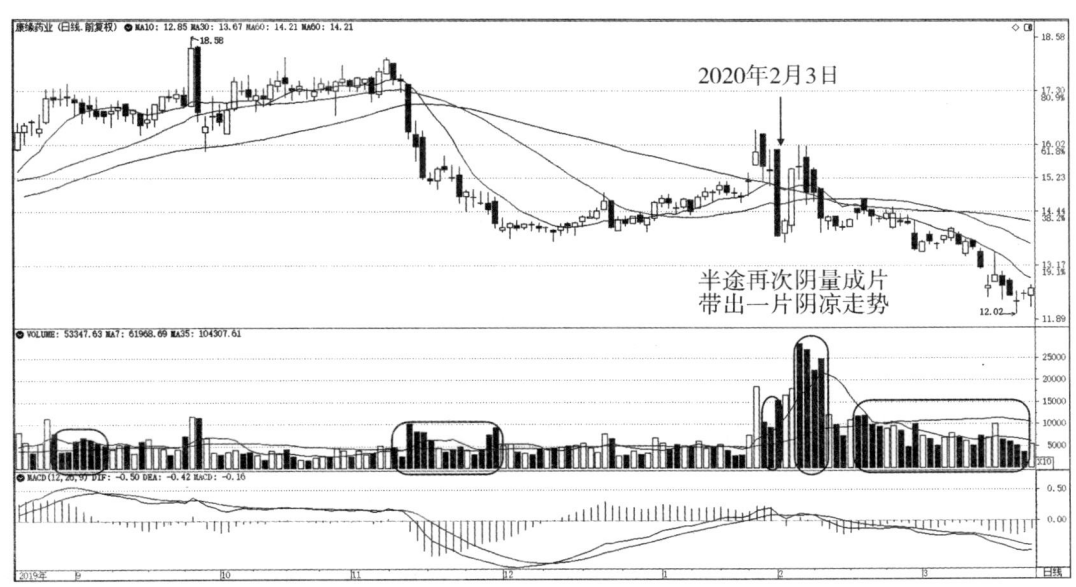

图 2-1-5

在股市,中小投资者唯一的权利就是可以自由选择与哪只股票交易,所以一定要合理利用这种权利,把这种权利用在刀刃上。不管股价是下行、横盘还是上行,只要量形态与三阳控三阴相反,呈现在图形上的是三阴控三阳,我们就主动与其划清界限,绝不做任何交易。这种主力与他的操盘团队至少在该阶段是不诚信的,也是凶狠的。如果无视这种阴盛阳衰的盘面现象,那么就要有思想准备——带着梦想,回到裸奔的石器时代。

**总结:**

通过量形态选股,能选出某个时段较强的板块;通过量形态选股,能选出某一板块中较强势的小组。如果希望参与强势股票行情,就要立足于强势量形态,根据三阳控三阴来寻找具有丰厚量能的股票。一只强庄股票,无论主力在拉升之前使用什么伎俩,始终都会守住他的成本底线,控制住股价的重心,行为上不会过于出格,该收敛时不会放纵,该冲锋时不会遮掩。其实,在这个市场,主力最寂寞,他既需要知己,又害怕知己。

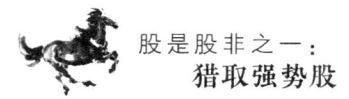

# 第二节 量行为跟随主力

通过量形态初步选定有较为强势特征的股票后，就要进行跟踪。因为主力资金大举介入后的拉升之前，会短暂清理一下散户，不管是洗、震，还是逼，主力一般都会有这些动作，目的是垫高市场成本，为减少拉升时的抛压做最后的剿杀。这时，我们要做的是，看主力怎么洗、怎么震、怎么逼，是否弄出效果，效果是否恰如其分。

怎么看效果呢？

第一，在主力洗盘压价时，注意判断主力是否仍然留在其中。图形上，量区的成交量体现为：价格一开始下跌就缩量，然后再迅速缩量，最后极致缩量，当短时间内出现迅速带量的再度拉升，就是行情的启动点。

第二，如果洗盘压价时出现大阴成交量、众阴成交量，拉回时不要激动，低吸追涨都不要急于在这里展开，应该等待主力将大阴成交量、众阴成交量甩出的负极能量筹码风险做适当清洗、稀释之后再进场。一般而言，股价在伴随大阴、众阴成交量下落的过程中，会有主力较多的筹码在高位卖出，要想做不亏本的买卖，他必定在更低价位买入更多筹码，而当买进更多低价筹码后，股价稍做整理就会拉升，否则，调整时间可能会延长，或者行情可能一去不复返。因为，所有的顶部都是从放量下跌开始的，没有规定有大阳量冒出来后，下落的阴线一定是洗盘，向上的均线一定对股价有支撑，尤其是在短线行为更为盛行以及可以融券做空的时代。

第三，如果股价横盘震荡或蓄势，则需要判断是负极能量为主的出逃行为，还是正极能量为主的收集行为。出逃多以"三阴"特性量形态为主，收集以"三阳"特性量形态为主。

接下来举例说明。

青青稞酒（002646）在 2020 年 11 月初，量区里突然出现一大堆如山一样的阳量，这是主力积极进场的最重要标志，盘后复盘或盘中发现异动即可纳入重点跟踪对象。其后，股价用了三个交易日轻微洗盘后于 2020 年 11 月 11 日开始强势波段上行。

资金强势进场选出股票，洗盘缩量达标说明主力仍在其中，再次反转即是波段机会。看清主力做多三步操盘行为的经典到位，我们跟随交易也就简单干净。股价上行多远,用什么方式上行?没人告诉我们。跟着主力走,看整个板块强弱表现走,剩下的交给市场,交给主力。见图2-2-1。

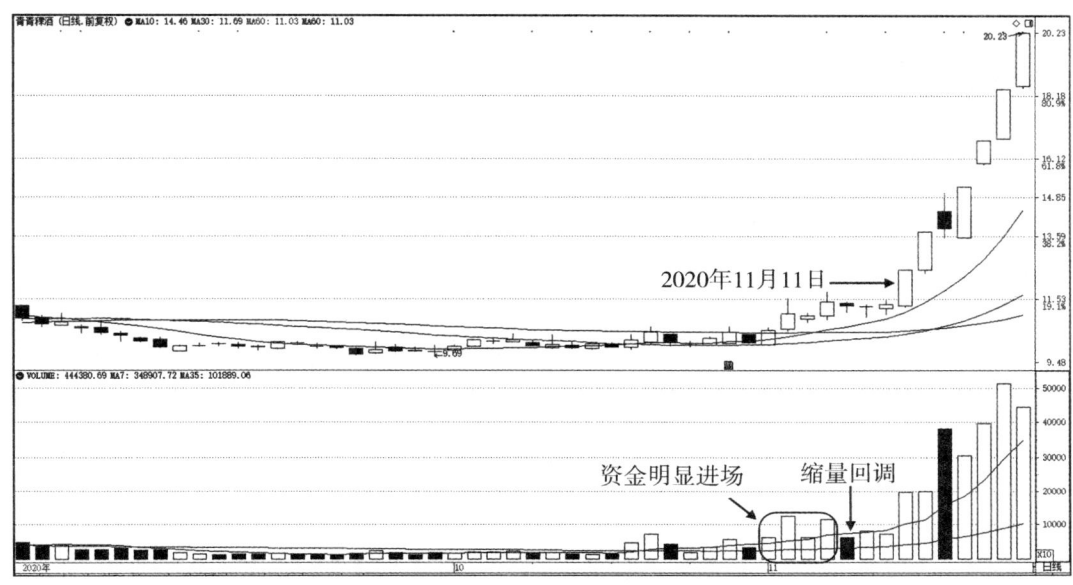

图2-2-1

戴维医疗(300314)股价在2020年6月24日与次日这两天强势涨停并放出巨大阳量,异动很明显。随后在异动区顶部进行了几天横盘蓄势,蓄势期间几乎没见

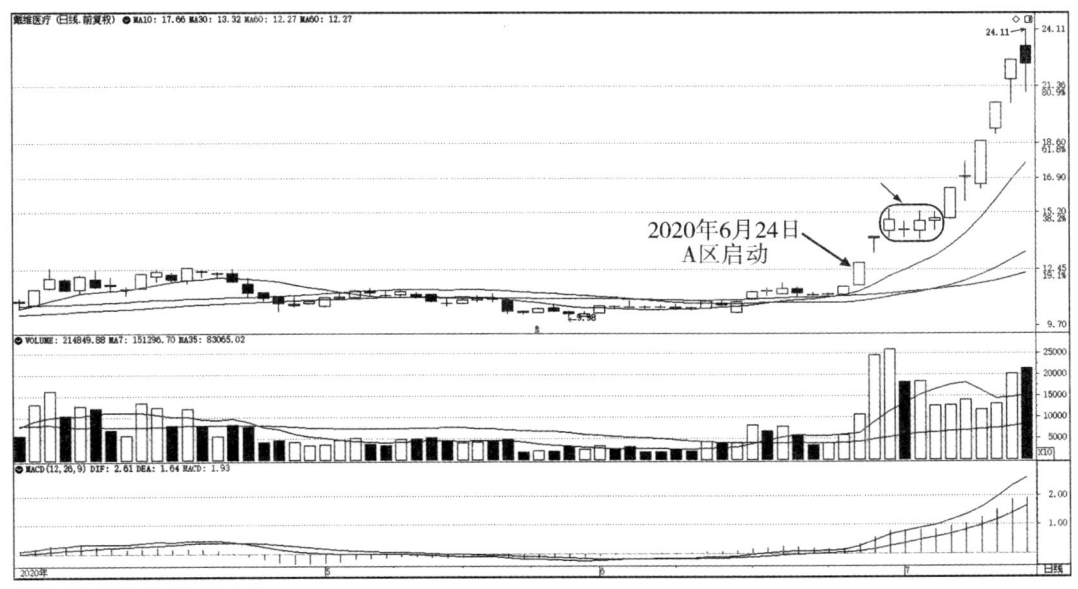

图2-2-2

阴量说明主力在持续吸筹。蓄势完毕的股价一鹤冲天快速拉出价格空间，为自己在高位顺利出货创造了空间条件。见图2-2-2。

移远通信（603236）图中清晰可见股价见底之后，于2019年12月底到2020年1月初这段时间有明显的资金在大批稳步进场，图形上框中"高大上"的这堆阳量就是佐证。股价碎步行走一小段后，意外下跳但次日即反转，说明前一两日的跳水是诱空。实战遇到这种"前有好的成交量形态，接着意外下跳，紧跟再强势反转"可大胆跟进。2020年2月4日这天股价强势反转就是最佳追进时机，突破跳水前的小高点为最佳加仓窗口。见图2-2-3。

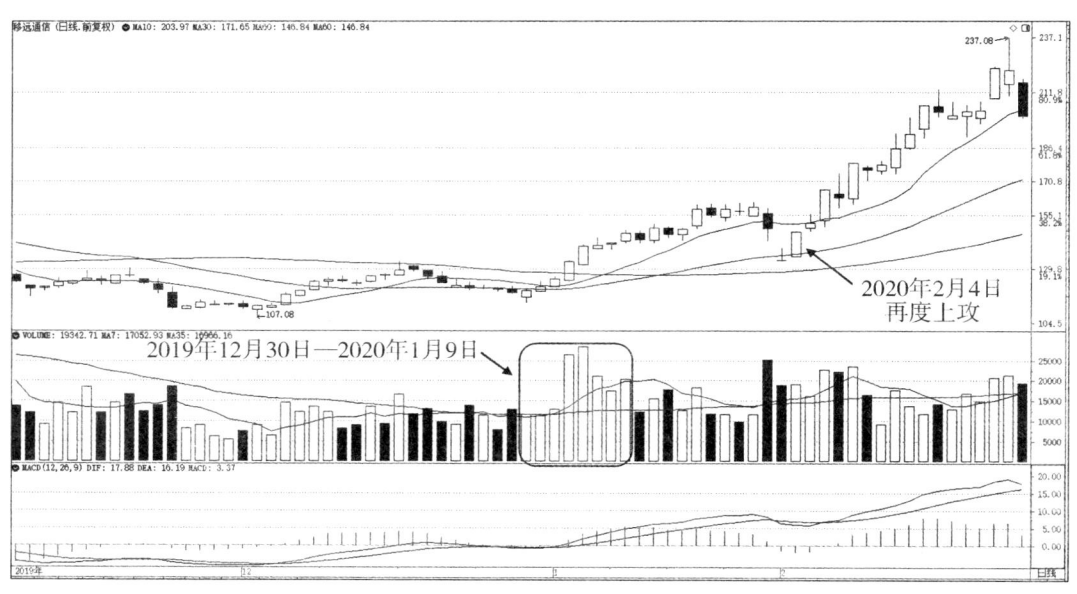

图2-2-3

会稽山（601579）2020年11月12日在前期行情不温不火的走势中突然出现一个天量涨停板。好位置上的天量涨停板多是带着使命出现的。天量涨停板次日即下洗、止跌、蓄势、再次强势反转，开启短平快的上冲行情段。进场、清洗、反转一气呵成，一洗就洗到无量，一拉就拉到涨停，典型的强势短资手法。见图2-2-4。

股市之中任何时期都不缺英雄，强势短资进场就是英雄群体的行为，只要强势资金进场，就值得跟踪，随后的健康、经典回调，就值得我们睁大眼睛高度关注，强势迅速反转时就值得我们跟进、抢进，从而博取强势股提供的赢利机会。

图 2-2-4

不抢跑、不迟追,半步之间执行买卖,交易就该是这个样子。

很多人下决心要在股市里有所作为,有所收获,计划写了,目标定了,也进修了,但总找不到突破口,于是就开始了漫长的等待。大盘休息他也休息,大盘不休息了他已经休息惯了,当行情上涨再度点燃他的激情时,大盘却又开始休息了。买卖股票就如中了魔法,总是踩不上行情的节奏。

经过短暂拉升后,会稽山的股价开始回调,回调时带有众多大阴量,说明在高位主力筹码已经抛出了很大一部分,那么交易者就不要急着去低吸甚至抄底。随后我们看见股价在 30 日均线上止跌并且有新的资金再次进场(B 区),这时,这只前期的强势股也再次回归我们的视野。在腰部补进资金后的股价用同样的手法快速走出一大波,股价于 2020 年 12 月 23 日巨量天针见顶,补进资金之后的再次反转就是我们全力以赴的机会。什么行为称为全力以赴?当机会显现时,当买点出现时,当交易系统发出警示时,毫不考虑,绝不迟疑,三五秒时间内完成判断与交易,有眼光、大气魄、大手笔。面对盘中显现的机会,若有丝毫的犹豫,就证明功力仍存有明显欠缺。见图 2-2-5。

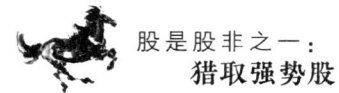

## 股是股非之一：
## 猎取强势股

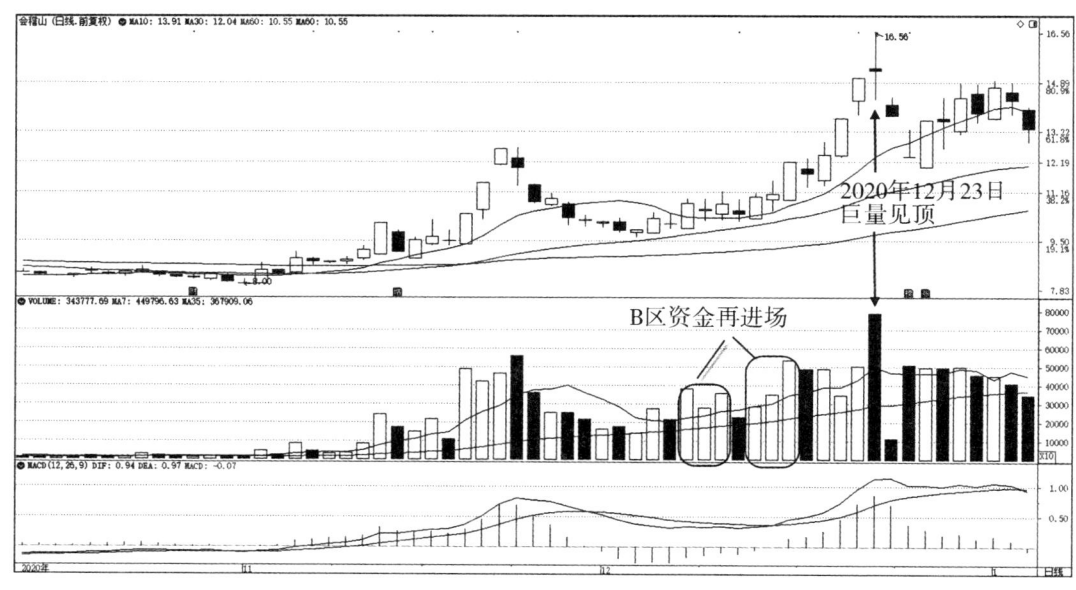

图 2-2-5

会稽山的股价高位巨量单日见顶之后快速杀跌，途中有个小反弹，但仍畏惧那根高压天线，一掉头股价即进入正式大跌。高压之下的反弹，是主力第一波杀跌出掉大部分筹码后，为清除手中最后筹码做的最后佯攻，中小投资交易者没必要去品尝锅底最后一口汤。见图 2-2-6。

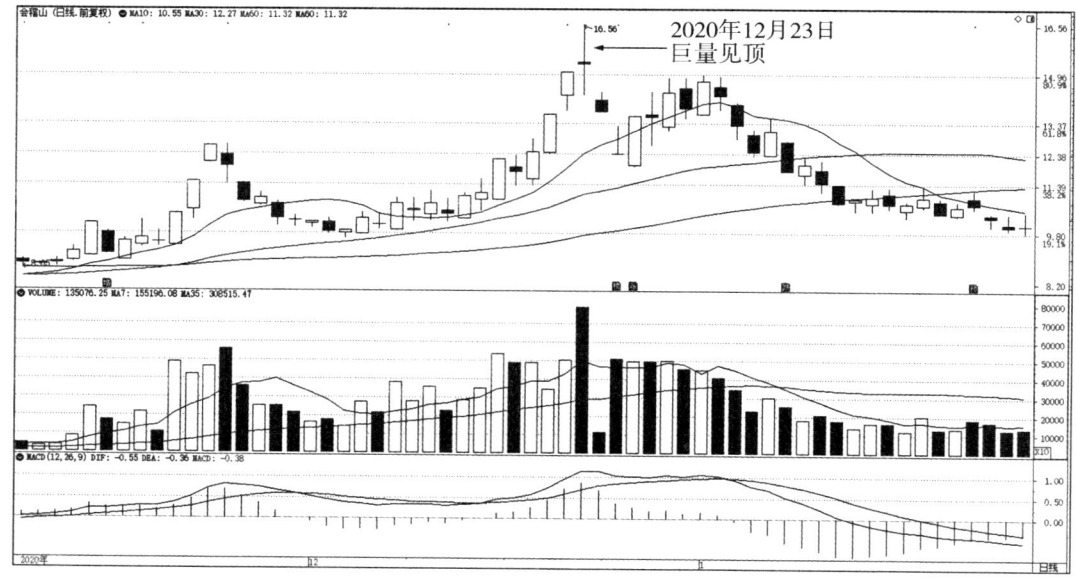

图 2-2-6

在股市里，交易者最佳状态就是知进知退，进退刚刚好。刚刚好是最好的好，刚刚好的前提一定是要知道。啥都不知道，八两知道两三钱，偶尔遇见一两次的"刚刚好"还可能埋下"大祸根"。"原来靠运气赚到的钱，现在靠实力输回去"就是这个意思。

**总结：**

量形态还原主力身影并跟随主力，给我们提供了这样一种程序：

1. 初选出强势主力入驻的股票。
2. 跟踪并识别主力的操盘风格，进一步确认其强势稳固的特性。
3. 捕捉风险稀释之后的最佳交易时机。

还原主力身影就是还原某只股票在一定时段中股价走势的潜在强度，稀释风险就是潜在强度的有力保障。在这种有保障的强度之下，我们就可以紧贴市场的强势脉动，抓住较好的交易机会。实战中，不管是精准短线机会还是强势波段机会，都在遵循这一看似千变万化实则没有变化的法则。

# 第三章
## 量价异动均线归位

量与价的关系是股价走势中最难捉摸也最难把握的关系，量价既唇齿相依又时常貌合神离。股价在运行过程中，有时是量动价不动，有时是价动量不动，有时量价同时动，有时量价均不动。这些"动"与"不动"，都需要投资者驾驭自己的心、掌控自己的手，让自己顺应这种错综复杂的"动"与"不动"。

量增价升，是这个市场公认的最好的量价关系，也是我们最期待的机会行情，特别是量与价突然大幅运动起来的量价异动模式，更是让投资者趋之若鹜。然而，结果又常常事与愿违，因为更多的投资者在股票量价异动发生时，往往是亏损最严重的时候。很多时候，明明量区里面成交量柱体大紫大红，一堆胜过一堆，股价位置也不高，买入后股票就是不涨。有时候，跟踪一只股票，看似回调到位，开始低吸，不料股价"哧溜"就钻到水下去了。有时候，股价冒头突破，刚刚买进，谁料想一根大阴线"哐啷"砸出一个大缺口。

那些持续赢利、享受快速拉升的高手难道只是靠运气吗？难道他们都与上市公司、主力有关系吗？有没有一个恰当的交易区位、恰当的介入时点？能不能够避免久盘不涨的折磨？

借助本书，笔者将以全新的视角，用层层推进的方式，清晰地进行阐述，希望能为读者推开这扇门。

本章是本书的重要篇章，内容涉及股价运行过程中的"和"与"合"，也是一头牛的牛鼻子，请用心体会。

# 第一节 量价异动

## 一、资金异动

资金异动主要反映在成交量方面，如果成交量突然较之前明显增加或成倍增加，这就表示有新资金在运作，是股票意欲走强的初步表现。主力运作一只股票，除了常规的底仓量以外，在正式大幅拉升前，一定还会发生两种资金的运作行为。注意是一定！

第一种：建仓完毕、洗盘末端开始的再收集行为。这种再收集行为可以让我们还原主力身影。因为主力在洗盘时会损失自己的一部分筹码，那么，在较高位置抛出的筹码，就要在更低的价位买回来，这种洗盘后的大肆收集就是再收集。再收集很适合跟踪主力波段建仓后波段洗盘模式。

第二种：超常规短资的最后投入。这是成色全新资金的最后入场，它不是主力高抛低吸的常规操盘运作资金。这种资金也许是原主力资金做最后的集中投放，也许是强悍短线主力的见机投入。不管谁投入，目的就一个，让投入迅速产出效益。这种突然加大的投入，在图形上的走势是股价已进入上行通道或上升至一个平台时，突然冒出显著增加的大堆阳量。这就是主力最后超常规短资投入引发的，这种投入是主力最后垒砌的量能包，而它的出现就是股价进入主升浪的强烈信号。

上述两种资金异动是我们需要花大力气关注的盘面特征，这两种资金的投放通常是股价进入波段拉升，包括强势波段拉升前，聚集能量的信号。

## 二、价格异动

价格异动就是盘中的股价K线开始出现或连续出现大阳线、涨停板，这种情况表明，股票的股性已趋于活跃，主力已开始兴奋，操盘手们也在做战前的热身运动。如果这种量与价同步，那么，这种异动就是协调、健康的量价异动，量价同步异动是股票趋强的重要标志，我们最该关心的就是这种同步的量价异动。

先来看一个量价同步强势异动的案例。

深圳能源（000027）的股价走了一个较长的底部横盘，横盘期间有些阳量但不是很明显，且价格始终没出现异动。股价还要横盘多久我们不知道。但是我们看见股价于 2020 年 6 月 22 日起连续两天为放量大阳 K 线，其量价异动表明主力已经处于兴奋状态，于是我们知道，横盘筑底已完成。第三天股价出现一根明显缩量的小阴线，显然这是量价异动之后的洗盘行为，实战中务必盯牢它。见图 3－1－1。

图 3－1－1

小阴线之后股价接着往下探，在前次异动缺口处停止了洗盘，刚好，股价落在进攻线上。2020 年 7 月 2 日，股价一开盘就往上冲，全天收大阳线，当天全天均可介入，因为这一天是量价同步异动、健康洗盘之后股价正式反转，这里多为波段启动点。见图 3－1－2。

深圳能源的股价于 7 月 2 日开始用了紧凑两小波完成了一中波的波段行情推进，两周涨幅 30% 以上。股票突然量价异动的深层次原因我们可能不能及时了解，但盘中的强势异动我们是可以看得到的，强势异动后的强势整理我们是可以跟踪的。也就是说，强势异动后的健康洗盘，再次强势反转时的跟进，是我们可以看到、做到的。一只股票，股价要大幅拉升，除了常规底仓外，大变盘之前更需要强势资金的强势填入。见图 3－1－3。

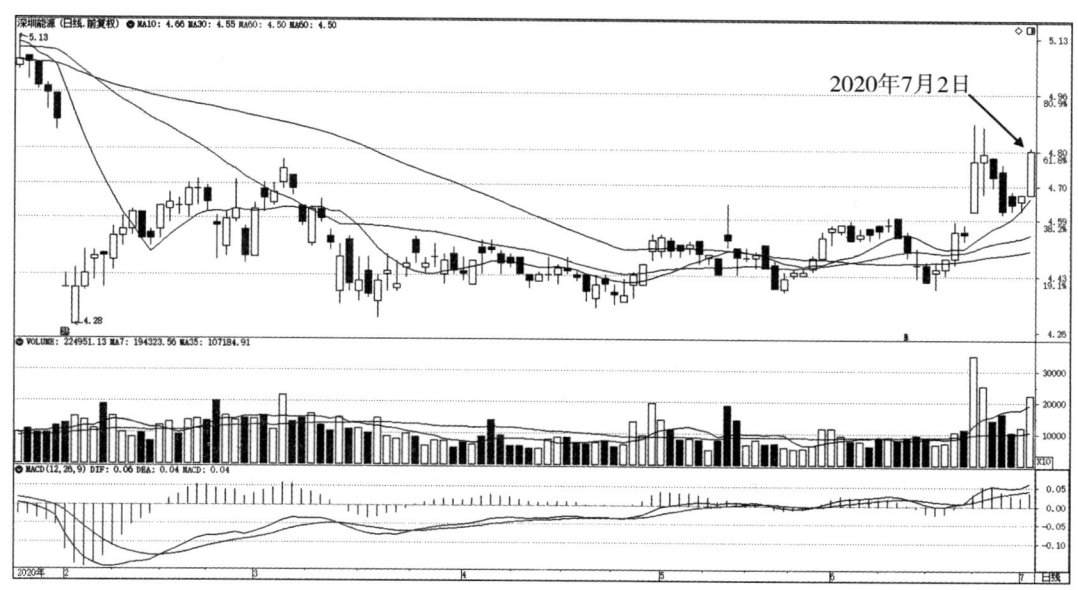

图 3-1-2

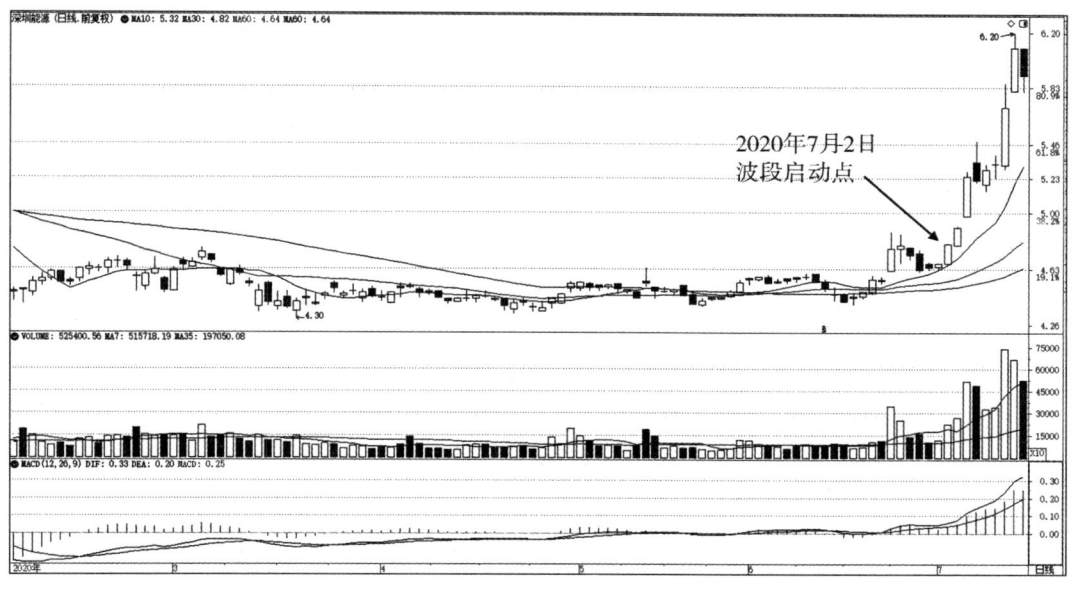

图 3-1-3

天山股份（000877）的股价于 2017 年 2 月 7 日跳空过股价平台并强势涨停。这个涨停板突破极有价值，竞价跳空高开可做，盘中拉升可做，冲向涨停可做，涨停板打开可做，涨停板上排队还可做，收盘后还可以做。收盘后做什么？当然是做功课，做第二天可不可以做它二板的功课。图中可见框住的三大堆阳量，这就是资

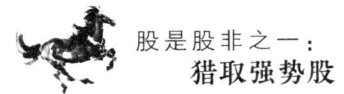

## 股是股非之一：猎取强势股

金异动，尤其是第三次的量价异动更加明显，这是超常规短期资金的最后集中投放，知者、见者要高度关注、密切跟踪，稍有懈怠，一条大鱼可能就会在你眼皮底下游走。2月7日，股价跳空高开这天恰好有政策利好新疆板块。交易者需要好好想想，股市中哪有那么多的"恰好"呢，看来前期的主力资金是有备而来嘛，因此后面的行情就值得期待了。见图3-1-4。

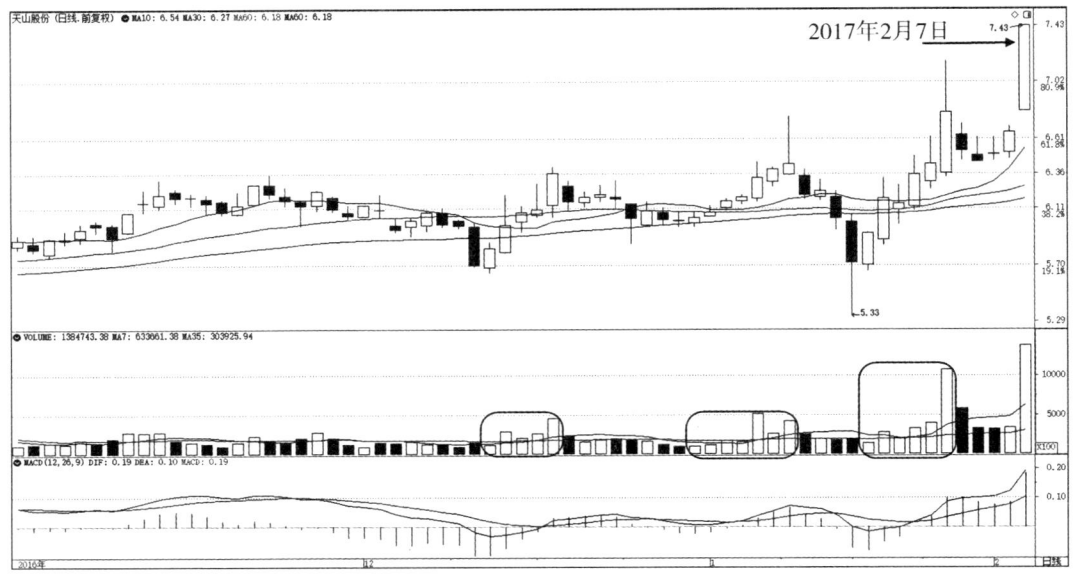

图3-1-4

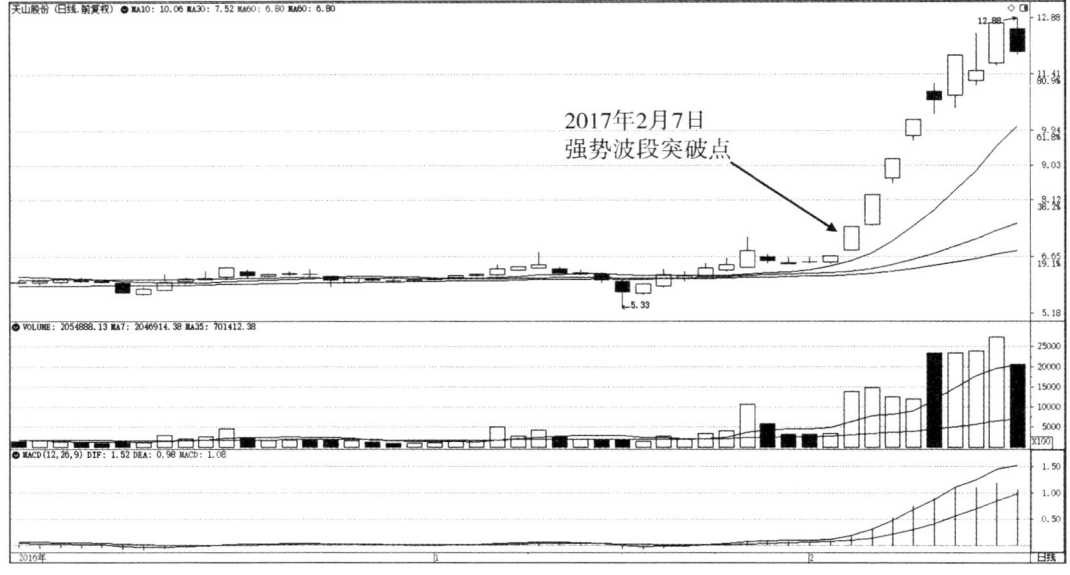

图3-1-5

随后天山股份用连续的涨停板带领新疆板块强势、持续上行，而新疆板块强势上涨的市场氛围又带动了"一带一路"概念中其他几个板块跟进，大盘也从均线系统空头错位之下被带到了均线系统的多头排列之上。可见，这次大盘能够企稳上行，新疆板块扮演了决定性的角色，而同期许多股票还在持续往下行。未来，随着我国资本市场的逐步扩容、逐渐强大，投资者选择会更多，同时行情强弱分化也会更严重，机会与选择的挑战性同时存在。股票千千万，唯强势不可辜负。见图3-1-5。

2020年10月15日开始，海川智能（300720）在均线系统上出现了连续异动，从量区里也可看到较之前出现了异常明显的堆量，显然这是强势主力资金大肆收集筹码所致。"超常规投入"式量价异动之后，股价进行了5天健康洗盘，于2020年10月29日发动强势上攻，几乎没有停歇地把股价推上涨停板，次日再接再厉，再次很快完成20个点的涨停板，第三日再度冲向涨停未果，收出天量滞涨K线，行情基本结束，当天可以考虑择机出局。超常规资金最后投入，这是效益快速产出前的关键投放，熟知了这个问题，涉及强势主升浪的问题就解决了一大半。面对强势主力身影出现时的拉升，一定要想清楚，此时追进的操作是在追高还是追涨？能不能追？买得高可以卖得更高就可以追，这样的追是追涨，追没有能量底气的个股不会有好的结果，那样的追是追高。见图3-1-6、图3-1-7。

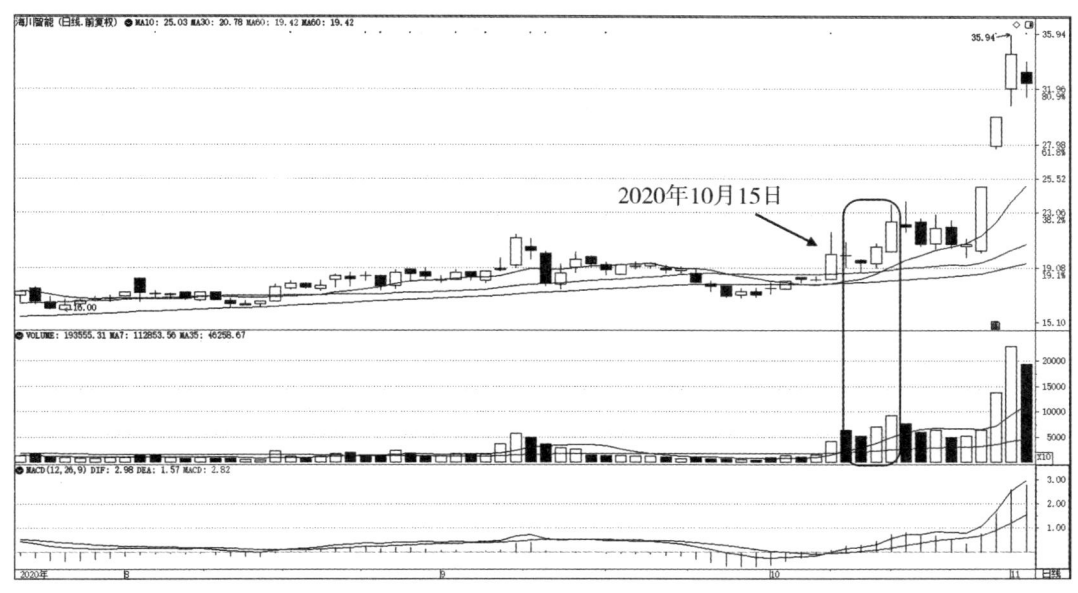

图3-1-6

## 股是股非之一：猎取强势股

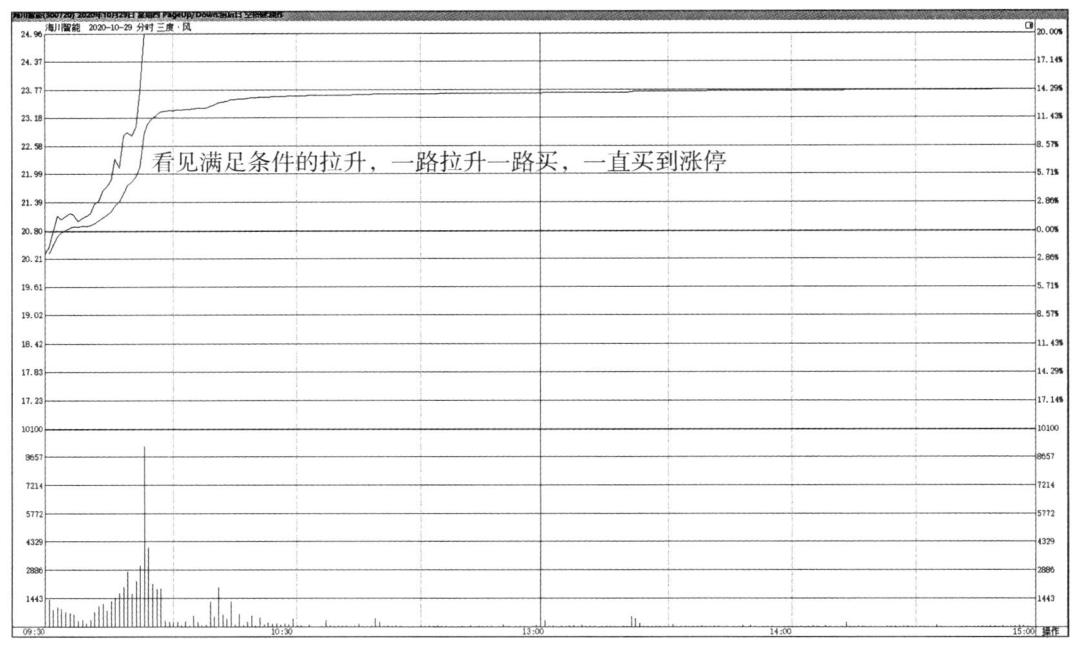

图3-1-7

多数投资者对连续飙升的股票总是又爱又恨，爱是因为盘面时常有气势如虹的股价拉升——这种行情让人即使处在不断亏损状态仍能看到希望并充满幻想；恨是因为行情总是与自己无缘——即使有幸介入也只是轻仓或是早早被摔下马，结果就像是在一个金窝里捡了一粒沙子。想来是因为曾经的随意操作总以失败告终而留下了戒备心理，导致有再好的交易机会也心存恐惧。造成这种又爱又恨的交织情绪，最根本原因是不识得金窝，不知道哪里有金窝。如果认识它，熟悉它，还会捡起一粒沙子又忙着去找另一粒沙子吗？面对绝佳机会还依然疑神疑鬼吗？要想搬走金疙瘩，就要盯紧量价异动，盯紧"再收集"，盯紧"超常规短资的最后投入"。这一点，千万不要不相信。

**总结：**

量与价同步异动是行情即将到来的显著特征，没有资金的风起云涌，行情就像一潭死水，即便流淌也掀不起大浪。上面这些案例都说明，股价要走出一波有较大操作价值的行情，必须先要有强势"量价异动"，要有强势"再收集"，要有"超常规短资投入"。那么，是否有量价异动就会有行情呢？不一定，还需要观察均线是否良好归位。笔者在实战以及本书的案例中，对于价格均线采用的是市场使用最普遍的 5 日、10 日、20 日均线组合以及 10 日、30 日、60 日均线组合两种方式。行情之初，采用 5 日、10 日、20 日均线组合，便于把握一些小波段行情，行情稍后则采用 10 日、30 日、60 日均线组合，便于发现、跟踪一些较大波段行情。对于成交量的均量线，统一采用 7 日、35 日均线组合，目的是匹配股价波段操作。将成交量的均量线与大小两组均价线各自组合，笔者自认为二者各自有其妙处，读者在实际操作中可以根据自己的经验或者偏好自行选取设置。如果对均线有深刻理解、认识，选用任何一种均线都可以把握机会，正所谓"仁者见仁，智者见智"。提炼并运用好一种或几种均线，或者明白精准使用的方法，比认识 100 种均线组合有价值得多。

## 第二节　均线归位

为什么要关注均线归位？因为均线源自价格，产生于价格运行之中，反映的是某个时间段价格运动的平均数，并对价格运动有阻碍或支撑作用，所以，行情要启动，均线就需要处在相对有利于行情的位置，这就是均线归位，行情要安全、强势启动，均线必须要归位。这好比人要有力跳起，一定要站在坚实的地面一样。如果要弹起更高、姿势更优美，还要借助弹跳板。均线归位就是股价起跳的坚实地面，就是支持弹跳的助力板。

股价起落之间会让均线归位，好的归位才能创造出好的行情。均线包含均价线、均量线等技术指标线。

### 一、均线的市场作用

1. 均线的排列状况反映目前市场的趋势以及能量的方向。

均线空头排列表示趋势向下、能量下行；

均线多头排列表示趋势向上、能量上行；

均线错位排列表示趋势尚不明朗、能量未定性。

2. 均线的推进角度反映目前市场趋势、能量的强弱度。

均线平行推进表示趋势与能量处于平静状态；

均线角度小表示趋势与能量较为平缓；

均线角度大表示趋势激进、能量充沛。

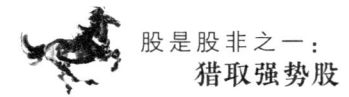

3. 均线之间的距离反映目前市场各时段参与者的持仓成本与赢利状况。

均线分散表示持仓成本差距大，赢利差别也大，各路人马人心不一；

均线密集表示持仓成本接近，赢利状况相近，市场人心相对统一。

投资者可以通过均线系统的排列和走势状况，判断目前市场趋势的强弱度和市场人心的凝聚状况，借此决断交易时机是否成熟。这是一个成熟投资者必须要正确解读并正确运用的。

目前不使用均线的投资者有两种，一种是技艺高超的真高手，他们不需要借助均线即可判断市场并能指点江山。一种是迷迷糊糊的伪高手，他们不使用均线是因为不太领悟均线的奥妙，这种人常用的武器就是止损。目前，使用均线的投资者也有两种，一种是对均线有深刻认识，并借助均线赋予市场的独特内涵决胜于弹指之间。一种是对均线的价值无法定性，存在模棱两可的认识，为此，常被盘面上十几条甚至几十条均线捆住了手脚，束住了思维。3日、5日、10日、20日、30日、60日、90日、120日、250日、453日均线，3日、5日、8日、13日、21日、34日、55日、89日、144日、233日、377日均线一条不落，似乎均线越多操盘技能就越专业。这类投资者，盘后选股、盘中盯盘时常眼冒金星，生怕芝麻大的行情做不到，并总想卖在最高点；股价掉到某条线停顿就判断止跌了，于是抄底买低动作如风，股价上升至某条均线震荡就判断受阻了、高点到了，立马卖出争分夺秒。如此等等，均不得要领。笔者认为，做股票，就是在练就不断舍弃、不断排除的功夫。放不下抓在手里的，怎么可以获得更好的？少求而多得在股市常常表现得很突出，抱着"少赚一点"的态度，往往得到的回报是一个个惊喜。

## 二、均线运行的良好状况

股价要良好地上涨，均线必须归位并遵循均线五定律。

1. 均线密集。均线由分散状态转为聚集状态——由分歧到统一，凝聚力初显。

2. 均线穿越。均线由空头状态转为多头状态，形成穿越形态——趋势与能量开始逆转。

3. 均线翘头。均线由平行推进状态转为翘头状态——趋势与能量显露强势。

4. 均线发散。均线由闭合状态转为舒展状态——趋势持续，行情向纵深发展。

5. 均线顺畅。均线由凌乱状态转为流畅状态——行情通顺，涨跌有序有节。

第一定律：均线密集。

均线由分散状态转为聚集状态，表明市场的意愿由分歧转为统一，均线密集是均线归位第一大定律，极有研究价值和实战价值。见图3-2-1、图3-2-2。

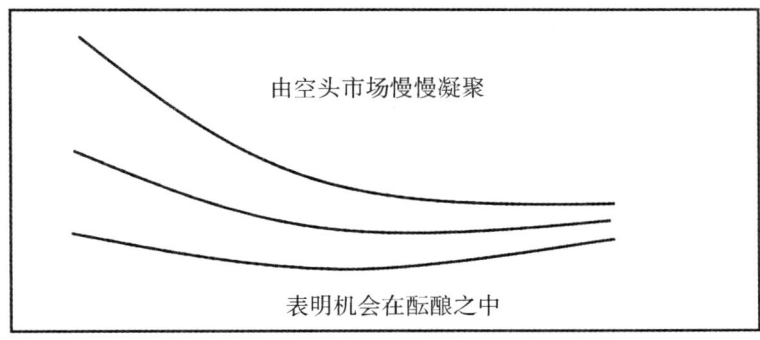

图3-2-1

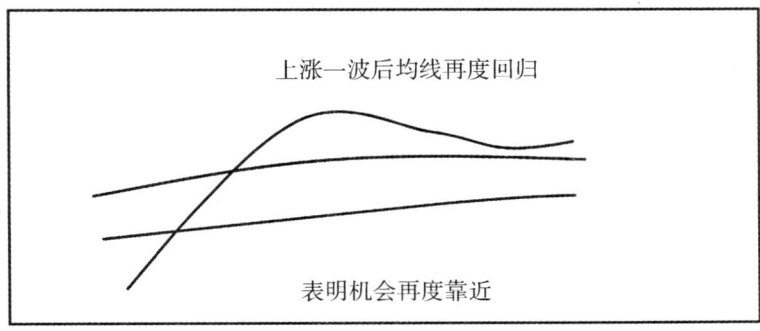

图3-2-2

第二定律：均线穿越。

均线从空头转为多头或多头转为空头，形成穿越形态，均表明现阶段趋势与能量发生逆转，行情走势将向另一方向发展。见图3-2-3、图3-2-4。

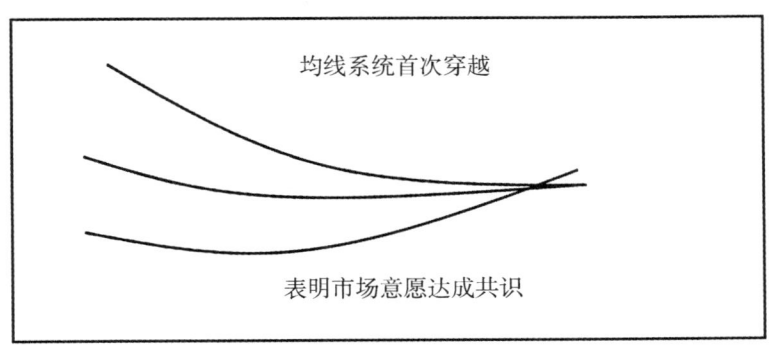

图3-2-3

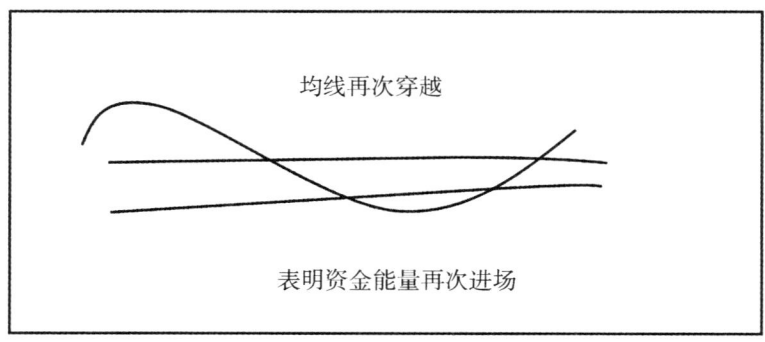

图 3-2-4

第三定律：均线翘头。

均线由平行推进到开始翘头的过程，就是资金能量不断增加促使行情提升的过程，表明趋势已经显现强势。见图 3-2-5、图 3-2-6。

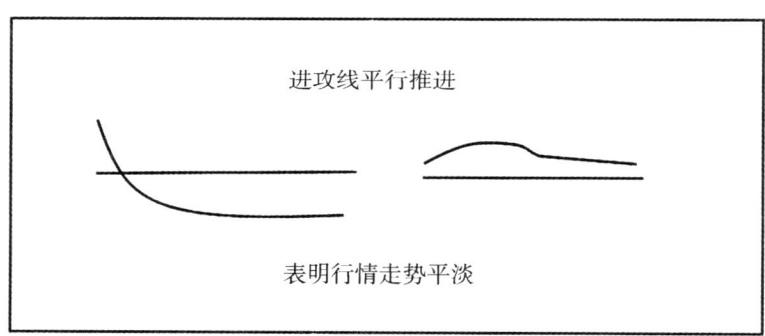

图 3-2-5

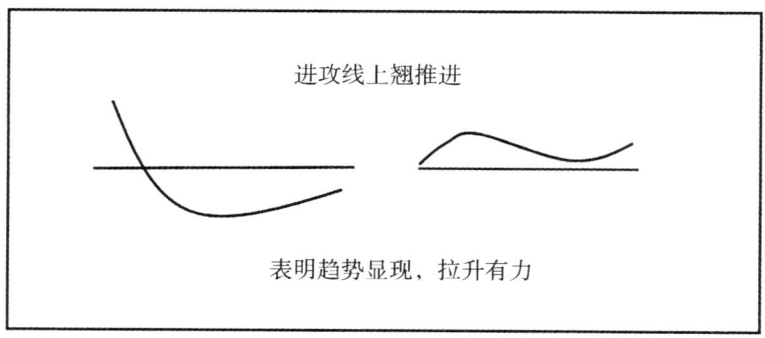

图 3-2-6

第四定律：均线发散。

均线系统由平缓闭合状态转为向上舒展发散，表明平缓行情将要向纵深发展，趋势会进一步得到延续。见图3－2－7、图3－2－8。

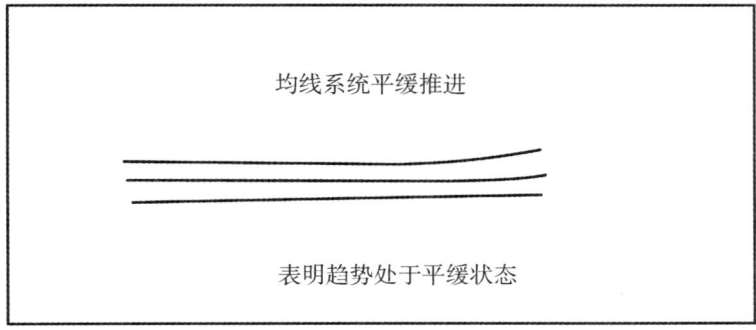

图3－2－7

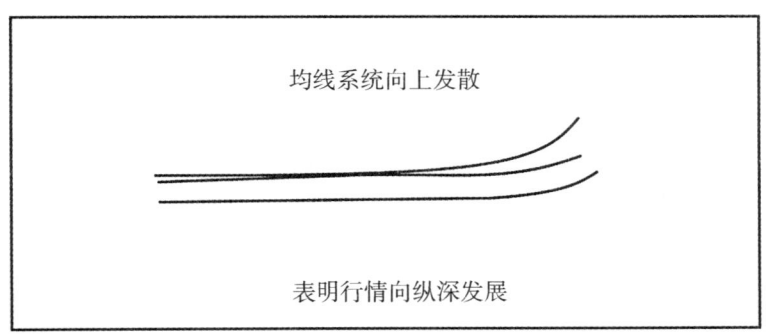

图3－2－8

第五定律：均线顺畅。

均线系统由凌乱、扭曲转为线形流畅、轮廓清晰，表明行情从模糊、迟钝转为明朗，趋势鲜明、行情通顺。见图3－2－9、图3－2－10。

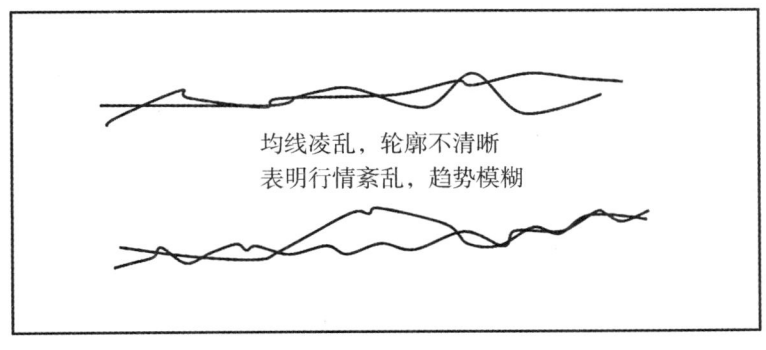

图3－2－9

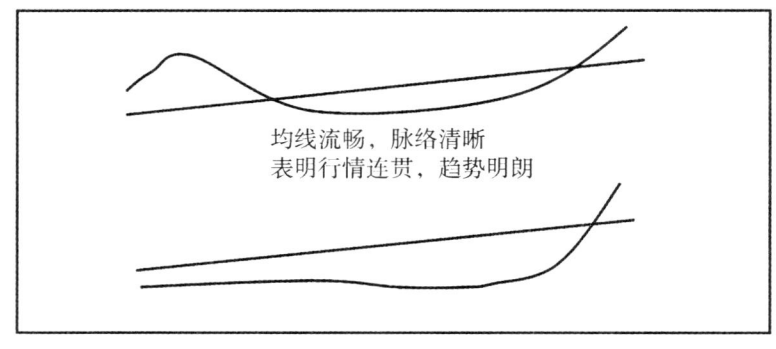

图3-2-10

一只股票，在一段时期会沿着某一轨迹运行，这种轨迹可以是向下的，可以是平行的，也可以是向上的，这就是股价趋势。在股市，趋势的力量是巨大的，股价走势一旦形成某种趋势，短期内不容易发生较大变化。然而，对于有些趋势，我们希望发生变化，比如平衡趋势、下跌趋势。在股市，趋势最大的价值在于打破。只有打破趋势，行情才能发生逆转；只有打破趋势，平行推进的行情才有可能向上；同样，只有打破趋势，缓缓上行的行情才有可能更加激进。"打破了方见真空"就包括这种含义。均线五定律就是对股价趋势被打破或瞬间被打破的总结。

实战中，均线五定律的价值是相辅相成的，比如，均线穿越当属均线密集区的穿越最具实战价值；均线发散当属均线密集区翘头式发散为最佳。下面通过几个案例对均线五定律的相互关系以及股价运行的市场意义加以解析。

京基智农（000048）的股价在2020年8月19日至9月1日走出了两波较为紧凑的行情。从图表上看，行情启动点是发生在10日、30日、60日均线从密集到抬头到发散的区间，同时，量形态也表现为7日量均线粘贴35日量均线并且同步向上开口发散状态，且后期持续充沛的量能支持股价上扬。见图3-2-11。

联泓新科（003022）新股上市开板，股价向上走了两天就开始回落，十来天后止跌走平台，然后股价出现异动并上行。从图表上可以看到，10日均线也随之由开始的向下演变为走平，再过渡到上翘。这是一条均线归位的全过程。在2021年1月5日这天的放量涨停，是股价的转折点，也是均线上翘的关键。后期股价在价线、量线等技术指标线归位良好的支撑下，走出了翻倍行情。见图3-2-12。

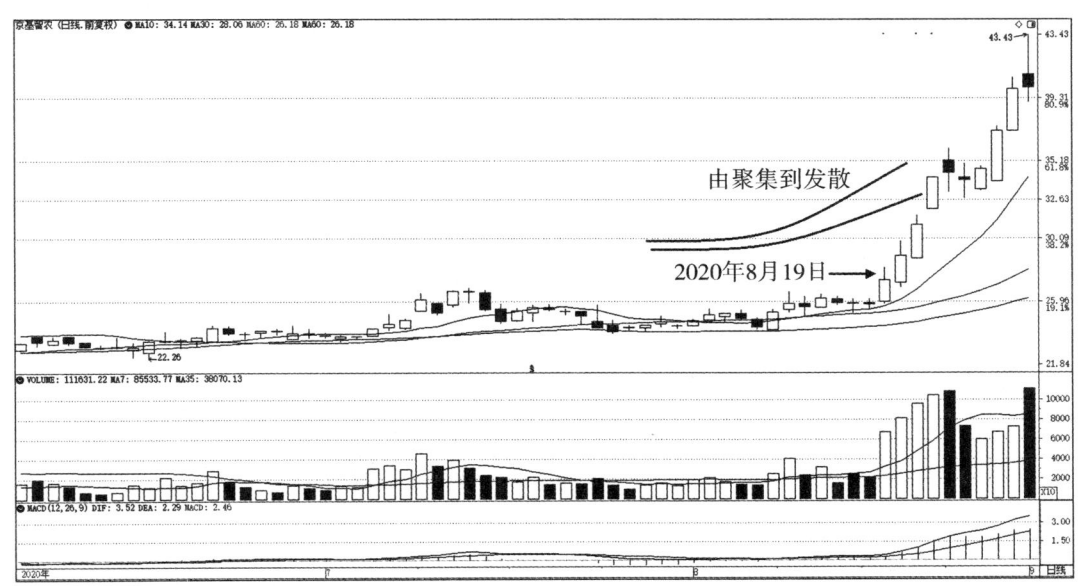

图 3-2-11

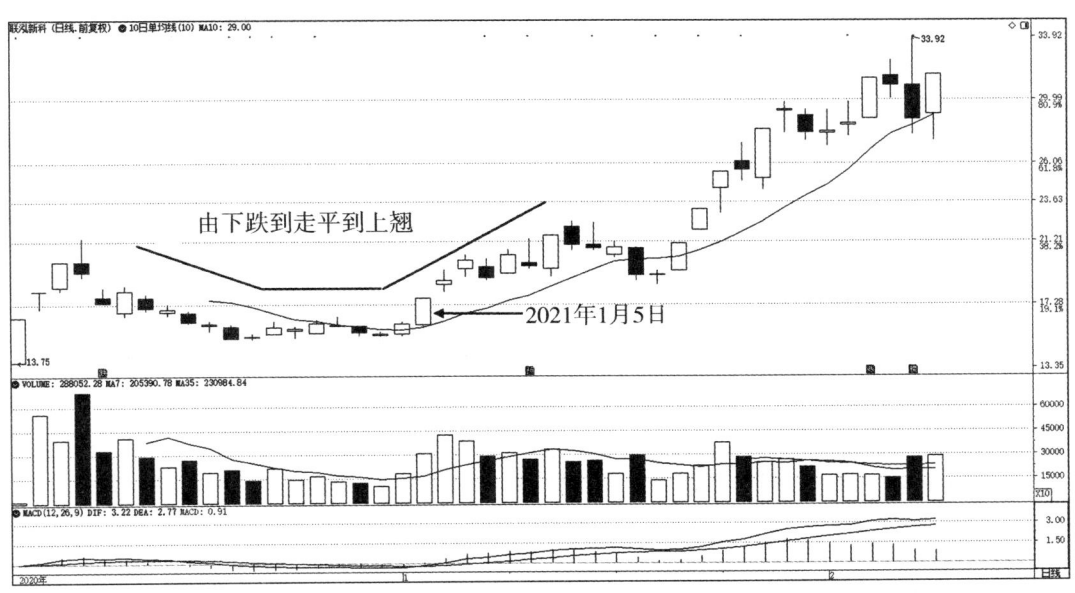

图 3-2-12

均线归位是均线使用方法中的最高法则，行情涨是如此，跌也如此，仅仅方向不同而已。

来看看金瑞矿业（600714）在 2021 年 2 月末的一波行情。主力以五连阳马不停蹄地收集筹码，股价也频频异动，小均线系统中 5 日、10 日、20 日均线密集处依次完成穿越，同时，7日均量线也向上穿越35日均量线并处于发散状态。2021年2月23日股价在盘中强势涨停。见图3-2-13。

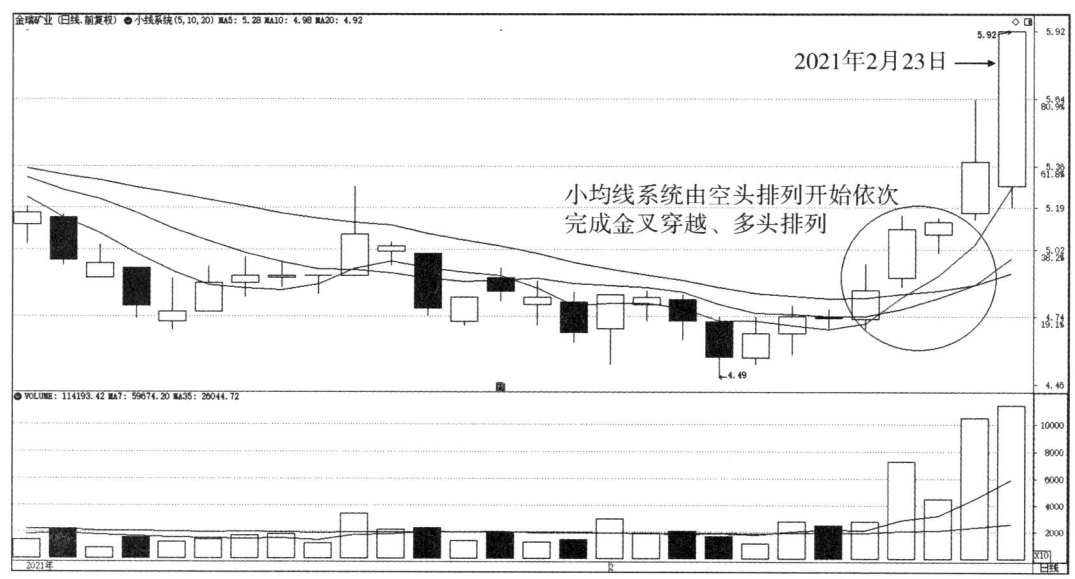

图3-2-13

强势涨停后的股价随后用两个一字板的模式继续往上冲，一字板之后再次巨量涨停。

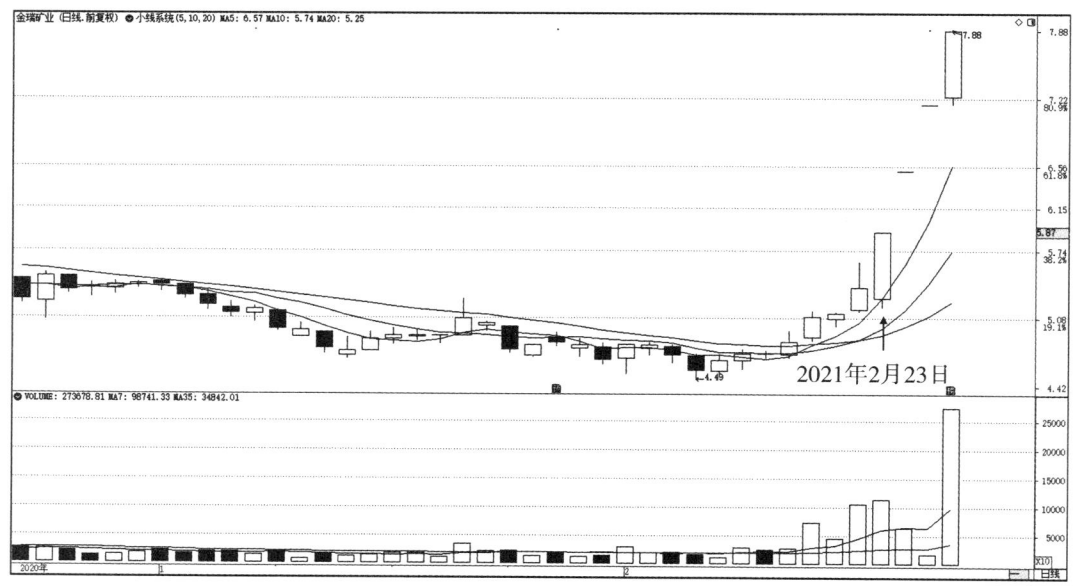

图3-2-14

实板后接连几个一字板，任何持仓者都会高兴，这种情况时有发生。如果这种美事总不落在你身上，不是你运气不好，而是你的交易理念有问题，最大的问题就是不趋强、不敢取强。不趋强、不敢取强就很难抓到龙头，而接二连三的一字板往往跟在首板就是龙头之后，欲成为一个职业交易者，如果一个板块里有涨停板，却看不出首板是龙头，证明技能提升的空间还很大。金瑞矿业一字板之后这一天的天量涨停属于高位再次放量涨停，是接近顶部区域的警示，持仓者需要提高警惕。见图3-2-14。

下面，我们用同一个案例，通过一条均线、两条均线、三条均线的均线归位，来展示均线系统的归位情况。

鲁西化工（000830）行情的正式启动是在2020年7月2日，在7月2日之前，量能没见大动作，股价也没见兴奋，所以均线系统运行状态也一般。状态的改变就在7月2日这一天的巨量大阳线，因为它的出现，均线系统强劲翘头，更清晰穿越，且呈发散状。下面通过图3-2-14、图3-2-15、图3-2-16来看看均线归位状况。

10日单根均线的归位：由下跌到走平到上翘。见图3-2-15。

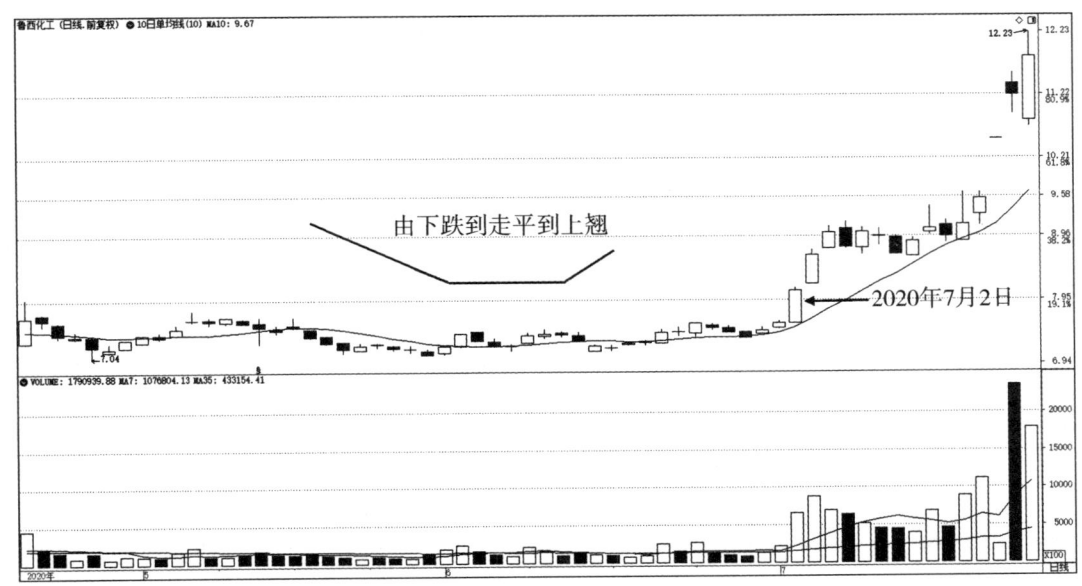

图3-2-15

10日、30日两条均线的归位：均线由空头排列到多头穿越到顺上排列依次完成。见图3-2-16。

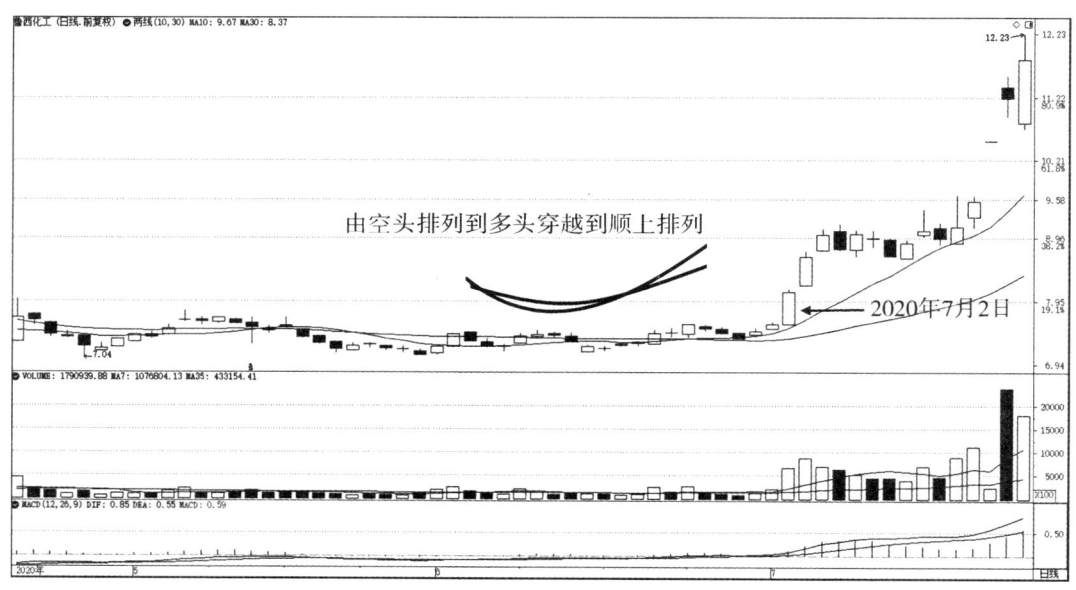

图 3-2-16

10日、30日、60日三条均线的归位：均线依次由空头排列到多头穿越到翘头到强劲发散。见图 3-2-17。

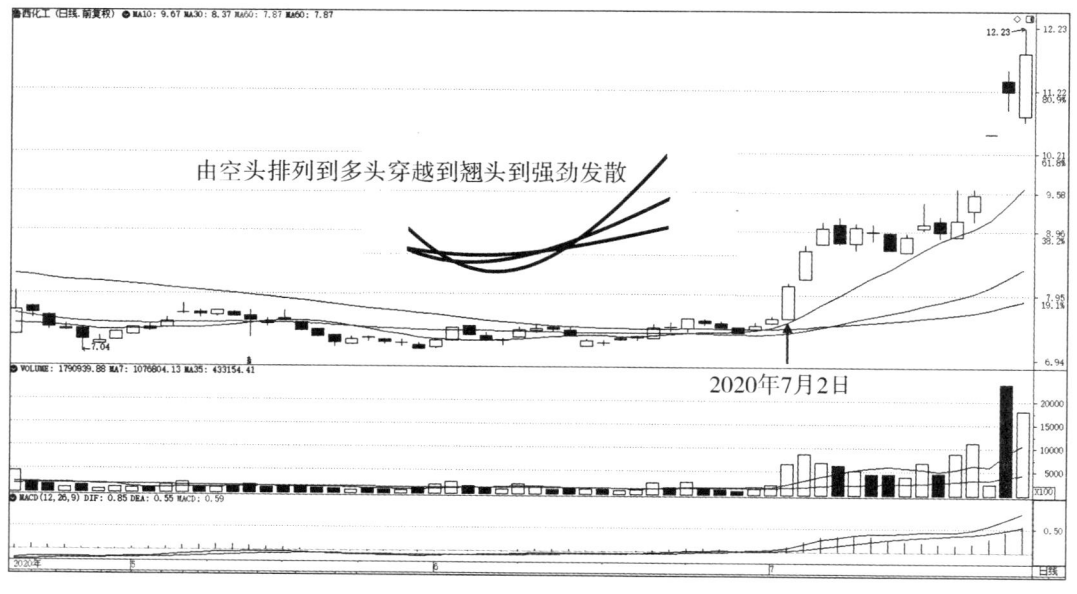

图 3-2-17

鲁西化工的均线正式归位之后，行情向纵深推进，经过两波快速拉升后，股价阶段性波段见顶。

**总结：**

均线运行的良好状况可以用均线五定律加以概括，股价要发动一波较好的行情，就要有良好的均线给予支持，而均线形成良好状况又取决于均线归位是否良好，因此，笔者强调，均线必须归位。均线归位是股价拉升的坚实基础，基础越坚实，安全系数就越高。因为均线归位代表的是市场资金、意愿的"同"，体现的是人气、意志的"合"，均线归位良好可以极大满足均线五定律的产生条件。至于均线没归位就开始大涨的股票，那是极少的个案，这不是交易投资的大道。

## 第三节 量价异动让均线归位

纵观世间万物，无处不求归位。归位是秩序，归位是效率，归位是和谐，更是规律。那么，良好的股价均线是怎样归位的呢？这就是本节要阐述的问题——量价异动让均线归位。

首先来看几幅股票的历史走势图，借此了解量价异动与均线归位的最佳关系。

广发证券（000776）前期走势，K线东倒西歪，均线系统呈散乱状，没任何可圈可点的地方。但于框中2020年6月22日前后几天，突然地出现明显量价异动，同时均线系统也在这几天由空头变为多头穿越，随后缩量回调，均线系统仍处于强劲翘头状态，这就是经典的量价异动促使均线归位，实战中要高度关注，股价一旦止跌反转就是精准的介入机会。见图3－3－1。

广发证券于2020年7月1日的大阳反转，就是对量价异动后回调止跌的有效确认，确认后股价就干净利落地青云直上，均线也同步呈现向上发散的良好状态，仅4个交易日涨幅达到30%，而从异动发现、跟踪到完成主升浪也就10个交易日。当时段整个券商板块均出现量价异动，后来券商板块成为当时段的主流板块也就很合理了。见图3－3－2。

# 股是股非之一：猎取强势股

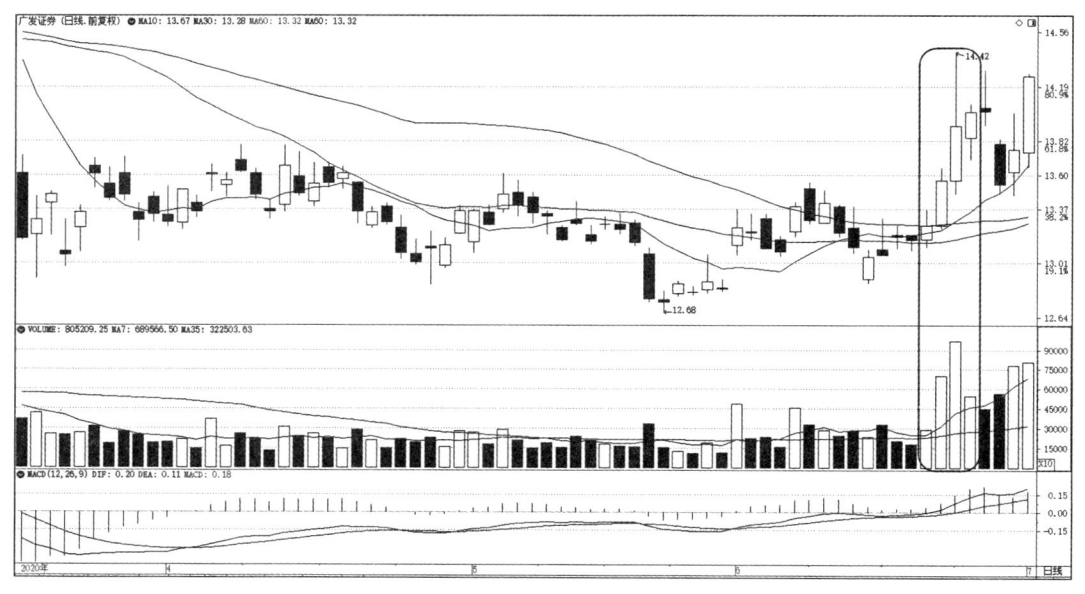

图 3-3-1

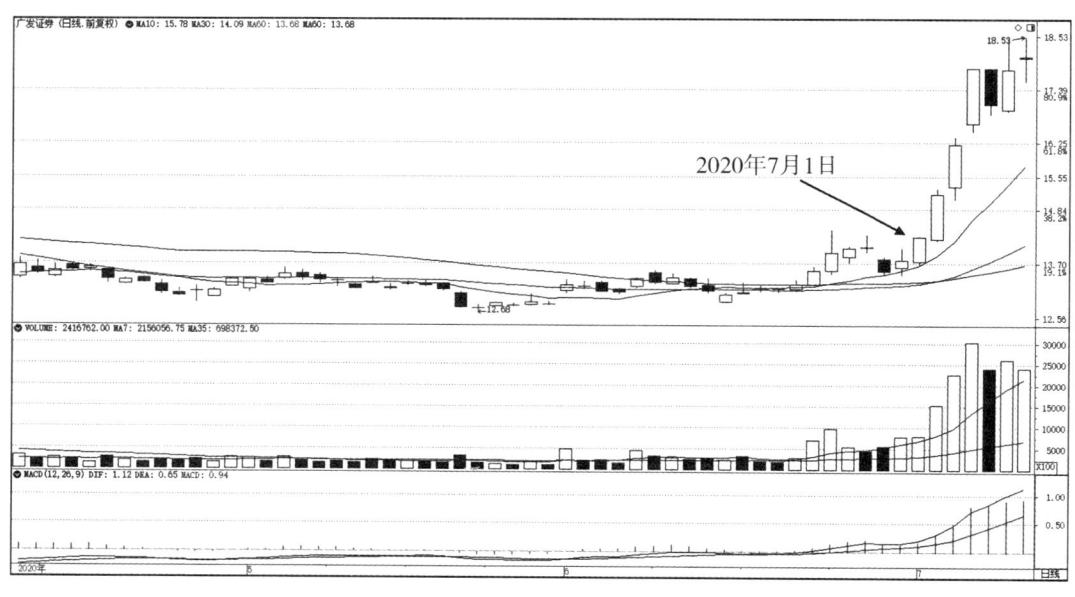

图 3-3-2

金科文化（300459）图中的上下两个画圈处显示的是量价同步异动，下面成交量突兀地冒出来，量均线完成金叉；上面价格连续中大阳线，均线系统在密集区间强势穿越，这又是一组量价异动让均线归位的完美组合。随后股价踩住进攻线稳步攀升，最后两天冲刺，于 2020 年 9 月 9 日冲向涨停未果，当天出现巨量阴线，见顶几乎无悬念。对于这种每天可达 20 个点的涨幅，拉升之后的高位回落，大可不必一定要等到收盘结束时才判断是否到顶,三四十个点的振幅空间相对于以前10%的涨跌停,一旦当天高位回到底,差不多以前三个多跌停板,那样,就会吃大亏。金科文化2020年9月9日到顶这一天,股价冲高后逐波向下越走越低,并且盘中是带量下跌,出现这种情况,盘中可择机出局。见图3-3-3、图3-3-4。

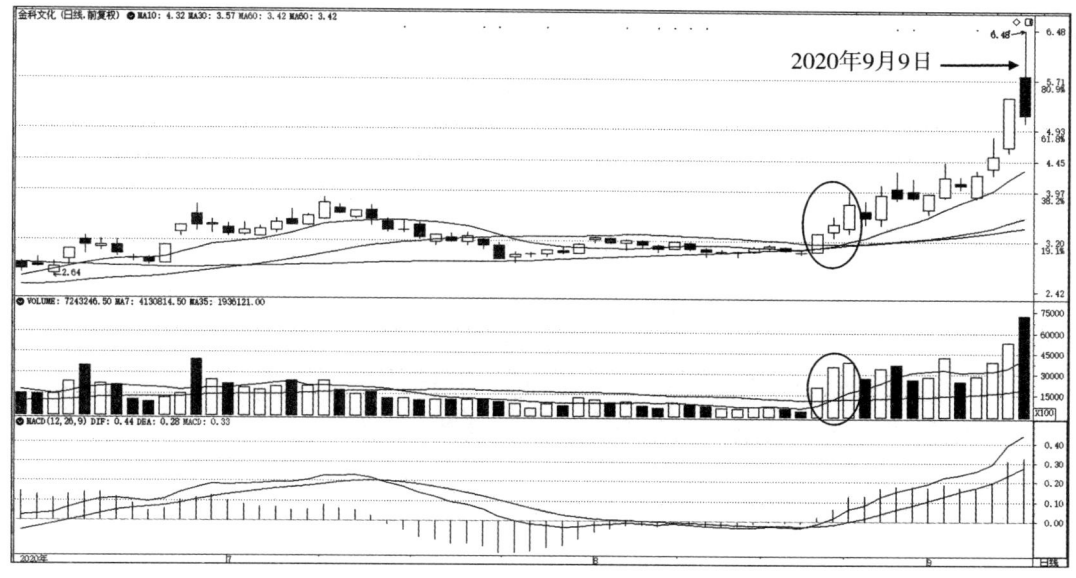

图3-3-3

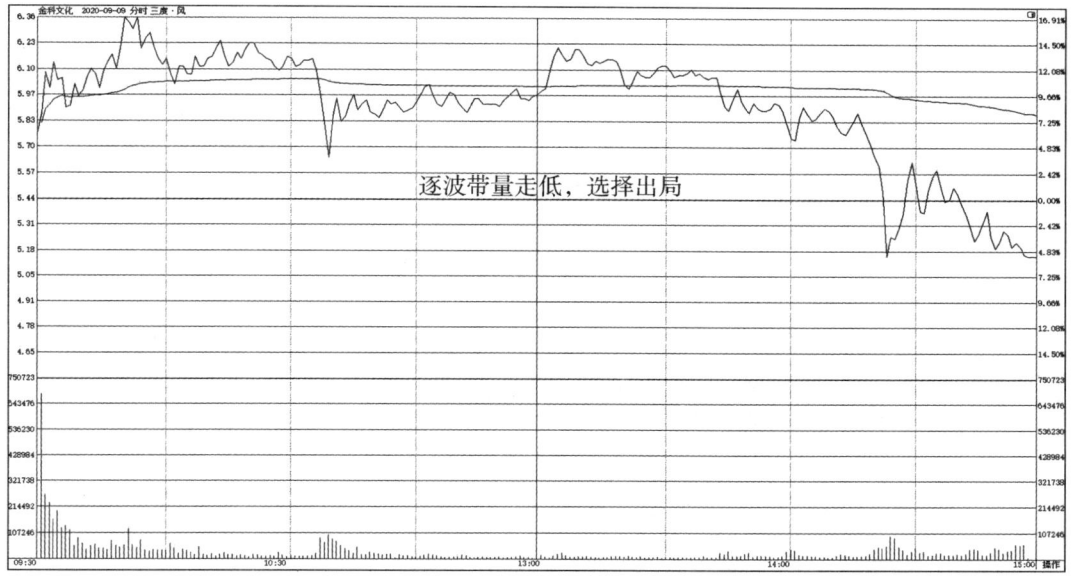

图3-3-4

奥克股份（300082）股价从平台带量下跌，幅度较大。2020年12月17日一根大阳线出现在下跌通道中，这根大阳线是什么性质还不明显，后期股价会怎样走不得而知。但是接下来的两周，出现两大堆阳量加上股价的异动，再加上均线系统由空头分散状转变为密集穿越状，我们知道了当初那根大阳线是止跌阳线，随后有资金在低位区积极介入，是强势再收集，是超常规短资金入场，是量价异

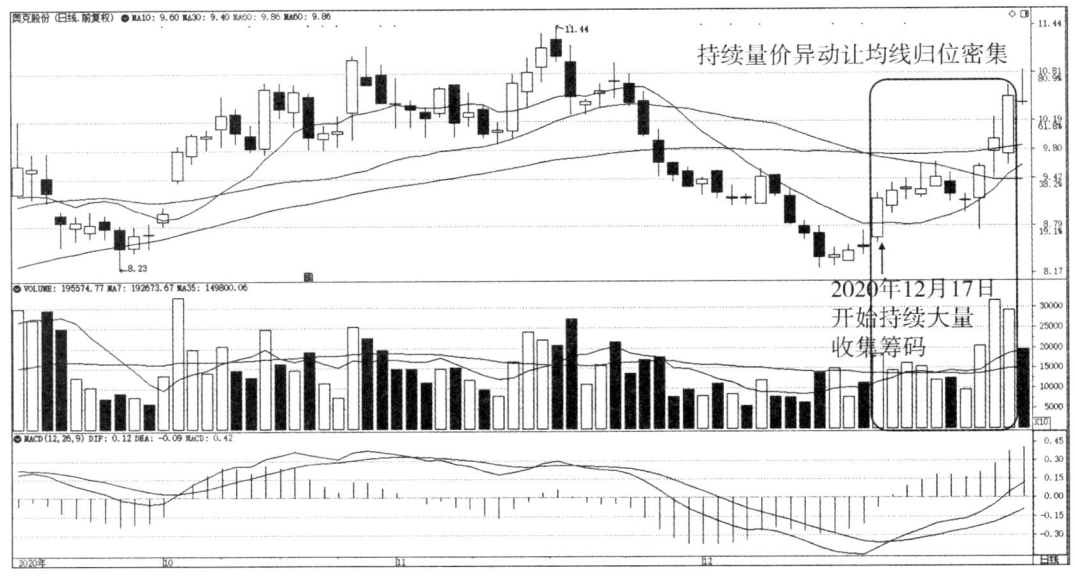

图3-3-5

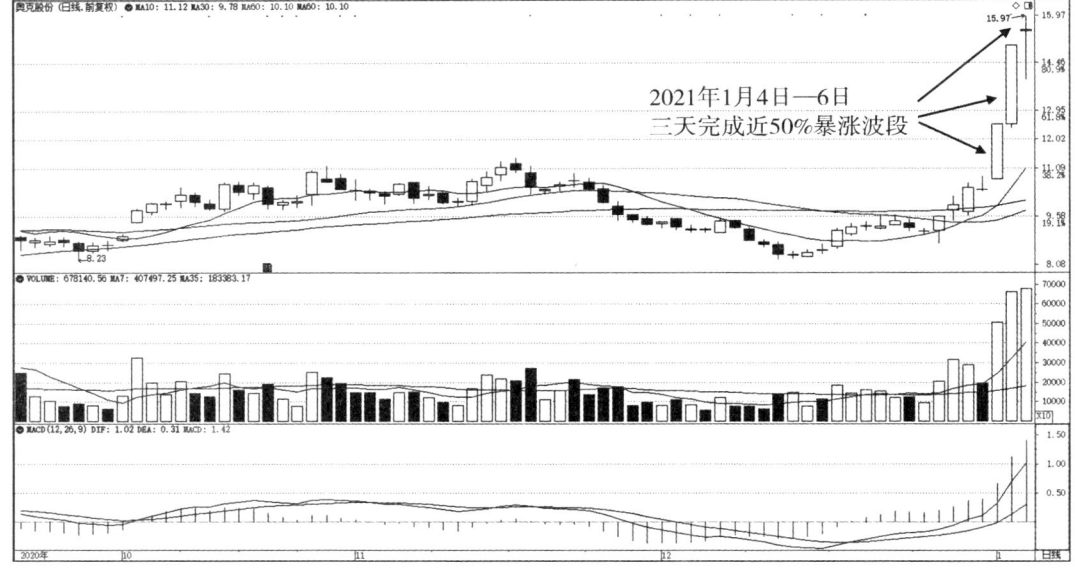

图3-3-6

动让均线归位的好时机，等在后面的极有可能是一强势波段，实战中值得用心跟踪。见图3-3-5。

2021年1月4日，奥克股份的股价小幅高开后，盘中稳健上涨，封住涨停，1月5日继续稳健涨停，第三日悬在半空中的带量阴线宣告波段结束，用两三个交易日的时间完成近50%的暴涨波段。这个案例直观地说明了量价异动与均线归位同步的重要性，也说明了量价异动让均线归位是股价强势上涨重要的必备条件之一。见图3-3-6。

金种子酒（600199）在2020年的"喝酒"行情中是非常养眼的一只股票。股价在均线系统归位A区之后，从2020年11月初开始有一大波强势行情，随后股价波段回落。股价在30日均线附近止跌反转并持续涌出阳量，10日进攻线也在股价上行中被托了起来，这是非常清晰的强势再收集让均线在半空中重新归位仰头。主力完成强势再收集后仅用了一天时间完成洗盘，于2020年12月14日强势启动踏上新征程。见图3-3-7。

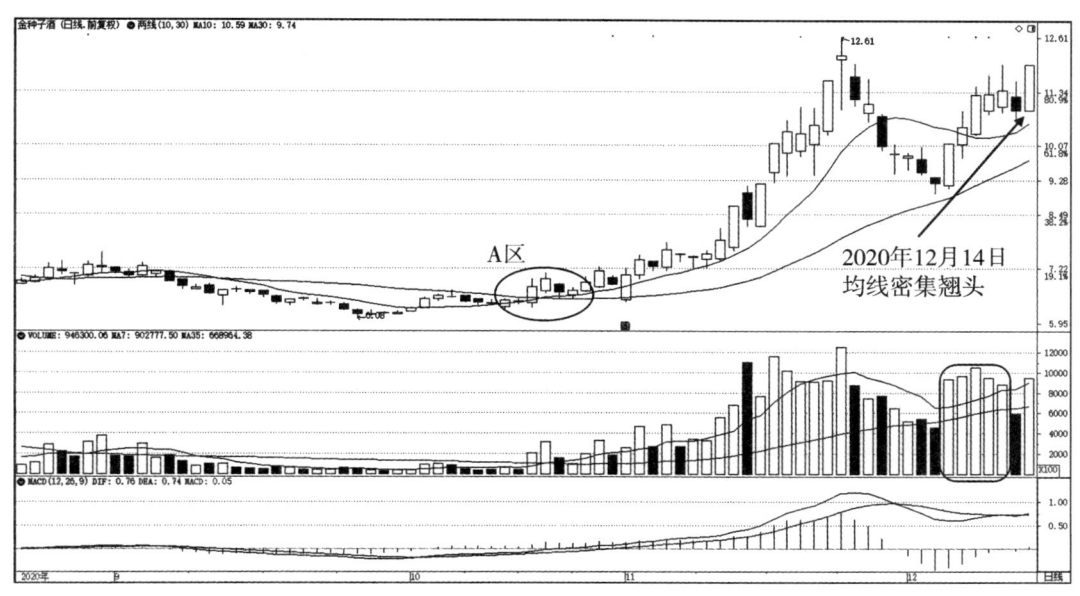

图3-3-7

金种子酒连续8个交易日，以天天收大阳或涨停板的方式，硬生生把股价又拉出一倍的高度。强者恒强是自然生存法则，是世界发展法则，亦是股市投资法则。股市是非不断，唯强势最安全。见图3-3-8。

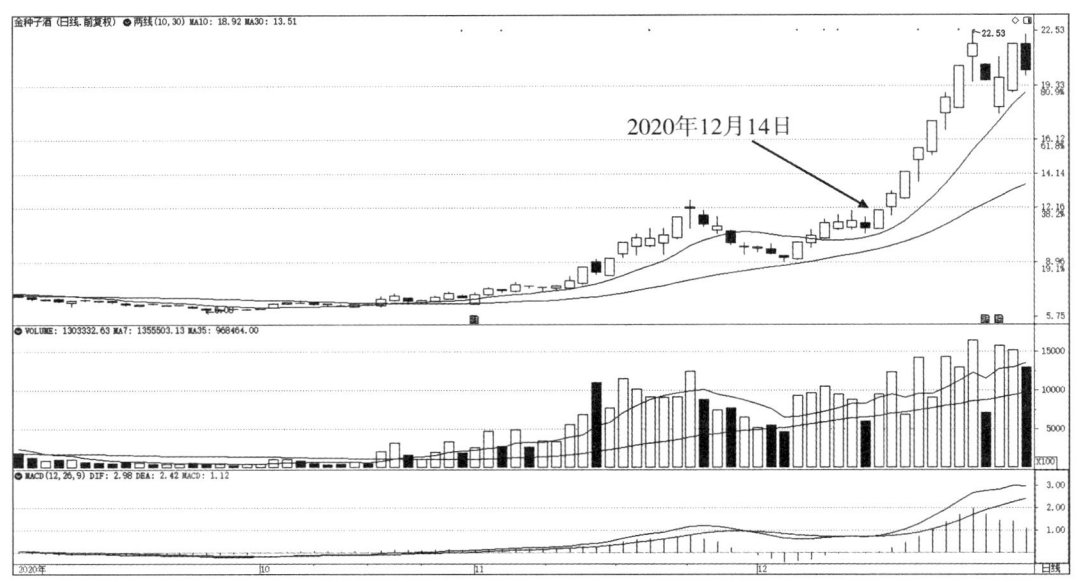

图 3-3-8

从上面的案例可以看出，股价要走出较好的行情，除了要有量价异动，还要有均线归位与之同步。如果均线归位是由量价异动促使，那就是量价异动让均线归位！依据前面所有成功的例子，细心的你一定能见到它强健的身形。"价格总是朝着阻力最小的方向发展"，量价异动让均线归位时，股价选择的方向就是阻力最小的方向！

**总结：**

到这里，一扇"神秘的财富之门"也就慢慢被推开了——这就是九个字归纳出的一句话——量价异动让均线归位。而量价异动让均线归位的这个位置也就是我们一直在找寻的最佳交易区。

量价异动让均线归位可以使所有的不一定都成为确定，而其中的一个"让"字就将不可能转化成为可能。既强势又安全的交易机会，非量价异动让均线归位之后的机会莫属；量价异动让均线归位是一方肥沃的土地，有实力的主力都选择在这里建高楼、兴家业；量价异动让均线归位是一只股票安全、便于起航的黄金停泊港，主力的船队都愿从这里出发，扬帆起航。

量价异动让均线归位是投资者应该学习、研判的图形技术。悟透它、牢记它、顺应它，我们就会一个胜利接着一个胜利，到达希望之岸。

# 第四章

## 最佳交易区

最佳交易的定义：最佳交易就是同时满足"安全"与"强势"两个条件所构成的交易。仅仅单一地满足安全或者仅仅单一地满足强势均不能构成最佳交易。

最佳交易区的定义：最佳交易区就是同时满足"安全"与"强势"两个条件所构成的交易区间。单一追求安全区间或单一追求强势价区均不构成最佳交易区，最佳交易区总体满足进可攻退可守的位置形态。

对于最佳交易区，笔者将其归结为三个：A区、B区和C区。其中，强势A区和强势B区为最佳介入区，C区为风险区，是最佳退出区。本章将对这三个区逐一进行介绍。

## 第一节　强势A区

什么是A区？A区是怎么来的？如何定位A区？如何在A区进行实战交易？

我们先从下面几个多边形引入思考。

数学原理告诉我们，对图4-1-1中的多边形，只要适当给些外力，它们原有的形状就容易改变。也就是说，任何一个四边及以上的多边形，都具有不稳定性和易变性。边数越多，可变性就越丰富。如果把这个原理应用于股价走势，我们可以得到这样的结论：但凡K线张牙舞爪、价格轮廓不清晰、均线扭曲不顺的行情都不稳定，股价易上易下，表明良好的交易时机未到。

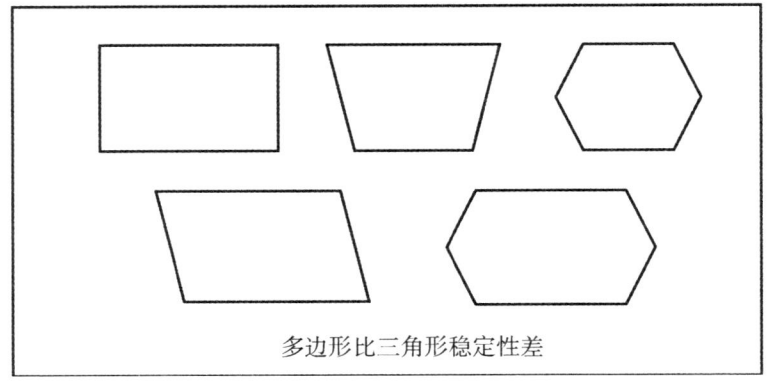

图 4-1-1

数学原理又告诉我们,多边形会因三角形的加入而变得稳定。见图 4-1-2。如果把这个原理应用于股价走势,我们可以得到这样的结论:杂乱无章的行情会因为强势的量价异动让均线顺势归位,随着稳定性的提高、股性的改变、趋势的显现,股价的轮廓将变得清晰,交易机会也随之而来。

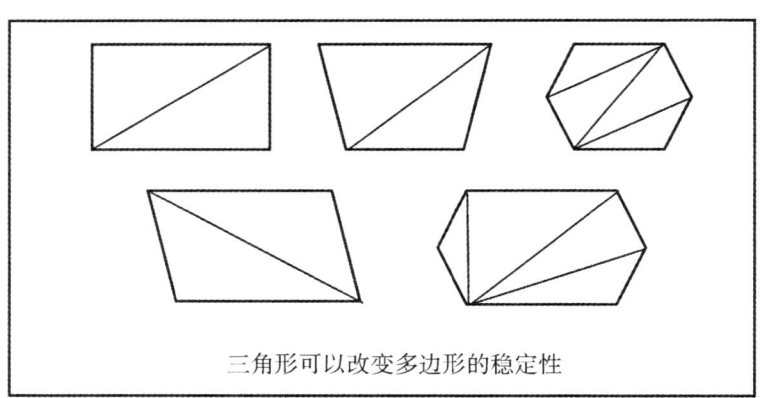

图 4-1-2

同样是三角形,C 边的位置不同,三角形另外两边折断或变形的承受力就不同,C 边越靠近三角形顶点位置,三角形抵抗外界压力的强度就越强,折变的可能性就越小。这个靠近三角形顶点,具有较强抗外界压力的区间就是"A 区",因其区间的形状像一个侧倒的英文字母"A"而取名"A 区"。见图 4-1-3。

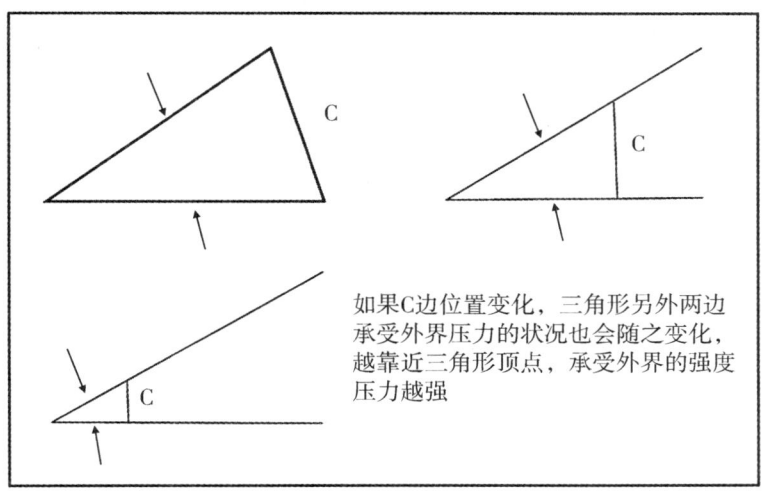

图 4-1-3

如果把这个原理应用于股价走势，我们就可以看到：当均线五定律中的均线密集、均线穿越、均线翘头、均线顺畅同时发生在一个区间时，就形成了一个向左侧卧倒的"A"，按其形态，笔者将其称为"A 交易区"。这个向左侧倒的"A"有两条边和一个夹角，下面一条边是中长期主力的中长期成本均线，上面一条边是进攻性小周期的成本均线，而夹角中的这个"｜"，指的是股价在小夹角内的升起或穿越的中大阳线。一旦向左侧倒的 A 交易区形成，股价就将向纵深演绎均线发散的行情，于是，一幅完美的均线五定律的股价涨势图就呈现在我们面前，对这样的形态，我们就可以介入其中，同时应该记住，资金安全是投资第一法则。

股市的机会此起彼伏，股市的诱惑太多太多，股市的炒作永无尽止，股市的风险防不胜防，投资者该如何应对？——捂紧钱袋，谨慎操作。

既然资金安全是投资第一法则，那么在股市操作的第一法则就是不要去冒险，而不冒险中最重要的一条就是——永远不要走在趋势的前面，永远不要走在主力的前面。重复一遍：永远不要走在趋势的前面！永远不要走在主力的前面！思想上也千万不要有这种想法，因为这种想法几乎接近荒唐。

我们永远不要期望走在趋势的前面，但是，我们永远要认真观察盘面，观察量能异动，观察均线归位，因为量能异动揭示主力的身影，均线归位创造好的行情位置，量价异动让均线归位提供强势趋势，在此位的攻击就是强势的攻击，而强势的就是最安全的！

接下来，我们通过一些案例来细数股市中的是是非非。

丰乐种业（000713）是主力在低位积极收集筹码后发动攻击的例子。股价什么时候发动总攻是没有定式的，主力会根据市场题材的发酵程度、盘面人气凝聚状态、操盘资金的到位状况进行相应调整。如果题材发酵迅猛，盘面已不反对做多，资金够宽，主力也就拉得猛烈，反之就会稍待时日。如果股价已进入最佳交易区，务必盯紧！

丰乐种业的股价经过洗盘，在均线密集区止跌，均线系统也形成最佳交易的A区。股价进入A区，有的会停留两三天，有的会立即展开攻击。丰乐种业按着节奏走，当缩量调整到进攻线就反攻，股价于2020年12月18日收大阳线站上股价小平台。实战中，只要股价进入A区就是进入伏击圈，它什么时候冲，我们就什么时候大胆跟进，这时使用资金既高效又安全。见图4-1-4。

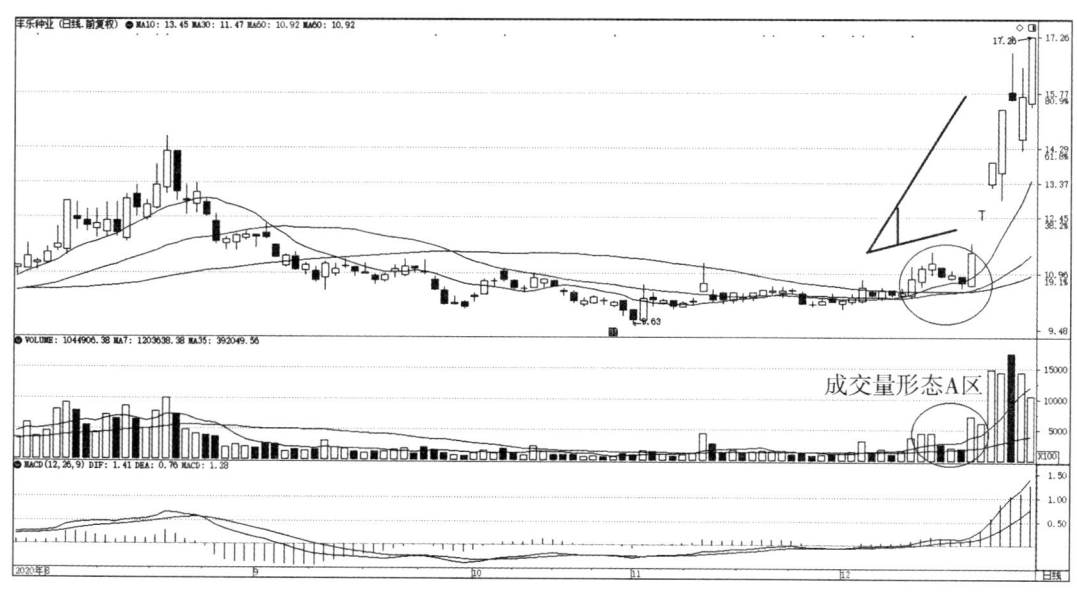

图 4-1-4

汉钟精机（002158）2020年2月25日在均线密集区出现一根放量大阳线，大阳线之前连续阳量同价格一起顽强往上爬，直到封堵住前期下跳大缺口，而均线系统也同步完成A字构建。我们从图中可以看到，此图的A区异常完美，经典的量价异动让均线归位提供强势趋势。见图4-1-5。

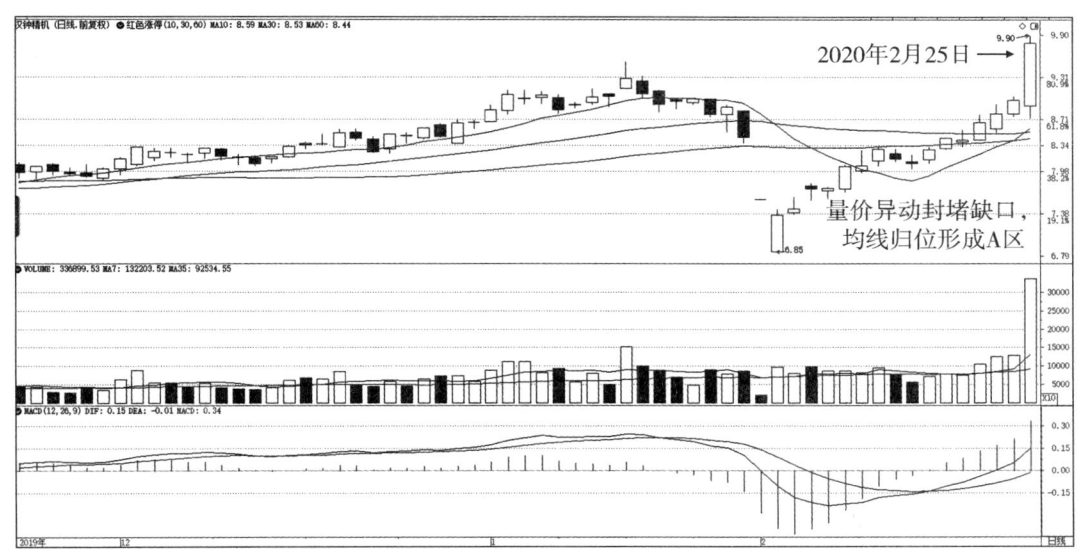

图 4-1-5

主力收集筹码有很多种手法，主力洗盘有很多种手法，主力拉升有很多种手法。主力会因时、应势而用各种手法，但"强势"与"经典"从未缺席。

主力洗盘，目的就是想把你吓出来，吓不出来就逼出来，逼不出来就磨出来。这三种清洗手段，主力先用哪种后用哪种，他知，我们却不知。因此，投资者不要一见股价跌到一个位置跌不动了，就开始抄主力的老底；也不要见到股价蓄势了几天，就开始打埋伏。股价横了可以再跌、跌了可以再逼、逼了还可以再横。很多时候投资者需要有耐心，什么时候主力再次进场才说明清洗结束了，见到没量就判断洗盘完毕，仅仅是一厢情愿的想法，而"再收集"与"超常规短资投入"就是主力进场的强势身影，有了主力进场的身影，我们就在经典的交易区A区、B区等着就是了。汉钟精机的股价在A区大阳攻击之后，气势如虹一口气走完一倍行情。结合盘面，结合主流，结合个股综合分析，经验老到的投资者在首次一字板后仍可适当再介入。见图4-1-6。

奥福环保（688021）股价在上市之后走了一个"W"双底，第二次底部企稳后，股价随同持续温柔放量慢慢上行，均线系统由空头转为多头，紧凑完成了底部三金叉并处于上翘推进状态，一个较好的A区构建成型。2020年5月29日，主力在前正极能量高点处，稳健地把股价送至涨停板并开启了一大波涨幅。牛股多数会向下挖坑洗盘，"W"双底是部分牛股的行走路线，大洗盘的洗盘底线往往与前期波段成本有紧密关联，"双底不破"就是主力意图表现形式之一，实战中要高度重视。

## 股是股非之一：猎取强势股

为何认为这只股票有大行情，事后的理由可以找一大筐，但笔者认为重要的理由只有一条：在同期的科创板走势中，奥福环保走势稳健，股价到关键位置强势异动且未透支行情。这个关键位置就是量时空安全边际下，均线密集处的A区。见图4－1－7。

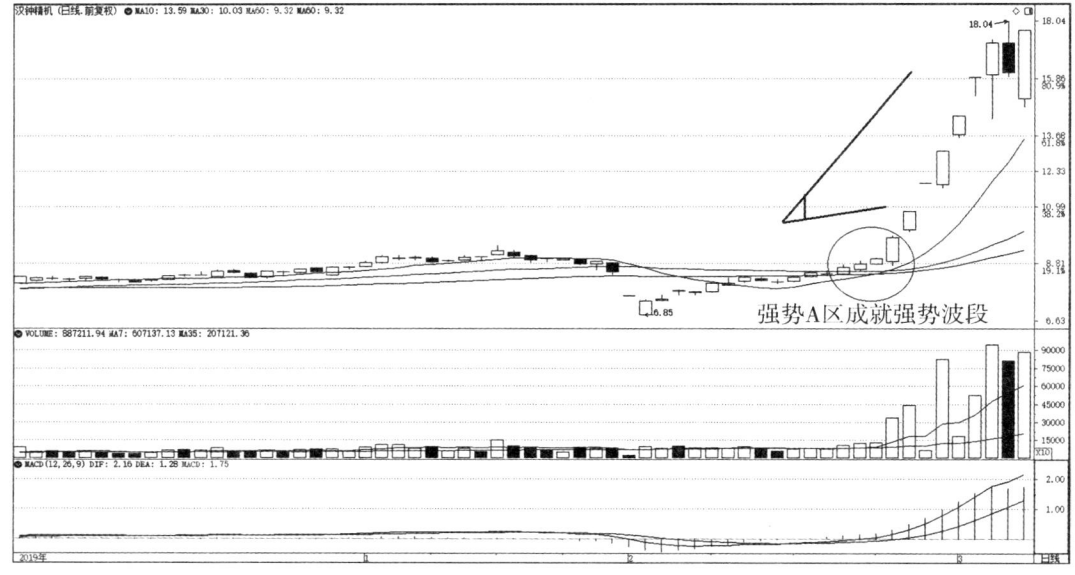

图4－1－6

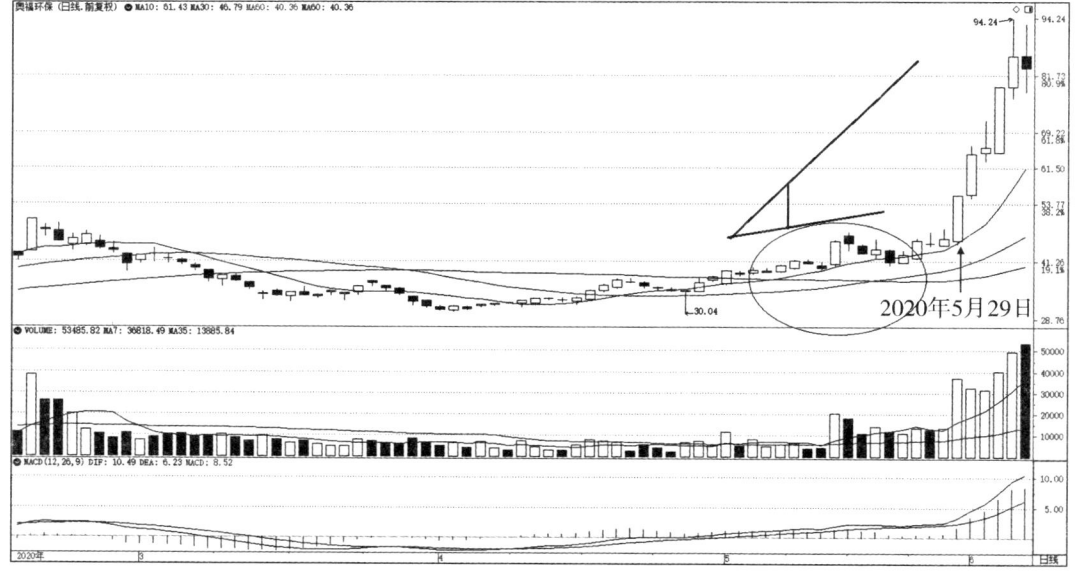

图4－1－7

京蓝科技（000711）股价在 2020 年 8 月 19 日午后开盘用暴力单直击涨停板，前期量能、均线归位状况都挺好，一个挺不错的 A 区发动的行情，理论上讲，后期行情应有持续性。见图 4－1－8。

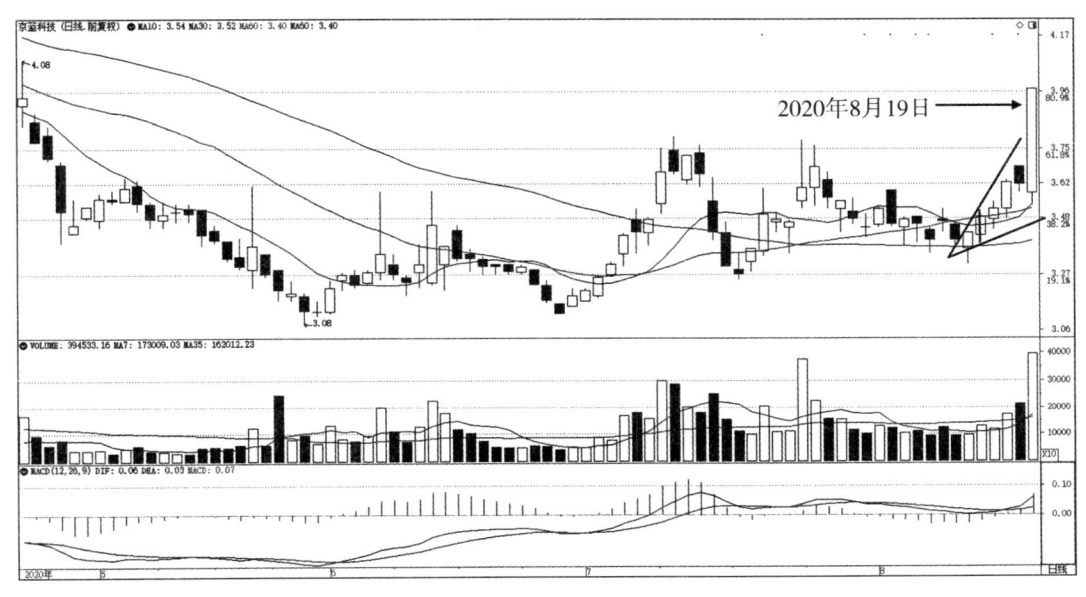

图 4－1－8

京蓝科技的股价次日高开高走，但瞬间回头俯冲，盘中反弹无力且返后奄奄一息。次日低开收跌，再低开再收跌，再收跌，再收跌。你不信它要跌它偏要跌，你赌它不跌它就要跌，你赌气让它跌、它就真的跌。

三度理论认为：股价跌就是跌；形态好、量能好、位置好是股价上涨的理由，但不是绝对理由。股价不按照预期方向走，与其赌气，不如去寻找下一只好股票换来开心。

许多投资者，对于股票，总是喜欢"相"由心生。对自己选出来的股票、买进的股票，越看越顺眼，越看越兴奋，越看越像大牛股，总爱心里想：如果明天止跌，如果明天突破……用太多的"如果"一次次把自己的思维拉入混沌的泥潭而不能自拔，而且，不管之后出现什么走势，依然咬紧牙关坚持自己的"如果"。遗憾的是，股市里没有"如果"，因为股市不需要"如果"，股市只有是与不是，股市只接纳是或不是。

接下来的走势，不知打击了多少人的梦想。识相的，意外摔在地上爬起来就走开，不识相的，就找主力评理：多好的一个形态！这么多成交量！说不涨就不涨了，太不讲道理！主力就像没听见，继续做它的事情。

京蓝科技的股价在涨停次日即出现大阴量并破位、破形，持股者则不用挂牵了，剔除。该股随后股价逐波走低，趋势大压出现。见图4-1-9。

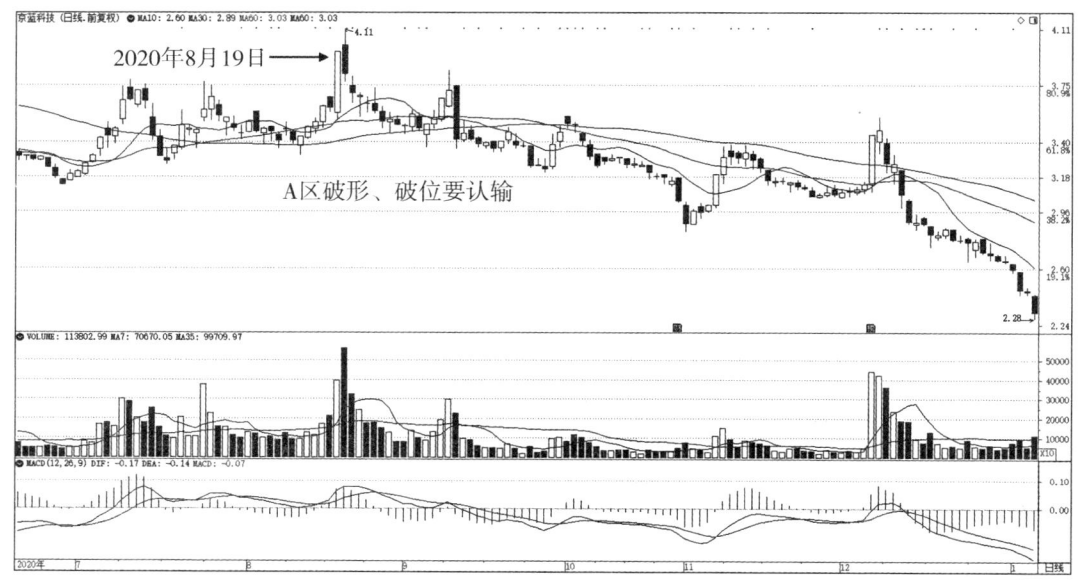

图4-1-9

海康威视（002415），其走势图中几处画圈处均是A区，A区上均有一波行情，其余时间要么股价回调要么拖拖拉拉不见起色。这充分说明：均线到位密集了，归位了，行情就快了；均线没归位，机会就不成熟就该多等等；A区是股价最容易走出波段的股价位置之一，是强势行情的易发启动点。我们发现，过去，现在，那些腾空而起、开辟了一波波荡气回肠的行情，许多是从A区出发的，未来亦如此。见图4-1-10。

在股市行走，再倒霉的人都有赢利的时候。倒霉不是天生的，倒霉的人多有两个共性：一是缺乏基本常识；二是性情马虎且马虎已成为习惯，这是后天养成的。在股市里，常倒霉的人可能还有第三个特性——自以为是。自以为是不仅仅体现在读了几摞股票书、参加过多次培训后形成了"油盐不进"的秀才风格。自以为是最要命的体现是，偶尔赢利时，不去深究赢的缘由。而当做错时，一笑而过并自嘲道："连大师都会错，何况我辈？"又错了，眉头一皱，"下次纠正，下次纠正。"

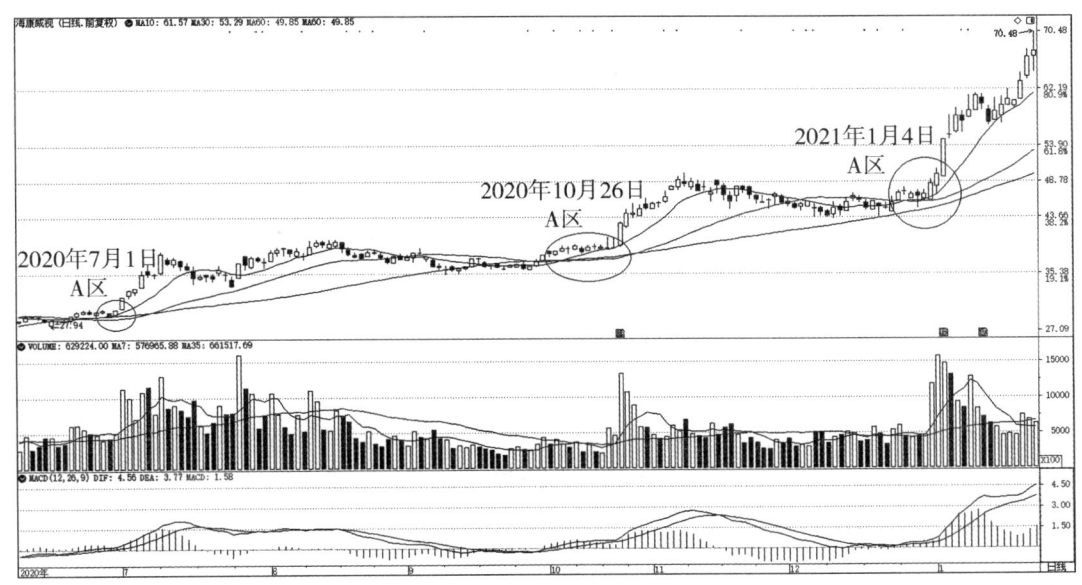

图 4-1-10

纠不纠正、怎么纠正？天知地知。做对了，眉飞色舞，引吭高歌唯恐天下人不知。问题就在做对的情况下开始蔓延，因为忘了去深究获利的缘由，其实就是马虎的性情又倒回来了。缺乏知识再叠加自以为是的马虎，就算看股票看得眼冒金星，亏钱也是必然。如果反过来，询问自己这次的赢利是碰对的还是做对的，结果或许就会有所改变。是碰对的，立即找出缘由并用历史行情加以检验并尝试检验新的行情。是做对的，立即总结并加以再提炼，下次可以做到更好，这样就会给未来操作得更为妥帖铺好路，赢利就有了更坚实的基础，好的学习习惯与好的总结习惯就会逐渐养成。

在股市，由于长年累月的输多赢少，许许多多的人已经把亏钱当作一种习惯，不亏几千，不赔几个点，似乎就不对！这习惯真是太可怕了！还有就是如中了巫术一般，有事没事没有任何缘由地主动降低赢利要求，把"每月只求赢利"视为圣旨，殊不知这种主动降低赢利的心理会在无形中养成另一种习惯，那就是不自觉地去寻求那些看上去较为安全、上升空间只有几个点的股票群，不去监控跟踪那些异动、大动的股票。这种习惯一旦形成是相当恼人的，这种股票，一旦盘中稍有风吹草动，比谁都滑得快、跌得深，沾上它们，不踏上输多赢少这条路才是怪事。笔者见过一些可怕的"高人"，资金额又不可爱，在日线都还没弄清楚的情况下，随手抓一只股票就开始高抛低吸，不管这只股是否"阴气森森"，而且再高雅地来一句

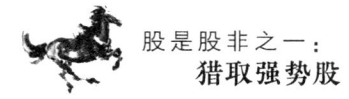

股是股非之一：
猎取强势股

"T+0降低成本"。有工夫去降低成本，为何不反过来，把赢利的要求适度提高，并同步提高机会条件的要求，眼光专注于正在异动的、大动的个股，干干净净做一点干干净净的行情？行动上敢于择机跟进，久而久之，强势的习惯也随之铸成！强者恒强是股市永恒的、特定的第一规律。笔者还要说的是：在这个市场，唯有强势的才是最安全的。这毋庸置疑，当然，要方法得当，"因为强势是买出来的，不是追出来的，我们做强势而不要被强势反过来给做了"。

习惯真是可以养成的，赢利也可以养成习惯，不要纵容自己在输钱的怪圈里打转，输钱输到"醉生梦死"时，就剩下死路一条了！如何养成跟随强势的习惯？规避那些九头牛都拉不出一根大阳线、那些连你自己都说不清楚主力为何拉抬价格的个股，规避那些龇牙咧嘴、那些"横看成岭侧成峰"、那些动不动"无事呻吟"的个股；接近那些实实在在、干干净净的个股，接近那些"横看成峰侧也成峰"、"阳气"凛然的个股，养成不走在主力前面的思维习惯，养成不要忘记用量时空过滤稀释风险、用量形态还原主力身影这两种方法去筛选一只股票的良好习惯。这些习惯会加快促成投资者养成贴近强势和安全并存的行为习惯，坚持下来就会养成我们赢钱的习惯，大赢小亏这扇幸福之门才可以为你敞开。

股市很霸道，也很奇妙！

霸道在于，不是你我说了算，是市场说了算。

奇妙在于，心诚则灵，信则有，不信则无。

然后，尽一切努力，让赢利成为一种习惯。

## 第二节　强势B区

字母B排在A后面，但就股市交易而言，B区交易的分量在实战价值上并不亚于A区交易。很多时候，A区的行情没有起来，但是到了B区就腾空而起一大波。现在我们就来看看B区交易能给我们带来什么样的思考。

所谓B区，是指股价的走势形态像一个躺倒的英文字母"B"。这个躺倒的B字母，下面的横线代表中长期均线，上面弯曲的弧形线代表进攻的小单位均线，很明显，这是股价在回落过程中受到支撑，再变向重新上涨的行情。需要强调的是：区间形态虽然是B区，但我们的介入点依然在B形态之中的A区，可以称为B区的 A 点。如果股价没有被弹起或没穿透向上，那么最佳时机就还没到，要求最佳时机介入的目的一是不让资金在调整区耽误沉淀，二是要防止股价在 B 的前半部位置下栽形成字母 C，因为 C 是极其危险的区间。

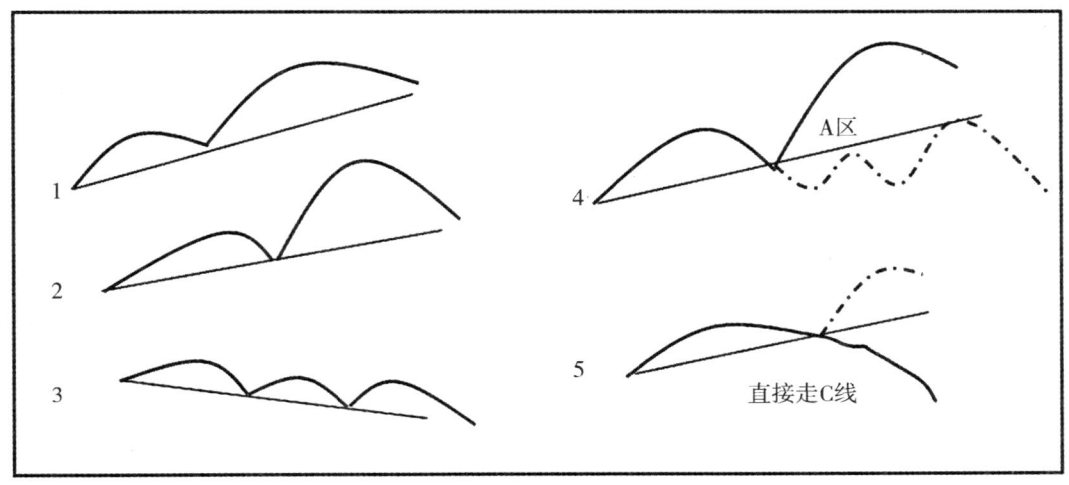

图 4-2-1

从图 4-2-1 的五个形态中，我们可以看到，中长期均线的角度不同，支撑力度也不同。多数情况是，向上的角度越大，支撑越强，行情上行速度和空间就偏大，如果向下就是反弹的行情了。同时还可以看到，当股价由上向下接近大均线时，它的方向是不确定的，可上也可下，作为投资者，还是应该等待股价变向，再次形成小 A 进攻区时介入方为上策。机会常有，不要急于一时，鲁莽进入，资金易失，在股市里养成捡小便宜的习惯会遭大殃的。

宁波海运（600798）的主力在一个大区域收集筹码，股价频繁出现涨停板，随后，主力开始压价洗盘，在 30 日均线附近稳住股价，2020 年 12 月 17 日，一根涨停板 K 线上穿黏合的 10 日、30 日均线，这是主力在说：股价回头了。股价再次调整 4 个交易日后，于 2020 年 12 月 24 日在 B 区强势启动，股价再也不回头而径直而上。图中可见，10 日均线与 30 日均线由收集开始，历经洗盘下落，到行情再次启动飙升，最后完美谢幕，犹如一个大大的斜卧着的"B"字，两条均线流畅而优美，行情也干净利落。见图 4-2-2。

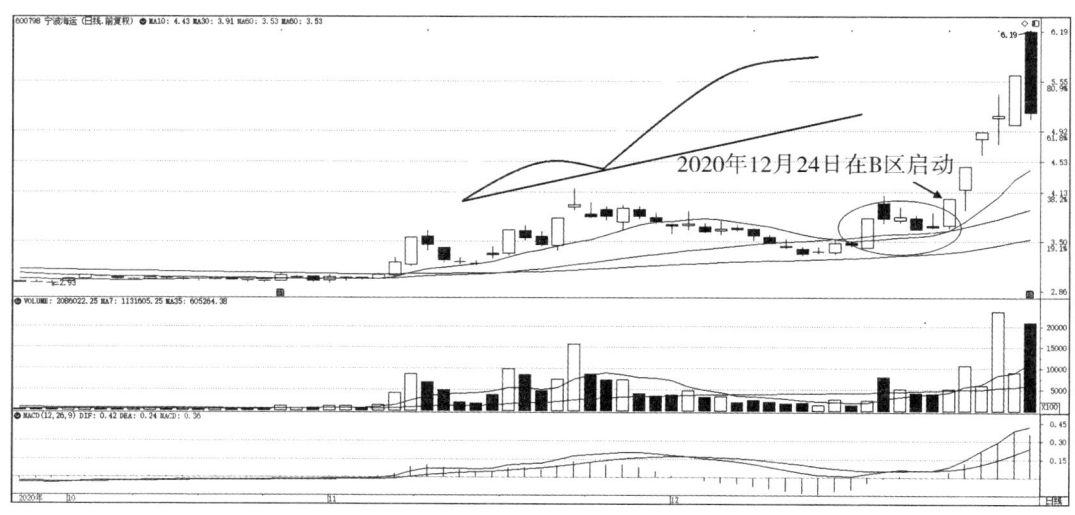

图 4-2-2

短期、长期均线汇集归位时，是股价最容易变向的时期。主力经过恫吓打压、威逼利诱，持股者该走的走了，不该走的也走了，最后剩下一股市场的中坚力量，这时，只要主力振臂一呼，股价就将展现一幅势如破竹的壮观画面。

鲁阳节能（002088）的一波行情就是一幅流畅的 B 区攻击图，小波收集，小波洗盘，站稳蓄势，均线密集聚合，再翘头发动行情。这波 B 区行情启动转折点是 2020 年 11 月 2 日这天的大阳线，这一天也是这一波的最佳交易机会。见图 4-2-3。

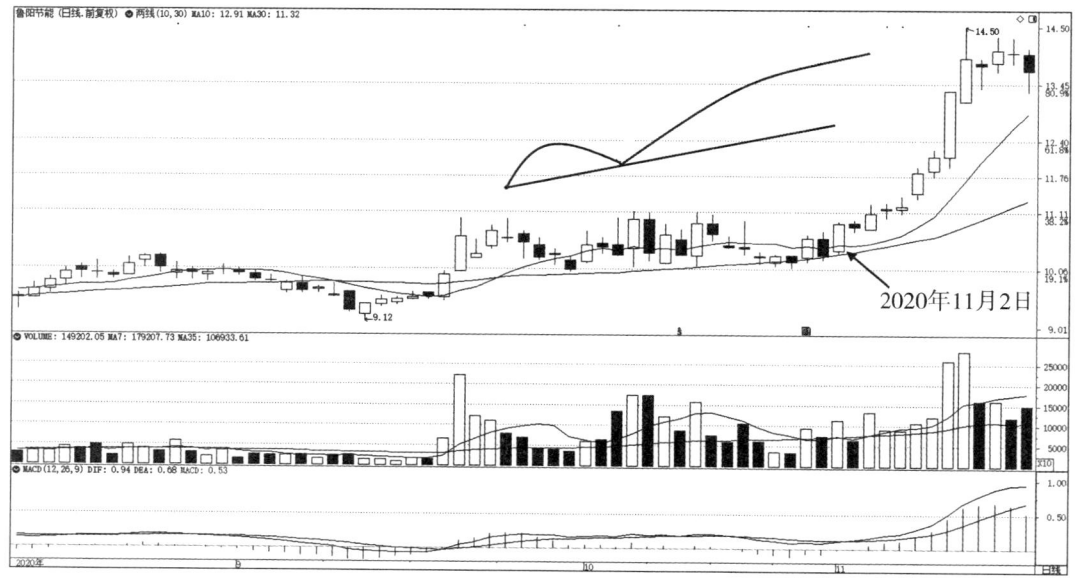

图 4-2-3

股票在运行过程中,我们有时候会说该股在洗盘,这是因为前期有较多成交量促使股价有一段上升后,现在正在缩量进行适度的回调。我们说股价站稳是因为看见股价收住了下跌的步子,在一个小区间徘徊。一切判断都是来源于我们的"看见"。每一个新进入股市的人,见到K线图时,都会毫不犹豫给股价后面的走势指出方向。运气很好的,看见股价向反方向发展,于是感到"这件事不太对头",意识到自己说话是不管用的,从而引起高度警觉并开始诚实地面对市场。运气差的,以为股价就真听他的,沿着他的指向行进,还觉得利用股票交易赚钱"就是如此而已嘛!"后面的事情怎样发展应该在意料之中了。很多时候,一个人的态度体现着他的高度。

鲁阳节能股价走完一波B区行情后开始回落,一口气回到前期启动低点。随着资金再度进场,均线归位于A区,于是又发动了一波行情。见图4-2-4。

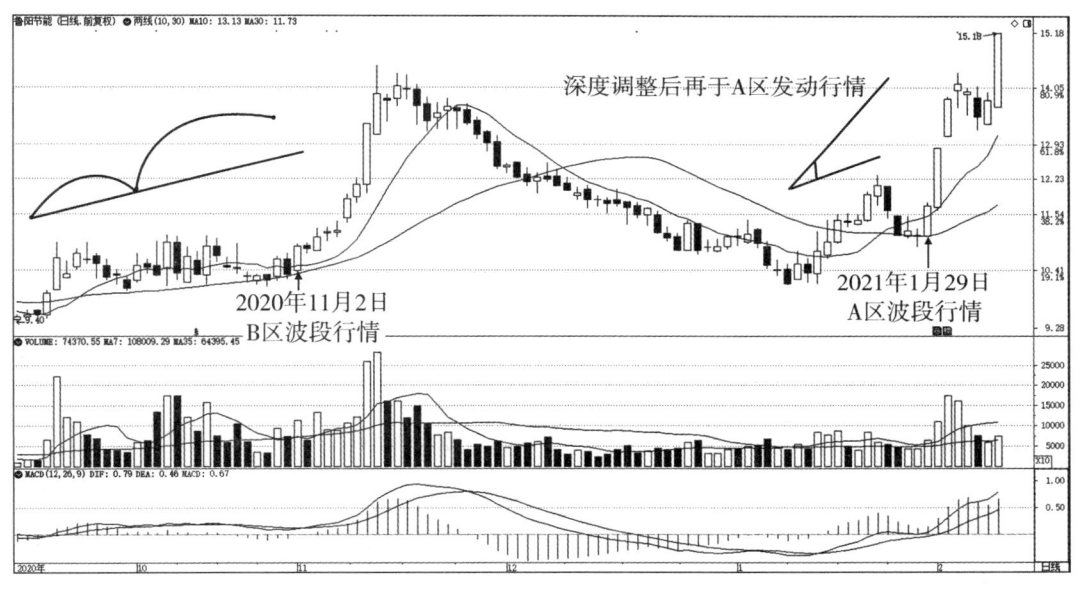

图4-2-4

人们都说股市里的钱是越来越难赚了,但是股市里急功近利的浮躁却更加盛行。搅动市场的主力太清楚它对面有无数的技术派高手甚至顶尖高手,因此,主力更加需要此种浮躁情绪加剧。市场永远不缺资金,消灭了一拨还会再来一拨。为了不卷进被消灭的那一拨,跟随强势资金的节奏就是必须修炼的功夫。有的人在适合的时间、适合的位置、适合的盘面才开仓一两只股票,这看上去是慢的。有人天天买进卖出,日日不是三只就是五只,早上抢涨停,中途跟风,尾盘有异动下单如闪电，这看上去是快的。在适合的时间、适合的位置、适合的盘面才敢下手的，随后股价一个劲儿地向预期方向疾行，这是快的。天天买进卖出，全天操作，日日不是三只就是五只的，随后的收益是盈亏互抵白忙一场，这个结果还是客气的，这是慢的。看上去慢的资金增值如风，这是因在努力遵守规则、诚实操作从而守护住财富得到市场的褒奖；看上去快的呢，资金缩水如漏沙，那是不守规则、任意撒野从而导致资金亏损得到市场的惩罚。谁快谁慢？认知B区，恭候B区，善待B区，再慢也能慢出一些家当。

金龙鱼（300999）上市后不久走出了一小波行情，这一小波行情不大，但量区里的阳量够大。随后开始洗盘，量能也渐次缩小，再随后，股价在30日均线附近持续缩量并有所站稳，同时10日均线逐渐靠拢并保持在一定斜率上行的30日均线之上，健康B区模型初显。2020年12月14日，一根大阳线确定了金龙鱼的行情将从B区起航。金龙鱼的股价踩着B区出发，沿着进攻线走出当时段深圳注册制股票当中非常亮丽的波段行情，再随后，股价进入C区开始大幅回落。见图4-2-5。

图4-2-5

生活经历告诉我们，特定的人、特定的事件、特定的时间地点叠加在一起就会迸发一份感情并袒露出来。在股市里，主力运作一只股票，也有特定的事件、时间、地点。事件我们可以知道也可以不用太多知道，但时间、地点我们要知道，那就是强势的 A 区、B 区，因为这里是主力最容易流露真情的地方。

航天长峰（600855）的股价曾在 2013 年 10 月 9 日构建 B 区拉出一波行情，其后再度回落，但止跌位置越来越高。2013 年 11 月 14 日，又形成 B 区发动攻击，成为当时军事安防概念的龙头之一。从图形上我们可以清晰地看到，资金积极涌入该股，价格每次回调均在均线汇集处止住跌势，形成 B 区，然后强势反转，见图 4-2-6。

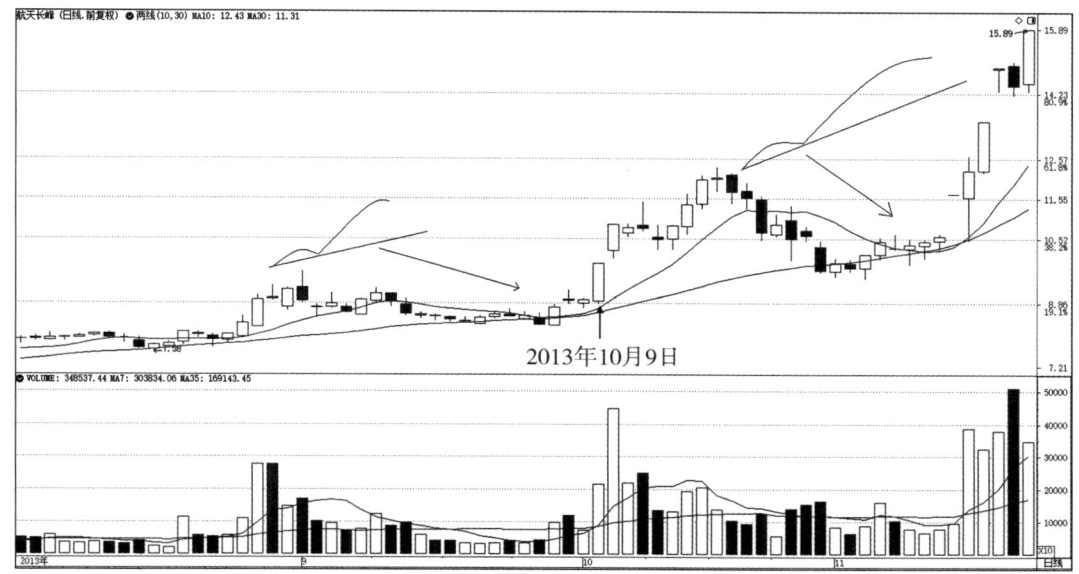

图 4-2-6

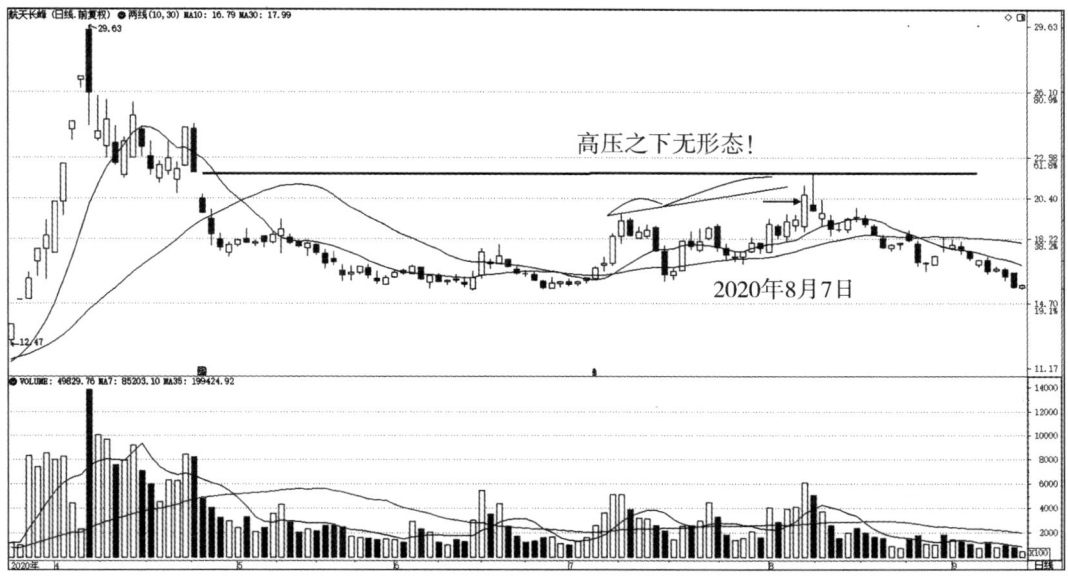

图 4-2-7

同样是航天长峰，局部看似乎走出了一个B区结构，2020年8月7日又出现了一根大阳线，股价在随后却是往下走的。原因就在于这个B区、这根大阳线是在前期暴涨后的带量暴跌缺口眼皮下发生的。这是存在极大风险的量时空大压区间。高压之下无形态，这是三度交易理论最基础的知识。见图4-2-7。

常言道"国有国法，家有家规"，意思是人的行为都要遵守规则与法度，只有这样，才能既保护自己也保护他人，同时，一切也因此变得有序而充满生机。在股市，不要因为是用自己的钱进行交易就为所欲为，在股市遵守交易规则的要求是很高的，因为它不会给你一丁点申辩的机会，不会给你丝毫同情或减轻惩罚。在实盘中，我们要无任何借口地遵守经过锤炼、学习得来的交易规则，自主地拒绝自己所不熟悉的行情。最终达到"三从四得"的操盘效果。

三度实战体系的"三从四得"即从量时空稀释风险、从量形态还原主力身影、从量价异动让均线归位三方面入手，对机会做出分析决断，取得"看得清楚、想得明白、做得干脆、赢得漂亮"的效果。

图4-2-8是创业板块指数（399006）在2020年6月初走出的行情图。这一波指数持续上涨的起始点还是B区。指数在B区能够坚挺，坚挺之后突破，突破之后稳健爬升，均给股指期货交易者带来了明示。这种明示可以是日线，可以是60分钟线，也可以是30分钟线，还可以是5分钟线。周期不是问题，问题在于要知

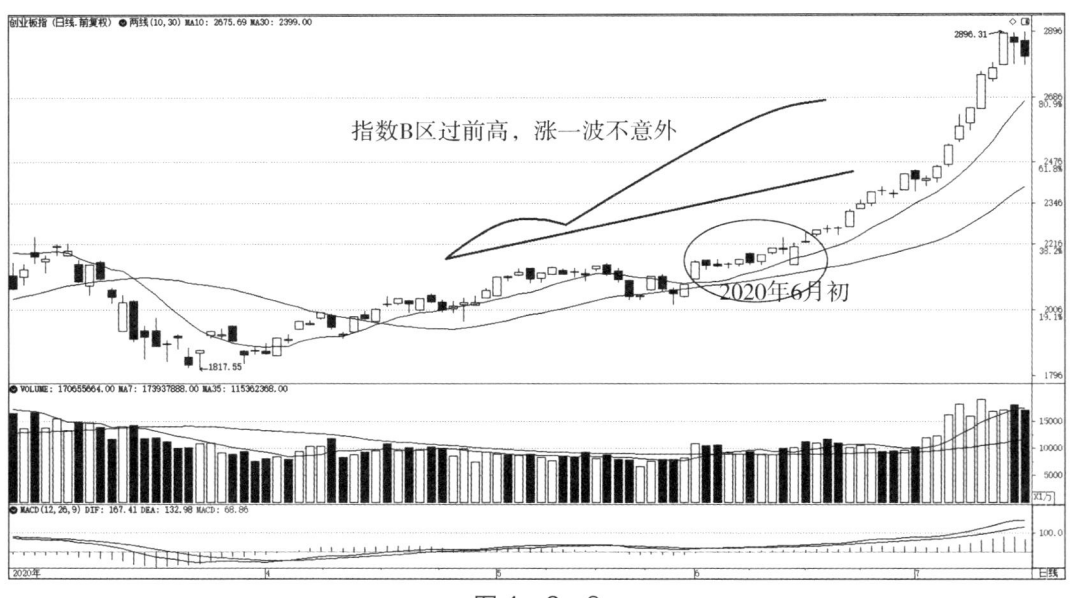

图4-2-8

道 B 区的模样与内涵，要知道规则、规矩并守规则、规矩。交易配置有杠杆倍率的期货，包括股指，要想稳定赢利，必须走得踏实，除了异动形成的 A 区、B 区、C 区，恐怕不会有第四个位置能如此坚实地承载交易者的梦想了。当然，期货与股票的异动略有区别。

由量价催生的大大小小的 B 区行情，在盘面中常常出现，机会也不难获得。规律之所以被运用，是因为它具有可复制性、可记忆性和可预见性，由于这些特质，规律就成为人们探索未知的基石，成为把握未来的凭据。

## 第三节 风险 C 区

C 区的由来也源自英文字母，即股价走势类似英文字母 C 的形态，但这个字母 C 不是侧倒或躺着，而是略略有些前倾，其实，直立站定也能看得清它的真实身段。C 区一部分是由 B 区演变而来，一部分是自生的，形成 C 区是因为进攻线在均线系统分散的状况下开始疲软、低头。见图 4-3-1。

C 区虽然与 A 区和 B 区同属最佳交易区，但交易的性质与 A 区和 B 区有着本质的区别。A 区和 B 区为交易的最佳介入区，C 区为交易的最佳退出区。C 区是极其危险的地带，股价在这里，就像垂在悬崖边上的枯木，虽然还有可能系着彩带，却绝非介入之地。

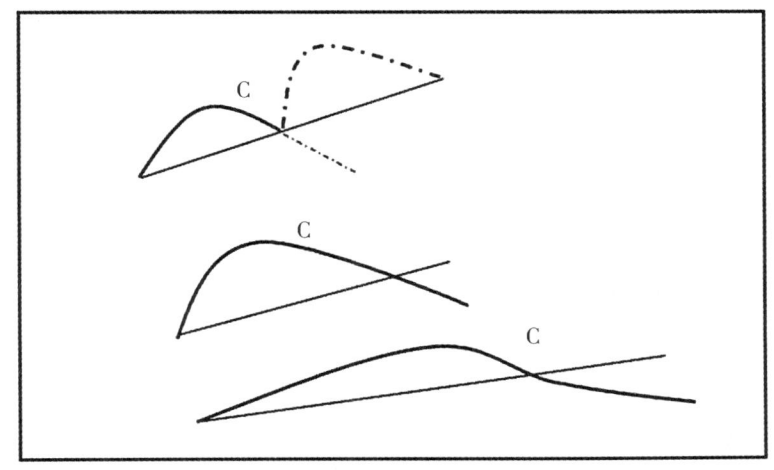

图 4-3-1　C 区的形成过程

下面来看看 C 区的股价走势情况。

深南电 A（000037）的股价在一段拉升之后开始在高位震荡。长上影、大阴线之后，股价震荡似有所收敛，就是这种看上去的收敛却不怀好意。图中可以见到，前期昂扬向上的 10 日进攻线逐渐走平并慢慢出现低头状，这时，已露出 C 区的端倪，风险也同时聚集加大，这一段是不可以进场并且不可持股的时期。至于后期是否有新的能量进场，使均线系统归位并构建成 B 区，那是下一步的事情。2020 年 8 月 11 日，下垂均线下面再一次出现中阴线，表示风险正加快脚步逼近。此时若固执认为这根阴线是芝麻量，没有杀伤力，那是没有体会到"千里之堤溃于蚁穴"的风险。见图 4-3-2。

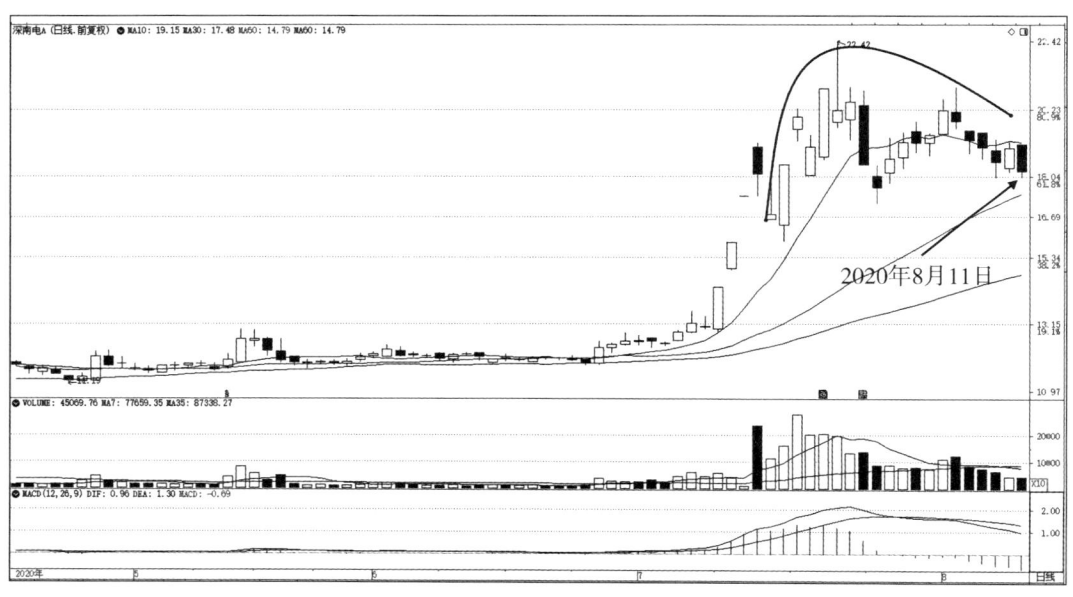

图 4-3-2

随后的走势证明，在股价走势的 C 区出局是对的，股价从该点开跌，几乎没做任何挣扎便直接下泻。股价下掉过程中有一段时间是明显缩量的，这种时候看见缩量千万不要想入非非，任何低吸抄底行为都是错误的，股市缩量阴跌的事实太多太多。对于这种阴跌的股票，没见到量形态还原主力身影就不要给予任何关注。量形态还原主力身影至关重要，这个重要交易规则里面隐藏着很多投资哲理，投资哲理后面其实也是做人的本分，请务必重视。见图 4-3-3。

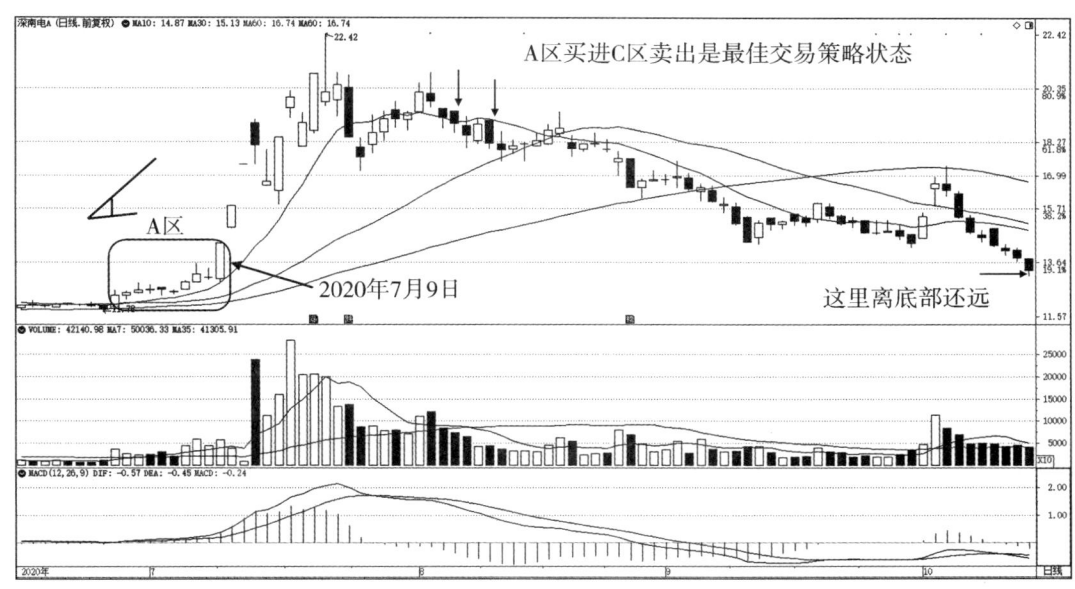

图 4-3-3

在《博弈论的诡计》（中国发展出版社，2007年）一书中有一则关于合作的案例：一位失去双腿的男子遇到一位双目失明的人，于是就提议联合起来，说这样可以为彼此带来莫大好处。他对盲人说："我趴到你的背上，这样我可以用你的腿，你可以利用我的眼睛，我们两人合作，做起事来可以更快一些。"显然，缺腿的男人是有远见的，答应合作的瞎子也是聪明的。在现实生活中，有一小部分人不具备这种合作共赢的理念，急功近利的想法使他们有了"通过践踏、摧毁他人的利益，就能达成自己利益"的邪恶歪论，绞尽脑汁算计他人。在股市，有相当多的人，同样没有合作精神。买卖股票掏自己的钱，交了足额的税为何还需要合作？是的，买卖股票不需要合作，但要想通过买卖股票赚钱就要与主力合作。没有合作精神的人总是努力去寻找低价、在低位买进股票，希望等到股价拉到高位后高价卖出获利。这是一个好办法，但是，他们买进低位股票时忘记去想另一件事情，股票在低价低位，至少说明现阶段可能还没有主力青睐这只股票。既然没主力青睐，早早进去除了坐等还能有什么？难道进入股市就为了等待吗？而且这是在无任何动向环境里希望的"坐享其成"。笔者认为，既然选择了股市，最佳的方式就应该是主动出击。还有一种没合作精神的行为是挖空心思去"找主力的软肋"，"找准主力的软肋，在主力软肋处重击，主力拿你也没办法"。这也是某些"擒庄"投资理念所大肆宣扬的。

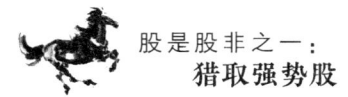

要赢利,就要与主力合作:把主力视为最尊贵的事业合作伙伴、最尊贵的导师,共进退,不添乱。股价洗盘调整时不要只想捡便宜;股价歇息时不要急于往里钻;股价再次上扬时,跟进配合出力;股价滞涨时,退出来,静待下次集结号的吹响。

惠云钛业(300891)前期的上涨行情虽然走得不利落,但是往下走却来得干脆,尤其是从C区开始差不多就一路下滑。2020年12月4日这一天阴线再次下破已经低头的进攻线,这就是离场的最后时机。见图4-3-4。

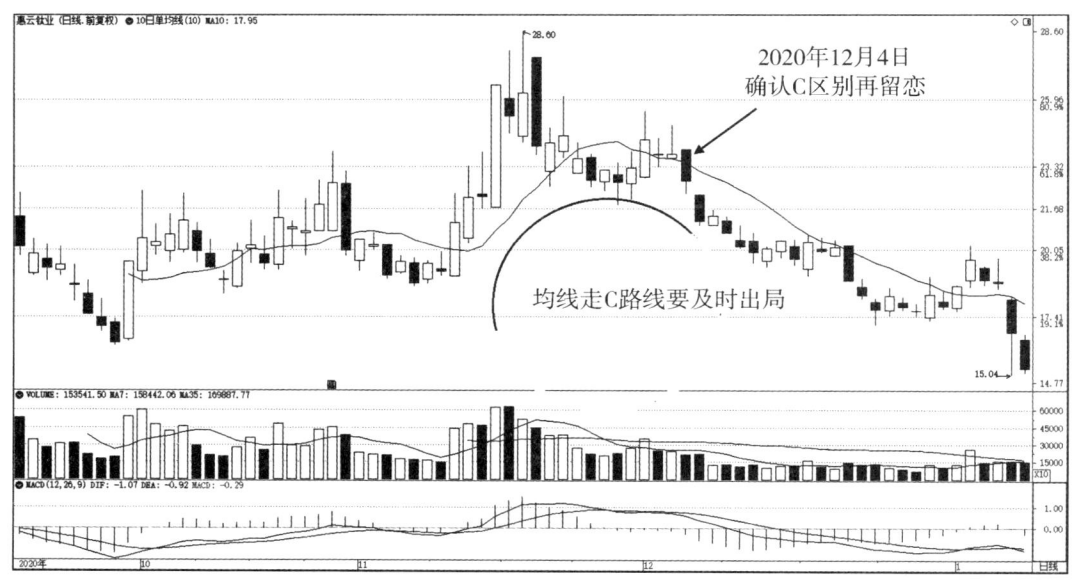

图4-3-4

股市之中,总有一些资金不是很多却又"重感情"之人,只要是某某机构重仓或带"中"字号名称的股票就对其情有独钟,认为这种股票就是好股票,就能赢利,就是安全的,不管该股股价运行有多慢,不管跌得有多深,不拿上几手,心里就不踏实。如此投资,显然有失偏颇。投资是什么?投资就是投入一定的资本以期获得收益的行为。什么是高效的投资呢?笔者的理解是,投入资本快速赢利,这就是好的高效的投资。如何做到好的投资呢?那就要抓住机会投入资本,并以此赢利!纵观世界,凡大成者无一不是敏锐抓住各行业的关键机会,看准时机果断重磅投入资本,以迎合市场之"巧"最终跻身大器之列。而抓住机会投入资本,就是对"投机"最好的诠释。随市场变化而调整,适应市场强势,这才是投资的真谛。作为二级市场的投资者，要做好股票投资这件事情，同样需要用"投机"来"巧取"市场之利。如果我们的赢利仅限于做多，那么我们是否赢利将取决于买入后是否上涨、什么时候上涨，仅与涨多少有关，而与股票的名字无关。我们买入的最为重要的依据在于是否有可以改变股价运行趋势的量价异动，是否均线归位，而非其他。

再来看一只行业龙头股兴齐眼药（300573），来说明C区的杀伤力有多大。股价前期走了几波行情，涨幅挺大，市场对其龙头价值的赞誉声也挺大。2020年8月12日，在一片赞誉声中，股价用跌停板方式破了疲软进攻线，C区框架已经现了半个身子，如果股价不立即止跌，后期股价跌幅就偏大一些。见图4－4－5。

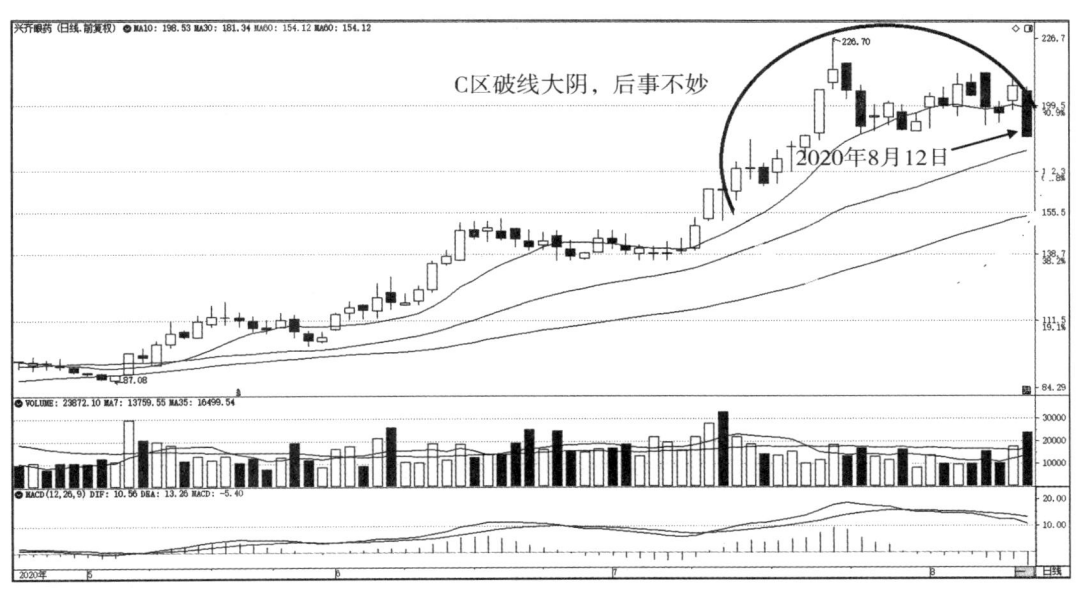

图4－4－5

兴齐眼药的股价后期也没装模作样地止跌，而是毫不腼腆地往下，再往下一直到吞掉前期涨幅。

在股市，没有永恒的价值，涨幅大是前期有强势资金在低位介入，后期加点资金推动不断上涨。反过来，跌幅大的股票就是前期有资金先在高位卖出，而后小库存怎么卖都行。C区就是主力在高位抛出筹码最好的位置，C区也是主力维持股价在高位陆续出货造成的图形。见图4－4－6。

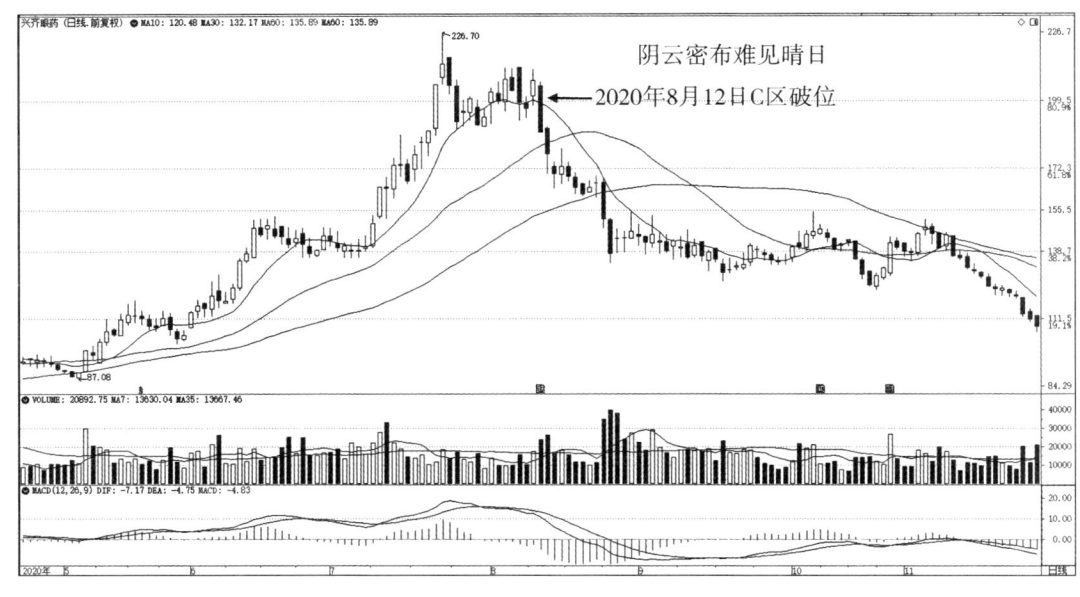

图 4-4-6

**总结：**

本章介绍了两个最佳介入区——A 区以及 B 区，一个最佳出局区——C 区。同时也论述了 A 区、B 区、C 区的形成机理以及需要满足的条件。A 区、B 区、C 区只是个意向的形态，我们所追求的是有能量的形态。因此在这三个交易区里的量价异动呈现的能量才是保障最佳交易区的品质，包括做多以及做空。

本书前面四章主要呈现了四大方面的内容：

第一章主要是讲用量时空的方法评估、过滤交易的机会与风险。量时空存在的风险是一只股票内在的"系统风险"。量时空的风险主要体现在明显顶部压力的风险、明显下降趋势的压力风险、巨量下跳缺口的压力风险。这几种风险的内因在于：其一，主力大部队已经撤退，"有主力的股票是个宝，无主力的股票像根草"；其二，巨大的套牢盘的压力，力的作用是相互的，冲击巨大套牢盘会面对巨大抛压，在这两项角力对冲的状况下挤进去极易受到伤害。

第二章是讲通过量形态的构架还原主力身影。成交量代表着资金参与的多与少，量形态反映的是主力资金调控优劣的状况。在这个极具风险的市场投资环境中，我们最起码的要求是"看到"，通过量形态选股跟随主力就是要看到主力强势进场的身影。通过对洗盘整理的度量，我们可以看到主力前段的量能有无外泄，主力是否仍隐身其中。通过"再收集"的量形态，我们可以看到主力是否再次进场。通过主力是否有"最后超常规短资投入"的行为，我们可以看到主力是否有目标高远的资金集中投放，所有这些"看到"的才是奠定股价拉升最坚实的量能基础，也为我们的操作提供了有力保障。

第三章讲的是量价异动让均线归位。量价异动起到的最佳效果就是让均线归位，反过来说，量价异动没能让均线归位，交易的最佳时机就未到来。均线归位的最佳效果是量价异动促成的归位，没有量价异动的均线归位，实战价值不高，甚至不具备可操作性。"量价异动让均线归位"尽管只有九个字，却是本书的核心，也可以说是股价运行过程中，最能体现操作机会的核心内容，更是本书对图形技术认知的核心理念。

第四章讲的是最佳交易区。最佳介入区是 A 区以及 B 区的 A 点，C 区是风险聚集区，因而也就成为最佳退出区。量价异动让均线归位的 A 区进攻点是最佳的介入起始点，股价经过整理后，B 区的 A 点也是非常好的交易点。股价运行过程中，A、B、C 是可以互生互灭的。B 失利直接演化为 C，行情暂时告一段落；B 得势化升为 A，行情又是新的起点；A 到高位直接下落形成 C，股价面临考验；C 回落之后归位良好，上攻又成为 B，B 中又发生……股道之势就这样循环往复，绵绵无绝期。

既然股价如此多变、易变，我们就需要诚实地等待，等待主力真实地现身，至少正在现身。

分析判断本书前面四章核心内容的过程，就是对一只股票"量能体叠加"的过程。量能体叠加优异，机会就优异；量能体叠加勉强，机会中可能存在的风险就大。最终归结为一句话：在量时空稀释了风险的安全区，在量形态还原了主力身影的状况下，量价异动让均线归位，形成 A 区、B 区的进攻点，就是我们追求的最佳介入点，而 C 区就是我们要规避风险的最佳退出点。这是一条投资交易主脉络，有了这条脉络，投资之路就有了方向，剩下的就是一些操盘细节的补充。

接下来的大幅篇章，是笔者数年来在实战中、学习研究中以及教学中不断提炼、完善的几种实盘赢利方式，简单、直接、高效。笔者坚信，在股市中，经典的就是最好的，最好的一定是最简单的，强势的就是安全的。此后介绍的战法包括强势波段的操作、精准短线的出击，其中的案例有"是"也有"非"，目的就是反复引导读者进入这扇已开启的赢利之门。

# 第五章

# 经典赢利模式

股市之中何为经典？首先是因"不衰"而经典。以前发生过，现在正在发生，未来还会重复发生的，可谓经典。其次是主力意图突然表露"异动痕迹"的可视为经典。主力常规做盘时段行情波澜不惊，而在变盘前一定会有出人意料的"诡异"动作，要么极度狂躁，要么异常寂静，这种反常的做盘痕迹堪称经典。然后是位置形态共振提供的清晰交易机会堪称经典。厉害的主力深知股价涨跌的杠杆原理，它们都是借力的高手，主力除了借市场题材之力外，也会借图形形态之力，借市场资金合力，在关键位置与时机协助其一同攻关。

## 第一节 强势结点赢利模式

结点赢利模式是一种安全系数较高、实战容易把握、赢利比较干脆的操盘模式，这也是市场大众比较认可、熟知的行情。该行情源于底部黄金三角结点，是均线系统完成金叉穿越时的行情。结点行情在股价走势中时有发生，不过，此时还需要多考虑一个问题：是否所有均线构架好的均线结点都是买入的理由？下面仅以5日、10日、20日的小均线系统组合和10日、30日、60日的大均线系统组合为例来加以说明。

东鹏控股（003012）股价于2021年1月中旬见底后，主力资金陆续进场并做适度调整，在这个过程中，均线系统慢慢聚拢，逐渐形成金叉结点。2021年1月

22日在均线第一结点处及1月26日在第二结点处分别出现一根阳线。这两根阳线同属于A区。我们见到，随后股价就在10日均线上方稳步上行拉出一大波。实战中，两个结点后出现的首阳线当天就是买入时机。见图5-1-1。

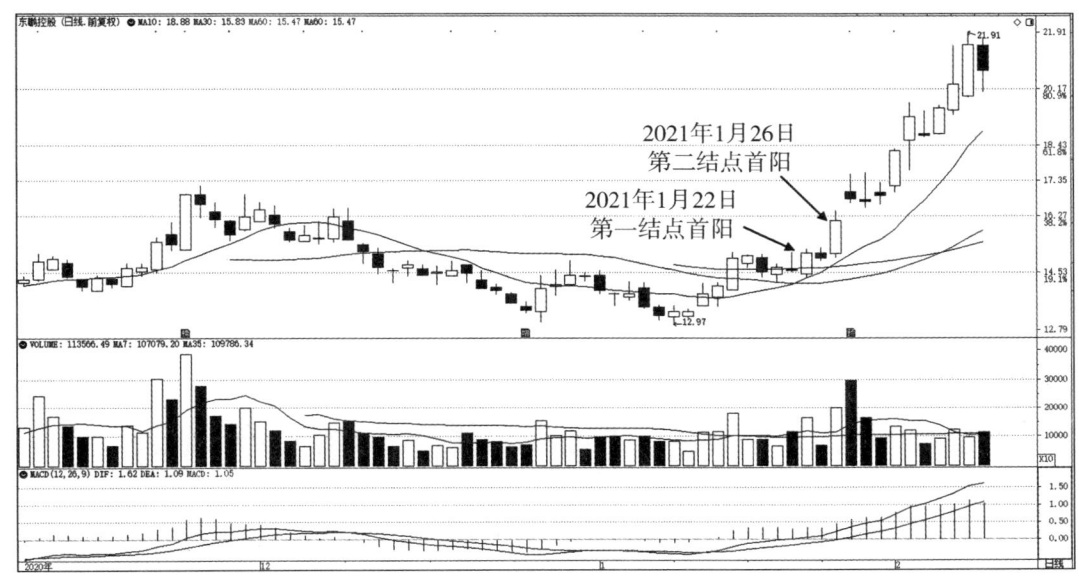

图5-1-1

一只股票，因量价异动且没透支行情所形成的金叉结点的次数很少，但成功率较高，这是行情处于相对低位的好位置，需要耐心搜索、等待，一旦发现这种模式就可以跟进，随着操盘功力的逐渐提高，资金稍大的投资者可以结合前期底部位置及量能，在结点附近适当建仓，在价格突破、行情爆发时再加仓。

中航沈飞（600760）股价于2020年7月3日在10日与30日均线金叉结点处，收出一根有上影线的带量阳线，股价又到了个很关键的位置：A区接近前高，这一天按照结点赢利模式即可介入。次日股价跳空高开过前高点并强势涨停，昨日没进去的今日可以进，昨日进去的今日可以加仓。交易理由：昨日是技术买点，今日是技术买点加主流题材。见图5-1-2。

中航沈飞股价第一个涨停板刚好越过前平台，显示行情上拉的障碍已经扫除，好的主力在操盘时会选择好的位置，正如行军打仗要选择有利地形地势一样，不在好位置的躁动行情不是我们希望合作的好主力。主力选择在A区结点上发动攻击，说明主力对行情与位置有精准把握，这就是好主力主导的好操盘，次日跳空涨停板正好越过前高点,恰逢国防军工利好题材不断,多重因素的叠加就刺激市场资金把行情一步步推高,后期可见中航沈飞的股价如脱缰的野马狂奔而去,直到2020年7月14日高位巨量滞涨天针到顶。见图5-1-3。

图5-1-2

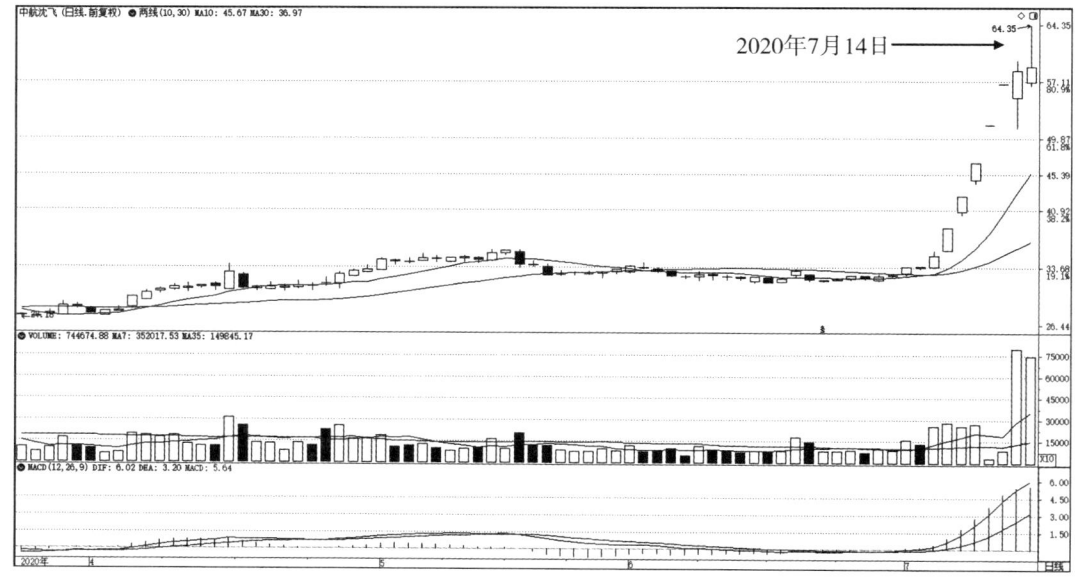

图5-1-3

"五色令人目盲，五音令人耳聋，五味令人口爽。"意思是色彩繁多，易使人眼花缭乱，看不清事物的本质；外界声音过多，易致人听觉充斥嘈杂，听不到真音；味道过于多样，就不能感受到原味。如果我们排除杂念，专注于图形变化提供的机会信息，专注于领涨的盘面特征，专注于经典的量价异动，专注于权威的政策导向，我们就能看到事物的本质，听到纯真的声音，尝到鲜美的味道。

下图是矩子科技（300802）在 A 区开始的一段走势。图中显示，该股股价从底部一步一个脚印缓慢往上行，至黄金三角的第一结点处即 2020 年 8 月 27 日拉出一根有量的大阳线，这又是一个非常合格的结点启动行情，实战中可放胆跟进部分仓位。其后，股价很有节制地回调，股价落到进攻线时已经极致缩量。2020 年 9 月 7 日，股价跳空过前几天异动小高，这是很好的表现，盘中强势上攻跨越前颈高，全天收 20 个点的涨停。这一天的高开以及上攻均是买进时机。次日股价在盘中再次冲向涨停，封不住就必须走人。必须走人，不是因为两三个交易日赢利丰厚要落袋为安，而是因为这里股价位置正好处在左边超大压力区——上市一字板连续拉升后，巨量跳空缺口的时空大压区点，此时千万不要再幻想主力明天可能会发动第三个 20 个点的涨停行情。见图 5－1－4。

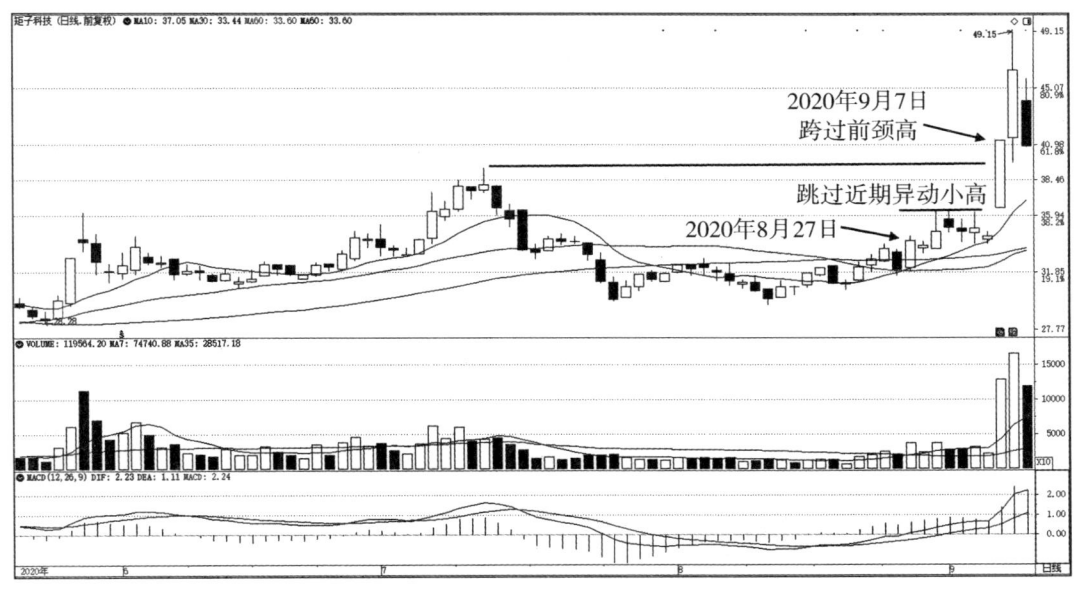

图 5－1－4

交易实战中，简单的不一定是最好的，但最好的一定是最简单的，我们所学、所知、所历练都是为了向"简单"靠拢。简单就是从认识上返璞归真，这种返璞归

## 股是股非之一：猎取强势股

真就是把所有心猿意马的杂念统统埋葬，一切以"看到"为准绳，没发生的就是不存在的，存在并符合要求的就是简单、精准的交易机会。在量时空安全情况下的强势结点就是安全而经典且简单的机会之一。

曲美家居（603818）股价在 2020 年 10 月 21 日均线系统的第二结点出现了一根阳 K 线，并收回前一日蓄势星 K 线，位置接近前高点，这个位置主力会突破进入拉升状态吗？有可能，但可能性太小。

股价前不久涨了一大波；

前高点阴量挺大；

没有见到代表主力强势进场身影的量形态。

那么这个结点上的阳线不但不能介入，还要躲得远远的。见图 5-1-5。

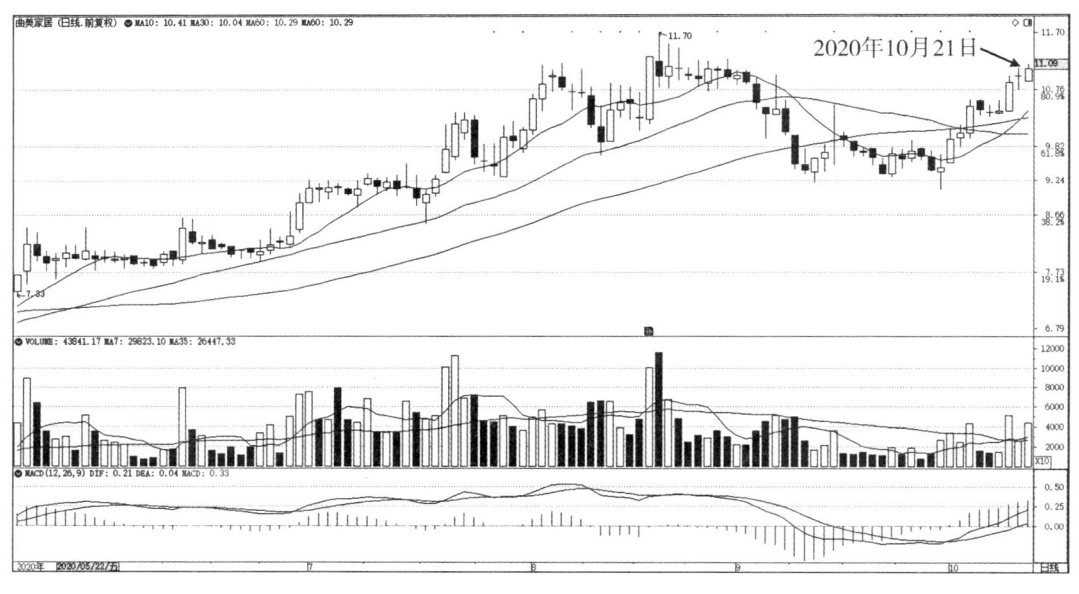

图 5-1-5

有个秀才想过一条沟，但不知道怎么过去，这时一个农夫告诉他："跳，用力跳就可以过去。"秀才听从农夫的建议，双腿并拢用力一跳，"扑通"掉在了水沟里。农夫拉秀才上岸，然后给秀才做示范，两腿分开纵身而过。秀才见了埋怨道："两脚并拢为'跳'，两腿分开是为'跃'，你怎么不告诉我跃而叫我跳呢？"这位秀才不仅教条还迂腐，不能学以致用。这个故事告诉我们，书本和课堂上的知识需要结合实践。要想顺应股市、搏击股市，不管是学习还是实战，都不要做此等秀才。

随后曲美家居一根阴线接一根阴线,一波接一波绵绵不断往下走。绵绵不断下掉的股价,这是许多人不曾料想到的,图形的这种诱惑不知折断了多少人的梦想。均线金叉,指标金叉,所有线都开了花,唯独股价在往下!见图5-1-6。

这种位置的金叉使你觉得是机会的话,说明你的看盘功底还需要大幅提升。股价有一个明显的顶,同时腹中无货,难道这样的情景你不觉得有些瘆人吗?在本书中,笔者始终强调,重要的是"看到",本本分分做循规蹈矩的事情,实事求是对待当下发生的事情,一切以看到的为准。还没发生的就是不存在的,尤其在风险压力的区间,风险一刻没消化就每一刻都存在,在高风险市场开疆辟地,不先注重风险又该注重什么?

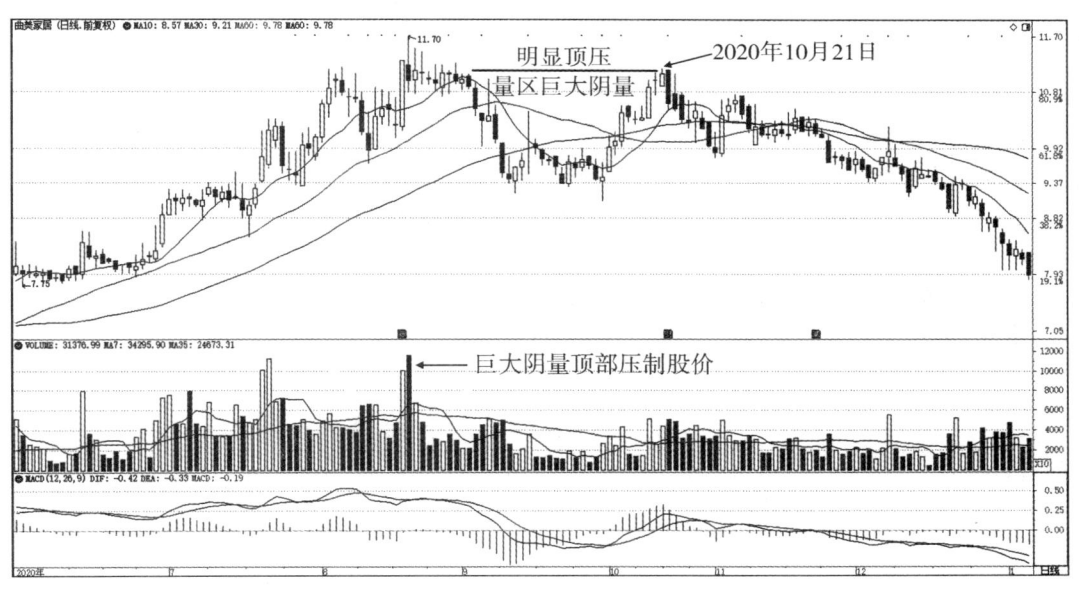

图5-1-6

下面也是一个结点无效的案例。

银龙股份(603969)2020年12月14日均线结点上一根阳线由水下钻上水面,似乎有破土而出的迹象,这是事实,但事实不一定是真相,有些事实是为掩盖真相而生的。这只股票当下的真相:前期暴跌带出巨大阴量证实目前股票"无主",目前无资金关注。既然这样,这结点上的阳线就不是能让人感觉踏实的"破土而出"。见图5-1-7。

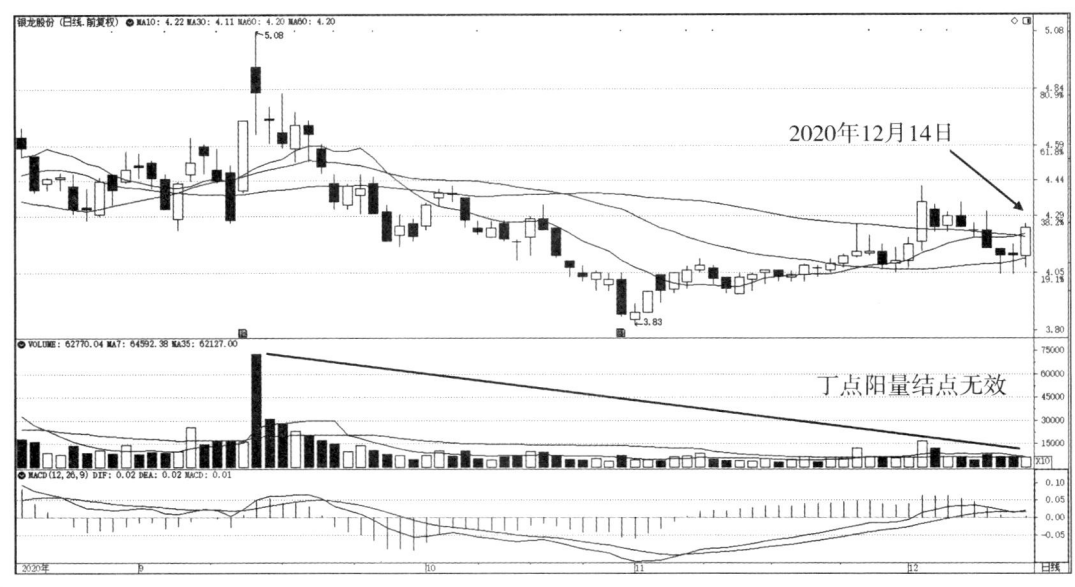

图 5-1-7

任何一个有效攻击形态，必须遵循量时空风险稀释法则，遵循量形态还原主力身影的法则，撇开这两点谈经典、谈穿越、谈突破，无异于无源之水、无本之木，玄！随后我们看到，银龙股份的股价在大盘已经持续走出阳线时还在往下，在其他股涨得如火如荼时还在持续往下。有人卖就有人买，卖的人成功出来，买的人不变通将被套牢。当对量时空压力风险、量形态时机风险有深刻认识后，对这种结点上的拉升，只需用眼角的余光一瞥就可加以排除。笔者再次强调，在分析图形时切勿先入为主，带着美好遐想分析一只股票走势容易出问题，不要见了穿马甲的就以为是王八，撒腿就追，到时喝不了王八汤不说，自己还跌入了臭水沟。见图 5-1-8。

有些股票用两三个月走出 20%—30% 的行情，而有的股票只用三五个交易日就走出 30%—40% 的行情，谁都愿意做第二种股票交易。怎么做到呢？把目光放在强势异动的股票上！把功夫用在搜寻经典的进攻方式上！强势进攻来源于主力先期的强势资金进场，并且强势资金的量能稀释了前期压力风险，随后的大阳线就是强势而又安全的进攻标志。均线结点上会有强势行情，均线结点以外会有更多的强势行情。

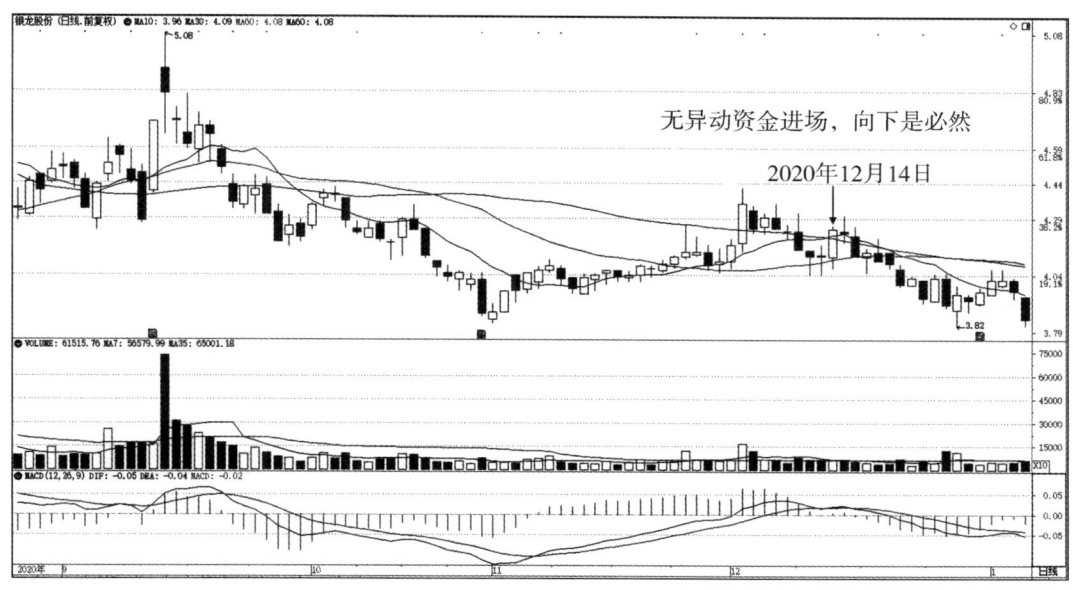

图 5-1-8

耐普矿机（300818）股价前期有一小波拉升随后回调，整体看阳量较为充足。2020年10月20日看到盘中有多次上涨上榜，且股价正好在均线结点处，可以买进，当天收上下影线，问题几乎没有。次日股价高开过前平台，集合竞价可适当参与，盘中继续拉升再买进。第三日再次高开，等待股价拉升趁机出局。第三日股价开盘就急吼吼冲向涨停板，在将要涨停时戛然而止。戛然而止不是主力差这点钱封不住，而是根本不想去封板。

你认为主力资金今天会封板，那是你没有同主力想到一起。在实战中不管股价的进攻是多么经典、完美，都不要用固有思维自作多情地为主力设计未来，股价是什么样就是什么样。凭经验买进股票后，如果其走势不按我们的经验路线运行，就要主动采取切实的对策，抛弃虚幻的预测。在这个不确定的市场中，任何时候都要把对策放置于预测之上，这就是投资过程中十分重要的变通能力。

至于第三日高开为什么不追加仓位？为什么要准备出局？为什么不追求大波段？答案在本书第一章第二节里找，然后再在盘中往左瞄一眼。见图5-1-9、图5-1-10。

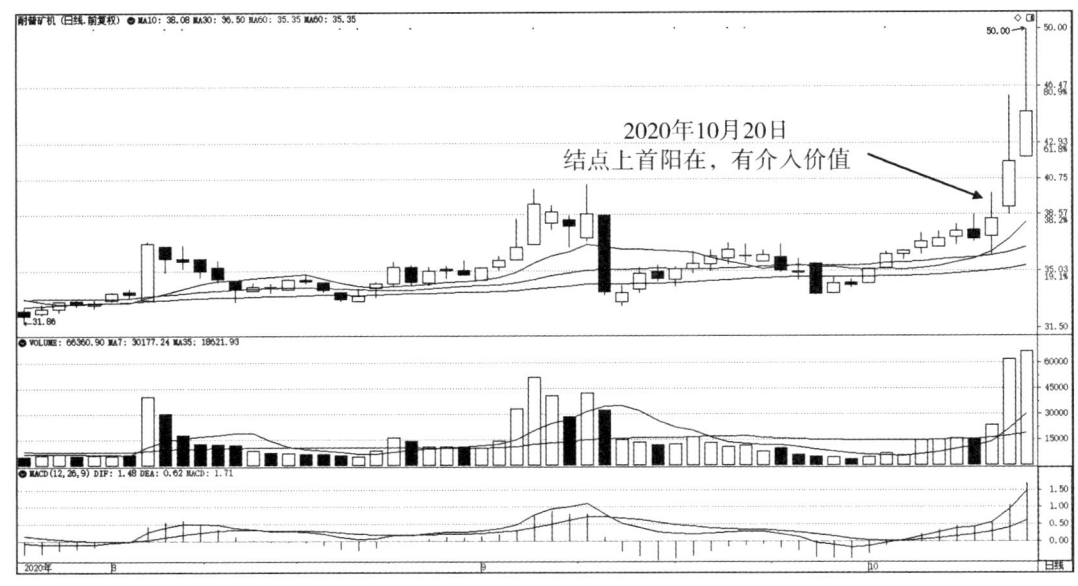

图 5-1-9

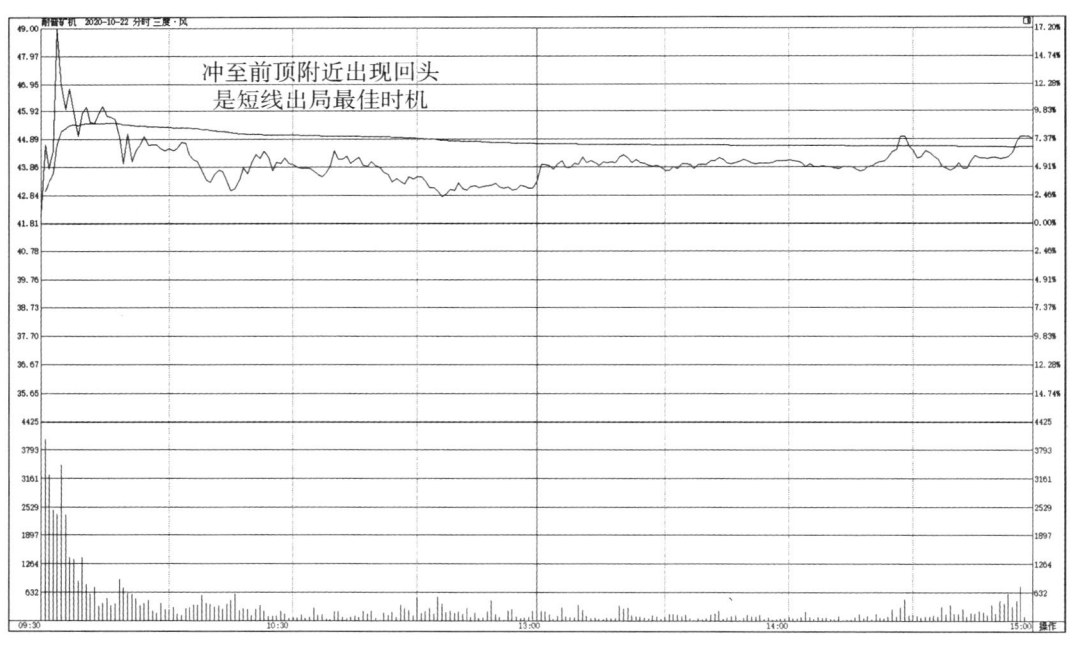

图 5-1-10

为何选择做股票？因为在股市中致富的奇迹不断上演。在股市里吃了大亏为何还眷恋于此？因为涨势彪悍的行情从未中断。为何强势行情总与自己无缘？因为没有找到强势的"根"在哪里。那些一进入股市就赶上牛市、就持续赢利，在赢利状态下不去寻求赢利支撑点来自哪里的投资者，以后的意外与磨难将使其措手不及甚至遍体鳞伤，但这还不是最重要的，最重要的在于受伤后是痛定思痛还是怨天尤人，这是下次是否还会再受伤害的关键，态度与认识将决定我们在这个市场中的高度。

**总结：**

在底部或在循环低点位置的黄金三角结点，上攻行情时有发生，这个信号的上攻行情之所以能够持续，缘于不同周期持仓者的成本共振与意志共振产生合力。不同的均线组合都有自己的结点行情，在目前的市场中，以5日、10日、20日均线与10日、30日、60日均线两种组合的结点行情比例多一些。30日、60日、90日均线组合一定也会有结点行情，所以在运用某种均线结点战法时，位置可靠前或靠后一点，不要刻舟求剑。结点行情有真有伪、有优有次，不能见形就动。真伪用量时空压力稀释程度来识别，优次用量形态的量能大小来衡量，弹性用股价前期的股性来判断。尽管我们很周详地进行了甄别，但实战中仍要以相应的对策来解决各种可能发生的意外状况。按某种机会提示买进就一定上涨的要求是对股市认识浅薄的体现。因此，不要因为图形上的简单的"结点"概念而把我们的思维扎成一个令人窒息的"死结"，一旦被这个结网住，就会平添许多贪婪与恐惧，由自己亲手扎成的心结就难以解开！

## 第二节　单日强硬洗盘赢利模式

既然定义是强硬洗盘，图形上就会有出其不意甚至让人感觉不舒服的表现形式。

单日强硬洗盘，量能上需要前期有强势资金介入，后期要有强势反转的确认。主力强势介入后采用单日强硬洗盘，表示操盘时间紧、任务重，还要达到某种效果，可见其拉升意愿的强烈。正确解读单日强硬洗盘模式需要结合如下两方面内容。

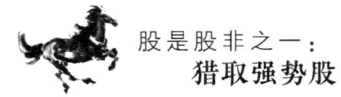

股是股非之一：
猎取强势股

第一，单日强硬洗盘的量价模式。通常情况下，单日强硬洗盘有三种量价模式：

第一种是以中大阴线实体进行洗盘，随后用大阳线收回；

第二种是以长上影线形态进行洗盘，随后用大阳线收回；

第三种是以黑太阳形态进行洗盘，随后用大阳线收回。

第二，单日强硬洗盘的位置模式。单日强硬洗盘反映主力采用的是"用空间换时间"的洗盘手法，这是市场中较为经典的强势洗盘方式，单日强硬洗盘通常有四种位置模式：

第一种，强势A区B区位置模式；

第二种，突破前期高点位置模式；

第三种，面临整理平台位置模式；

第四种，均价线结点区位置模式。

下面分别举例介绍三种强硬洗盘的量价模式。

## 一、大阴线单日强硬洗盘

单日以中大阴线进行强硬洗盘，次日或随后一两日用大阳线强势收回。这种洗盘，量价组合的首要特点就是下跌缩量、K线为中大阴线，其次是在大阴线洗盘的当天，采用的是缓慢下跌方式，目的是让持仓者有充足时间看到股价在跌，还在跌，仍然在跌，收盘时还在跌，明天可能还要继续跌，让持仓者的意志层层瓦解。随后用大阳线收回时，速度却是出其不意的快，在犹豫中，股价已接近涨停。

金博股份（688598）股价在A区上出现一根缩量大阴线紧接一根放量大阳线，这根大阴线就是股价拉升前的单日强硬洗盘，次日即2020年12月10日的阳线是对强硬大阴洗盘的有效确认，确认日就是买进日。见图5-2-1。

此时定义金博股份为大阴单日洗盘的缘由，一是前期、近身有资金量能积极介入，二是均线归位A区，三是两根K线组合经典，好位置的一摔一扶，证实主力是假摔。

在关键位置，出现一组阴阳并线，是在向我们展示强势的量价异动。从操盘角度分析，单日的强硬洗盘反映了操盘主力干脆、直接、犀利的操盘风格，这种主力值得跟随。随后，股价稳步上行，短时间涨幅达80%。见图5-2-2。

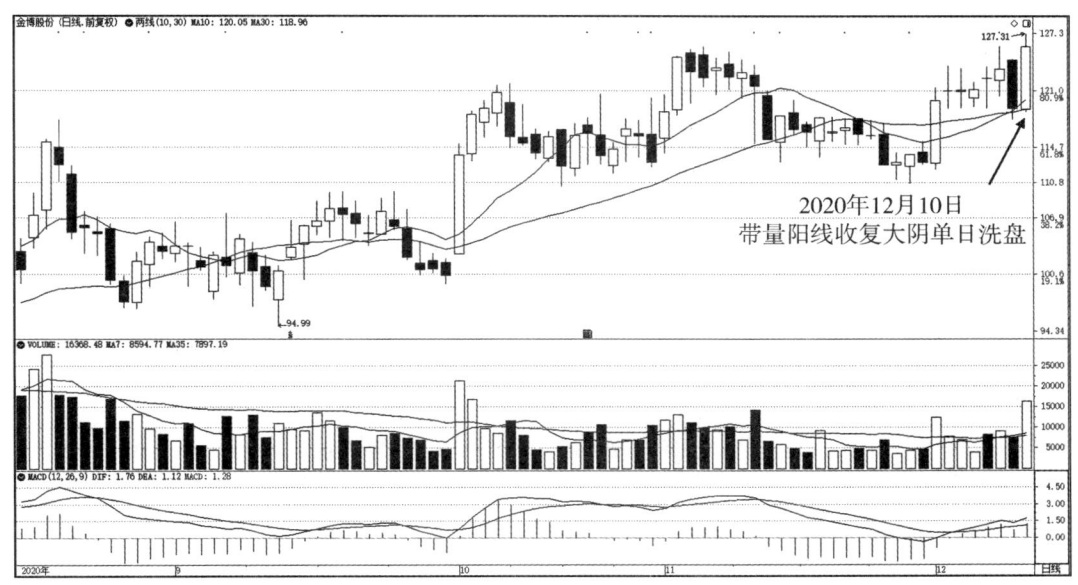

图 5-2-1

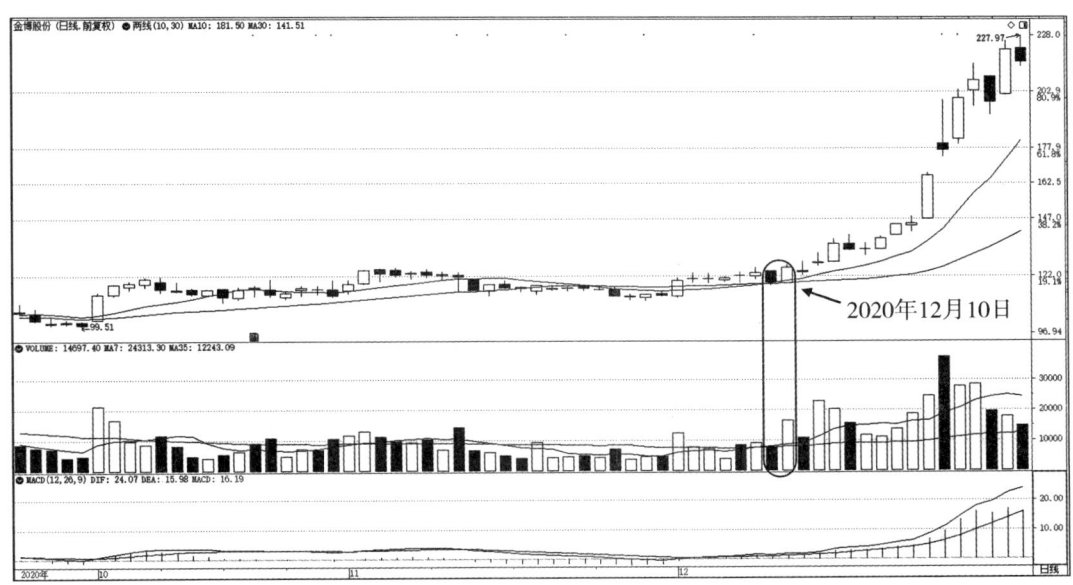

图 5-2-2

海通证券（600837）在低位突然出现一组非常醒目的量价异动，均线系统也随之由空头过渡到初步金叉穿越。2020 年 6 月 29 日，异动之后的股价大幅低开并且收出一根大阴线，这根大阴线全天慢悠悠，一点点往下挪步子，似乎是在有意告诉你：我在跌，我还在跌，我继续跌！这一低开加盘中又再跌，会让大部分前几日抢进或成功

101

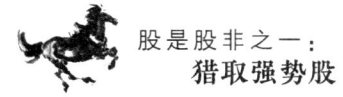

抄了底的交易者产生心灵上的冲击而选择出局。其实，结合位置、结合量能基本上可以判断，这是刻意的强硬打压，强硬打压的背后反映的是主力的迫不及待。随后两日股价止跌回头，单日强硬洗盘得到确认，资金介入正当时。见图5-2-3、图5-2-4。

图5-2-3

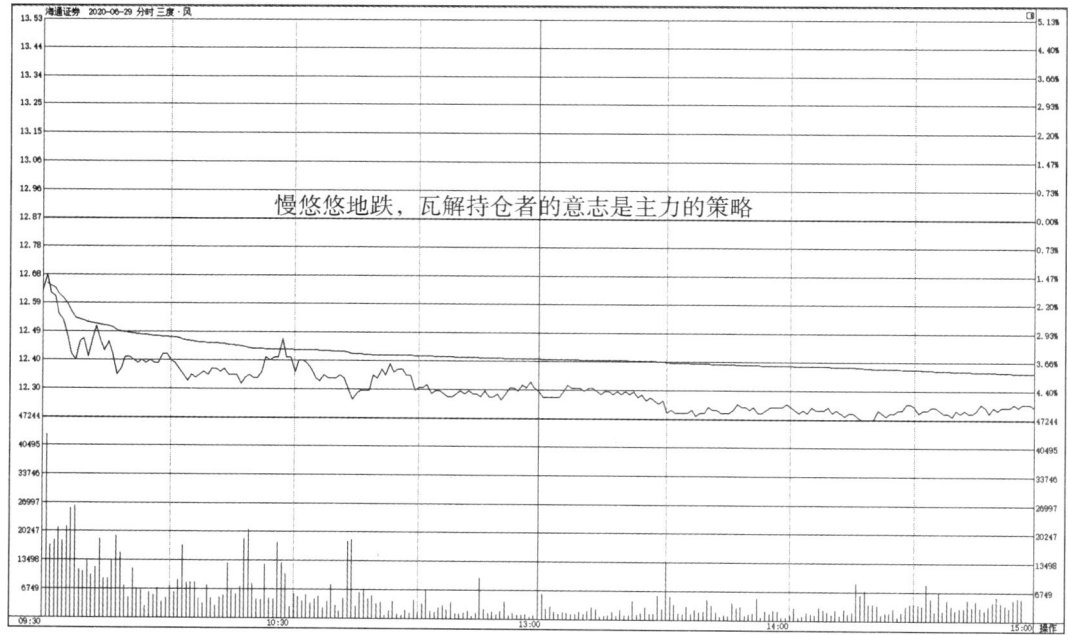

图5-2-4

# 第五章 经典赢利模式

在股市里投资交易，第一件事是选股。通常情况下的局面是这样的：选股容易跟踪难，不会跟踪开仓难，开仓勉强出局难。选股是基础里的基础，跟踪是技术里的技术。股票选得好，跟踪有序，开仓就得当，出局就从容。选哪类股票，其实就是在告诉市场，自己是以什么态度与市场的权威者进行合作。无论是市场的权威还是市场以外的权威，更容易接受的是"不是很聪明但也不太笨"的合作者。强势资金进场、位置得当，就是这个市场权威者的聚集区。当时证券由于有利好政策的支持，该股也有资金不断涌入，股价涨势如虹。对于这类走势形态，若没有利好支持，股价依然会涨，二者的区别只在于涨幅大小、涨势快慢而已。见图5-2-5。

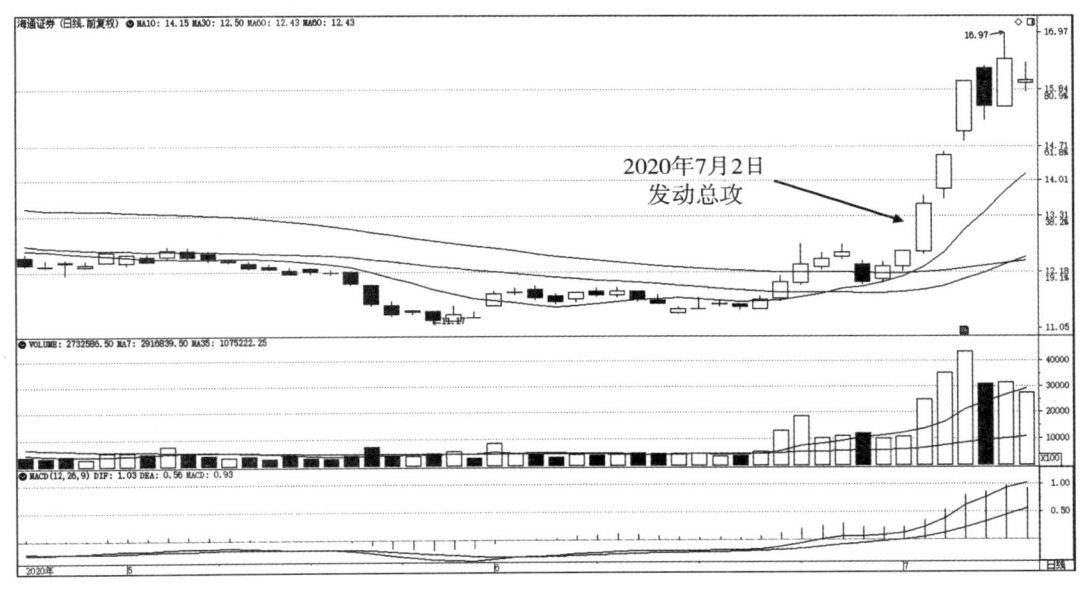

图 5-2-5

亿晶光电（600537）2020年12月22日，股价在量价异动形成A区后，一根意外的大阴线扑面而来，气势汹汹的背后少了底气，这一天是缩量状态且"乖乖"落在A区的手掌心上。不同的交易者，见到这根阴线的心情是不一样的，对于有经验者，这根阴线的出现带来的是欢心，犹如即将要迎接风尘仆仆来相聚的老友一般。叠加图形技术分析，这根大阴线十有八九是单日强硬洗盘。见图5-2-6。

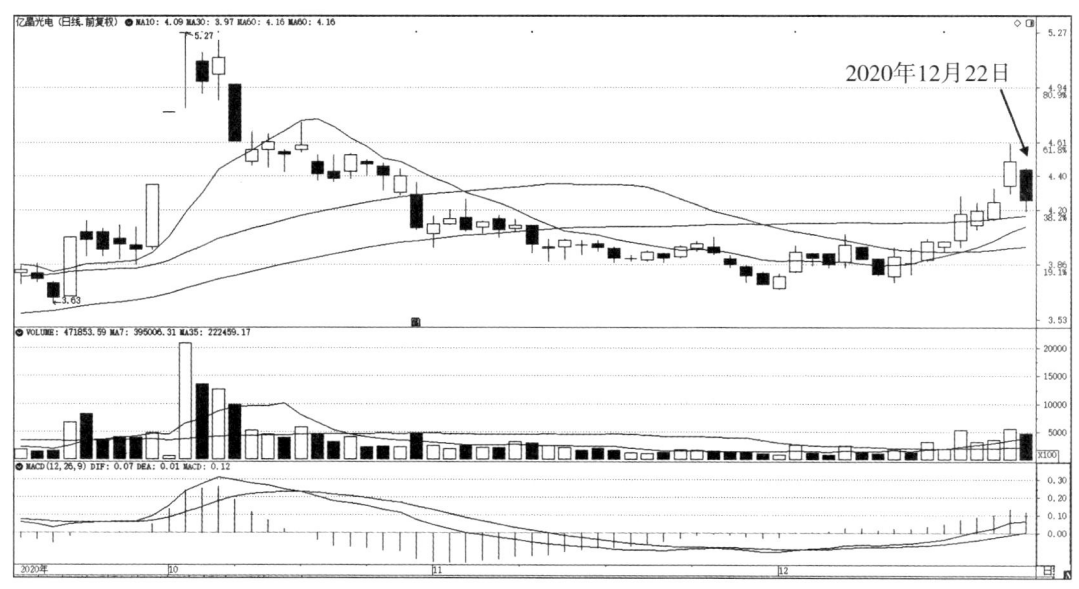

图 5-2-6

大阴线次日，股价大幅跳空高开用光一般的速度涨停，24 日用一字板越过障碍物，25 日盘中放出巨量震荡涨停，27 日股价大跌。大阴线次日大幅跳空犹如老友相见的兴奋雀跃，竞价没做好功课与工作，就会与之失之交臂；一字板之后放出巨量，当天若没做好功课与工作，随后就会"有点蒙"。见图 5-2-7。

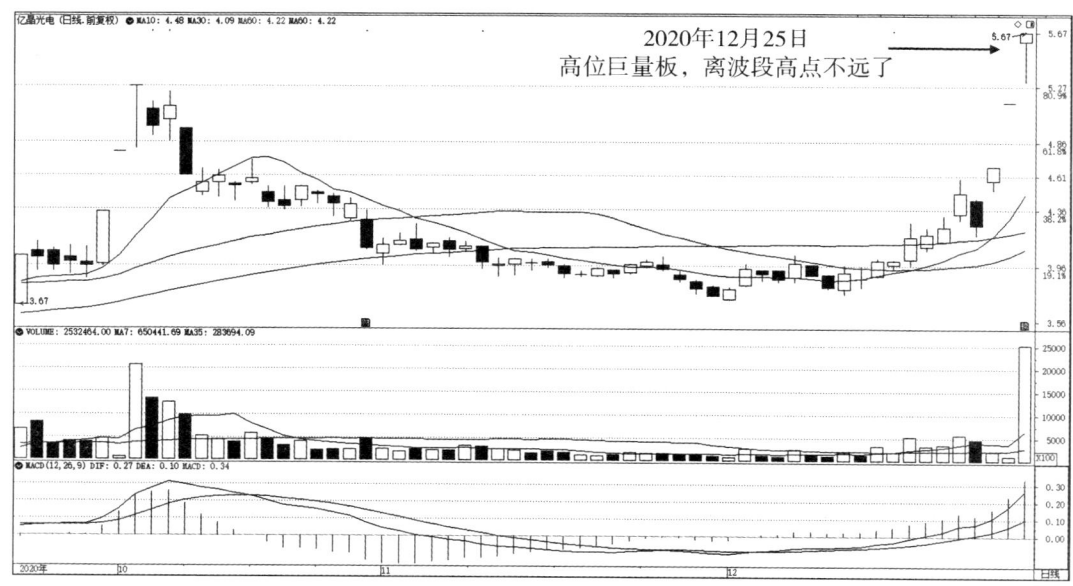

图 5-2-7

资金进场,趋势刚见起色,却意外下跌,这就是大阴单日强硬洗盘;随后又快速收回,目的就是让你感觉"有点蒙"。强硬下洗、快速收回,体现的是出其不意的效果,呈现的是冰火两重天的惊悚,这也是经典的心理战术。

京能电力(600578)股价在2020年8月20日收了一根明显缩量的大阴线,之前刚有一堆阳量冒出来,这天的大阴线能判断它是单日大阴强硬洗盘吗?胜算又有几多呢?见图5-2-8。

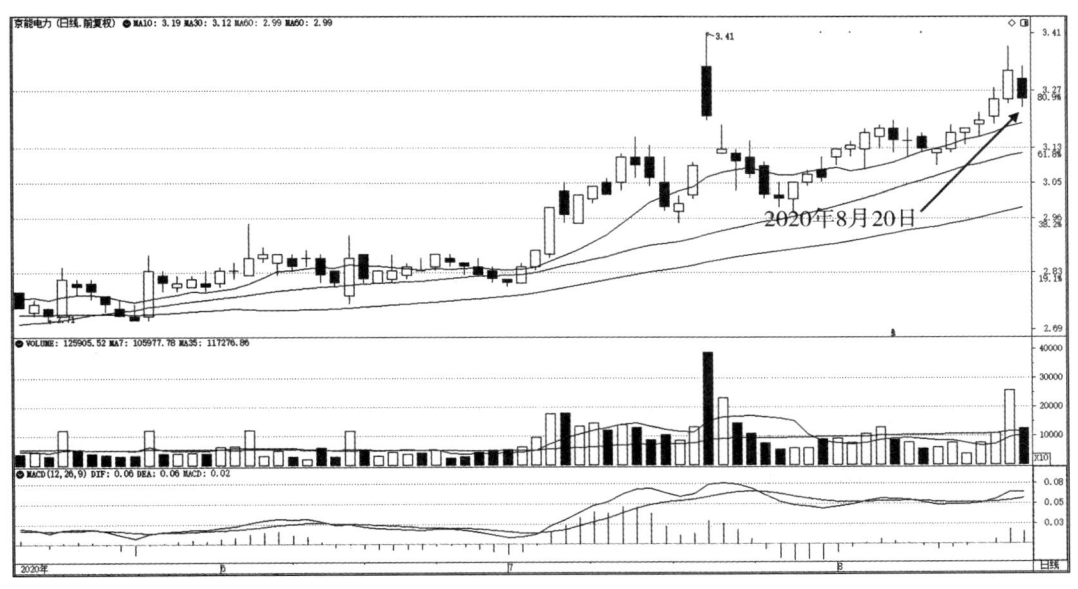

图5-2-8

"我们只关注主力消化前期风险,关注它能否消化、怎么消化风险,而不参与消化风险。"这是我们反复、重点提出的一条投资建议,不知这句话是否引起你足够的重视。如果你在缩量大阴线临收盘前想走在主力前面抄一下底而果断出手,若随后的小K星线时你不警觉,若股价跌破进攻线你仍不撒手,那么面对的就将又是一次煎熬。实战中如果股价面临前期向下跳空缺口或带量顶部时,务必要引起格外警惕,不可被引诱做出错误的决定而误入歧途。否则,你将为自己错误的决定与行动所带来的后果买单,因为高位带量下跌中暗藏着刀光剑影,所以,交易者在决定交易时一定要再往左看看,没有扎实的量能堵住下跌路径,实战中就需要多一个心眼。见图5-2-9。

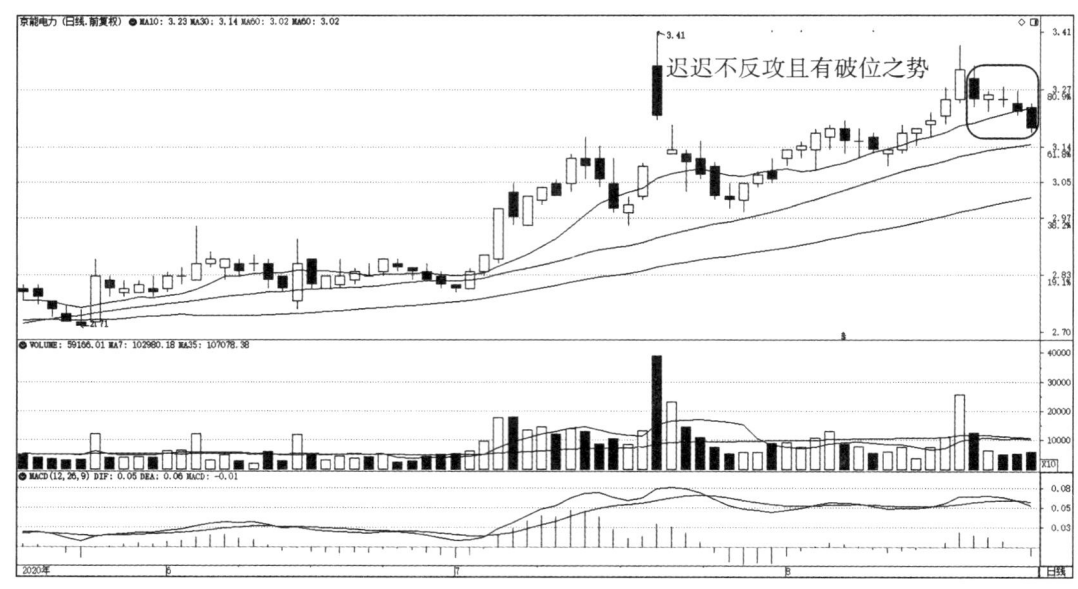

图 5-2-9

判断股价是否为单日强硬洗盘，位置是关键，量能是核心。没有强势资金在关键位置进场的中大阴线，不具备强硬洗盘的市场意义，切不可见到一根缩量大阴线就用激进的思维来看待、操作，否则，这种大阴线就有可能成为投机者的墓碑。

随后股价震荡向下，跌时一碗面，反弹一颗米，还能抱啥希望。见图5-2-10。

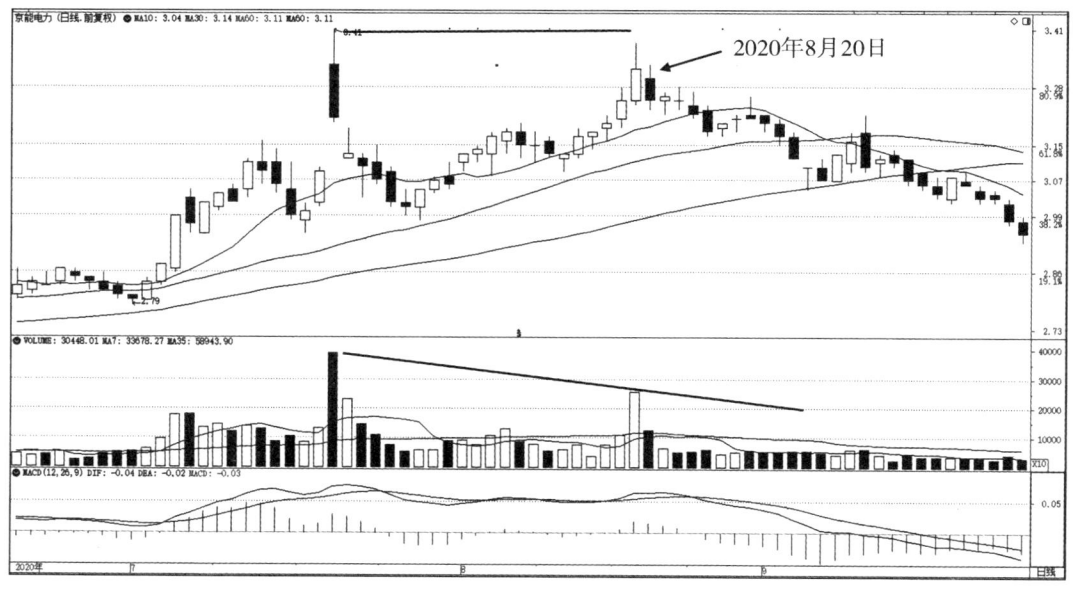

图 5-2-10

## 二、长上影单日强硬洗盘

单日以长上影线进行强硬洗盘,次日用大阳线强势收回。这种洗盘,其特点是 K 线为长上影形态、成交量巨大,呈现股价冲高受阻的假象。在长上影线的当天,股价走势为带量快速冲高,然后缩量缓慢下跌,次日大阳线迅猛收回,由此确定是长上影单日强硬洗盘。

利君股份(002651)股价在 2020 年 8 月 3 日涨停后,次日在突破位置出现了一根放量长上影,这根长上影 K 线,上冲带量下跌无量,结合位置可以判断,主力当天仍在其中。次日股价盘中多波带量上攻,上攻之时就是正在确认长上影为单日洗盘,盘中每一波带量上攻皆可介入。股价急速拉升几天后,高位天锤应及时出局。有人会问:出局后继续上攻呢?那是强势股或龙头股二波的事。见图 5-2-11。

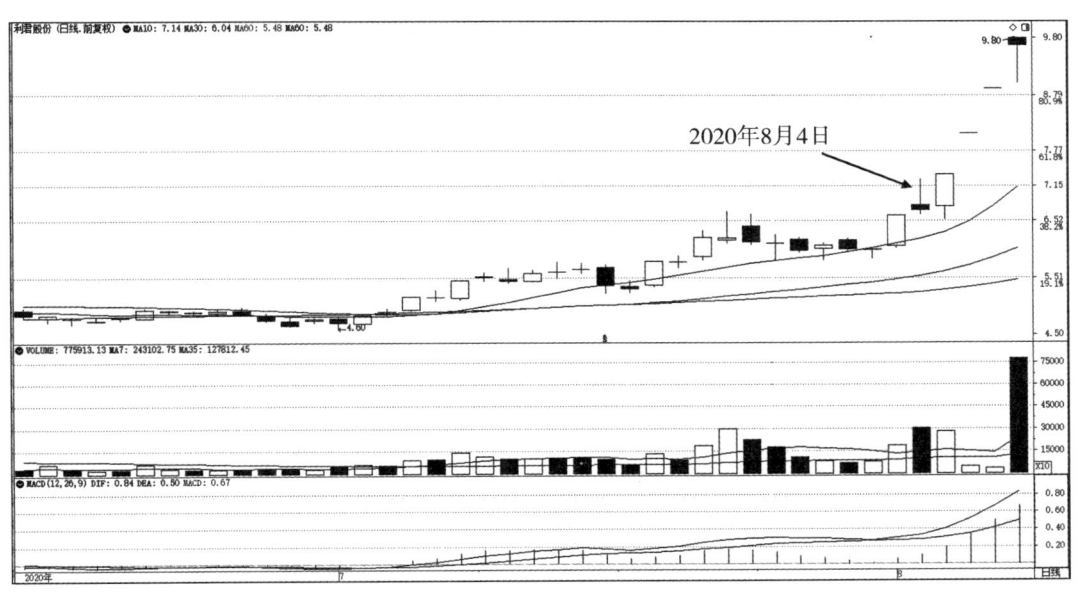

图 5-2-11

晋控电力(000767)股价在前期高点于 2020 年 12 月 23 日甩出一根悬在半空中的大阴线,大阴线前一天股价是领涨电力板块的涨停板。长上影次日,股价低开高走,走势迅猛,非常稳健地把股价送至天花板,这迅猛而稳健肯定就是在确认长上影洗盘,而今日之再领涨则宣示明日之高度。见图 5-2-12、图 5-2-13。

图 5-2-12

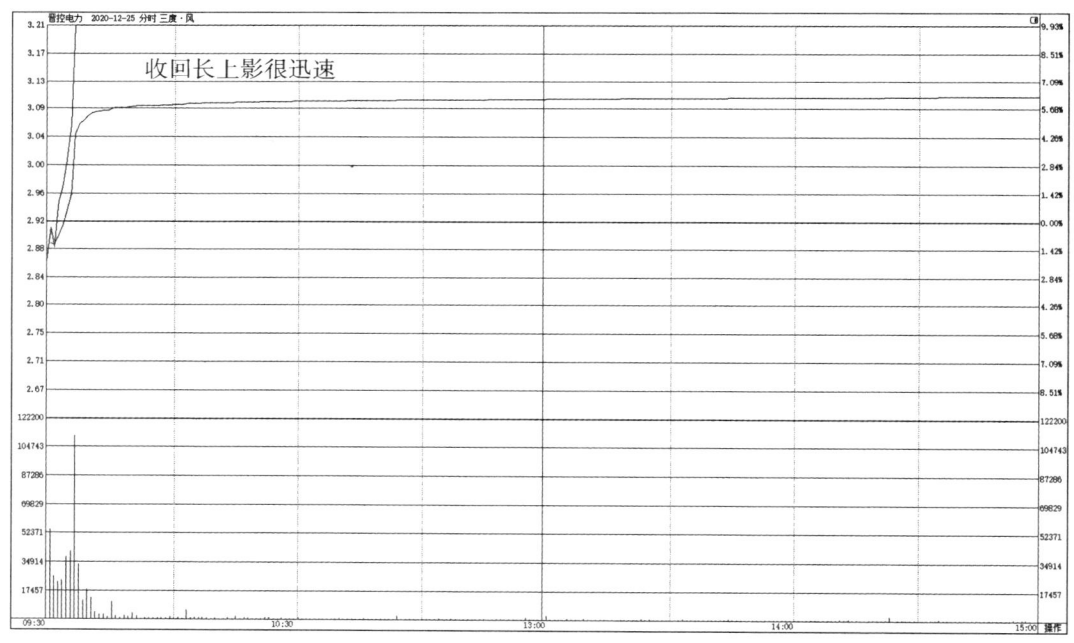

图 5-2-13

一只股票，如果位置不高，前面也无大行情，均线归位将更强势，呈现愈加翘头愈加发散的状态。如果突然于某一天股价跳空高开呈突破状，而股价却收在当天的低位区，K线形态要么大阴线，要么长上影，这种情况就表明主力已经开始行动,并且是特别行动,其主要目的是最后清洗浮筹,特别之处在于,主力较为慷慨,先高开再向下清洗,给每位出局者都发个小"红包"。经验丰富的投资者,他们的目光是紧紧地盯住股价随后一两天的走势,一旦再次突破,超大"红包"就可以轻易取得,这就是突破前期高点位置的单日强硬洗盘所蕴含的市场意义和实战价值。如果还能借助盘面的实际走势以及题材主流进行操作,效果会更佳。

晋控电力是当时电力板块股中的龙头之一,股价马不停蹄,几天就冲刺了挺亮丽的一波。见图5-2-14。

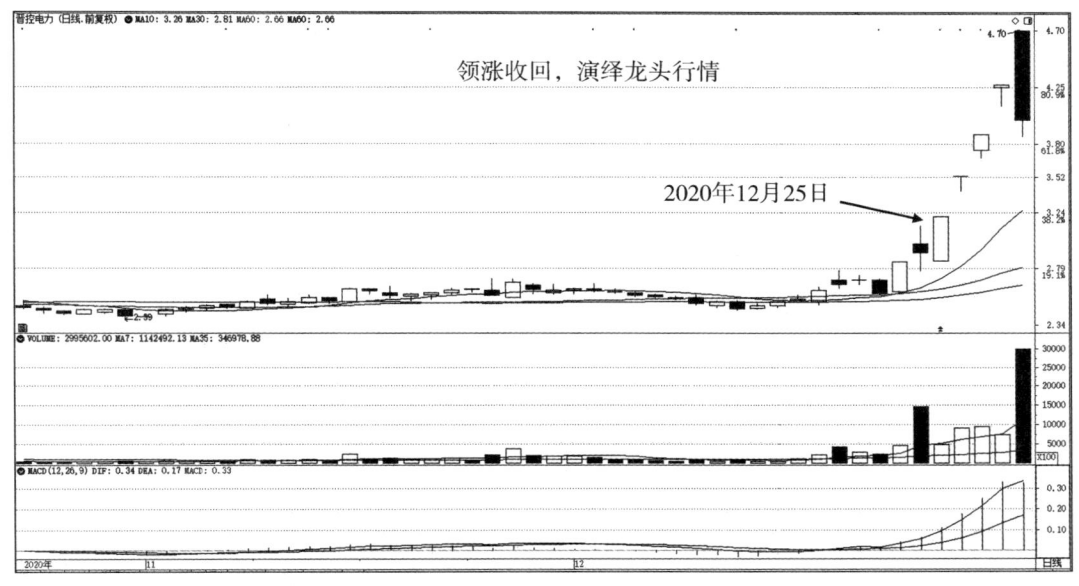

图5-2-14

欣锐科技(300745)股价于2020年9月24日收出一根带量的长长的上影K线,图中形态似乎有些不妙。这是上攻受到阻力的知难而退,还是主动撤退引诱前期高点的筹码出局?我们能做的只有观察。不管怎样,长长的上影线给当天抢进的人造成了较重的心理压力。随后经过几个交易日的阴阴阳阳磨蹭,估计也把持仓者磨出得差不多了。

2020年10月12日,就在前几天抢进的投资者在小赢或小亏状况下抛出手中的筹码后,股价高开略微下挫转身就向涨停走去,股价开盘的这一跳就是主力对长上影单日强硬洗盘的最终拍板。实战中,如这样好位置上的长上影,股价多几天停留的情况也时有发生，只要接下来敢于强势反攻收回，也是对长上影单日洗盘的确认。涨停次日，股价再往上冲了 15 个点左右后回头，全天收巨量。回头收巨量，回头就是头！见图 5-2-15。

图 5-2-15

### 三、黑太阳单日强硬洗盘

当日用黑太阳强硬洗盘，次日用大阳线强势收回。这种洗盘，其重要特点是洗盘当天股价大幅高开或涨停板开盘，全天向下回落，股价不破或轻微破昨日收盘价，成交量巨大或明显放大。

远兴能源（000683）2020 年 8 月 4 日股价至前高处大幅跳空高开，全天收放量黑太阳，不上不下悬在前高处。分析一下这黑太阳价值几何：位置是前小高，均线归位 A 区，能量充沛阳气十足，无时空大压。

分析结果：全对。

操盘策略：密切跟踪。见图 5-2-16。

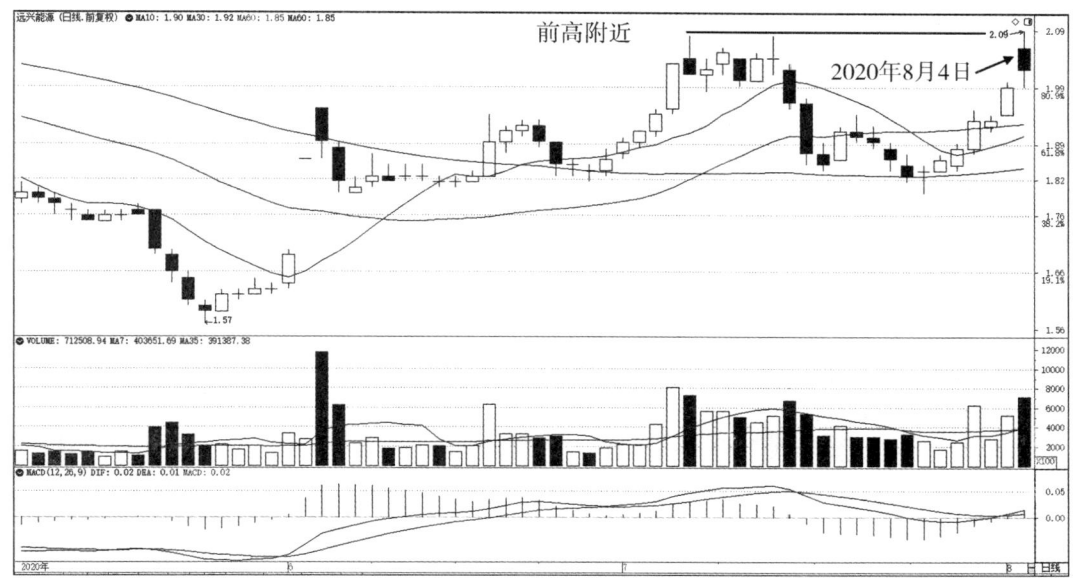

图 5-2-16

次日，股价竞价高开至昨日开盘价之上，开盘不多久涨停。竞价高开得好是对黑太阳洗盘的一半确认，盘中拉升基本确认。一个有意思的黑太阳，一个很有意思的开盘，接一个很有意思的拉升，面对经典加经典，我们就要懂"意思"，大大方方跟进意思意思。见图5-2-17。

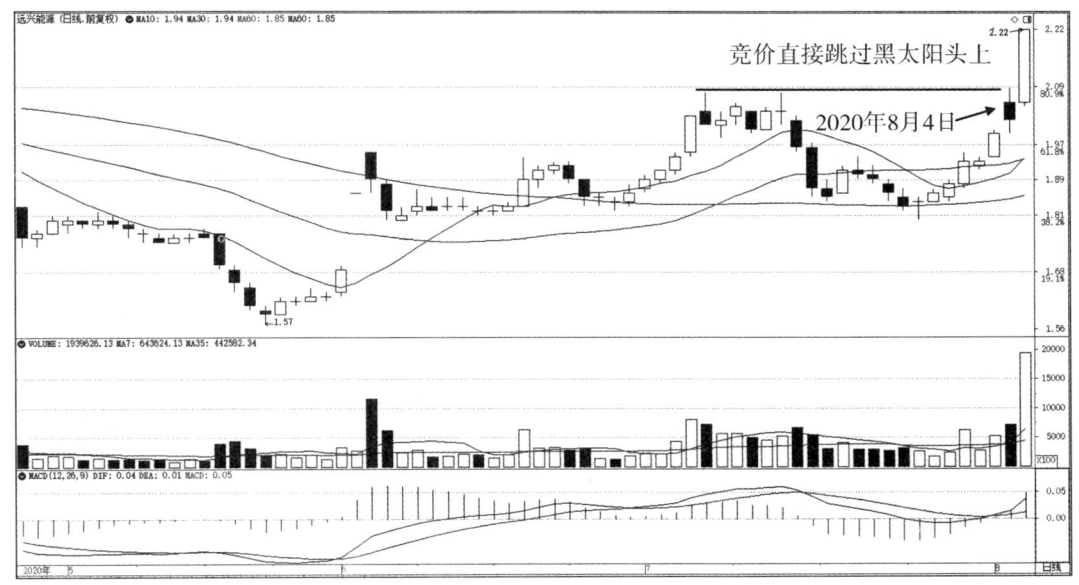

图 5-2-17

确认黑太阳并强势突破后的股价连续大涨 4 个半交易日后,于 2020 年 8 月 11 日在高位收出巨量阴线,这阴线是股价到顶的意思,切勿搞不懂这"意思"。

主力把股价大幅拉升是为后期在高位出掉筹码创造空间,不是为举着一块"价值投资"的牌匾站到地老天荒。努力发现价值,寻求价值洼地是对的;价值出现峰值顶部,价值开始流失还不兑现前期投资收益,岂不是有点怪怪的?见图 5-2-18。

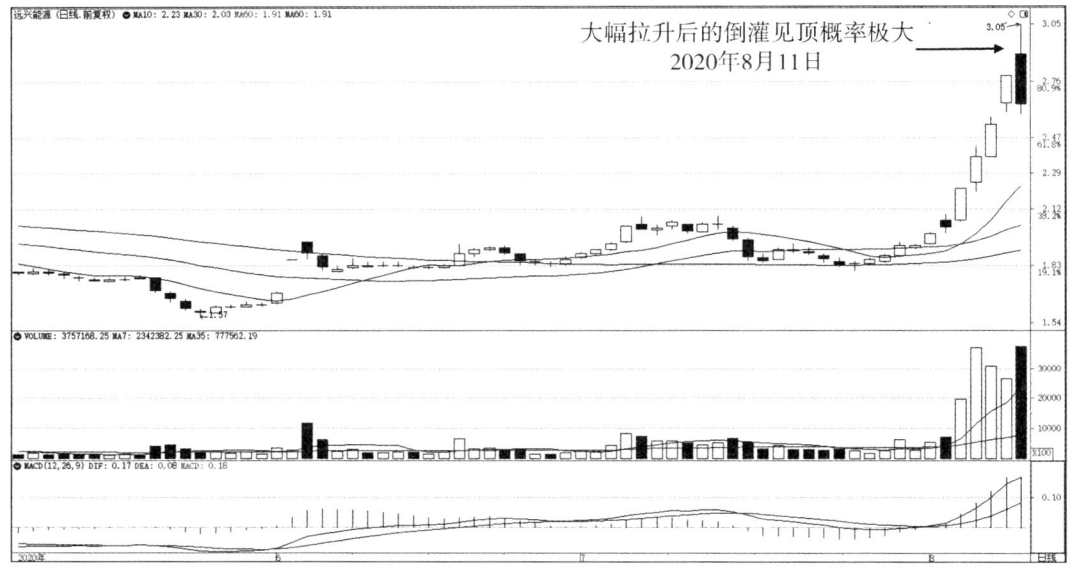

图 5-2-18

振华重工(600320)2020 年 12 月 29 日巨量涨停过前高,位置挺好;次日出现更加巨量的高开大阴线,是短线见高还是黑太阳强硬洗盘?不敢下定论;第三日,股价接大阴线后继续低开,故技重演如离弦的箭全部收回失地涨停,再涨停,最后一天涨停后回头,回头巨量先出局。见图 5-2-19。

同样长相的阴线与阳线,因位置的起点不同方向就不同;同样的放量与缩量,意图不同意义就不同;同样的涨停板,因内涵不同结果就大不同。现象是引导我们看见本质而非下定论,下定论更需要"求是"。

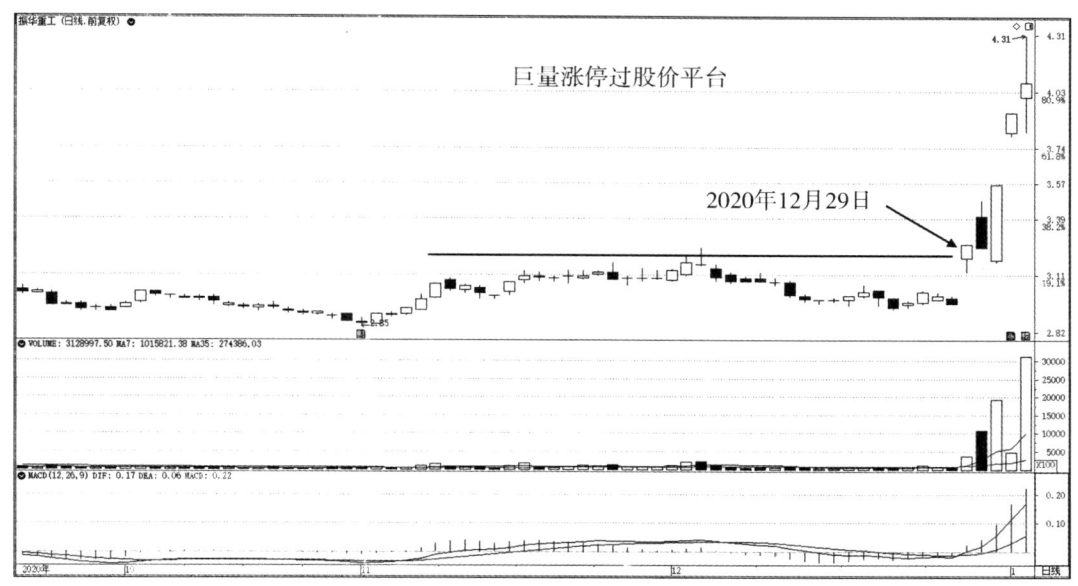

图 5-2-19

航天长峰（600855）一字板后出现高开大阴线，次日高开留了点小尾巴后快速涨停。阴线全天徐徐下滑见着就闹心，阳线以迅雷不及掩耳之势上冲又疑虑。闹心，疑虑，再闹心……就这样与一段段暴涨龙头行情一次次擦肩而过。见图5-2-20。

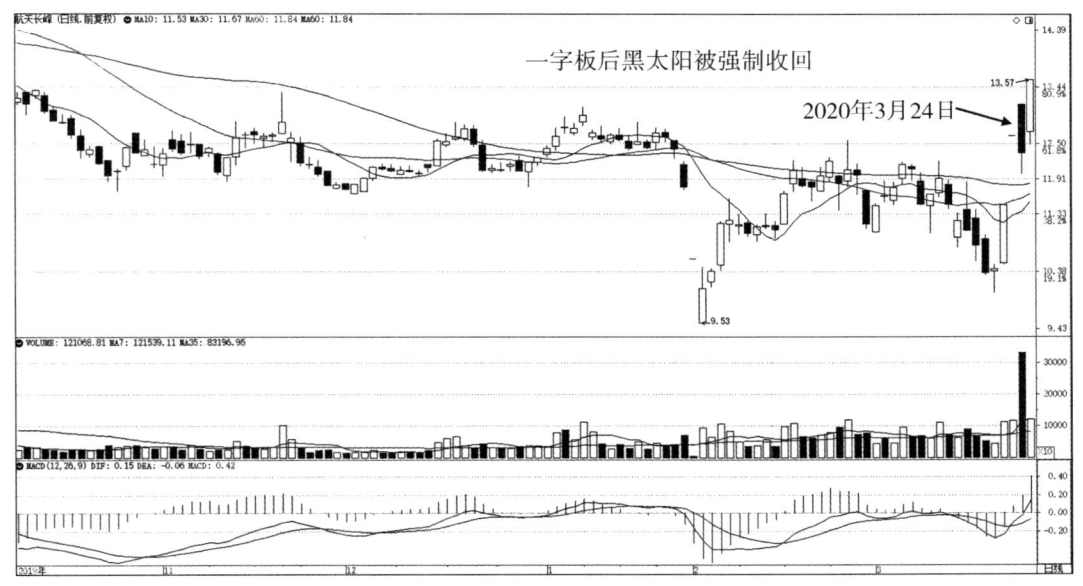

图 5-2-20

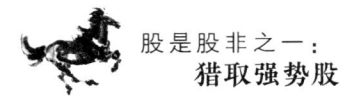
股是股非之一：
**猎取强势股**

　　航天长峰当时段的一字板发生在经典的位置——近前高；底部量能——丰厚；洗盘经典——黑太阳，低位；它带动国防军工板块持续上行——龙头。"经典的位置、经典的形态、丰厚的量能，能带动整个板块率先启动的就是龙头之王！"这句话希望读者能多念叨念叨，"念念不忘，必有回响"。见图5-2-21。

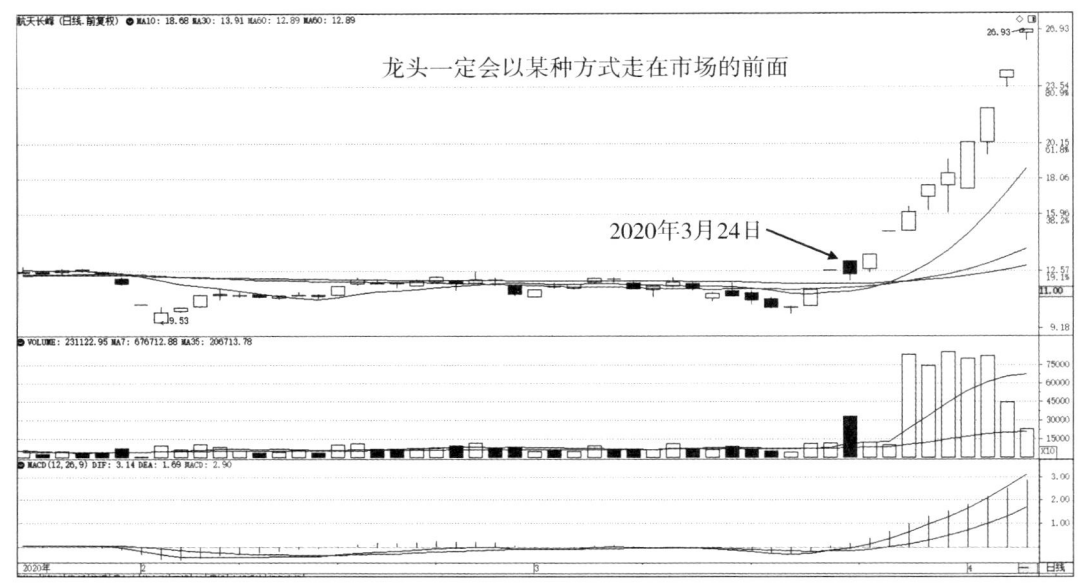

图5-2-21

　　看到上面这个图，许多人可能会问，这种行情怎么可以拿到第九根大阳线呢？若侥幸中了这只股票的头彩，无论是什么"大家"、什么"作手"或者什么技术在这种情况下都得不到任何施展，最简单的方法就是心里准备着把最后一根大阳线退还给主力，其实，龙头股一定会给我们充足的出局时间，不必太匆忙，盘中的震荡都不能容忍，哪里还有容得下一条龙舟的肚量。这样的话，因为你的"礼尚往来"主力也许会用巨量长上影又给你打折。分别时记得向主力行个礼，感谢他的大手笔才让我们有机会用这种方式增加自己的财富。作为二级市场的投资者一定要明白一个事实，主力不拉股价，我们休想在股市赚到一分钱，亏钱那是另外一码事。

**总结：**
　　单日强硬洗盘源于前期有强势资金入场，确认于随后的强势反转。单日强硬洗盘反映主力强势、霸气、果敢的操盘风格与气势，属于市场中的一种经典行情模式，投资者要重点关注。另外，单日强硬洗盘的两根 K 线有一个共性，前一根打压 K 线全天的走势多以缓跌为主，目的是消磨持仓者的意志，让其有充分的时间感受损失："股价继续在跌，明天会接着跌，再跌就破位了，我该卖出了。"其后的一根大阳线以迅雷不及掩耳之势快速拉升、快速封停，目的是避免卖出筹码的人顺利补回筹码，把看好者甩在身后。主力两种战术的叠加运用，让我们深切感受冰火两重天的至高境界。

## 第三节　缺口赢利模式

缺口或曰跳空缺口，代表一种劲道、一种意志，也代表一定的资金流向。盘面上随处可以见到低开、高开的价格缺口，其中，一些缺口可以轻易被另一种力量所颠覆，这种缺口不值得过多跟踪参与。而有些缺口，是由特定均线组合模式、特定 K 线组合模式再嵌入异动的成交量，在特定位置下发生的，这种缺口就有着深刻寓意并且充满活力，就有跟踪和参与价值。需要特别指出的是，只有做足功课，并能通过图表的变化，观察到主力资金暗流涌动过程中的上跳、下跳缺口或缺口组合，才能体会现阶段主力资金流向的意志和方向。伴随股指期货的放开，融资融券的增重，注册制的到来，资金博弈将更趋复杂化、更趋多元化，缺口也就有可能不仅仅被赋予突破缺口、中继缺口、竭尽缺口的市场意义，而以缺口组合的模式更多地呈现在盘面上。阅读本节之前请记下这句话：缺口里面有黄金，更有陷阱！

### 一、拔升缺口

拔升缺口是指股价以突破缺口形态进行的拉升，表现在图表上有两种方式，一是平台跳空突破，二是拐点跳空突破。

平台跳空突破多以股价小幅波段拉升后，向下压价洗盘并且不破前波段低点的形式出现，同时在周线走势中常以连续的阳量堆推动股价上涨，5 周、10 周、20 周均线呈现趋势逆转，在洗盘过程中，逐渐回落的股价把散开的 5 周、10 周、20 周均线再次聚拢，形成 B 区雏形或再次形成 A 区交易区。当股价止跌再慢慢回到均线系统上沿附近时，若日线出现跳空高开，形成大阳线突破，则平台跳空突破的拔升缺口行情开始。

拐点跳空突破指股价从相对底部温和向上缓慢爬升，周线连续以阳量阳价向上推进过程中，某一日股价突然跳空高开并强势上拉、快速封停或以大阳收盘，这根改变股价运行轨迹的大阳线就是拐点跳空突破的拔升缺口标志，而在此之前，图中看不出明显端倪。

新安股份（600596）股价前期有一小波拉升，然后股价进入波段调整，经过挖坑诱空，股价再慢慢回头并接近前高，在 2020 年 11 月 9 日跳空过前股价小平台高点并收稳带量涨停板，这就是拔升缺口。见图 5-3-1。

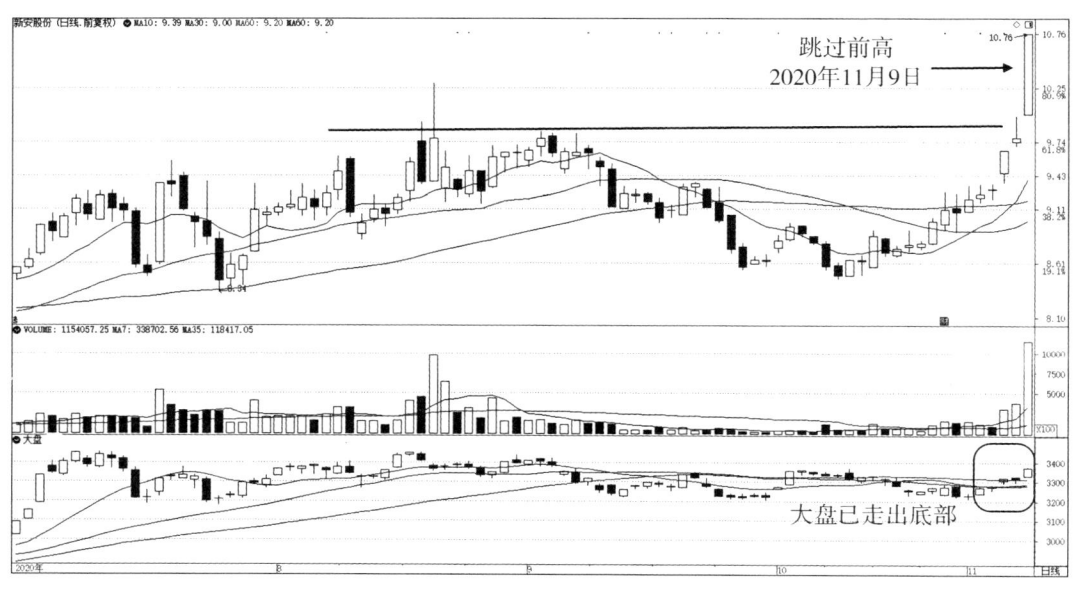

图 5-3-1

新安股份拔升缺口这一天，大盘也是小幅高开，这一点也有点味道。在品味这一味道时，不要颠倒一个次序：个股先高开，大盘指数后高开；强势股先走出底部，大盘跟后走出底部。拔升缺口后的股价在涨停板头部蓄势两天后进入快速通道，走出一大波行情，于 2020 年 11 月 19 日巨量倒灌见顶。见图 5-3-2。

有些股票，在日线走势之中，我们看不到较为强势的量价异动，股价不慌不忙，一梯一梯往上挪，跟踪不是，不跟吧，偶尔又见一两根中阳线。对这种走势不要急，可以看看周线有没有经典之处，有就打个记号；没有，就选其他有量价异动的股票，几千只股票，机会很多，没必要在这种走势里浪费时间，消耗精力。对于周线脉络清晰、有连续阳量堆的个股，就要等待它意外下行、缩量、蓄势、反转，或者突然有一堆量价异动组合让均线更趋强势、归位，以及略作调整再次攻击之时——这才是我们应该重点花精力跟踪的地方。选择这种交易模式，简单、鲜明、直接、高效。

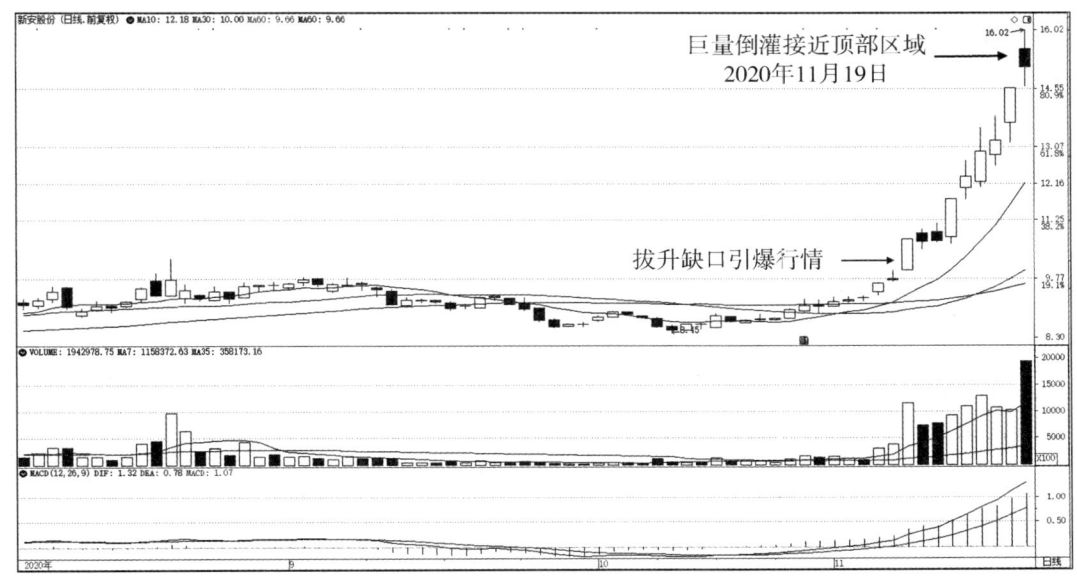

图5-3-2

看一下同期新安股份的周线，很清楚的量价异动、健康回调、再收集让均线再次归位在A区强势启动的操盘路径图。见图5-3-3。

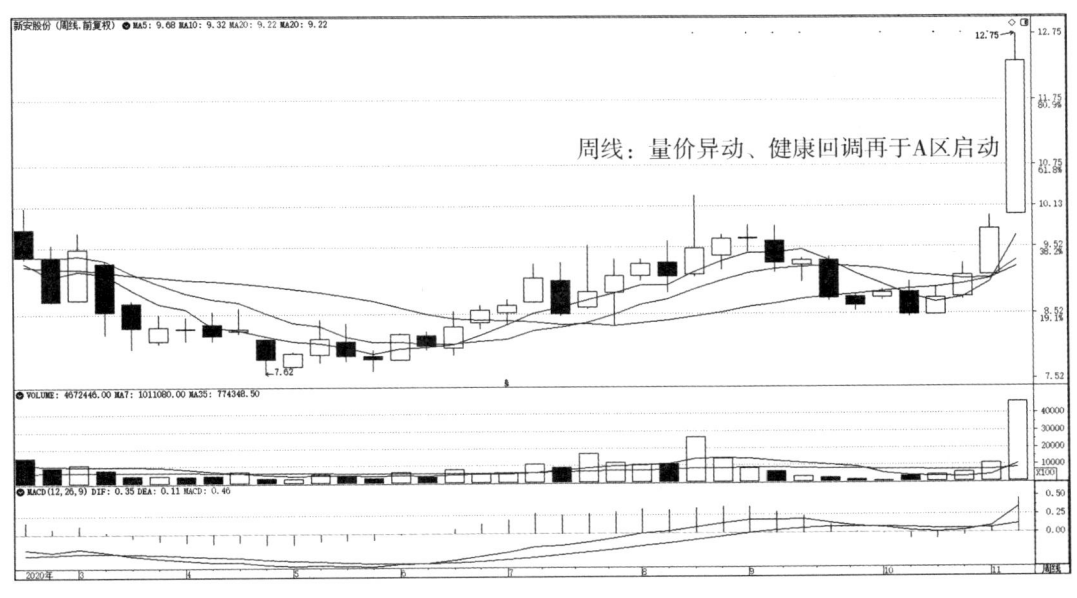

图5-3-3

联创光电（600363）股价在 A 区走出一小波行情，同期量能得到有效释放，随后进行有节制的调整，均线系统顺势走出一个 B 区架构。2020 年 8 月 4 日股价借当天行业利好消息腾空而起，用拔升缺口跃过所有高点进入急拉段，见图 5-3-4。

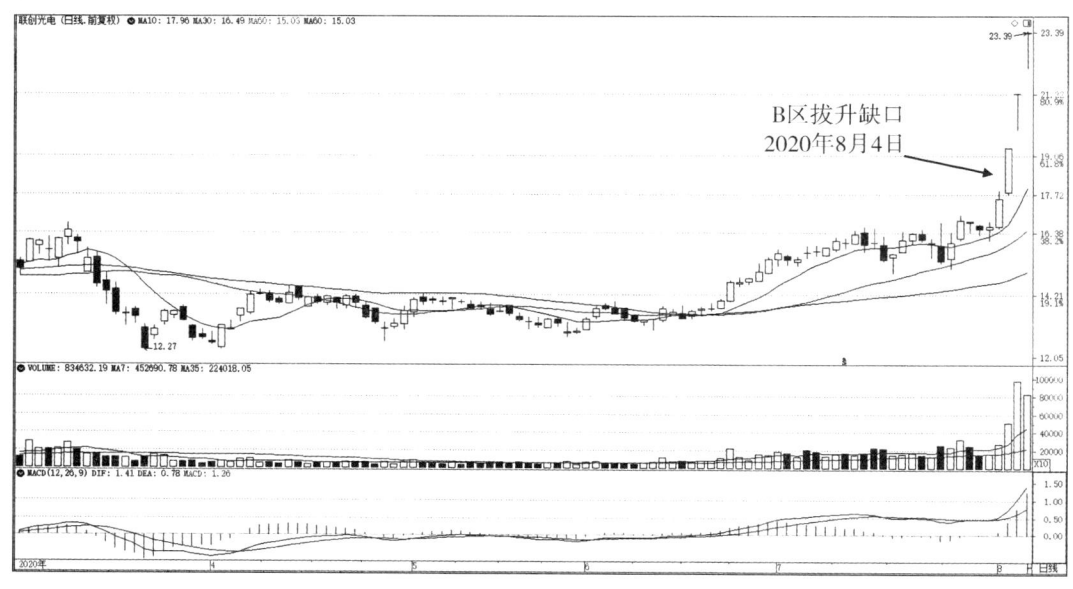

图 5-3-4

一段行情的爆发，一定与它的厚度、力度、速度紧密相连，其厚度、力度、速度的瞬间叠加就是能量的爆发点。这种重合就是能量共振，其精妙之处在于早一步不能达其功，晚一步不能致其效，其至高用意在于强势能量支撑的精准短线在量能爆发时的操作指引。

厚度是什么？是强势资金收集筹码、铸成底部，堆积能量的程度，注意，是"强势资金"，不是"资金"；力度是什么？是强势资金引导调整，构建经典量价K线形态的强势程度，注意，是"引导调整"，不是"调整"；速度是什么？是盘中强势启动的时间快慢和拉升空间。这"三度"涵盖了每一波龙头股的前世今生。

远达环保（600292）2020 年 12 月 21 日股价用一字涨停板跨过近身"小高"，次日大幅高开过前期"大高"，强势涨停。这天的高开涨停又是拔升缺口的经典之作。市场上每天的一字涨停板较多，一些一字涨停板后直接下跌，一些一字涨停板后假冲后真跌，一些一字涨停板后连续大阳大涨走出强势波段。究其原因，一是位置，二是前后量能，三是题材，四是盘面。缺一勉强，缺二无戏，缺三死定。远达环保这个一字板啥都不缺,是为股价的突然"诡异"行动,我们需要进入一级戒备,准备攻击,而股价在恰如其分的位置出现经典拉升,我们就要迅速采取行动,坚决跟进。

拔升缺口带动股价涨势如虹,直到第五个涨停板再次放出巨量时基本上到顶,见图5-3-5。

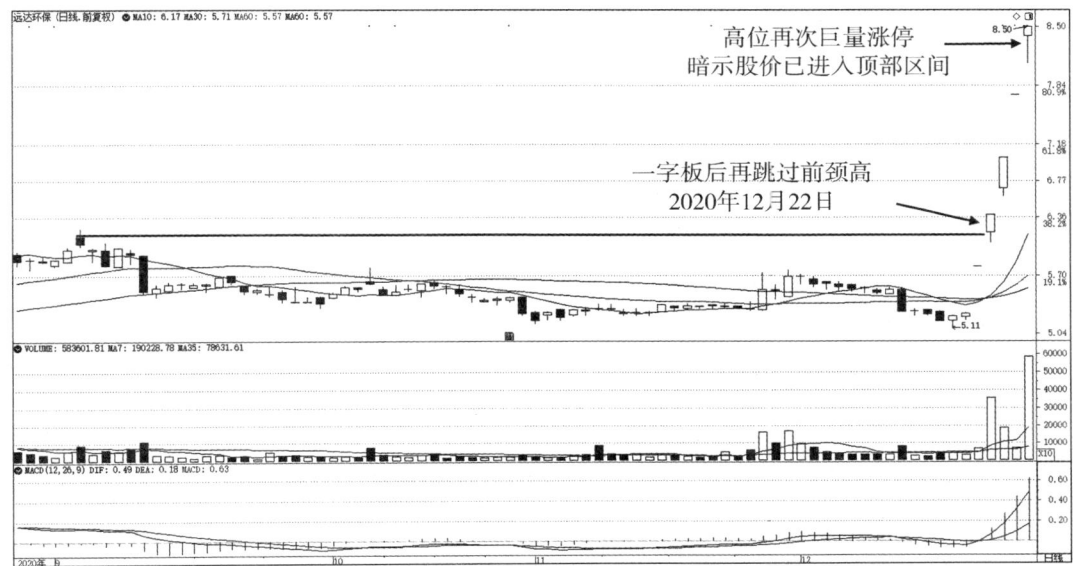

图5-3-5

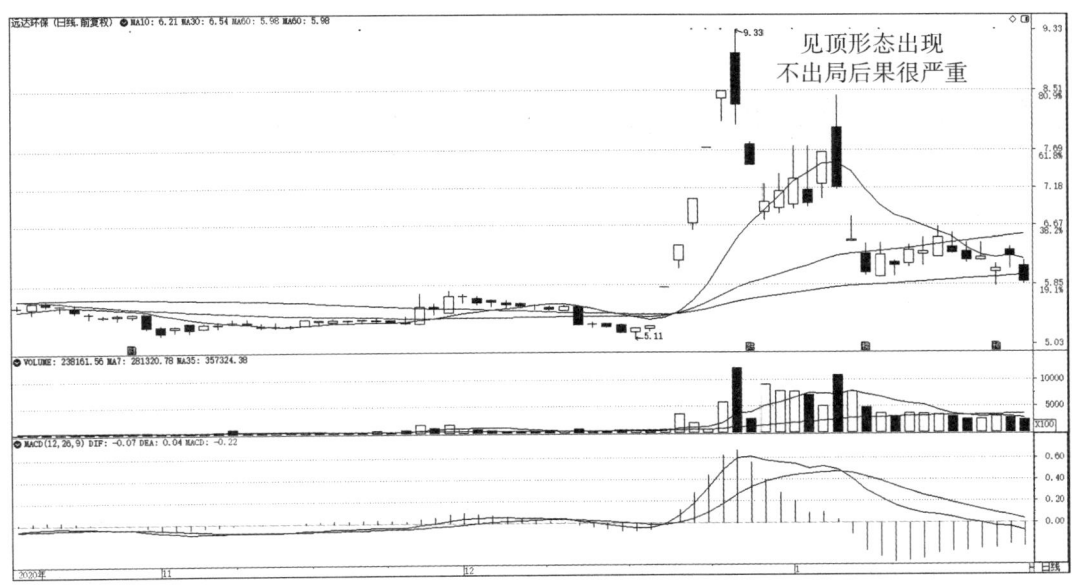

图5-3-6

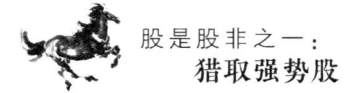

股价急拉波段后再次放出巨量的涨停板之后,有的还有点高度,有的次日直接大幅低开甚至跌停开盘,这是主力当天在高位维持震荡并大量出掉筹码的写照,持仓者要么早一点出来,要么迟一点出来。这时候讨论早出好还是迟出好并无多大意义,大潮流已经把握住,也就没必要抠细节了。高位巨量涨停次日,股价快速杀跌,跳水再跳水。事实证明,见顶的形态不出局后果很严重。见图5-3-6。

优刻得(688158)上市后连跌4个交易日,跌至首日开盘价之下一大截,这是很多定价过高的科创板走势模型。

第六日,股价高开上走,拉出涨停,股价总算企稳。2020年2月6日股价再次起跳跃至前期下跳大缺口平台,这也属于拔升缺口范畴,竞价起跳、盘中拉升皆是稳妥买进机会,后期股价着实拉出了一大波翻倍行情,短期见顶并于C区开始滑落。见图5-3-7。

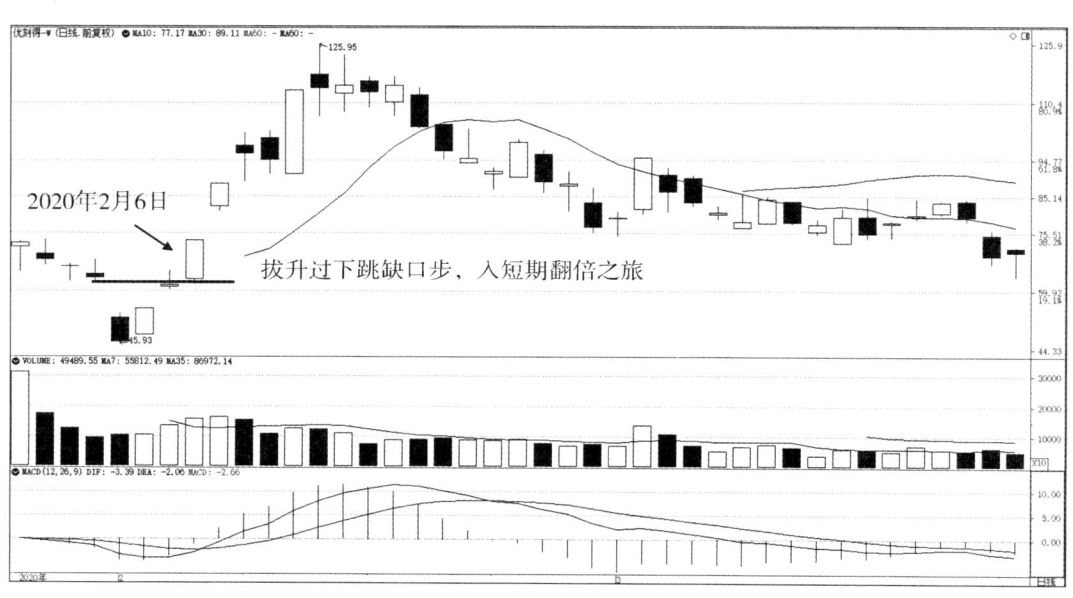

图5-3-7

冰冻三尺非一日之寒,一只股票上升的动能首先来自主力在底部的低价筹码累积,然后是主力对股价精心的呵护,既不能透支行情又不能走软,最后是在一个关键位置,以经典的手法、坚强的意志拉升股价,从而迅速脱离成本区,发动主升行情。作为投资者,要想在股价启动的第一时间敢于跟进,同样需要在盘后做许多扎实工作和进行超强锻炼,看书学习,看图、识图、解图,找出经典行情启动的前后规律并加以总结归类,体会、感悟赢家们的操盘手法、操盘思想。通过日复一日、年复一年的积累、修正与提炼，那种弹指一挥间、下单如神助的感觉就会翩然而至。如果希望优雅地在这个市场获利又不痛下功夫，或者天天望着一堆涨停板浮想联翩是不能持续取得好成绩的，要么立即抛弃空想，要么赶紧离开。

心脉医疗（688016）股价于 2020 年 4 月 27 日跳空过前期颈高点收放量带影的阳线，又在此位置蓄势了几天，这天的高开就形成了拔升缺口。拔升缺口有的涨停，不涨停的只要位置好还是具有拔升缺口的市场意义。见图 5-3-8。

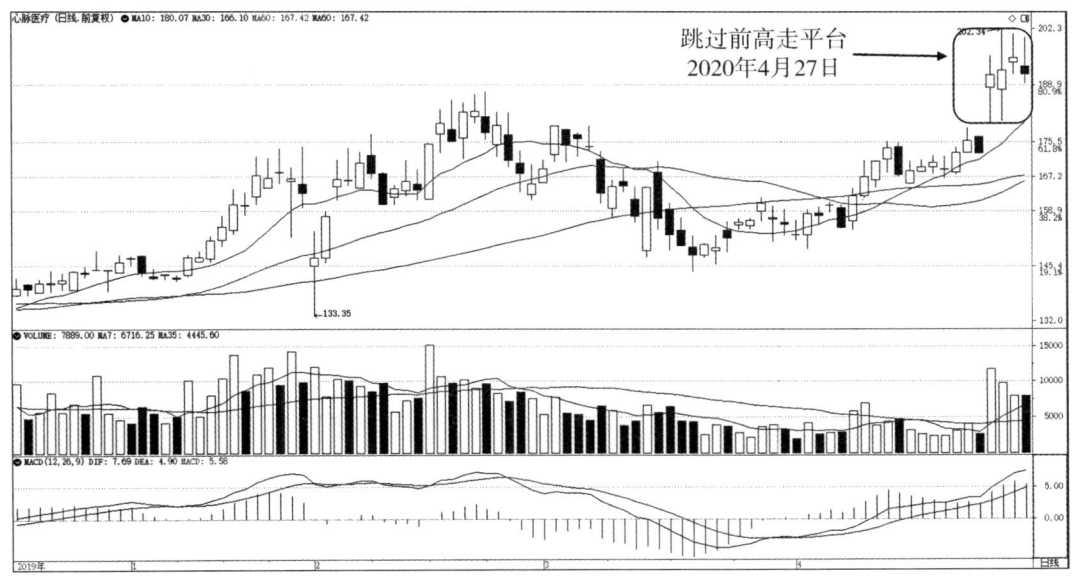

图 5-3-8

股票走势中，就一阴一阳两种 K 线，一些人只喜欢阳线，不想见到阴线。笔者热爱阳线，也挺喜欢阴线，很多时候是盼着能来一根阴线。就像图 5-3-8 的三根阳线后面的这根阴线，它的出现就把这幅 K 线图调出了人间烟火的色彩。2020 年 5 月 6 日，蓄势之后的股价收强势饱满大阳线，一幅更强势的图横在眼前。见图 5-3-9。

"激水之疾，至于漂石者，势也；鸷鸟之疾，至于毁折者，节也。是故善战者，其势险，其节短，势如彍弩，节如发机。"孙子这段话是在阐述"势"的建立与对"势"的巧妙运用，特别适用于股市。股市的大势一旦形成，个股的机会层出不穷；一只股票，一旦它的行情趋势得以展开，其高度与速度将是不可"理喻"的，投资者要紧抓趋势拐点，与主力一起，势如破竹地向前，以期获得较好收益。倘若通过积累的经验、技术在盘中获得确凿的交易信号仍不敢出手，真不知道还有谁能帮到你。

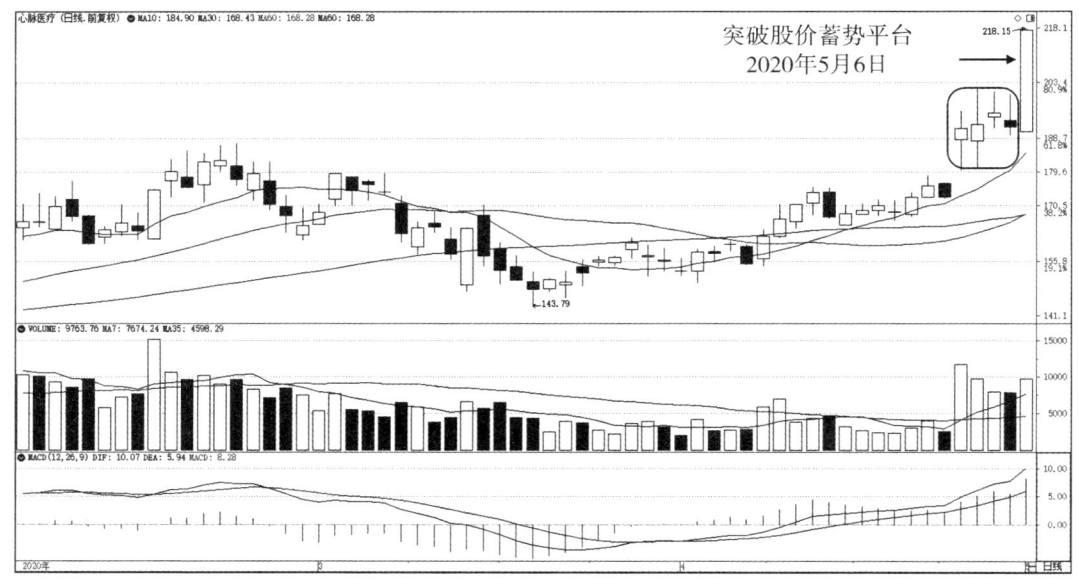

图 5-3-9

拔升缺口之后，心脉医疗的股价沿着进攻线很有节奏地往上攀爬，不急不慢中走出了一大波。见图 5-3-10。

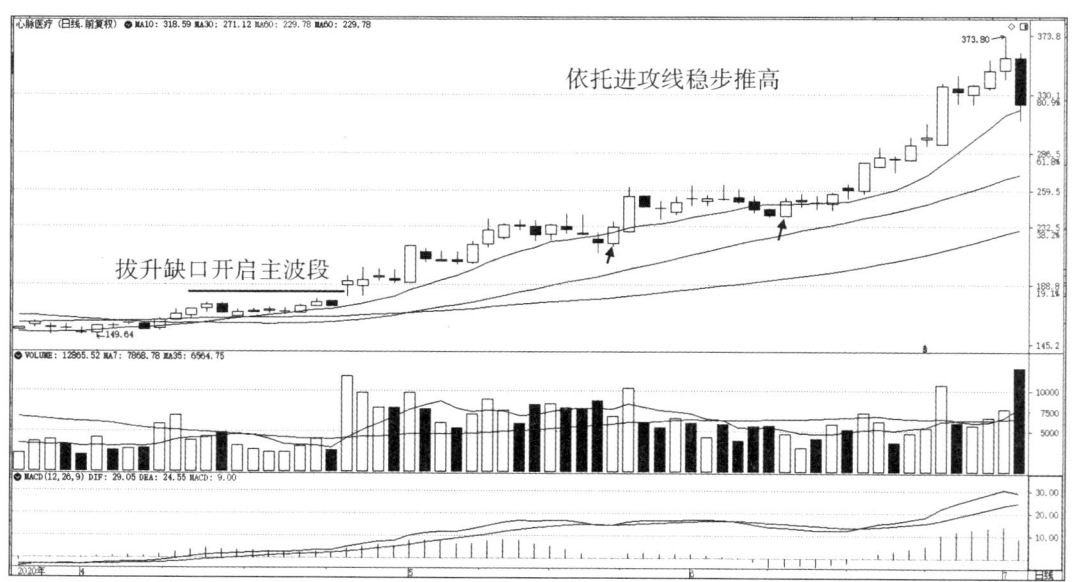

图 5-3-10

## 二、缺口支撑

股价在上升过程中,从相对低位向上跳空的缺口并非全是强势缺口,但在向上跳空前后涨停或放出大量的大阳线所形成的缺口多数是强势缺口。跳空缺口带动行情向上并且未透支行情,然后股价在回落时受到缺口上下沿支撑,就是强势缺口。这种强势缺口常常以前成交密集区的小高、上行的进攻线构成对股价的多重支撑。

云南白药(000538)的股价通过低位再收集积累了量能,于 2020 年 12 月 11 日以缺口拔升方式突破前小高平台后横向调整,于 2021 年 1 月 4 日在 B 区发动了一波行情。我们发现这一波 B 区行情的支撑受力点源于前一次的上跳缺口。而后我们又能看到,2021 年 2 月 8 日股价第二次 B 区行情的支撑受力点来于前一个 B 区上的缺口。这是一个缺口组合行情,带量上跳说明主力更多资金入驻,回调缩量说明主力仍在其中,在多重支撑位置受到支撑并出现有效止跌 K 线组合,说明股价即将再次回头向上,实战中要勇于介入,参与强势的二波甚至是强势的三波行情。见图 5-3-11。

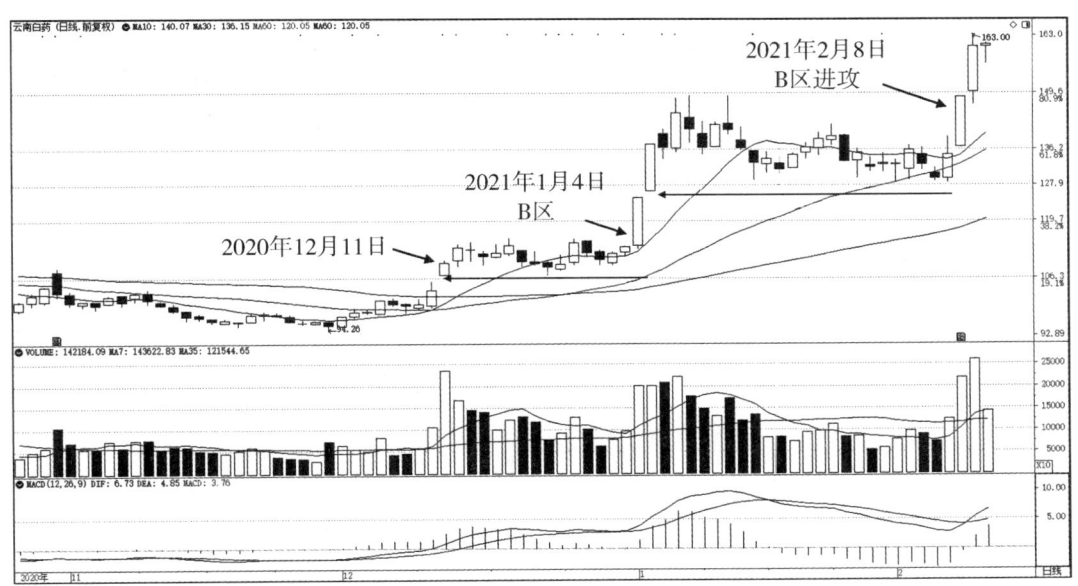

图 5-3-11

很多时候，面对突如其来的大起跳缺口很多人没有底气买进，其实，缺口是强势的化身，因此，强势缺口形成后，股价回调受到支撑就是一个较为稳妥的交易机会。

江苏神通（002438）在 2020 年 6 月到 7 月有一波顺上行情。图中箭头可见股价于 A 区起跳并未形成快速上涨的态势，有节制回调的股价落在强势缺口处受到支撑并反转重新站上均线开始新的上涨。见图 5－3－12。

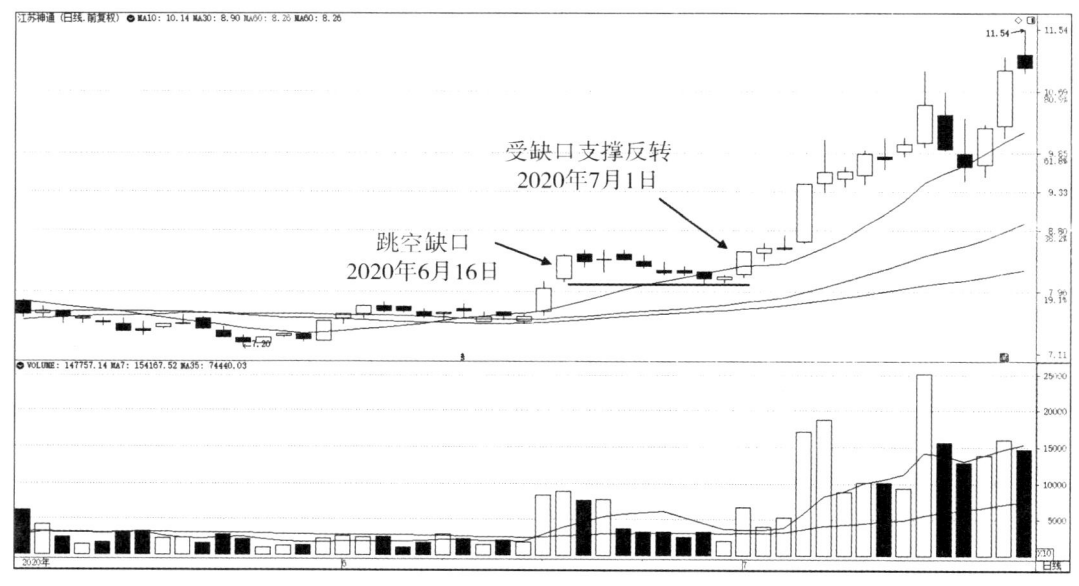

图 5－3－12

焦点科技（002315）股价在 A 区出现两跳空缺口有一波小行情。2020 年农历年初，受疫情冲击，股市整体惊慌跳水，焦点科技的股价也连续跌停，但随后又迅速回到高处。挺巧的是，股价止跌的位置刚好是在前缺口处。巧是有点巧，巧的多了，就是有谋划的刚刚好了。强势缺口是主力重磅的资金行为下的产物，这关系到重要的成本，主力是会照顾到自身重要成本底线的。见图 5－3－13。

缺口支撑赢利模式在缺口战法中是比较温和的交易模式。笔者总爱开一句玩笑：缺口支撑模式很适合中老年朋友，也适合上班族朋友，尤其适合上班的中老年朋友。玩笑归玩笑，但属真心话。

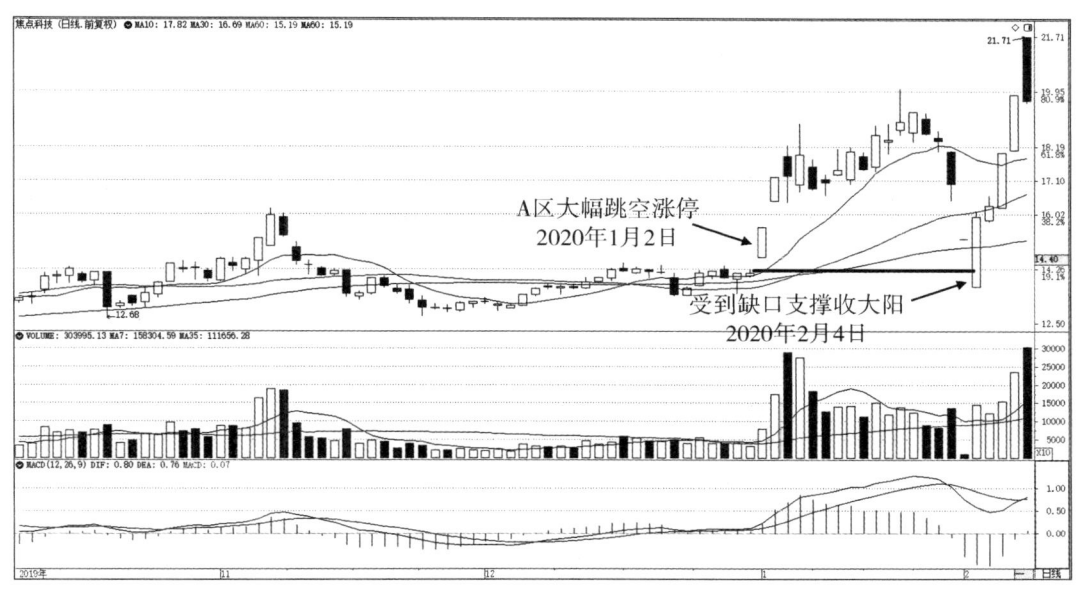

图 5-3-13

安集科技（688019）2020年4月28日，股价在前几天A区缺口上明显止跌。何为"明显"？强势A区，强势缺口，下影线承接，阳线。

随后继续往上行，先是小阳线，后面大阳线，冲刺是涨停板，最后是倒灌，完事。见图5-3-14、图5-3-15。

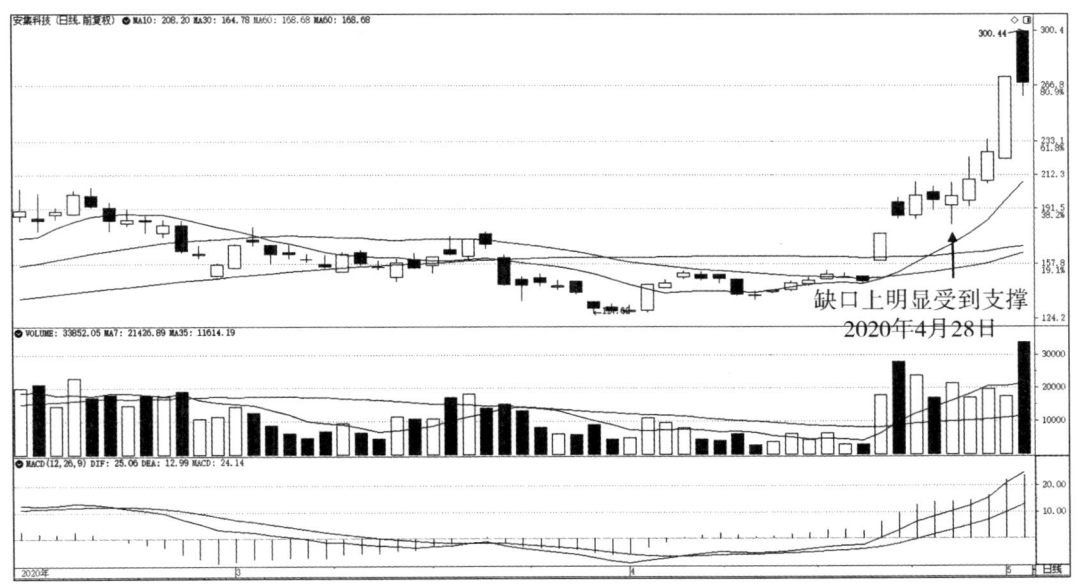

图 5-3-14

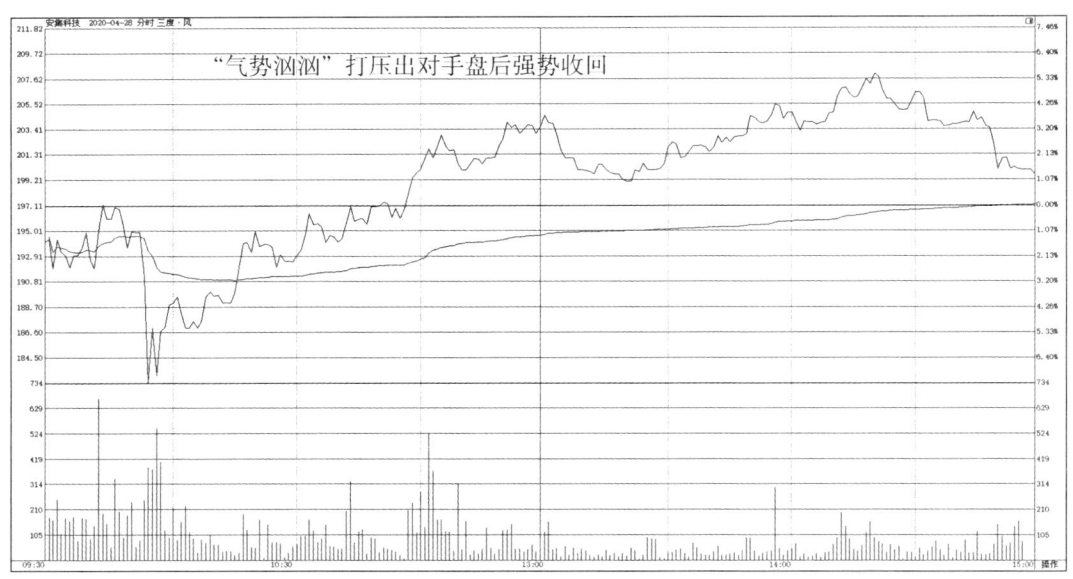

图 5-3-15

青海春天（600381）2020 年 12 月 28 日的涨停板刚好是在前 B 区位置上的缺口下沿处反转。这个涨停板意味深长，一是公司有利好题材，二是利好题材刚好吻合当时段市场主流行情，三是图上的经典支撑。多方能量叠加，也就促成了后面一波暴涨行情，当然按照龙头股操盘逻辑及操盘流程实施操作，锁定强势波段更有把握。见图 5-3-16。

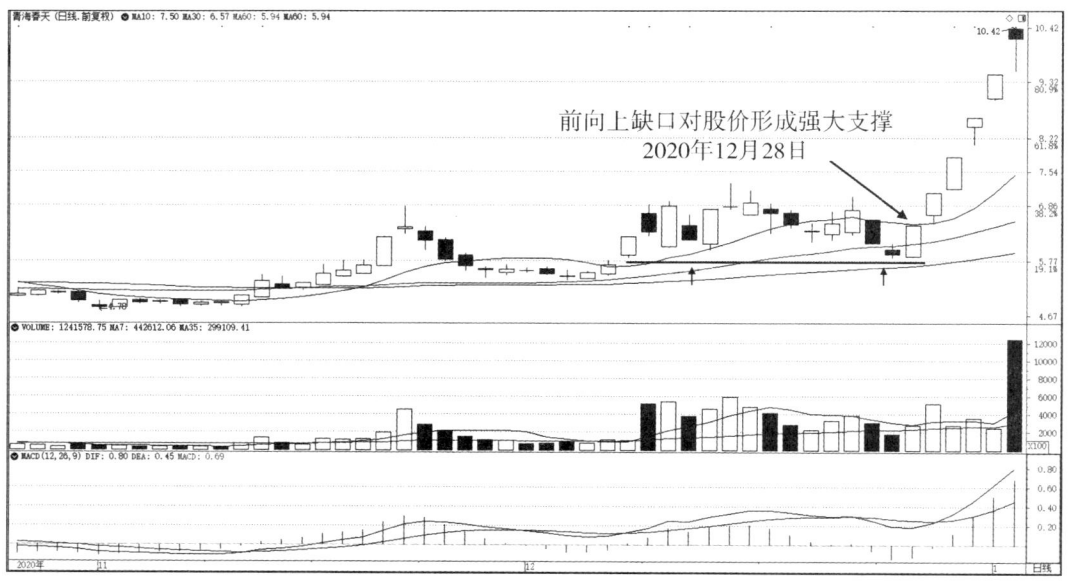

图 5-3-16

2021年1月5日，快速拉升后的股价在高位出现天锤，见顶十有八九。天锤个头虽小，但能量极大，量区的这根天量乌黑柱子，就是它将要摧毁股市中忘情"追妖"人的能量。天锤见顶之后，股价跳水，见顶后若不及时把利润变现，一不留心就又回到解放前了。见图5-3-17。

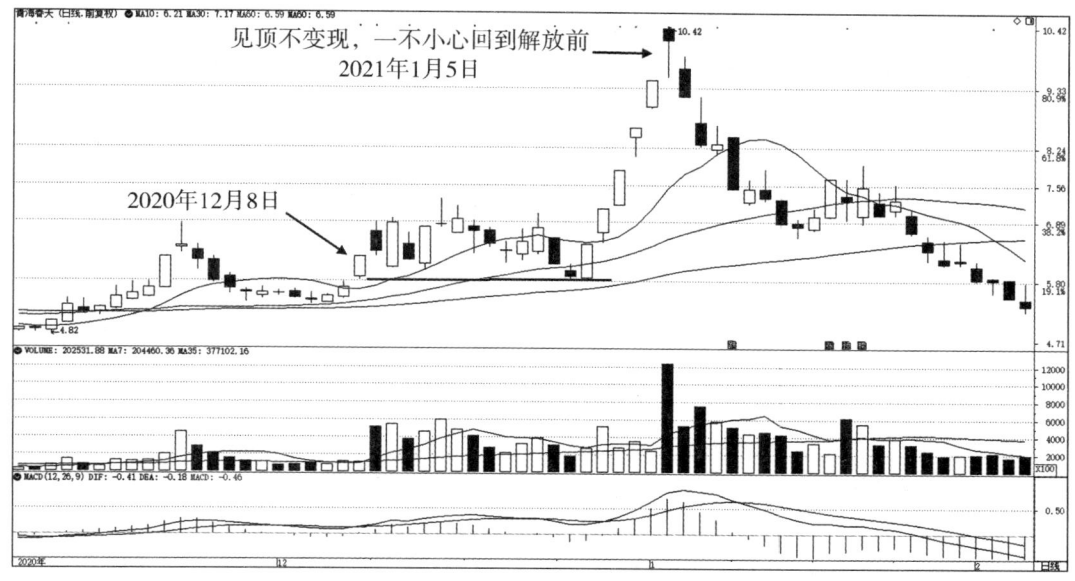

图5-3-17

天际股份（002759）股价震荡上行中多次受到缺口支撑后继续上行。这样的运行模式整体看起来不太"舒服"，但到最后发现，涨势也挺好。在股市投资也罢，投机也罢，都是交易，长短兵器适用就好。如天际股份这般走势，顺延进攻线一直拿住也行，利用缺口叠加进攻线实施短线赢利也行。但长短线都需要在带量破位时出局，这里的破位是指破均线位，包括C区。见图5-3-18。

"以铜为镜，可以正衣冠；以史为镜，可以知兴替；以人为镜，可以明得失。"

股市里日日、年年都在发生相同的事情，涨多了就跌，跌多了，感兴趣的又开始大量吸筹，吸够了就洗洗盘清除异己，然后择机拉升，拉出空间就再兑现利润，股价又开始跌了。跟着买跟着卖，不急不躁，不远不近，半步之间跟随，这些都是合理又顺人性的事情。

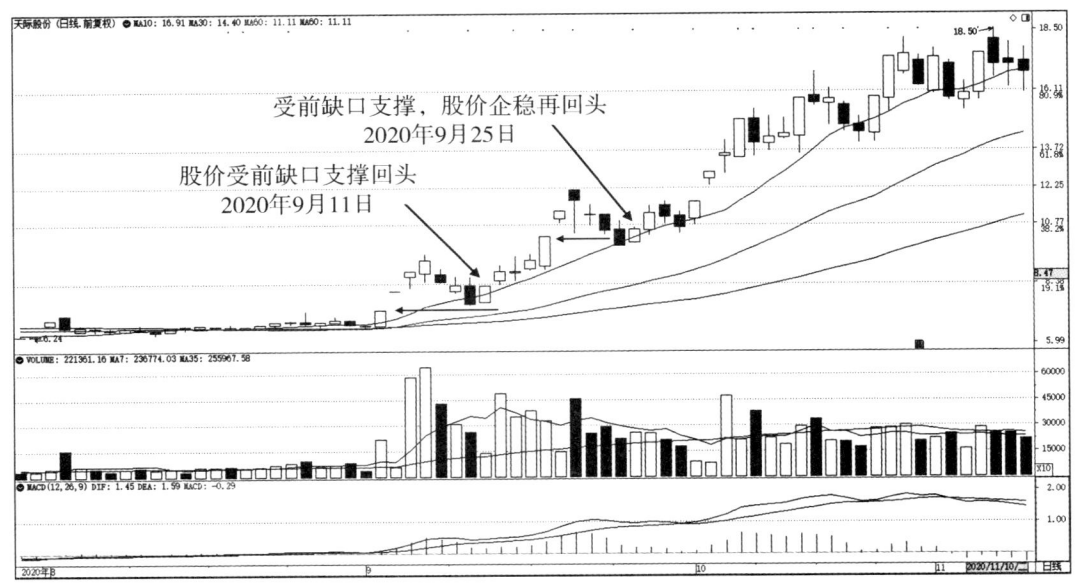

图 5-3-18

## 三、诱空缺口

诱空缺口就是主力采用不合常规的洗盘模式，以大幅跳空破位，恫吓场内持仓者交出筹码所出现的缺口。

主力不惜向下跳空，那么，主力的目标或决心就应该很远大。在图上，判断诱空缺口所必备的细节条件需要从三方面加以确定。

1. 前期明显有资金入场，致使趋势向好发展。

2. 股价意外下跳并迅速缩量、止跌，构建蓄势平台或形成"止跌双星"（星量星价）。

3. 股价强势反转封堵缺口，或者向上跳空以缺口跨越缺口的方式形成反转、突破。

接下来用案例加以说明。

海通证券（600837）在 A 区一组量价异动出现预示主力超常规短资正在介入，2020 年 6 月 29 日，股价大幅低开低走收大阴线，结合位置，很容易判断这是主力"最后超常规短资投入"后的诱空行为。实战中判断归判断，跟踪是跟踪，因为不知道诱空大阴线后主力的行为，是再洗两天，再磨蹭几天，还是直接反向。不急，静待主力资金先行即可。诱空之后，主力选择的是回头，我们即可适当介入。见图 5-3-19。

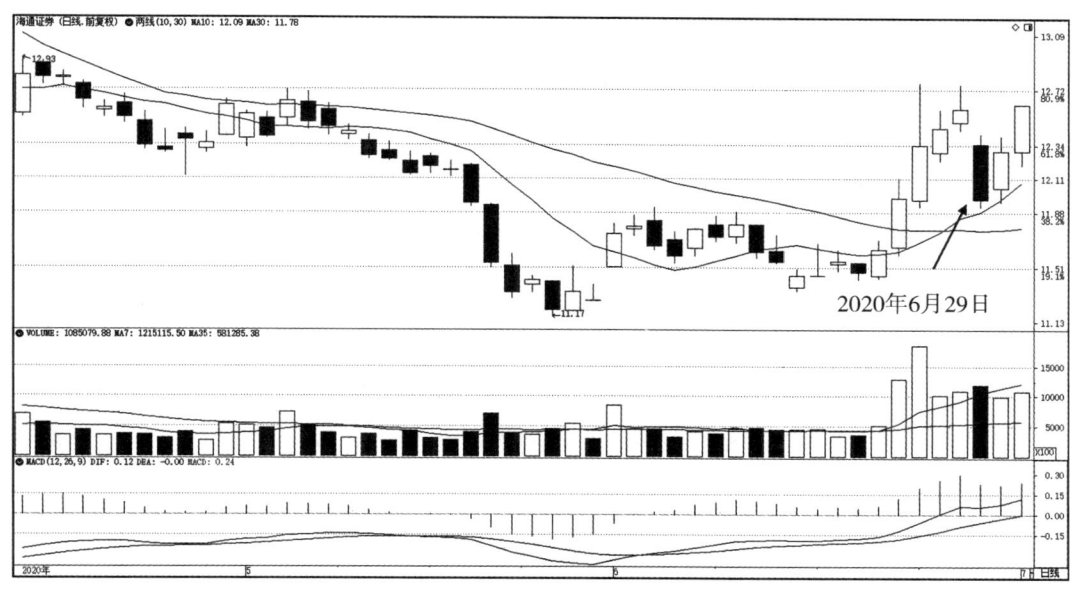

图 5-3-19

海通证券的股价在诱空低点又收集了两天筹码后，于前几天异动小高点处扔掉诱空面纱发动攻击，此后，仅用三天时间就发动了一波短平快的诱人行情。见图 5-3-20。

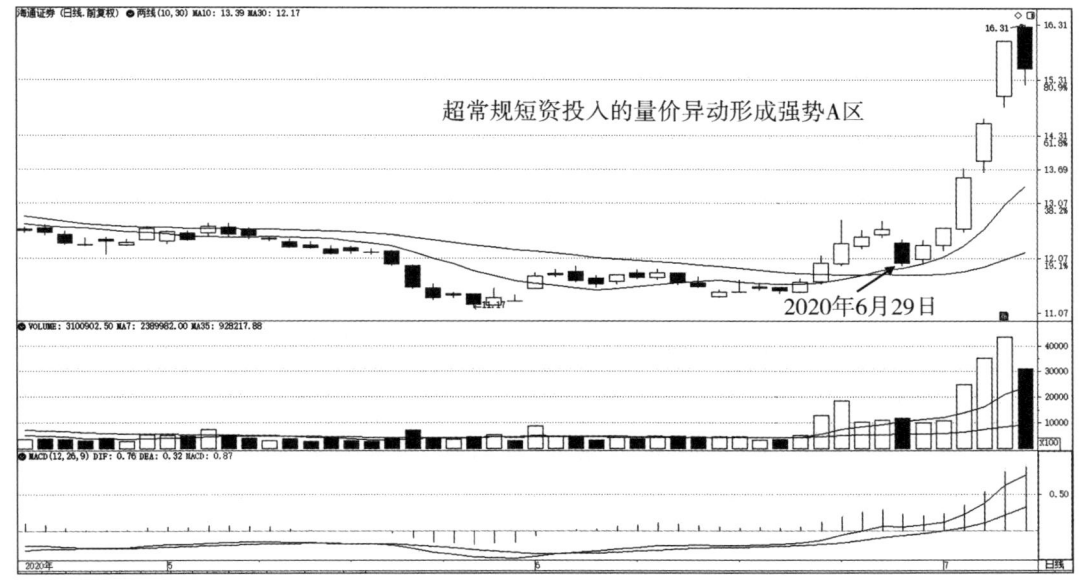

图 5-3-20

## 股是股非之一：猎取强势股

实战中，下跳缺口不见反转就不能一厢情愿地打埋伏。有人问，某股前期有量能进场，然后向下跳诱空，在低位买进成本不是更低吗？前两项说得没错，成本更低是好事。前两项具备了诱空缺口的条件，我们才有理由跟踪，然后等待强势封堵缺口时介入，这样做的根本目的是防止自己陷入"缺口后面还有缺口"的境地，同时也是节约时间成本。当然，诱空缺口的机会较容易识别，它与跳空缺口压力还是有很大区别。二者的本质区别在于：一是股价的位置，要将"大涨过后向下跳缺口"与"行情初中期的向下跳缺口"区别开来；二是交易的量能，要将"下跳带量并持续有量下跌"与"下跳无量并迅速缩量蓄势"区别开来。最为重要的是：主力有没有花大力气进行反拉的确定性行为。有句俗话"去早了会坐冷板凳"该是这个道理。

指南针（300803）股票上市的持续一字板打开后不掉也不涨，在高位横盘期间"三阳控三阴"成交量特质比较鲜明，笔者据多年关于新股上市后的交易经验得出，指南针目前出现的走势特征值得关注。遗憾的是跟踪的股票却意外跳水，还好次日股价低开报收阳线止跌，紧接几日持续补量成功封堵了一字板下跳缺口，这属于挖坑之后的强势再收集行为，喔，原来你在诱空！开始的"关注"现在提升为"密切关注"。强势再收集后的股价一改前期诱空风格，进行很有节制的回调，10日进攻线也随之慢慢走平，此时要"高度关注"。见图5-3-21。

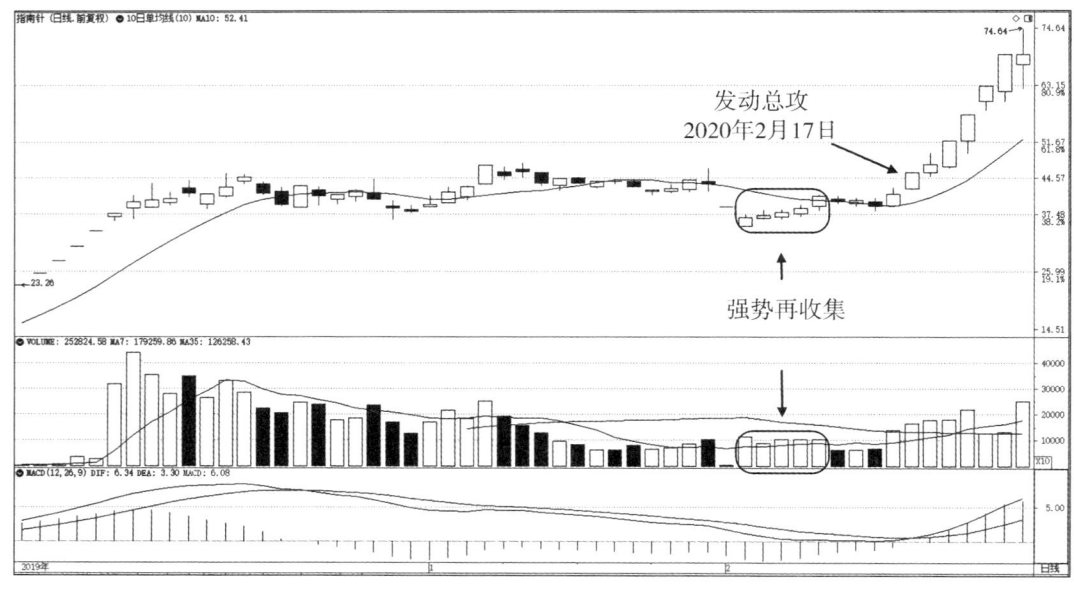

图5-3-21

随后股价放量大阳踩稳进攻线、跳空高开过小高、收复股价平台的长上影线就是积极买点。

这个案例是用"强势再收集"封堵缺口来证明下跳缺口是诱空缺口，若实战中没有这一环，缺口就是缺口大跌。

太极实业（600667）股价从2019年12月底开始，依托上行的10日进攻线走出了超大波的强势行情。股价在上涨途中，多次出现诱空缺口洗盘紧接强势反转。图中圈住的是诱空缺口，箭头所指的是收回缺口。对于这种上涨途中出现的诱空缺口，缺口的上下沿就是最好的坐标，盘中一路拉升可以一路跟进，视机会、视位置、视盘面情况操作，可以三步并作两步甚至并作一步走。见图5－3－22。

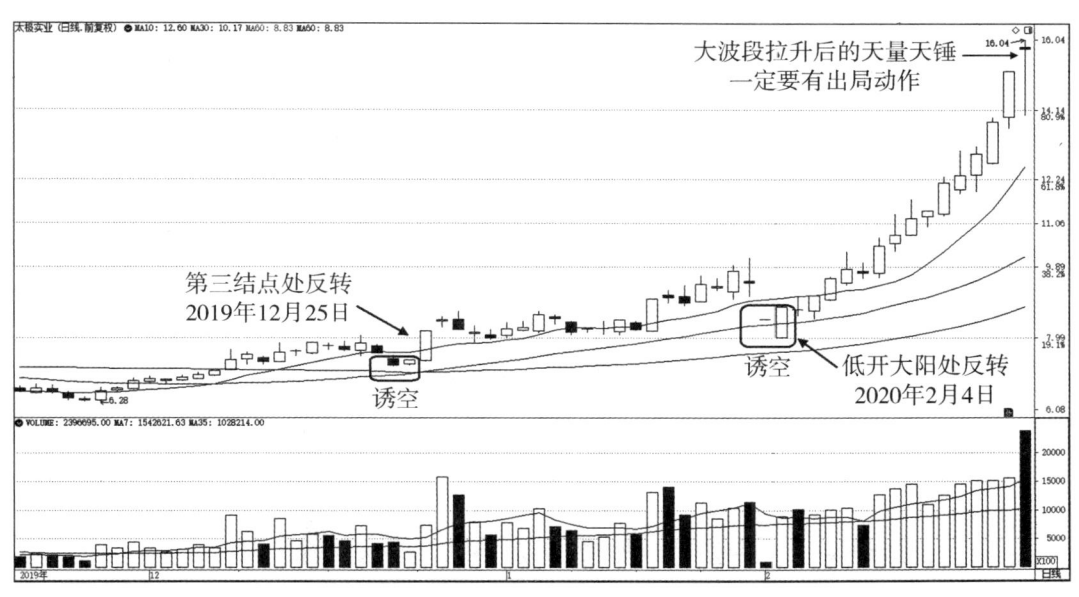

图5－3－22

"心悟自通，禅低首，风尘千里外。"这句话很是符合对这种强势诱空缺口的理解以及不悔追寻。

小的时候，常听父亲唱川剧版的《智取威虎山》，也听他讲三十六计。听得最多的就是"三十六计，计中有计；三十六计，走为上计"这句话。在我儿时，父亲多次怂恿我："妈妈生气要收拾你的时候，你先走开。走开了，你妈妈的气就消了大半，再挨打就会轻点。"事实上，这样做的效果还真不错。父亲一直在乡里安心工作，当了几十年公仆。历经战争洗礼后的生命，从容、大度。随着政治平反政策的深入落实,父亲也被恢复了荣誉。

"三十六计,走为上计。"这在股价趋势不明的整理阶段仍然是上上策略。"走为上计"的高明在于实力的保存,有实力才有资格去取"威虎山"。

郑州煤电(600121)是当时段"煤电紧缺"的龙头标杆股,也是在上涨途中用诱空缺口吓出获利盘后再继续推进行情。强势股的股价出现诱空缺口的反转时,是最佳的入场时机,进场后,股价怎么涨、涨多高是没有定律的。前高、前缺口压力配合股价滞涨、受阻的K线组合都是锁定利润或观望的客观理由。郑州煤电中途有一次巨量倒灌,这里可选择出局。下调末段再次出现下跳缺口后的起跳回归涨势时再进去不迟。见图5-3-23。

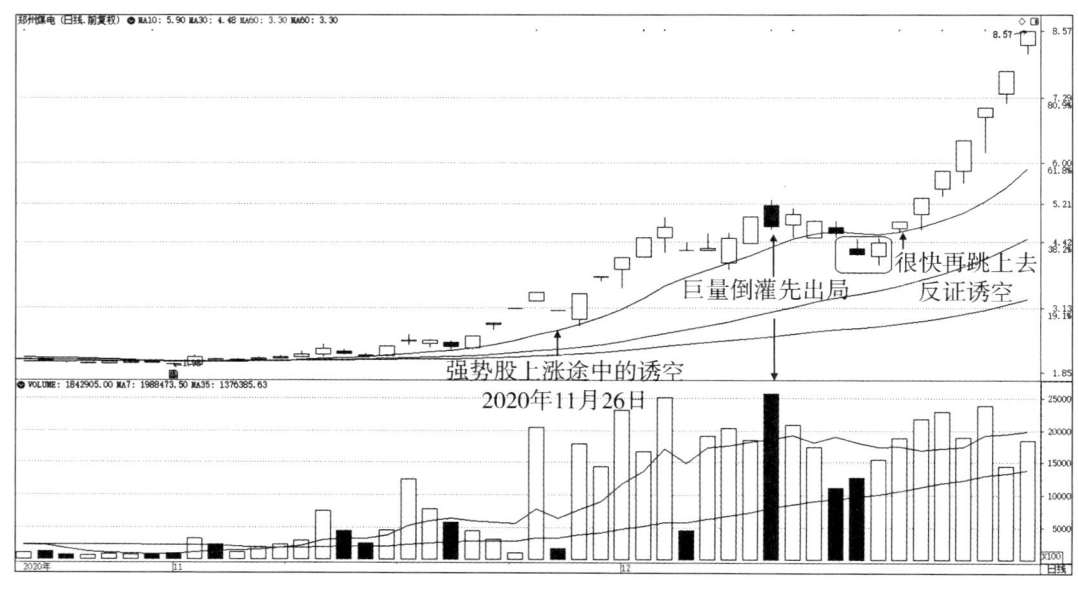

图5-3-23

"天下之至柔,驰骋天下之至坚","天下莫弱于水,而攻坚者莫之能胜,以其无以易之"。水的力量来自它的可变、善变。水遇强则弱,遇刚则柔,遇阻则让,见形而生。运行的股价就像前行的水一样,有时酣畅淋漓有时曲折迂回,酣畅时一起痛快,曲折时也要迂回不要死守。以水的精神,铸就水的力量,可得以汪洋的收获。

**总结：**

本节用市场中成功率较高、能反映主力"匠心"的几种强势缺口组合进行实战解析，而所有的缺口战法都是以强势能量作为前提和依据，以高效、简洁作为出发点进行判断与交易。本节所谈及的缺口战法，涵盖了市场诸多操盘的赢利模式，所诠释的主力操盘之独特用心、精妙手法、豪迈意志非片言短章所能及。什么时候使用哪种缺口赢利模式，需要研判当时的盘面（盘面是一个较复杂的体系，不是本书讨论的范畴）。在与笔者有过深度交流的部分投资者中，多以此模式为赢利重点，大步流星往前走，在他们眼中似乎没有牛熊市的警戒线，有的只是通过对图中信息、对主力现阶段操盘意志与行为进行精准解读，然后果敢进出，思想上不犹豫，行动上不拖泥带水，他们一直坚持着一条信念：在经典与强势面前，勇气在，世界在！

## 第四节　强势循环低点赢利模式

强势循环低点赢利模式就是依托前面股价的强势底部，参照前面强势股价的低点区间见机实施交易。强势循环低点这一特性在股价走势中相当普遍，投资者用心去选些股票用该方法进行跟踪，会大有收获。强势循环低点赢利模式，在三度交易体系里面的资金布局方面占据相当大分量。

强势循环低点包含波段循环低点与局部循环低点两种强势点。

### 一、波段循环低点

股价前有波段拉升，后有波段回调，于前波段低位区受到支撑，时间跨度偏长。

天山铝业（002532）股价在 2021 年 2 月 4 日从底部区强势涨停走出一大波领涨行情，行情启动是主力借助当时"铝涨价潮"的题材机会投入短期资金拉升股价的结果。股价止跌以及攻击的位置正好是前期波段行情的底部，股价在此位置异动就说明这个位置的筹码很重要。重要位置的重要筹码异动加之均线归位，就是强势循环波段的交易机会。见图 5-4-1。

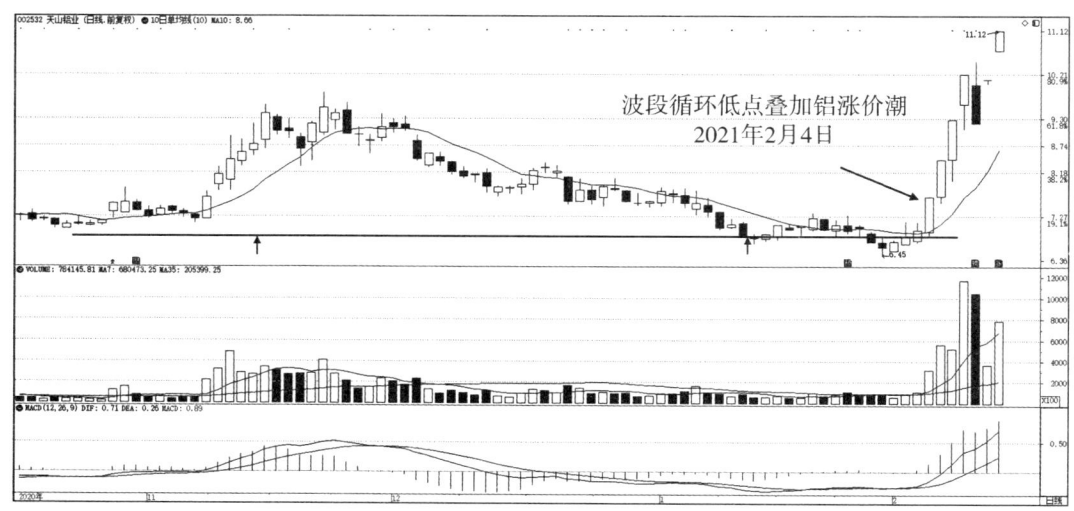

图 5-4-1

航发动力（600893）图中第三个箭头处对应的是前面两个波段低点的连线，股价在对应处止跌，并于 2020 年 7 月 6 日在 A 区跳空收大阳，这属于拔升缺口攻击。底部抬高的连线容易出现对股价波段循环低点支撑，是一个不错的资金布局区，而随后的强势攻击更要重视。见图 5-4-2。

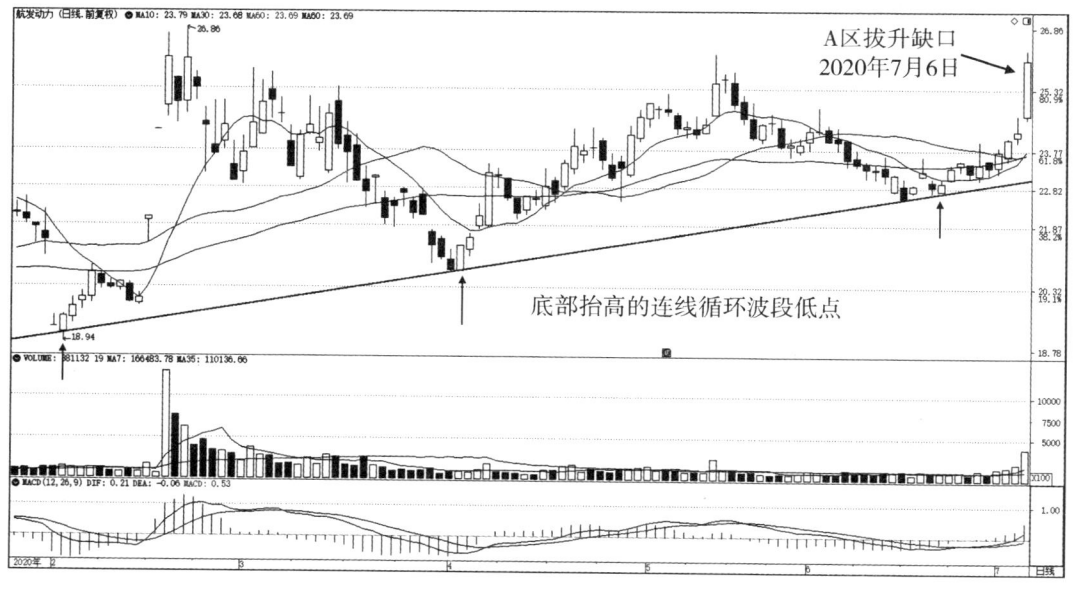

图 5-4-2

拔升缺口之后股价继续上攻，中途在缺口上停顿消化了几日再次进入涨势，直到高位的巨量大阴线见顶。见图5-4-3。

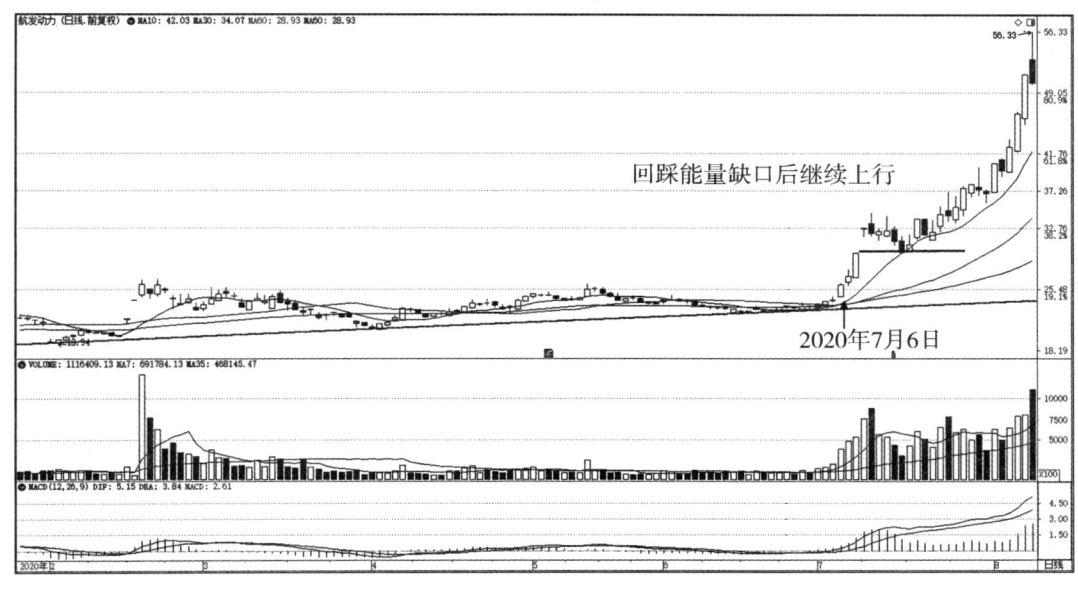

图5-4-3

奥福环保（688021）2020年4月28日，股价到前期波段低点即刻转身，当天收一根超长下影线，基本确定前波段低点承接有力道，若后期量能持续介入，就更证明这是波段循环低点。见图5-4-4。

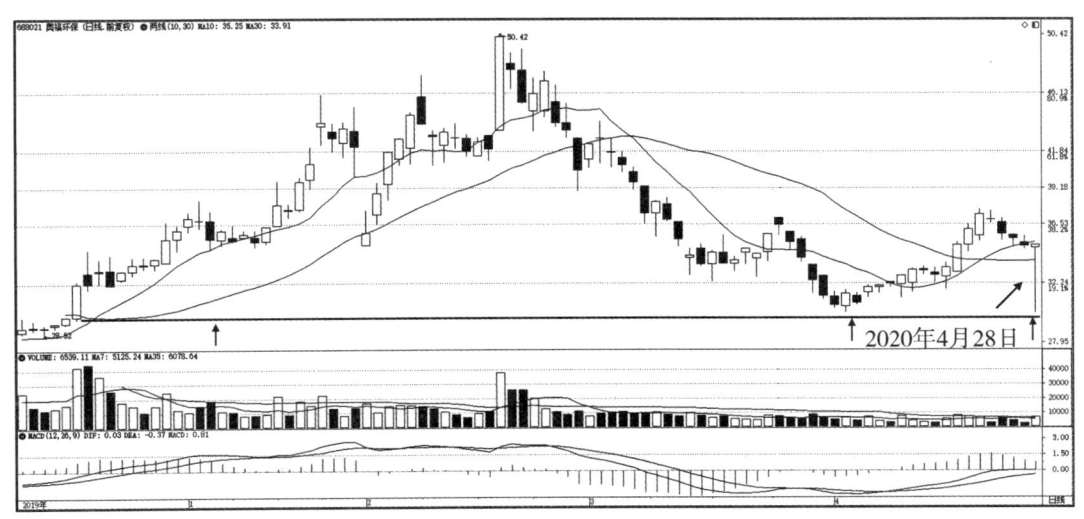

图5-4-4

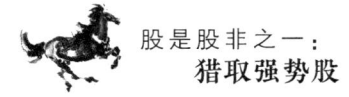

## 股是股非之一：猎取强势股

奥福环保的股价站上 A 区后，量能也在持续堆积，波段循环低点进一步巩固，资金也可同步布局入场。随后股价碰碰前高，消化几日，让多空筹码成功对接后进入主升浪，从 A 区出发到高位巨量天针到顶，21 个交易日走出一倍涨势。见图 5-4-5。

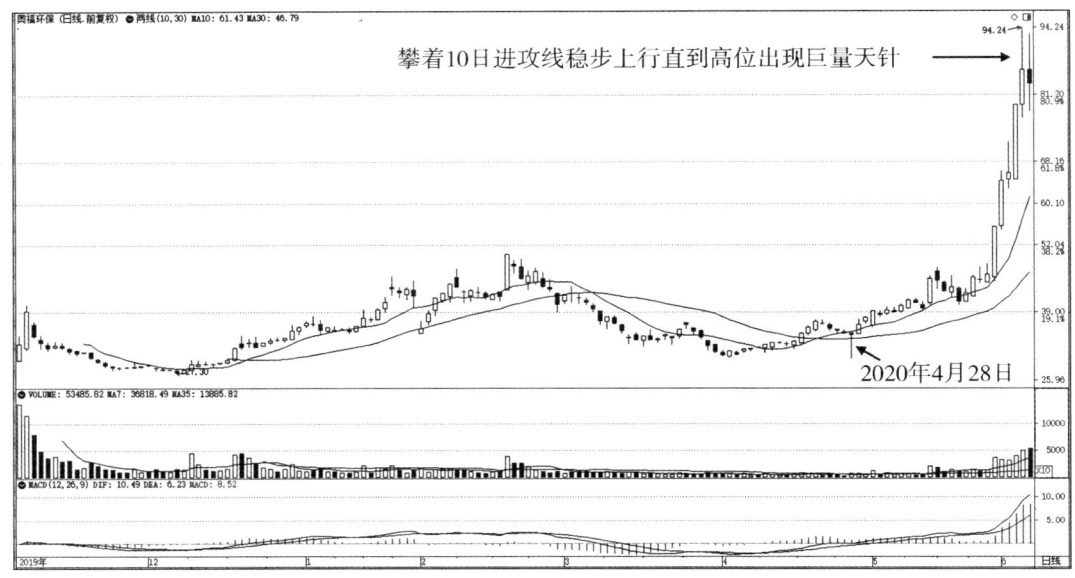

图 5-4-5

在这个市场，你可以任意挥洒资金买进卖出，没人会阻止你；你享受成绩时，每一毛钱都会付给你，绝不拖欠，而在承担后果时，同样没有丝毫的情面可讲，一分钱也没得商量。

这个市场，纵情的人赚不到钱，而看似聪明的人要亏钱，因为纵情的人经常追高，看似聪明的人经常抄底，所以，杜绝亏钱的首要行为就是不要自作聪明去设伏，其次就是不要妄自追高。要想赚钱就做那些在走势上告诉我们它不是在低位也不是在高位的股票，即先有量价异动、没有透支行情，然后相对缩量、适当调整，使股价回归已经归位的均线系统，并且股价已经走出底部或正在脱离底部的这种股票。

按这种思维去做股票的人，不是纵情之人也不是看似聪明之人，是诚实、有合作精神、有智慧的人。于生活，于股市，诚实有强大的品格力量，而合作的力量更加强大，谦让之中高收益就随之相伴。只是要说明的是，高收益一定是与强势挂钩的，强势一定是在行动的，行动一定不是在河边上散步式的——既想躺在河边上晒太阳，又希望高山清泉流至身边随时吸取，这一定是白日做梦的人。人如此，股票也是如此。

## 二、局部循环低点

股价前不久有强势异动，后有健康回调，于前价格异动底部区位受到支撑，时间跨度小。

厦门钨业（600549）在图中这段时间股性比较活跃，可以看到股价在箭头处三次均落在60日均线上后反转拉出一波行情。如此，现阶段就可以把60日均线定位为股价的循环低点，此位置缩量阴线后的反转就是买进机会，见图5-4-6。

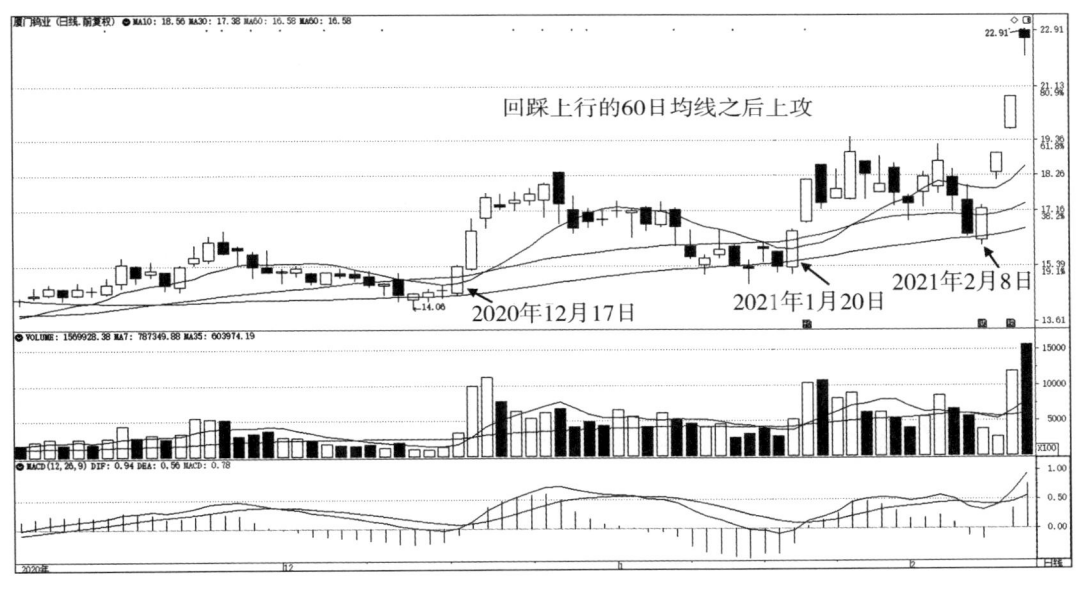

图5-4-6

很多股票第一次攻击时没有任何预警，不好把握，这种不确定的行情可以不要求把握。但因为有第一次的出现，我们就有了参照、有了衡量、有了跟踪的对象，而更好的机会往往在下一次的表现中，这也就让我们有了选择时的从容。局部循环低点赢利模式是相对比较适合精准短线交易者的选择，这样的机会在股市四处可见，只要拿捏得准，计划好操盘策略，不贪多，做好一两根阳线见好就收，最后也能积少成多。

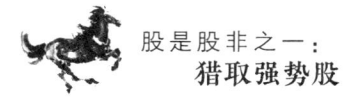

股是股非之一：
猎取强势股

研奥股份（300923）上市后股价持续下行，谁也不知道哪天不跌了，当见到量价异动后初步可以判断暂时不会跌了。异动后的股价缩量回调到前几日异动底部时已经缩量到极致，这又是循环低点时机到来的"美妙"提示，做好准备，迎接强势小波段。为什么这么快能定位是小波段呢？因为左边有大压啊。2021年1月29日，一个红彤彤的胖乎乎的小脑袋探出了头，这应该就是传说中的招财童子吧。短线交易的可以靠近了。次日股价封住20个点，再次日大幅冲高接近20个点涨幅后当天回头。见图5-4-7。

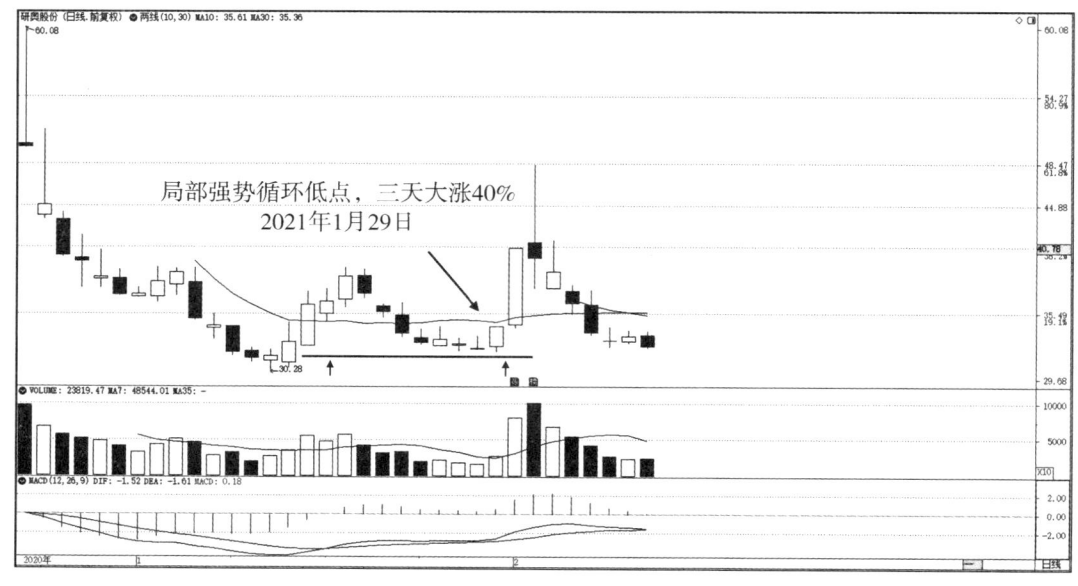

图5-4-7

为何股价总是在前明显顶压处很容易就转向掉头而下，并势如山涧小溪，一坎一坎要往下淌？股价为何至此，理由是什么？在股市这个高风险行业里行走，有些问题一定要弄明白。账面是怎么缩水的？这次怎么就赚了？为何早不买迟不买，偏偏就在波段最高点买入了？为何前一秒卖出，后一秒股价就像箭一样往上蹿？想明白了再把它图形化、系统化，最后简单化。当图表发出异动信号时，我们就用系统里的规则简单地进行扫描并加以确认。量时空过滤风险、量形态还原主力身影、量价异动让均线归位寻求交易机会，这是安全投资的三件法宝。

爱美客（300896）股价沿着10日进攻线稳稳踱步向上，涨一两天大阳线就小调几天，缩量到均线附近就反转，进攻线成了天然的循环低点，看见并制定出交易策略不难。2021年2月9日，在一片"价值投资"声中，股价冲刺两天，即刻到顶。见图5－4－8。

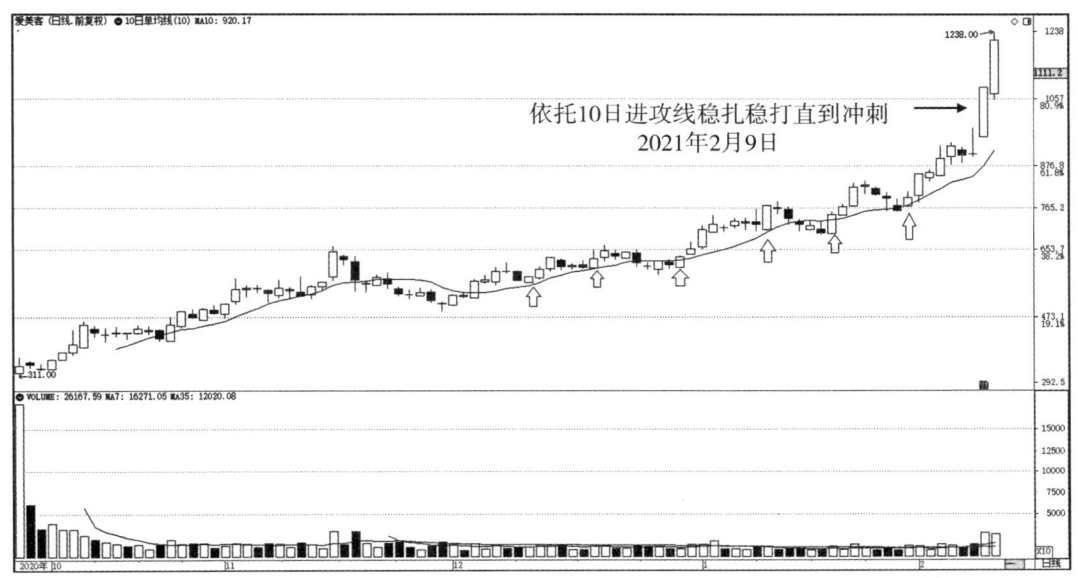

图5－4－8

股价的走势五花八门形态各异，股市里没有固定的模式让我们原封不动地去效仿。找到适合自己的，找到自己感觉是对的方式去迎合市场，攫取一些利润足矣。"知人者智，自知者明。胜人者力，胜己者强。"认识他人是聪明的，认识自己是智慧的；战胜他人是有力量的，战胜自己的人将是无敌的。充分认识自己的强与弱，认识自己的长处与短板，不断攻克阻止自己前进的障碍，努力战胜自己、超越自己，什么问题都不再是问题。认识到股票交易中的风险，再竭力管控好风险，胜利一定属于你。

跨境通（002640）股价在前异动大阳线底部区间强势反转重上均线，涨停当天盘中气势如虹，股价如风一般一马当先率先涨停。前期涨停板或放量大阳线某个点位往往会成为后面股价的循环低点支撑，这给我们一个很好的交易提示，结合一下市面其他信息，赢利不难。赢利难是难在舍不得割舍，还认为手段比别人高。见图5－4－9、图5－4－10。

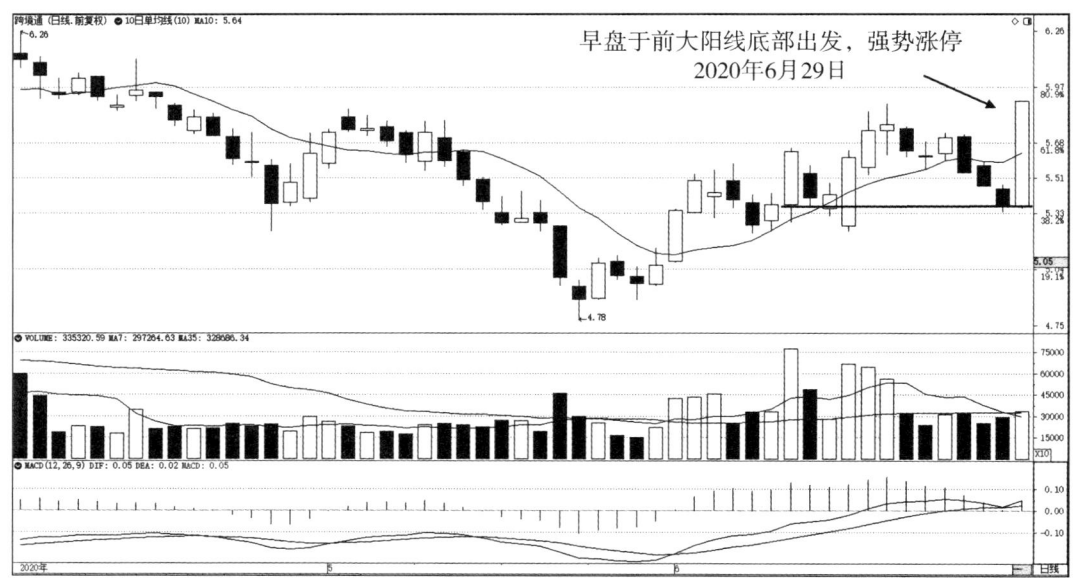

图 5-4-9

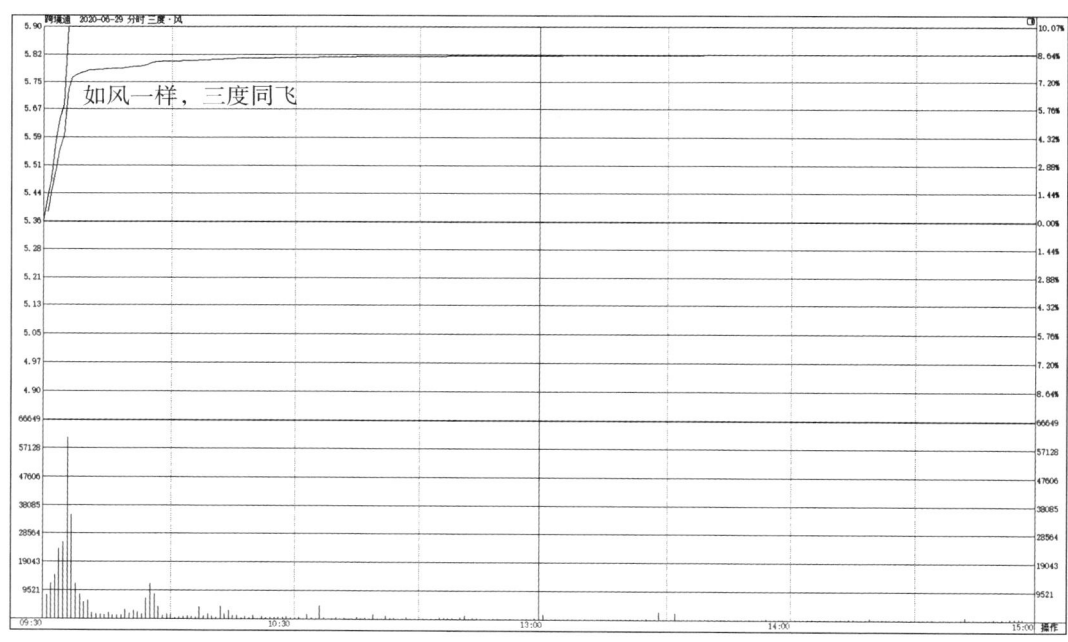

图 5-4-10

跨境通的股价次日用一字板跨过前期所有障碍物后快速拉升，拉出一大波后，力道逐渐减弱并释放出更大的成交量时就是将要拐头的图表征兆，持仓者需提前做好出局准备。趋势、指标走得好好的，为什么要出局？因为量能与价格涨势在高位出现貌合神离。天下哪能见到貌合神离的一班人能继续顺利向前？出局是不蹚浑水。当然，你也可以选择技术指标死叉的势道变向确定时卖出，也可选择均线死叉跌势确定时卖出，只不过波段利润要减少一大截而已。见图5-4-11。

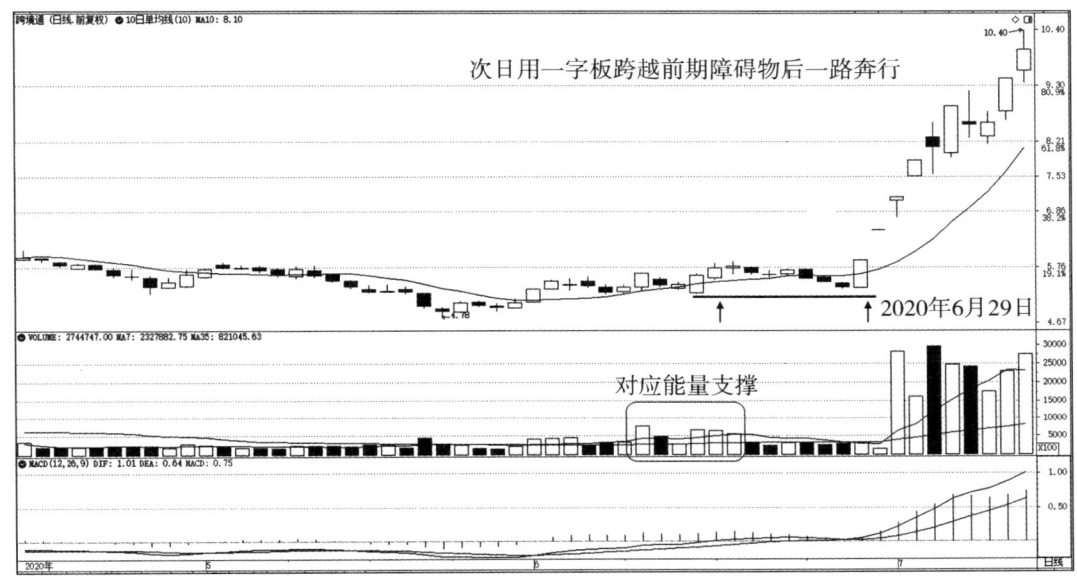

图5-4-11

在本书中，笔者用得最多的一个字就是"再"字，在股票技术分析中，"再"与"相对"是最重要的一个理念，这个理念将引导我们的投资思想、投资走向。笔者认为，就股票走势而言，"相对"就是没有透支，即没涨过头也没跌过头，而"再"是因"相对"而生，当没有透支的"相对"在均线归位的地方与"再"相遇就是"艳遇"。股票投资者最愿做的就是高收益低风险并存的强势股。什么是高收益低风险并存的强势股票？有没有这样的股票？有！那就是先有量价相对异动，再促使均线归位；先有量价异动，再使量价相对回归均线；然后，再次缺口、再次单日强硬洗盘、再次循环低点……似乎，一切的美好都在"再机"中！是的，"再机"代表一种智慧的投资理念，代表一种笃定的力量，有着与市场主导者精诚合作的态度，在投资路上，"再机无价"！（再机无价，意思是前面出现了一次小买卖点的机会，但行情并未直接按预期走向发展，稍后再一次出现买卖点，再次出现的机会点是无价的，即很珍贵。——笔者注）

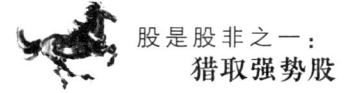
股是股非之一：
猎取强势股

**总结：**

本节以强势波段循环低点以及强势局部循环低点为例，论述了循环低点的交易机会，波段循环低点利于资金从容布局模式，局部循环低点利于精准短线赢利模式。而有些波段循环低点又含有局部循环低点，二者兼备，机会就更饱满些。不管哪种循环低点，都不能离开"强势"二字，离开强势，所谓的低点，就没根基可踩了。

# 第六章

# 卖对股票

　　卖股票，把股票卖好，这是有难度的。买进股票可以有许多选择，比如将市场支撑、趋势支撑、技术支撑相叠加进行择优选择，甚至也可以不买。而卖出股票只有一种情形，股价回落必须卖，不卖就不能锁定利润或者切不断亏损，别无选择。

　　对于亏钱的投资者，在导致其亏损的历史操作中，20%的交易是买对卖错所导致的小赢或小亏；30%的交易是买错卖对导致的小亏或小赢；50%的交易是买错卖错导致的大亏。这个数据，是笔者对曾经亏损者的历史交易情况进行分析总结的结果。这个比例基本符合亏损者的交易现状。

　　买对卖错，是指个股发出有效进攻信号时及时介入，但是交易者未经受住股价盘中震荡，过早卖出而失去后面大段利润，或者未正确判断股价方向而没有果断出局，导致后来被迫止损。

　　买错卖对，是指系统未发出买入信号时买入，或者按系统发出买入信号时正确买入，但股价并未按预期方向发展，盘中及时纠正错误地及时止赢或及时止损。

　　买错卖错，是指冲动买入后，股价运行方向与预期走势相反，但仍然浮想联翩、一厢情愿地坚守，直到股价破位被迫导致大幅亏损。

　　买不好股票是亏损者的通病，卖不好股票也是亏损者的通病。前面各章节对量能体叠加、趋强法则的买入策略进行了系统说明，本章将从解读主力行为入手，就如何卖出股票的操作策略做一些阐述。

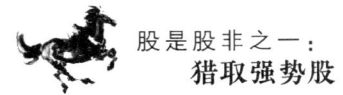

## 第一节 明显见顶卖出策略

明显的顶部多出现在波段拉升之后，通常的状况是放量滞涨、放量诱多，其K线组合包括出现高位的阴、阳双针，高位的巨量独阳，高位的巨量天锤、倒灌，等等。

世纪星源（000005）股价趁市场有一点"风吹"即刻"草动"，在A区走出两个涨停板。第三日即2019年9月5日股价继续高开高走迅猛拉升，但后劲明显不足，股价随即拐头向下，获利盘也蜂拥而出，当天收出一根巨量的长上影K线，这明显是高位天针的见顶形态，实战时应该在盘中择机卖出。见图6-1-1。

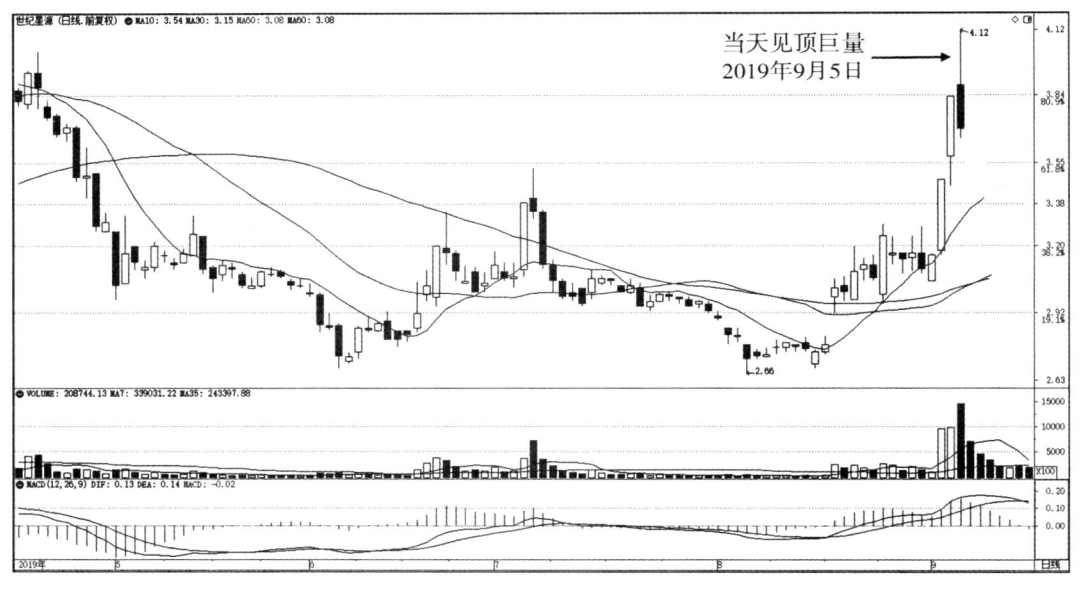

图6-1-1

解读主力行为与卖出策略：股价拉升一定高度后，主力会见机抛出筹码兑现利润，这是一定的。当股价在盘中上攻无力、虚攻无力掉头时，持仓者可以开始出局，此时锁定利润是第一要务。当天收出巨量阴线是明显见顶形态，证明主力是真实的大量卖出，收盘前为最后卖出时机。

股价拉升有因，没有因可以挖掘 N 种因，对于主力这不是难事。股价停滞不继续涨也有因，最大的因是主力要兑现利润抛出筹码变现而主动卖出。主动卖出就是低价也卖，抓紧卖，越卖越低，如此明显见顶 K 线形态形成。明显见顶的世纪星源股价一波低于一波，到后来无人问津。见图 6-1-2。

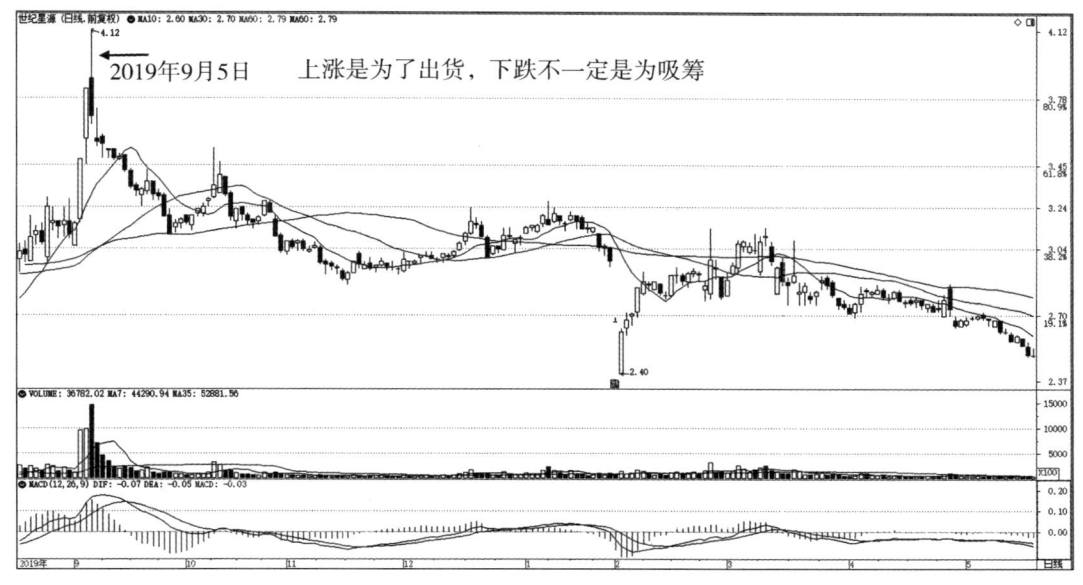

图 6-1-2

深赛格（000058）股价出现一大波拉升后，于 2020 年 7 月 14 日出现高开倒灌 K 线，这一巨量倒灌是非常经典的明显见顶形态。我们可以见到，随后股价几次小反弹带出几根带量长影阴线天针。高位顶重顶，股价将暴跌无疑，持仓者应抓紧清仓。见图 6-1-3。

鹭燕医药（002788）在相对低位有丰厚量能堆积后，股价从 A 区出发震荡上行，走出了一个空间。2020 年 8 月 4 日，股价接上一日涨停后再次冲向涨停，但无功而返，全天放量滞涨收出一根巨量长上影天针 K 线，这又是股价明显见顶。持仓者务必当天出局。随后主力控制股价在高位震荡数日后持续往下再往下。见图 6-1-4。

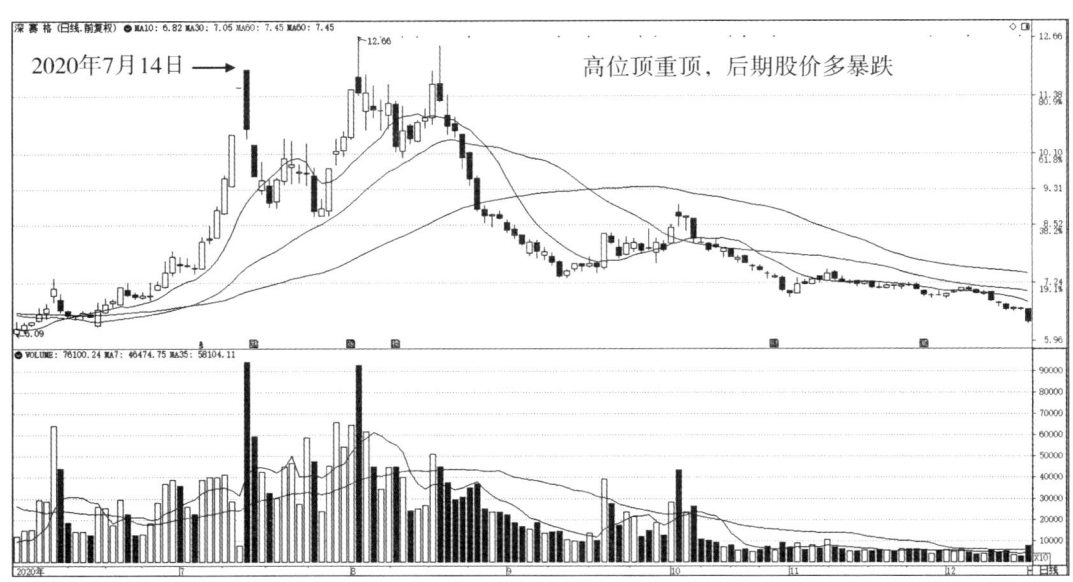

图 6-1-3

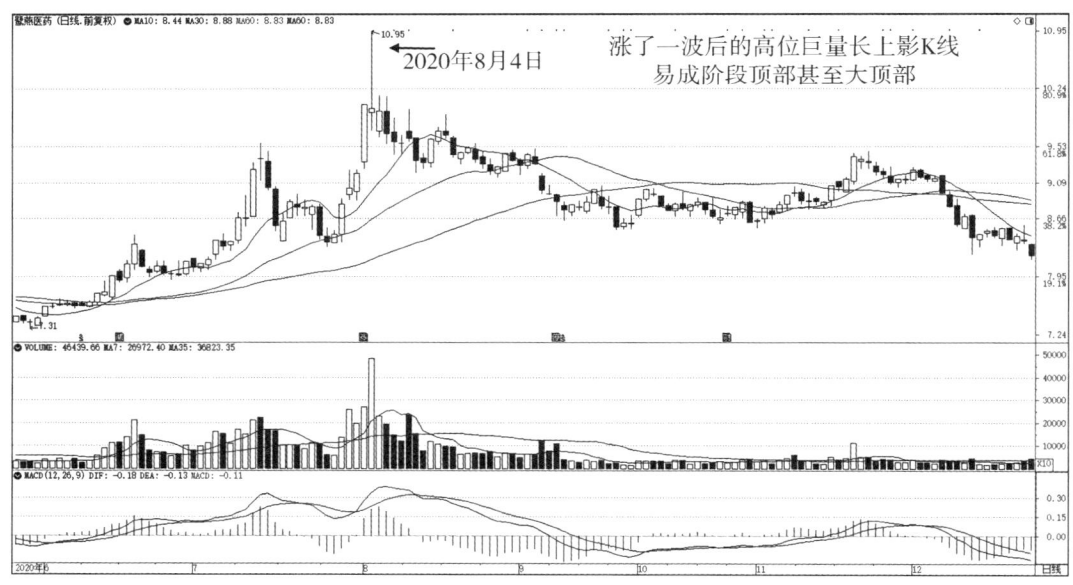

图 6-1-4

主力行为与卖出策略解读：上述两只股票均是主力拉出空间后在高位换手卖出股票，或反复诱多卖出股票的见证。当高位巨量天针、巨量倒灌、巨量天锤等形态出现时，最好当天出局，仓位轻的一键清仓。

一只股票，它的上涨趋势一旦形成，就会延续一段时间，而上涨途中的小阴小阳不可避免。市场上一些投资者，既想获得波段行情，又惧怕盘中震荡，根源在于太贪，恐惧只是借口。希望在买进后股价天天上涨，而且每天的开盘价就是最低价并迅速上拉，盘中震荡或收阴线都不能接受，同时，主力拉出的每一分钱都要赚到。另有一大批投资者，在股价走出一大波后在高位见顶却又无动于衷，总觉得股价还要涨一大截，即使明白无误看见股价在下跌也不相信这是真跌，后来股价回到起点时才承认"原来那是顶"。

阿尔特（300825）股价跌跌撞撞涨了一段后慢慢拐弯并慢慢下滑，在2021年1月11日股价高开，盘中上冲盘中坠落，刚好在均线死叉结点收带量长上影阴线。死叉上的见顶形态，杀伤力很大。图中可见到后期股价快速杀跌，倾泻而下。见图6-1-5。

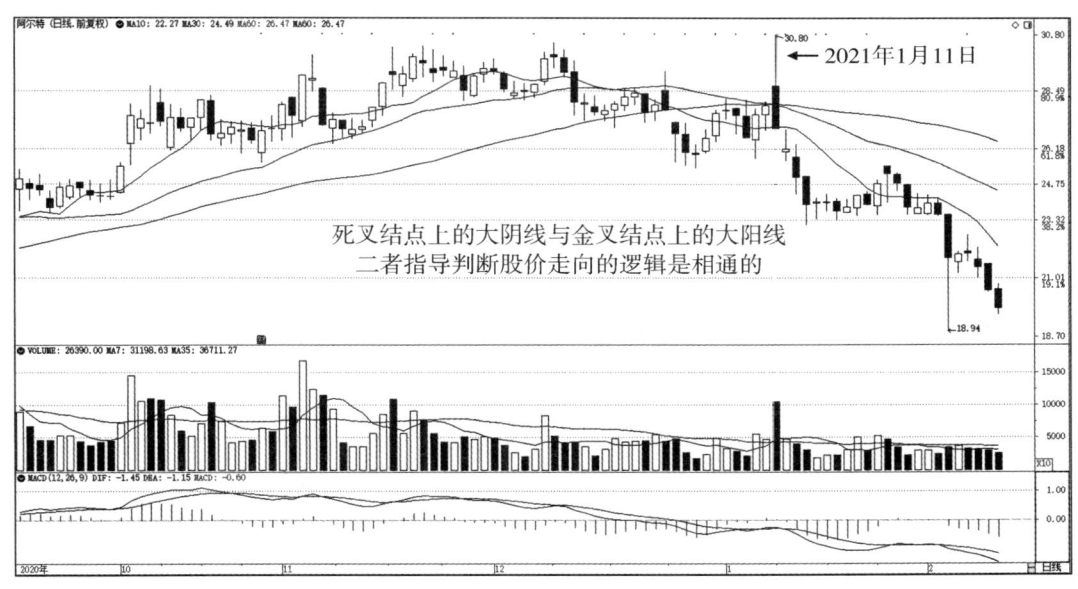

图6-1-5

主力行为与卖出策略解读：股性在前期表现并不活跃，期望值不要太高，拐头下滑、上攻受阻时就主动锁定利润。场外者对于盘中的脉冲不要心动，也尽量不要选这类走势似不太"整洁"的股票，走势不清不楚的股票上涨拖泥带水，下跌简单直白。

## 第二节 明显遇顶卖出策略

明显遇顶就是目前股价很明显处在前期某个股价顶部位置,这是投资交易者急需卖出股票的位置。

尚荣医疗(002551)股价在 2020 年 7 月 13 日结束上涨拐头向下,开启了绵延下跌旅途,图中仅为初步下跌阶段。股价拐头处正好遇见前面大涨后的下跌缺口大压。缺口大压是经典量时空大压之一,股价回到此区间多数会变回本来面目,重回跌途。见图 6-2-1。

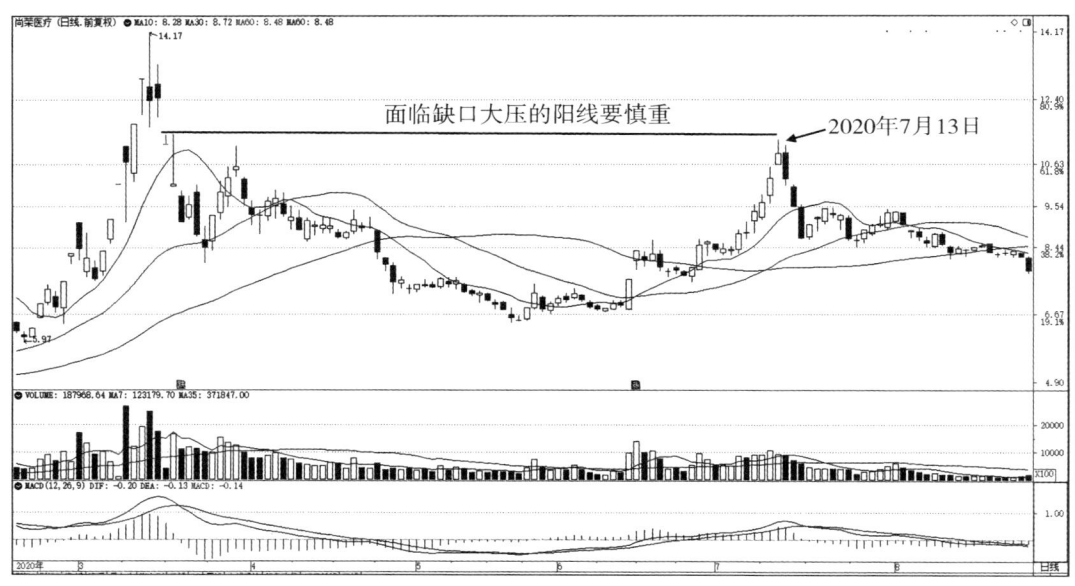

图 6-2-1

主力行为与卖出策略解读:跳空缺口伴随巨大阴量是主力不惜成本,也不计成本夺路出逃的证据,此区间有很多套牢盘,反弹的股价很忌讳前期的套牢盘地雷区,因此前大压区就容易形成新的抛筹集中区,二次见顶就形成。对相对低位介入的持仓者,在此区间是卖出的好时机,场外者勿入场,随后勿随意低吸。前期被重套的,抓住机会赶紧出局少亏。

天沃科技（002564）股价在底部涨停异动，单日强硬洗盘后再次反转接连走出四个涨停。面对2020年12月28日的第四个涨停板要格外小心，高位巨量板有潜在风险，如果正好"撞见"前顶，风险系数将会更大。见图6-2-2。

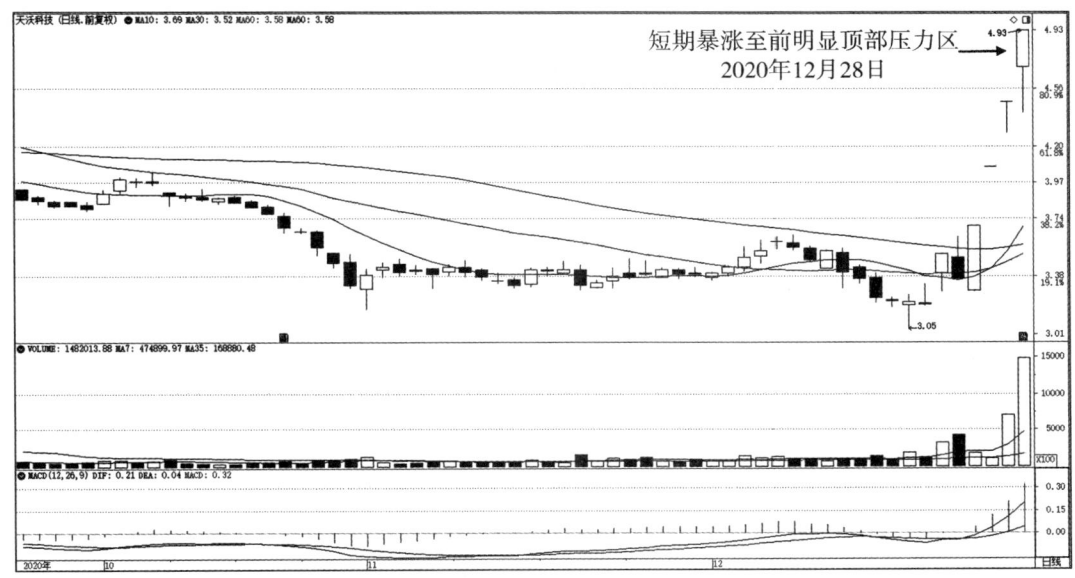

图6-2-2

天沃科技第四个板的位置刚好在前巨量顶压区间，这给了我们很好的风险提示。随后可见，次日股价大幅低开低走收跌停，并潜入深水区久久不见冒泡。见图6-2-3。

主力行为与卖出策略解读：强势行情必来自强势的资金介入加经典的形态体现，股市里，强势与经典如影随形。主力投入较大资金后强势拉升股价时就是交易者的机会，当拉出空间后，主力就会出货，大批出货就会留下明显痕迹，明显顶就是明显痕迹。前期的痕迹加上现在的痕迹就更能反映痕迹的真实性。明显顶压的巨量涨停板是主力控制股价在震荡之中反复抛出筹码留下的经典图形，持仓者最好在收盘前有出局动作，次日若现狰狞，争分夺秒撒开腿跑！

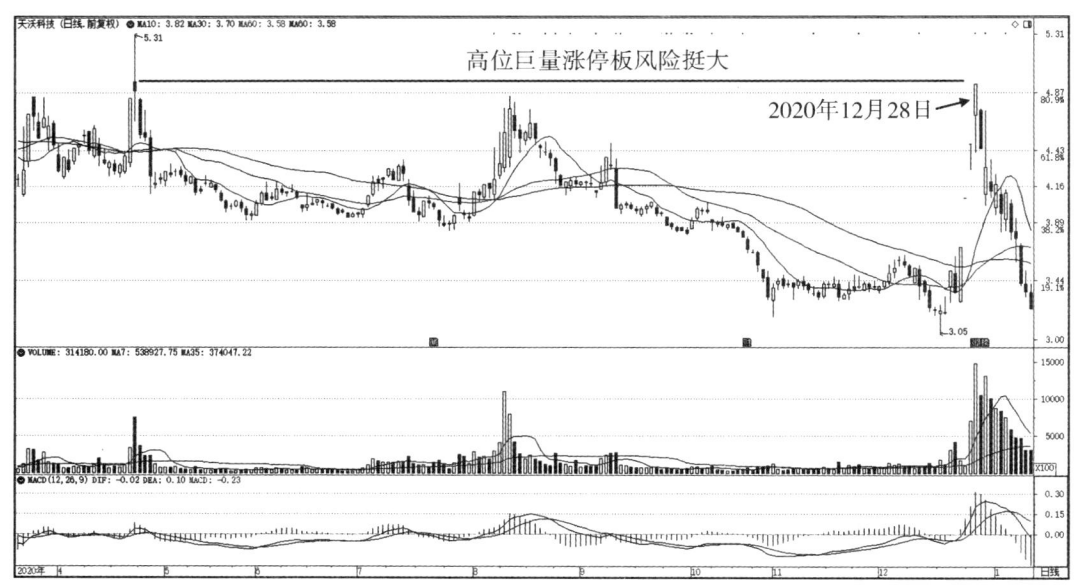

图 6-2-3

华西能源（002630）低价区有两天游资入场，随后有了两天拉升。两天拉升中的最后一天股价高开在前明显顶的眼皮下，开盘很快涨停，看上去一副大突破的架子。很快涨停板打开，排队的被一网打尽，当天收巨量倒灌。从股价的真实走势我们发现，从涨停板到倒灌的距离其实也不远。相同位置连续两次出现带量倒灌的见

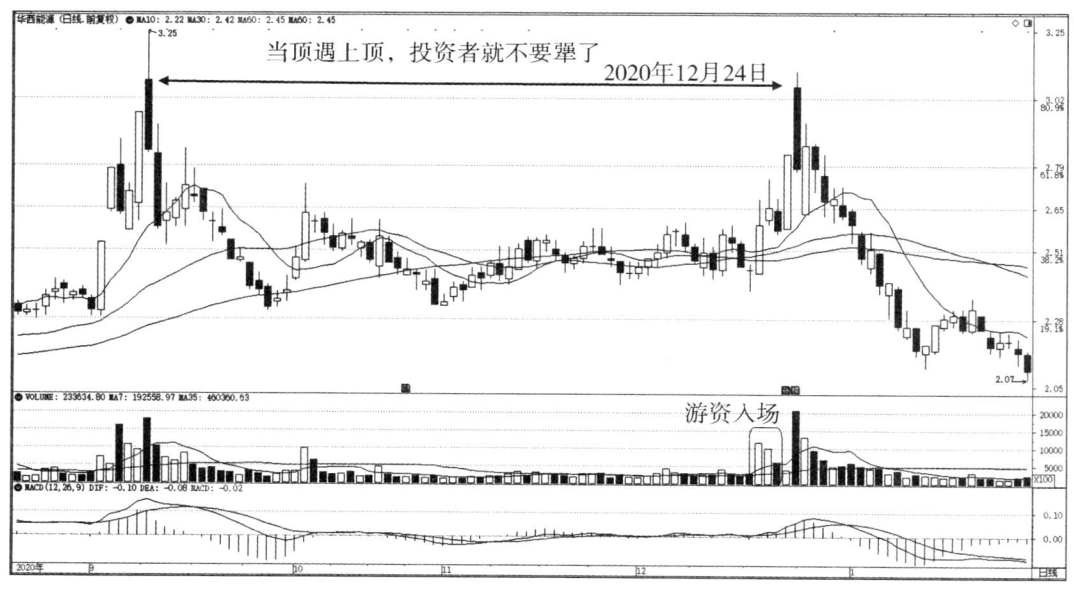

图 6-2-4

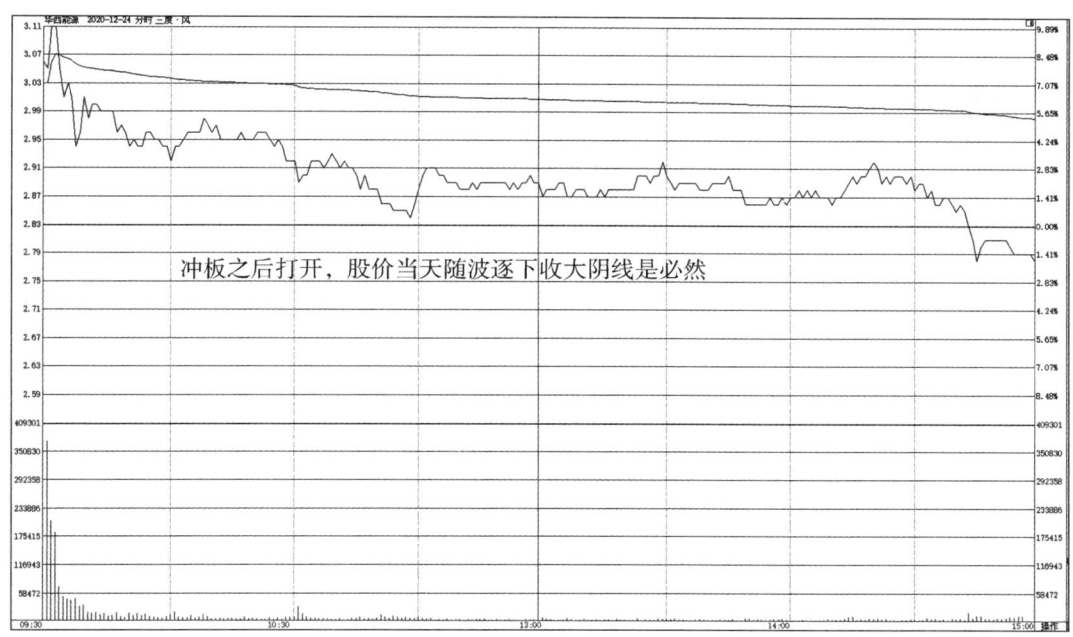

图 6-2-5

顶形态，表示股价已经进入高风险区，就操作而言，股价在高风险区时，最好老老实实、按部就班，该干啥就干啥，持仓者此时出局是最佳的选择，技高胆大追涨的在这里多数会加速资金的缩水。持股不动则会心情徒增忧郁。见图 6-2-4、图 6-2-5。

身在股市的人，本应该把股市以外的优秀品格融入股市之中，以此帮助自己更加与股市合拍，比如坚忍果敢，比如勤奋好学，比如诚实坦荡，比如宽容谦让，等等。遗憾的是，许多人把生活中埋藏得很深的劣根性带到股市集中爆发，股价明白无误地在上涨，他却疑惑主力在诱多，因为自己手中没有这只股票。股价真真实实在下跌，却臆想为主力在洗盘，因为自己手中有这只股票。更可怕的是，当股价跌破了 5 日、10 日均价线，他还会迅速地找到下一个支撑位，如 20 日、30 日均价线。当股价再次跌破这些线时，他会更快速地找到 60 日、90 日、120 日均价线，将唯一该做且必须果断做的一拖再拖。在现实生活中，"诚实""老实"确实可能被人利用，但在股市，诚实是最强大的品格力量，投资的路基若没有诚实作构建，那么赢到的可能会被追回，输掉的可能会如泥牛入海，一去不返。

珠江钢琴（002678）2020 年 4 月 29 日巨量倒灌见顶后股价暴跌，自救资金出现后有反弹，反弹的股价始终受制于前明显顶压区间并慢慢走出 C 区。前面明显而

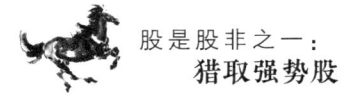

巨大的顶部辐射压力一刻没稀释，风险就存在一刻，牢记风险是投资者最重要的事情，牢记遇顶走C区，股价必坠落。见图6－2－6。

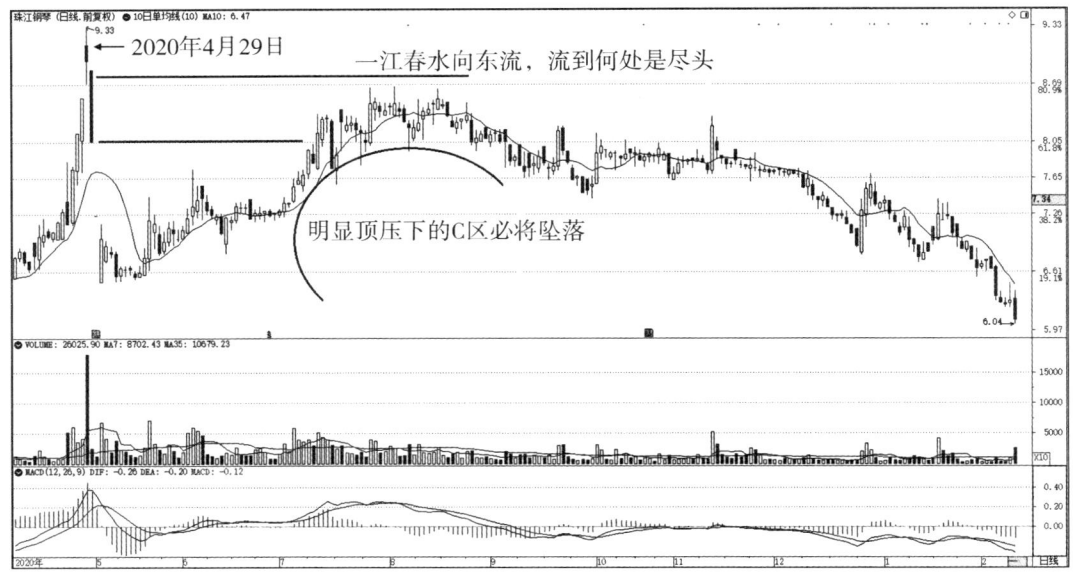

图6－2－6

东尼电子（603595）2020年8月21日公司发布利好消息，股价连续涨停，第三日即26日，股价继续高开接近前高，开盘瞬间上冲瞬间跳水，跳水处正是前股

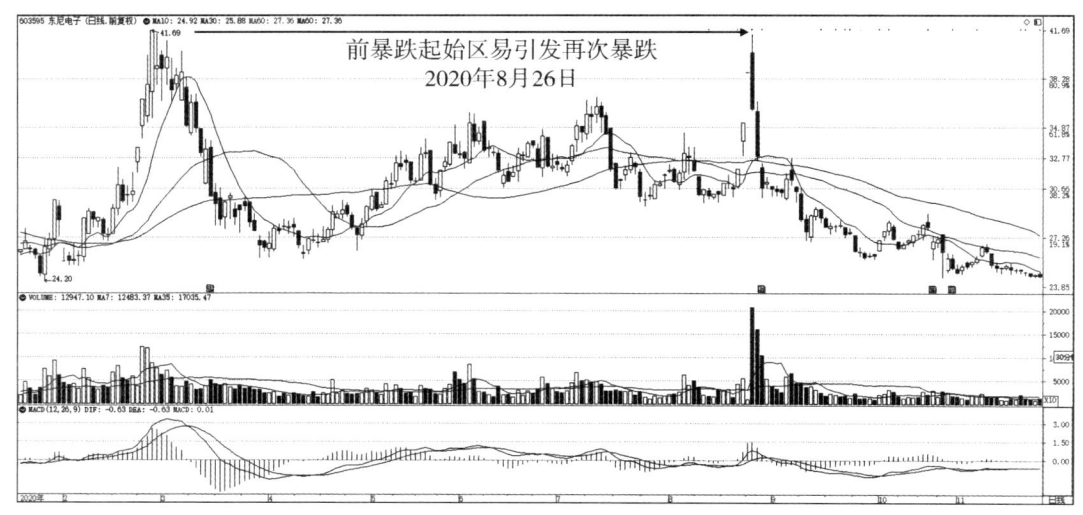

图6－2－7

价暴跌起始区。前股价波段暴跌起始区也是量时空大压区间,在大压区间发布利好消息,是巧合还是刻意都不违规,重要的是你我不要"违规"。大压区间去追涨、去打板、去排队、去"追妖"属于严重"违规",或者交易中根本没规。后期该股股价跌得多跌得久,而同期许多股票涨得多涨得久。见图6-2-7。

主力行为及卖出策略解读:股价见顶大跌或暴跌后,有的股价一直跌下去,有的股价会有小反弹。而小反弹中有一部分是短时间的自救降低损失的行为。当股价反弹到前顶部压力区间时,自救行为就基本达到,而同时不想留的筹码在此期间也基本上抛售完毕。在相对低位介入的持仓者,应以短线思维持仓,股价遇见前顶大压区间时要主动出局;若股价在此依然呈现强势,也务必盯紧,谨防盘中被偷袭。

## 第三节　C区卖出策略

股价的C区是因股价上攻量能减弱叠加时空的消耗而致使股价重心下移所形成的,图形上表现为:趋势前沿的进攻线率先低垂,再逐渐升级导致中期、长期均价线折弯。C区是风险聚集区,是股价重心滑落的临界区,股价至此区,主卖。

兴业科技(002674)的股价两次稳健波段均是从A区出发走出的行情,而每

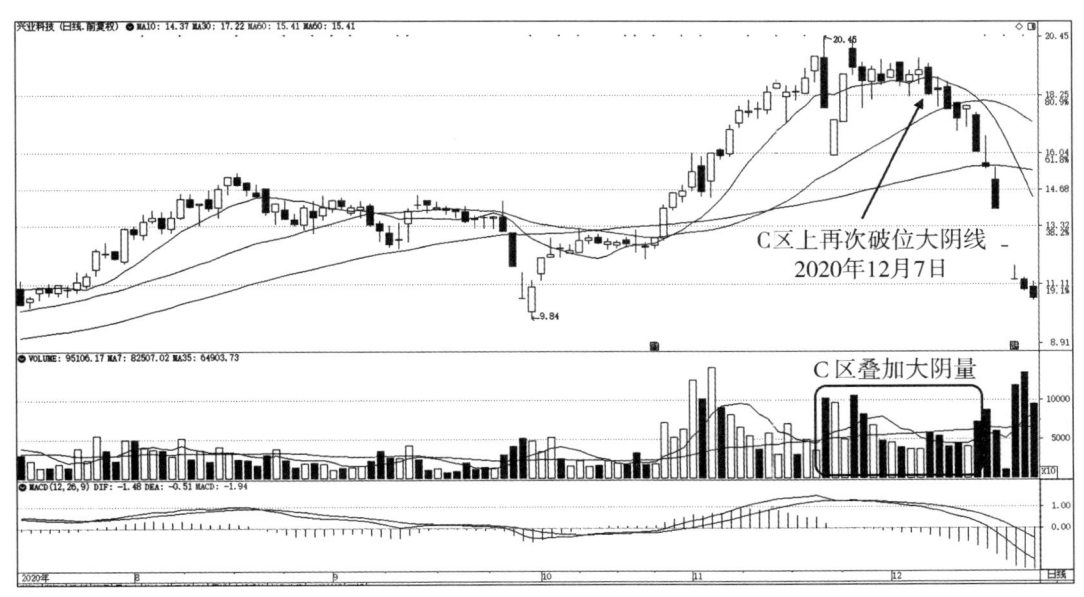

图6-3-1

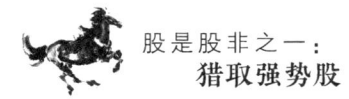

一波行情启动前都有积极正极能量夯实底部。在相对低位用资金筑出来的好位置是股价稳健、强势上行的先决条件。经过两波上涨后的股价已经有了大量的获利盘，也就有了出货的需求。于是我们见到，股价在高位出现疲软状态，阴量逐渐增多，进攻线也在悄然弯腰低头，C区逐渐形成。2020年12月7日，股价再一次跌破疲软的进攻线收大阴线，趋势至此将发生转折。见图6-3-1。

莱克电气（603355）股价在10日、30日均线完成金叉形成强势A区后震荡上行，拉了一波的股价于高位出现死叉，死叉前有大阴量冒出来，同时进攻线疲软勾头，这又是明显C区，这个"三阴控三阳"氛围下的死叉是真真切切走向空头的死叉。2020年11月17日，死叉下的这根阴线宣布了空头排列的开始。见图6-3-2。

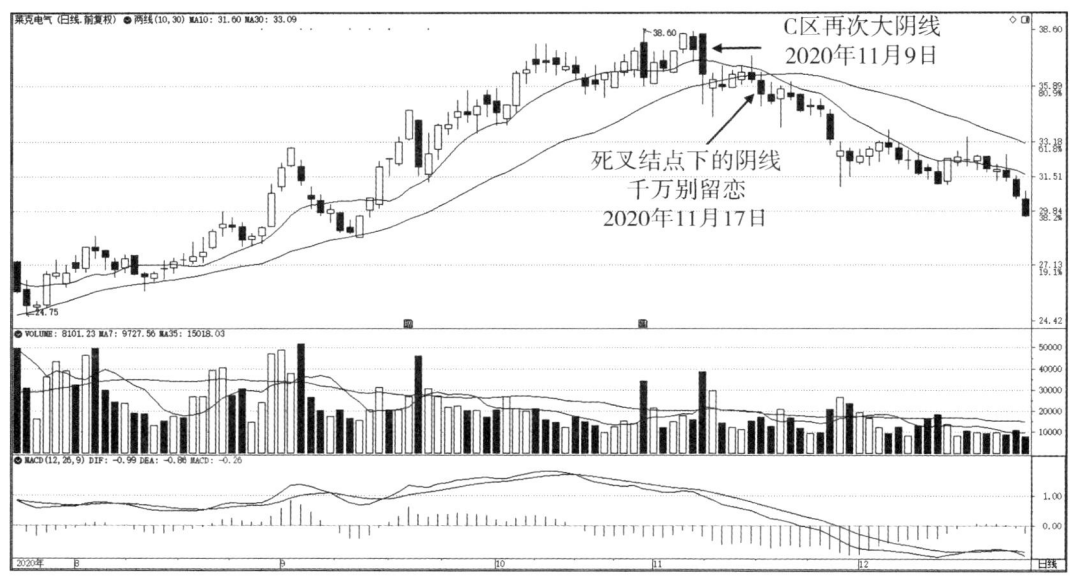

图6-3-2

古人言："轻则失根，躁则失君。"这是说一个人在为事之时，如果轻率就会失去根本，躁动就会失去明智的决策。在风险遍布的股市，买卖不能靠臆测，不可凭想象，要做到买时经典，卖时释然，冲动交易多会事后后悔。

苏州龙杰（603332）股价前期走出几小波行情，第三波行情后，股价横盘时间明显偏长，进攻线逐渐走平再下垂，更重要的是横盘期间密密麻麻的阴线总让人感觉不舒服。哪里不舒服？阴多生恶！判断股价是否为健康回调，多数时候是看成交量是否也一同萎缩，多数情况下缩量的就是好的，但少数时候缩量也是不好的。因为在同一价区调整时间过长，长时间的缩量加起来也会不少，如此，C区就会悄然形成。C区上主要动作是卖出，任何买入行为都是极度冒险的，即便是"富贵险中求"也绝对不是在C区。苏州龙杰股价的C区上一群阴森森小阴线慢慢引出一根大阴线，这如同一群小鬼引出后面大恶魔，这时候你可千万别惦记"缩量落在60日线上"这档子事。见图6-3-3。

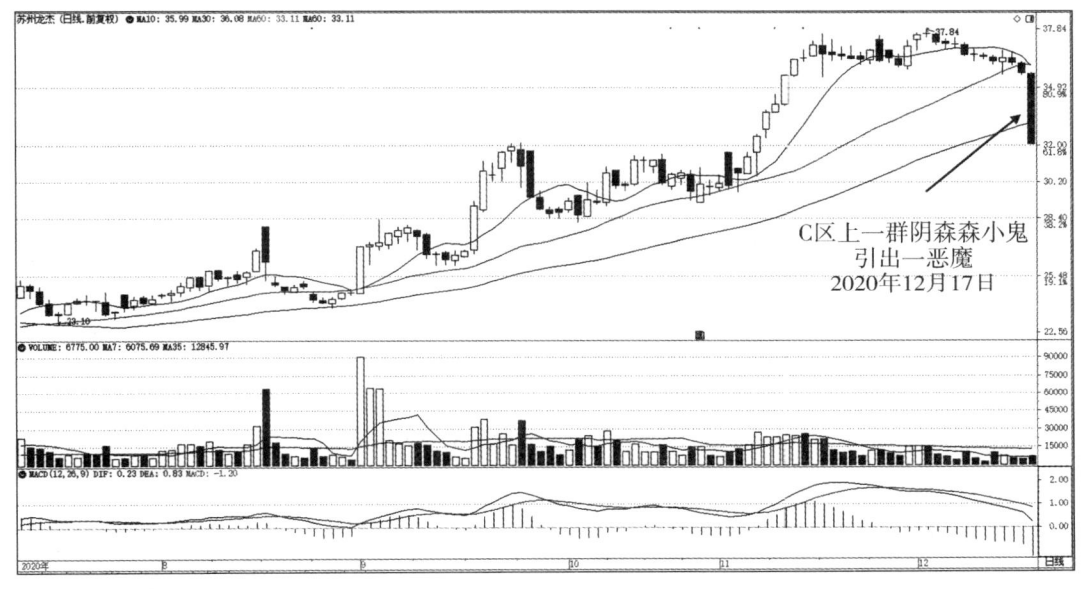

图6-3-3

C区跌停后的股价连续空板暴跌，大阴线这天没出局的人多少会有点难受。大阴线这天从开盘到跌停用时接近20分钟，20分钟已经足够让人看清楚想清楚了，只要不抱有侥幸，具备些图表知识，这样的所谓爆雷就与你无关。实盘中，明显的C区能早卖就早卖，很多时候是越往后拖股价越低，最终在更低价位卖出。操作中主动卖出与被动卖出行为上相近但本质不同，而本质不同结果就不同，主动卖出者越走路越宽，被动卖出者越逼路越窄。见图6-3-4。

在与友人交流时，很多时候我会向对方提出一个问题："涨停板最容易发生在哪个位置？"极大部分人不能清晰地说出在哪里，有小部分人可以清晰地说出是"在箱体突破的位置""在三角整理末端""在前期高点蓄势后的再突破位置""在封缺口的位置"等。这些答案都是对即将强势拉升位置非常专业的认识，不过，我

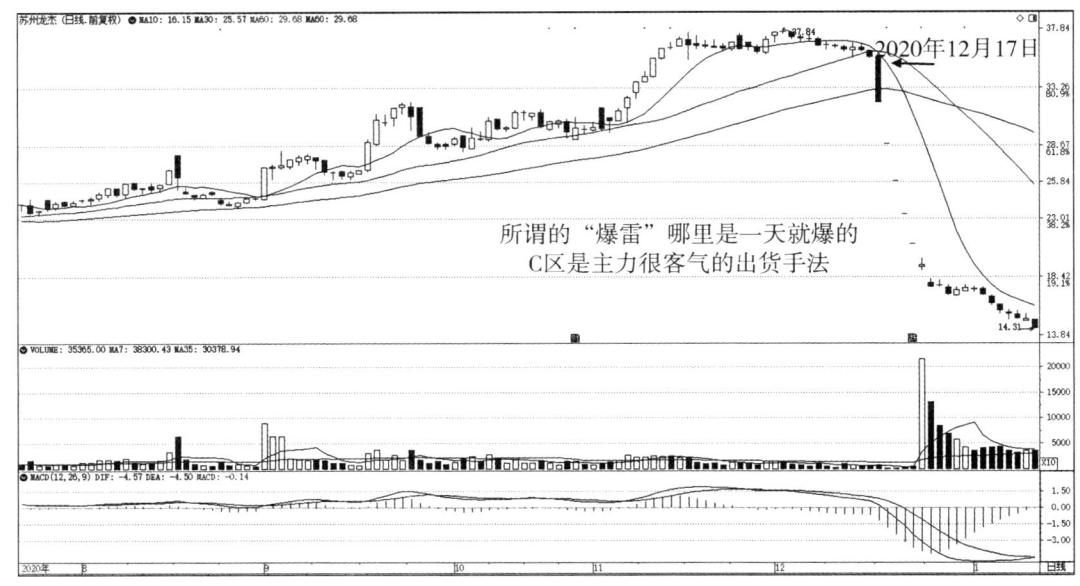

图 6-3-4

还是会提醒他们，这些位置都是容易发生涨停板的位置，但不是"最容易"出现涨停板的位置，最易发生涨停板的位置只有一个。如果带着这个思维走，在随后的操作中就会细心体会行情的变化，努力搜寻这个"位置"，"手气"与"运气"也就会越来越好，强势的行情总能得一二。你如果对这个问题有兴趣，说明你对强势有兴趣，对强势感兴趣说明你对财富真正感兴趣。涨停的位置并不在具体的点位，需要你去寻找它，不仅用眼，还需要用心。

东风汽车（600006）股价乘新能源汽车政策东风，在半山腰的 A 区用连续涨停板往上猛蹿，再一次走出百分之六七十的空间。股价在短时间内大涨，不是自己爬上去的，也不是利好政策的风吹上去的，是主力拉上去的，是主力利用政策借机投放资金发力拉上去的。股价见顶则是两天巨量长上影，这两天长上影也是主力集中出货的见证，随后股价佯装调整实为拖延时间继续出掉剩余筹码，C 区生成。2021 年 1 月 5 日股价再次跌破进攻线，代表股价正式进入下降通道。见图 6-3-5。

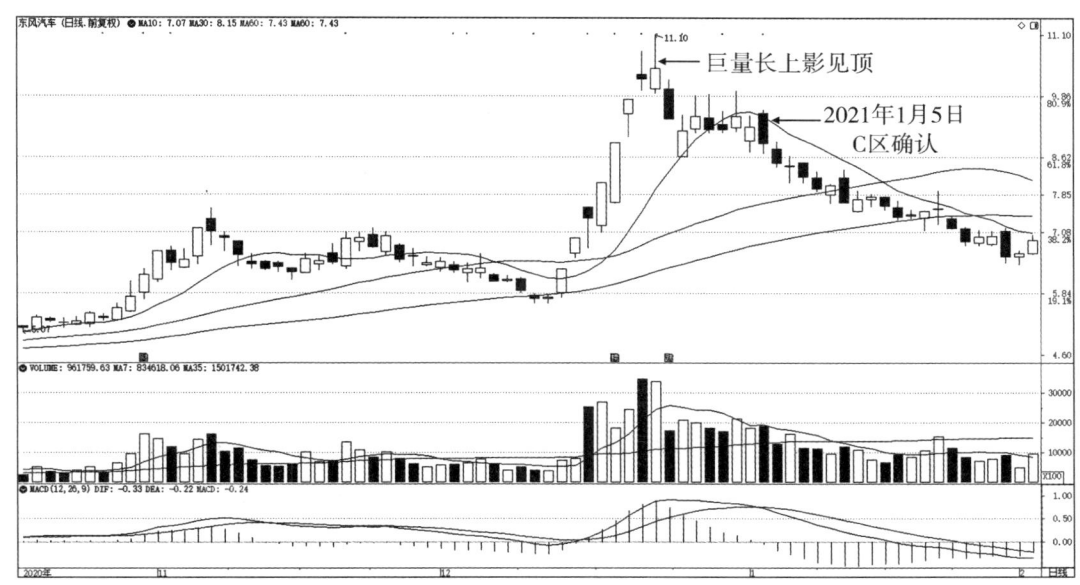

图6-3-5

有一个远近闻名的老铁匠,收了一个勤劳的小徒弟,老铁匠对小徒弟说:"按我们这一行的规矩,师傅的压箱绝技要到师傅临终的时候才传授。"小徒弟不辜负师傅的期望,任劳任怨、兢兢业业地跟着师傅学习,技艺日渐精湛。很多年过去了,老铁匠在临终之际把小徒弟叫到床前,对小徒弟说:"我的压箱绝技就一句话,你千万要记住:烧红了的铁碰不得。"小徒弟听了此话,愣了片刻随即大悟,长跪不起,接连磕头说:"谢谢师傅点拨!"烧红了的铁碰不得!三岁小孩都知道的常识就是老铁匠的绝技。身在股市里的人,还是不要太聪明的好啊!

主力行为及卖出策略解读:主力借助政策题材在好的位置以经典方式进行拉升,我们就要用特殊的情怀来对待。重要支撑位的强势反转、A区上的单日强硬洗盘就是经典方式的叠加。面对这种经典方式相互叠加所催生的行情,在它向纵深高速行进时,胆子就需要大些,安心持股。东风汽车随后的涨停板都比较简洁,并且是持续稳健释放量能,说明主力没有打算在这里出货,不用害怕。见顶当天,股价放量滞涨说明情况发生逆转,应该即刻出局或者在股价下跌后上冲无果时果断出局。主力在出货接近尾声时,往往会进行拖延战术,佯装平台整理最后诱多,表现形式就是让股价再次亢奋,而该股这时的股价也正好处于量时空大压之下或在C区上溜达。这时锁定利润是当务之急,场外之人切不可冲动进场。

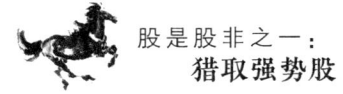
股是股非之一：
猎取强势股

**总结：**

本章介绍了几种常用卖出策略：明显见顶卖出策略、明显遇顶卖出策略以及C区卖出策略。这几种卖出的依据相对是不难发现和识别的，也相对容易掌握。卖出策略涉及股价拉升后卖出的位置、卖出的形态、卖出的依据。指出C区是风险聚集区，只可卖出不可买入；高位"三有"见顶形态是卖出时机；K线的前高压力区或相对高位的风险组合是锁定利润的时机，这三种时机在波段行情中应该采用卖出策略。明显卖出信号（形态）发出提示时，坚持按照规则卖出可以规避许多烦劳，避免损失。

实战中除了这几种卖出策略外，还有一种卖出策略——盘面制约卖出策略。盘面制约卖出策略，是视当时段行情盘面对市场、股价形成压制或制约而卖出股票。相比较前三种卖出策略，盘面制约卖出策略更具难度，前三种是"有形"可依，可以依葫芦画瓢。而盘面制约是依"意"而行，一旦会错意，行动方向就反了。盘面制约属于盘面知识的一部分，大体意思是市场支持波段还是短线，市场不支持波段，就以短线赢利为要并短线卖出；市场支不支持政策题材的发挥，不支持政策题材就以技术形态为要实施交易；市场突发大利空消息与事件，或政策明显引导市场要降温时，就不要用"价值投资"来自我安慰等，这时就需要做一个精明的投机者。总之，市场瞬息万变，实战中要结合当时段的实际盘面状况做出更妥当的卖出决定。

# 第七章

## 赢利之路

投资之路是曲折的，普通投资者的投资之路是艰难的，不断呈现于盘面的大好行情总是不停地在诱惑投资者进场交易。可是现在是交易的时机吗？手中的资金该何去何从？我们在何时以何种方式开启自己的梦想之航？与此同时，我们不要忘了，手中的原始资金是需要守护的，我们通过交易取得的赢利也是需要好好守护的。而守护好资金，就是守护实现梦想的起航之港，但守护资金不是用枪，也不是用嘴，是用规则，我们用交易规则规范我们的交易行为。

规则，是根据规律制定的守则。没有规矩就不成方圆，股市投资没有规则将举步维艰，这不是危言耸听。君不见每个证券交易窗口都有醒目的标语"投资有风险，入市需谨慎"。尽管证券公司希望开户入市的人员更多，但"有义务对投资进行风险警示"却是他们必须遵守的法规。

在社会中，规则的最终作用是：对自己是规范行为，防范风险；对他人是约束自己，保护他人。而在股市，我们为自己制定行为规则，只有一个目的：规范交易行为，防范交易风险，最低限度减少损失。

作为二级市场的"小户"，不具备全面调研、深度挖掘某个行业、某个企业有无巨大潜在发展前景的能力，也不能掌握或精准分析所有宏观、微观信息，怎么办？既然来到股市，又不想走，就得给自己制定规则，制定一个最大限度保护自己少受伤害的行为规则。这种为交易行为所制定的规则可以先凭借股票的历史走势特性来对一些经典走势形成的规律进行锁定，再根据这些规律来制定现在的规则，其依据是：首先，规律具有记忆功能和可复制性，以前发生的和现在正在发生的事情，以后发生的概率同样很大；其次，股价走势，其本身具有包容、消化、体现所

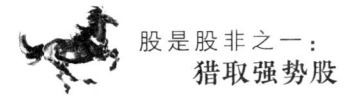

有市场信息的功能，既然自己不能准确、及时获得影响股价走势的市场信息，就直接运用图表信息做出判断并且跟随股价一起变动。如果做得好，在很大程度上就是在走一条高效的捷径。

这些形成规律的经典走势包含：经典的上涨变盘模式，经典的下跌变盘模式，经典的蓄势模式，经典的洗盘、震仓模式，等等。根据这些经典的历史走势，我们可以初步建立一套交易规则，然后跟踪实盘，验证实际走势与预期的差别，适度进行实战交易，检验自己所制定的交易规则的可行性。随着时间的推移、经验的积累以及对交易规则的反复修正，最终适合自己的交易规则就诞生了。这种规则应该涵盖选股、跟踪、买入、卖出、应急处理等规范操作程序，如此，自己就再也不是处于"买也仓促卖也仓皇"的无序意念交易状态。比如选股，如果你喜欢很安全的投资方式，那么你就选股价沿着均线推进、走势平缓、位置相对较低的股票；如果你喜欢强势激进的投资方式，你就选择股性活跃、振幅偏大、已走出底部的股票进行跟踪；如果你既要安全又要激进，那么你只能选择量价异动让均线归位的股票进行跟踪。当你有意识这样去做了，并且认识到这样做的重要性、必要性时，你的投资理念就随之诞生！"让理念主导行为，让规则看守财富"，这是前辈留给我们最宝贵的财富。有了理念的支撑，投资的行为将不再漂浮无根；有了理念开道，投资之路将不再荒凉。

本章，笔者将自己多年实战所积累以及多年教学所提炼，且正在运用的"量能体叠加"法则的决断方法做一些举证，主要内容是：

1. 通过"量时空风险过滤、量形态还原主力身影、均线归位"以及个股股性四个方面直接鉴别机会的是与非。

2. 结合图表技术叠加市场题材，鉴别买点与题材热点之间的是与非。

3. 结合经典战法剖析行情发展的明确性。

## 第一节　量能体叠加术

凡事的发展皆有动因，皆需量能。

股价向上或向下都缘于各种量能驱动所致。位置、形态、资金、题材、趋势都属于量能范畴。当各种量能叠加于一体时，个股的走向就更加明确，反之不确定性就越大。因此,在交易中,熟知一些量能体知识并加以运用,是一个优秀交易者必备的技能。

先来看下面两张图。这是2020年8月中旬国防军工板块的两只股票行情走势。通过对图7-1-1、图7-1-2的观察,你看见了什么?你获得了什么信息?

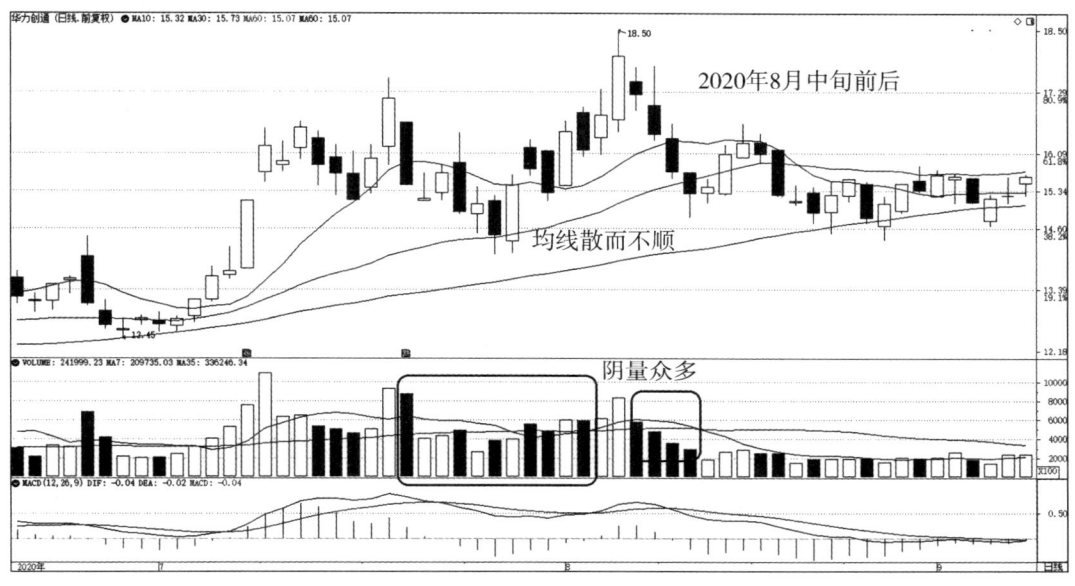

图7-1-1

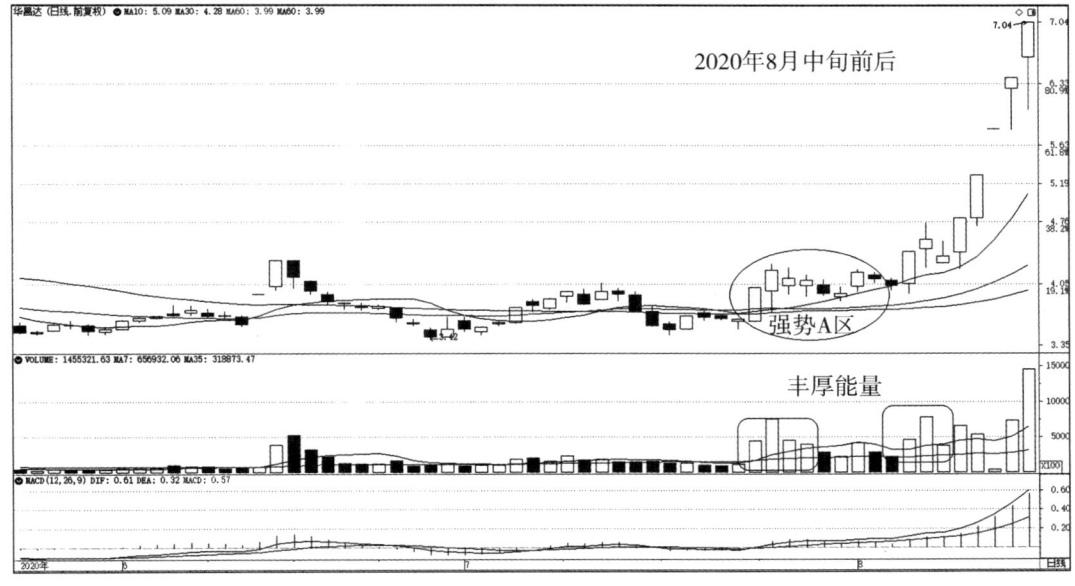

图7-1-2

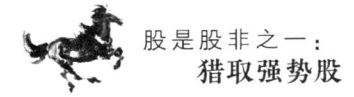

股是股非之一：
猎取强势股

对这两张图第一视觉印象是：一只股票涨得好涨得干脆，另一只股票走势弱横盘很赖皮。假如两个投资者分别持有其中一只股票，十来天的时间就决定了财富走向，这种差别挺大的。实盘中经常出现类似的相同板块的不同走势的情况。图7-1-1、图7-1-2的个股都属军工板块，实战中你将做何选择？选择的依据是什么？

图7-1-1是华力创通（300045）的K线图，就该图而言，首先，进入视野的是几堆大阴量，不满足三阳控三阴强主力量的形态，有大量出货的嫌疑；其次，均线系统分散而不顺畅说明市场成本差距大，凝聚力弱。我们曾经强调，任有一项出现在图中均不作选，何况这是两项"非"的负极能量碰到一起，显然该股不满足量能体叠加法则，如果你只因为当时段有国防军工利好消息就买进的话，那么，建议你再多研读手中的这本书。

再看图7-1-2。华昌达（300278）量形态满足三阳控三阴，均线系统归位A区后紧凑舒展上扬，K线干净且前无顶压，完全满足量能体叠加法则的上攻。这样的股票不涨，不知哪种股票能涨。由图可见，股价于A区后向上猛蹿，行情直接而干脆。

上面两个案例给了我们很好的启示：

三阳控三阴与否的成交量形态对股价后期走势影响深远；

均线归位与否对股价后期走势影响较大。

因此，我们在选股方面就要避免阴多阳少的股票，避免均线扭曲、散乱的股票；主动靠近阳量充足、均线密集顺畅的股票。这就是一只好股票量价异动让均线归位的图表大基础，亦是三度理论的图表技术大基础。

图7-1-3和图7-1-4是两只前期走势近似的股票的K线图，但后期的走势却相差甚远，通过这两幅图，我们来做"量能体叠加"诊断：

1. 两只股票都出现10日、30日金叉穿越的均线归位形态，均没有透支行情的表现，两只股票同属于电力板块，时间为同一天。

2. 图7-1-3的华银电力（600744）在初期走势中明显放阳量，说明主力强势资金已介入其中，主力随时会启动行情；图7-1-4的长江电力（600900）在初期走势中有大阴量连续甩出，说明主力大部分筹码极不稳定，后期没多少戏，要想有行情，也要以"再收集"消化大阴量堆之后才会相机而动。

3. 图7-1-3华银电力股性活跃，多大阳线加涨停板，而图7-1-4的长江电力股性偏阴，阳线少，阴线多。

4. 两只股票均系当时段的市场热点"碳中和"概念。请对比图 7-1-3、图 7-1-4。

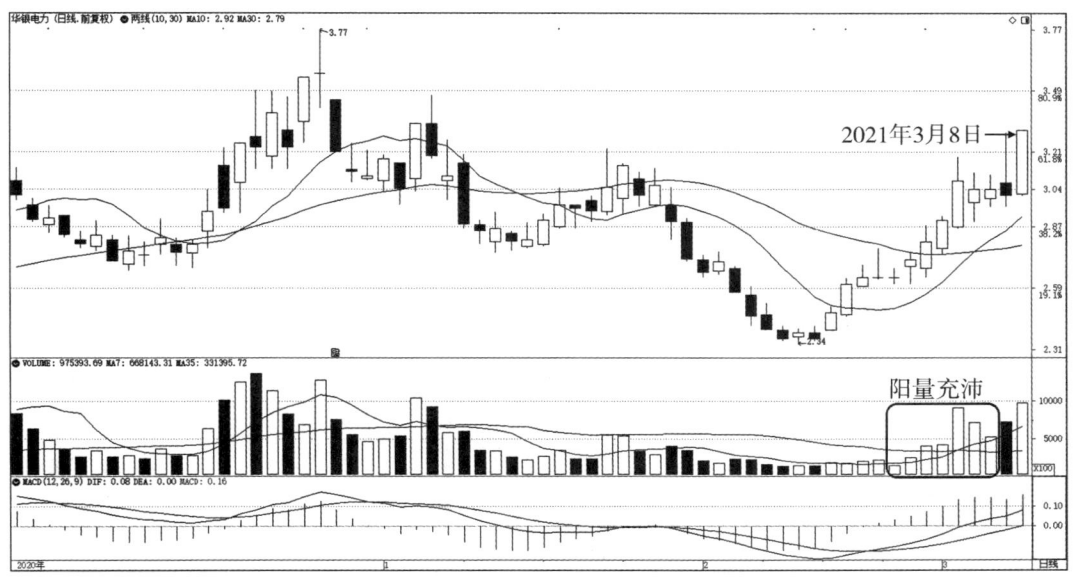

图 7-1-3

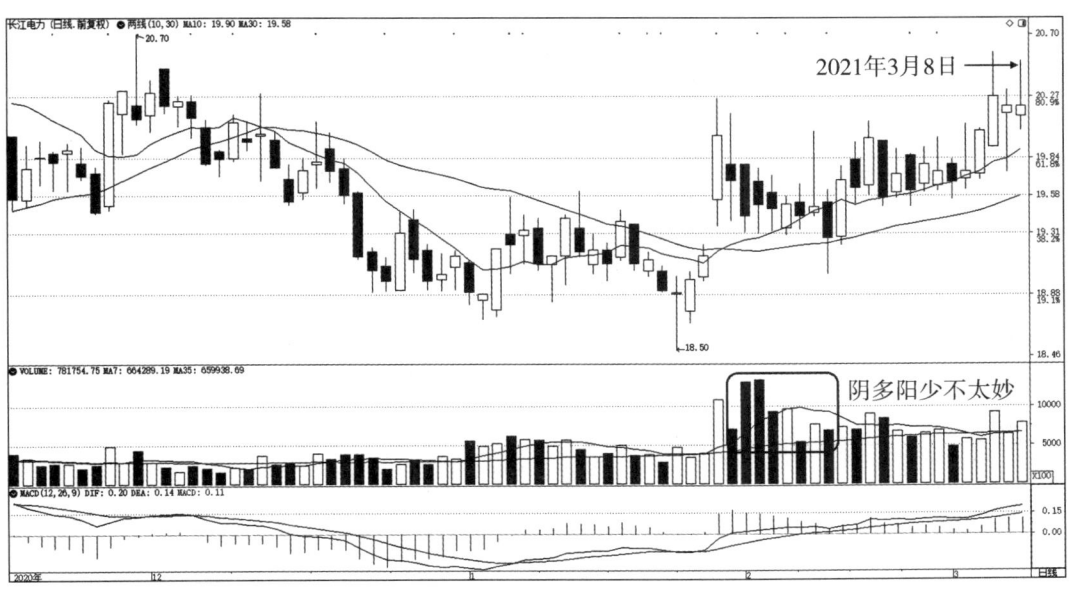

图 7-1-4

华银电力在2021年3月8日随后8个交易日的走势：该股在A区进攻后，主力再接再厉，又连拉6个涨停板，完成以时间赚空间的快速行情。见图7-1-5。

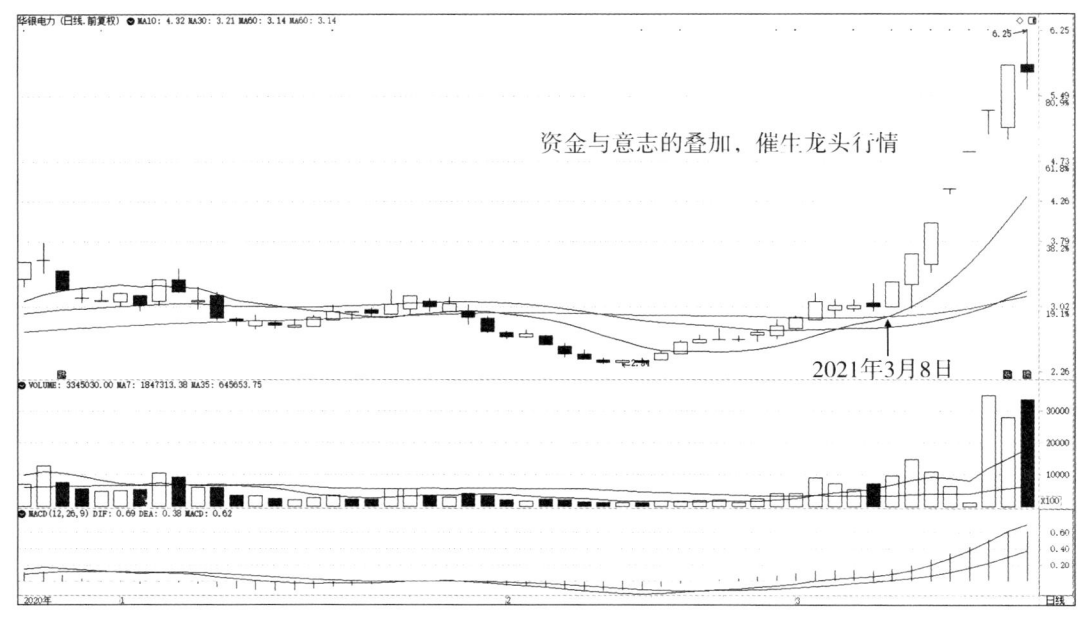

图7-1-5

盘面中一旦有连续涨停板出现，很多人免不了会联想到"游资"，联想到"敢死队"，市面上也盛传敢死队不怕死的无畏精神。评说敢死队激进、睿智、超众的市场嗅觉以及快人一步的勇猛，这无可厚非，而喻其"不怕死"这就偏远了。他们"怕死"，他们特别珍惜资金，他们为确选一个题材可以彻夜不休，掂量了再掂量，策划了再策划，对形态攻击位置分析了再分析，一丝一毫绝不马虎。关于敢死队与游资的话题，里面有太多的内容、无尽的风景。你若真钟情这种行情，笔者建议你从量价异动让均线归位这点入手去多多领会。领会了，理解透了，机会来时就可以全力以赴，"不怕死"也就做到了，如此，中长期主力会向你点头微笑，强悍短资也会向你致敬。

任何一只龙头股，大涨之前，底部的量能都会以不同的表现形式如山一样地伫立在盘面之上，没有足够厚的能量，股价涨起来最多也只是一个小土坡。当然，盘面上也有太多趴着、终究没有起来的"山一样的量"！山有阴阳两面，阴面土软、泥松、草木枯，踩什么什么滑，抓什么什么折。在股市里要多走阳光大道，多攀山的向阳面。股价，更多的时候"不动如山岳，难知如阴阳"。华银电力是当时段电力板块行情的龙头股，获取它的行情，"三度模式"与"两点印证"发挥得淋漓尽致。龙头股一旦树立，途中的风言风语不要当回事，盘中的短暂停留也不要去计较——龙头股自身能修复很多问题，也会有充足的时间让投资者考虑出局。注意：最佳的出局策略是把最后一根大阳线退给主力，不见明显的见顶信号就坚决持股。

长江电力在 2021 年 3 月 8 日随后 8 个交易日的走势：虽然股价也向上行进了几个百分点，但走势拖沓，随后的回调却很快，稍不留神一点小利瞬间就被吞噬了。在股市里虽然不能急功近利、太过浮躁，但把资金耽误在半死不活的股票上也不是办法，欲在股市继续闯荡，就要主动接近市场的主流资金，有意识地接近强势个股，如果强势行情来了，就应"主动出击并出击主动"。一只股票在行进过程中带有大阴量出来，短期内的行情是很难干脆上行的。见图 7-1-6。

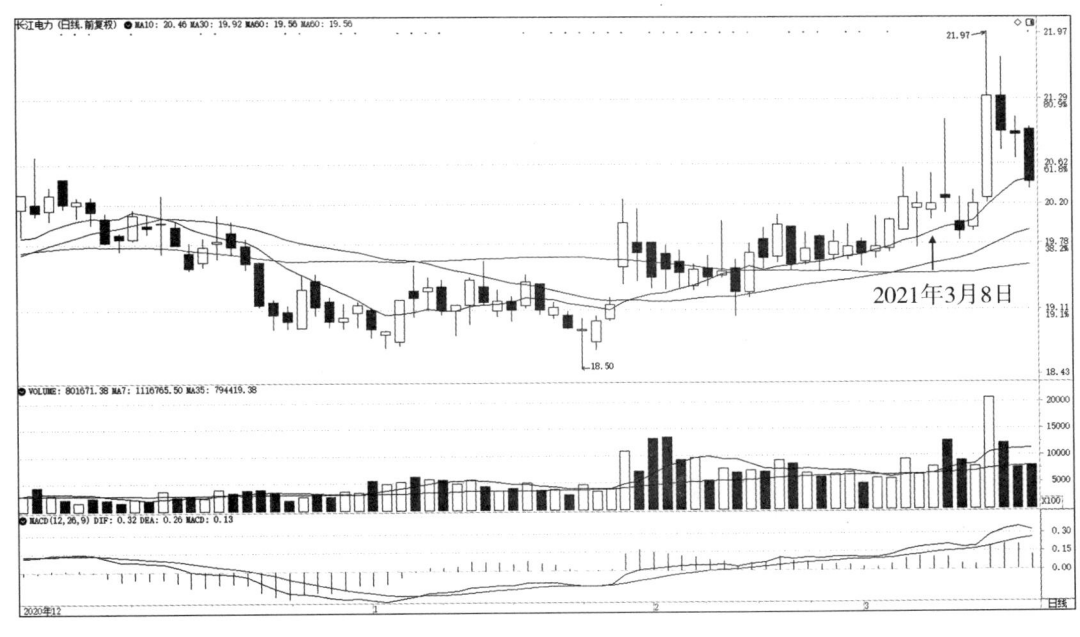

图 7-1-6

股性是一只股票的重要"性情"，性情好与不好及性情属阴属阳对股价的走势特征有极其重要的影响。股性同人性，人的性情好就能影响到一大批好性情的人，好性情的人处处皆阳光，积极向上、宽厚良善、主动解决问题；性情不好的人围绕在其身边的人多是光怪陆离者，愤世嫉俗、怨声载道、诋毁中伤、看别人笑话是他们存在感的源泉。倘若把过多"阴"性情带到交易之中，被主力碾压、被游资收割、被消息忽悠、被股市淘汰将是常态。

世龙实业（002748）2020年8月6日股价在盘中强劲上攻，当天收涨停板，位置B区，前期量能丰厚，若盘中见到股价于好位置上正在拉升可以介入吗？见图7-1-7。

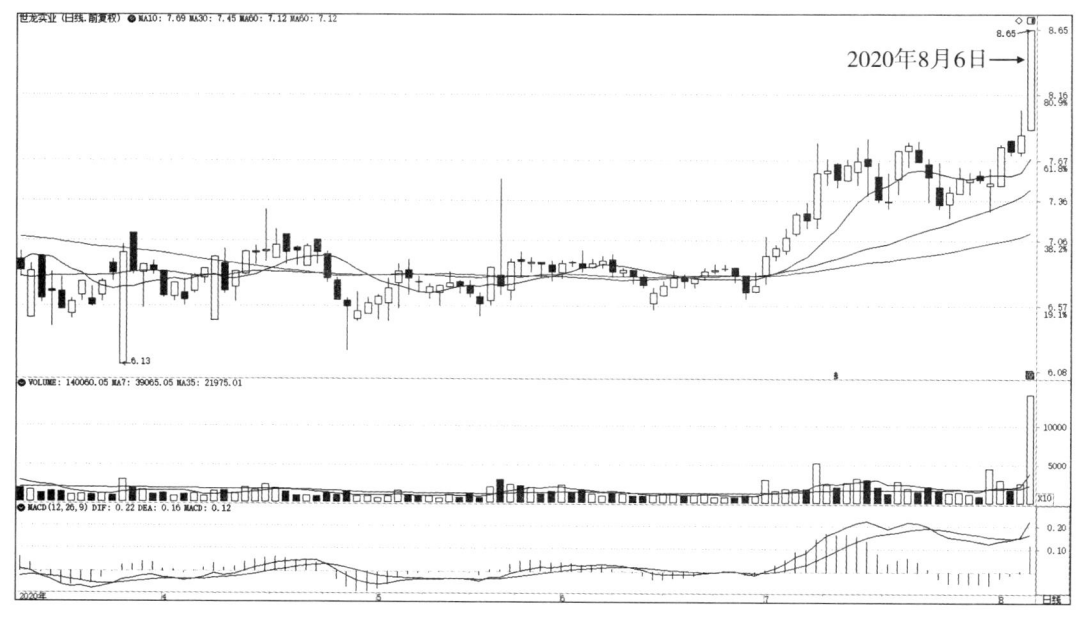

图7-1-7

答案是不能买！不但不能买而且还要远离！因为此股股性凶险，上下影线太多！

股市里的很多事是不能确定的，这种不确定性也给市场参与者带来了诸多风险，是在高风险市场赌运气，还是严格排除风险后进行理性交易，其结果是截然不同的。股性弱的股票是无人问津、没资金关注的股票；股性凶险是主力穷凶极恶最后癫狂时刻，是大溃败的前兆，两者都是风险。涨停板发生在这种股性的股票上，远离它，切勿凑热闹。涨停板很诱人，买涨停板的方法也很多，但是，一定要补上"绝大多数的涨停板是不可以买进的"这一课。风险不识，何来机会？世龙实业的股价涨停后，做了一个技术反抽图，此举给技术派的人挖了一个坑，布了一个局，再之后股价一路下跌，直跌到"千山鸟飞绝，万径人踪灭"。见图7-1-8。

笔者提醒你：股性有风险，选股当谨慎。

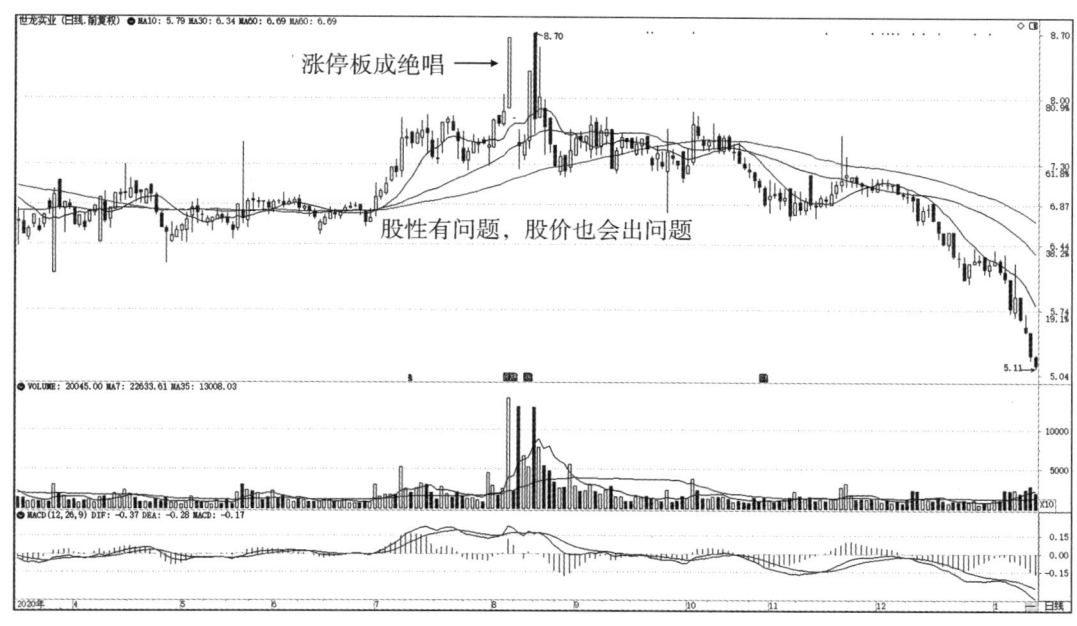

图 7-1-8

北玻股份（002613）的股价在 B 区出现量价异动后进行缩量回调，2020 年 8 月 10 日，股价回落在强势缺口之上获得支撑，并且于 10 日进攻线上收出小星线，按照这种描述，这里的股价没有理由说不是受到一个好的支撑，低吸进场也有道理。见图 7-1-9。

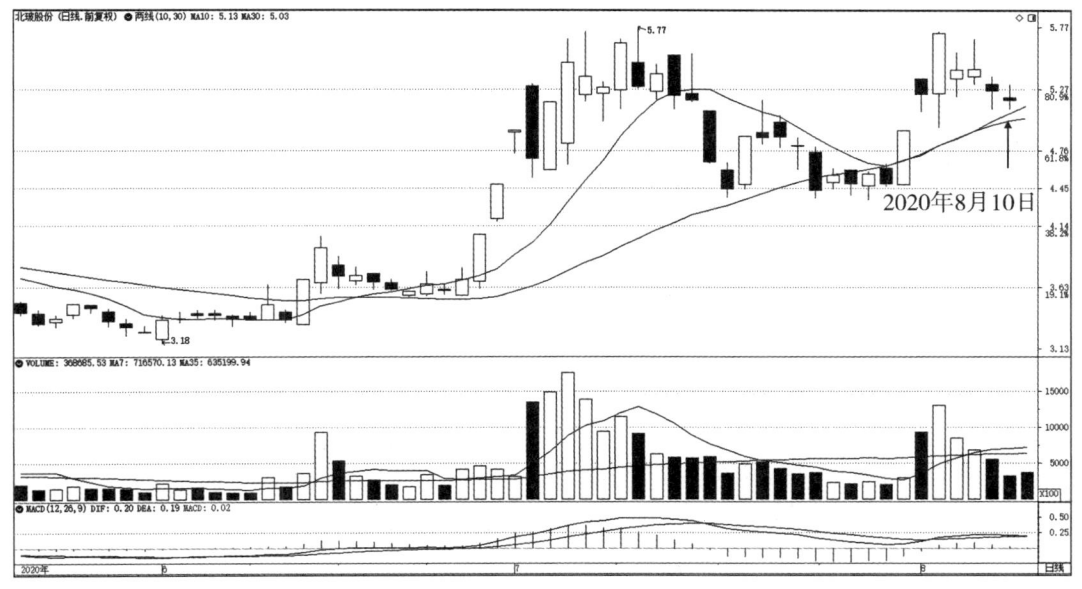

图 7-1-9

北玻股份的股价随后走势特征是向下，逐波向下、越下越快。下跌过程中，偶尔出现阳线止跌，紧接再下跌，再止跌再下跌，止跌是假象，下跌是必然。一个明显受到支撑的形态却违背意愿往下，原因在于股价局部好的小形态处在股价差的大形态之中。前期暴涨的股价明显见顶后再跳空缺口暴跌，这是清晰的量时空大压，当股价反弹至此区间，任何的形态都无实质性的市场积极意义。底部介入的获利筹码在此区间有最好的出局机会。见图7-1-10。

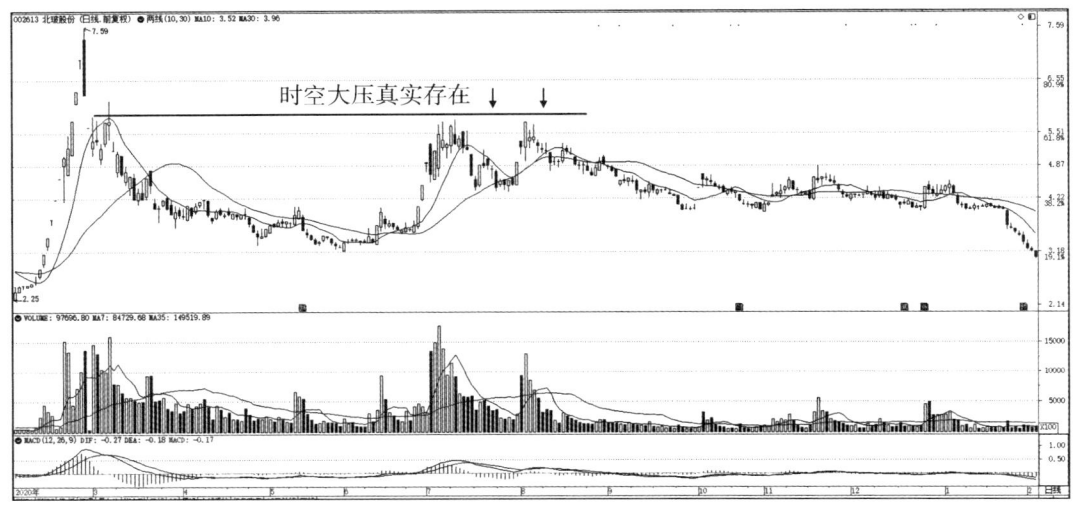

图7-1-10

**总结：**

股价拉出一波后，就可能有调整的要求，在调整之后再用某种方式继续上涨，但是要注意的是，不是所有调整后的股票都会再度拉升。股价向下调整出现止跌迹象，然后一些股票会用某种方式向上拉升，但是也有一些股票会用某种方式继续向下。因此，判断股价前期是否有过巨幅暴涨，股价处在量时空的什么位置以及跟踪主力是否仍在其中就显得至关重要，这是判断止跌的有效性、拉升的真实性与延续性的坚实依据。

佛者有三种必须的基本修持，即戒、定、慧。

戒，指戒律，是为防止行为、语言、思想三方面的过失而制定的戒律。

定，指禅定，即摒除杂念，专心致志，观悟四谛。

慧，指智慧，就是因有节制、有厌，无杂欲即见真处。

慧因定而生，定由戒而起，戒因美而发，即是"向美而生"。因为有对美的追寻，所以要对桎梏美的因子加以戒律。

对于股市投资者，欲获得好的收益，顺利地前行，开启精彩的股市人生，同样需要戒定慧的修为。

戒什么？戒律风险，戒律诱惑。行情之中哪些是坚决要回避、漠视的，哪些是需要等待确认的，什么时候不可为，什么时候可为……落实到具体之处，就是面对量时空风险恶劣的坚决不理睬，量形态未还原主力身影、均线未归位的一定要等待。行情差就是不可为的等待阶段，任何技术与经验在这里都不起作用。

当风险排除后则可入"定"了。定什么？定量价异动让均线归位的机会，定经典战法的启动确认，定经典技术的支撑。而后因为对戒定的坚守，我们就顺理成章达到了修行的第三层境界——慧。

然而，利欲之心让人们很难在这个时时可见金子的市场里安静下来——安静下来思考，安静下来禅定。急功近利的浮躁、醉意朦胧的幻觉、怨天尤人的叹息，多少人被现实当头棒喝！亏损与消耗都将化为过去，重拾信心之火再戒定吧！人生总要有一片可以仰望的星空啊！

## 第二节　量能体叠加与题材互证

证券市场，没有题材的好行情几乎是不存在的，行情启动过程中各种催生题材的因素总会被准确无误地挖掘出来，表现极好的行情与热点题材的说辞更是极具诱惑力。

证券市场，有题材的沮丧行情也时常出现，行情起跳之时，各种题材总是被渲染得金光四射，而很多不尽如人意的行情虽然与热点题材背道而驰，却很少有人去刨根问底。不问、不刨的结果是面对两分真八分假的市场以及信息，受伤的概率大了很多。那么，向谁求谜底？到哪寻真根？答案是去图上求"真"！在强势资金里寻"根"！

### 一、题材的类型及其级别

题材有主流题材——这是形成主流热点的题材，有一般题材——这是形成一般热点的题材，有空穴来风的题材——这是眨眼即逝的热点题材。题材强度不同所演

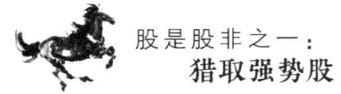

绎的行情差别是很鲜明的。

题材热点的级别分类如下：

1. 强势热点：符合国家级层面的利好题材。这些题材的性质具有宏观性、方向性、战略性的政策决断指引，其势猛烈而持久，涉及面宽广而深厚。有一石激起千层浪的市场效果。

2. 局部热点：涉及区域性、行业性、个体性的利好题材。这类题材具有改善、提升、扶持的政策指引或个体企业经营策略调整等性质。其走势多数为阶段性躁动，其中也不排除个体企业因自身的极大利好所造就的强势热点。

3. 一般热点：包括赢利报表、中标公告、政府奖励公告、名人高管增持、机构重仓等利好题材。这些公告时常可见，因而这类题材具有不确定性甚至虚假性，如果股价走势没有厚度与力度作印证，则可以视而不见。

集合竞价时跳空高开并在当日较高位置收稳的个股，大部分是有利好题材的。集合竞价高开但在当天收长上影或低于开盘价收盘的个股，次日重新走低再持续走低的占比较大。

## 二、结合形态辨别买点

买点有大有小，有迅猛有温软，有真实有虚假，形态的品相不同，走势可能截然不同。

形态买点的级别分类如下：

1. 强势买点：建立在与盘面吻合层面的进场点。与盘面吻合是指个股与大盘处于相同位置甚至快半步的位置，以及在此位置呈现强势领涨形态的个股。参与这种买点，收益可能超预期，步步精彩。

2. 经典买点：建立在经典位置、经典形态的进场点。参与这种买点，收益可以达到预期，稳健可行。

3. 一般买点：建立在量价异动且未透支行情、健康调整后继续进攻的进场点。参与这种买点，可以大赢小亏，稳步赢利。

4. 臆想买点：属于自己猜测的买点。盘中只要一出现急拉，不看左边也不看上面就认为要启动并且是大启动而慌忙追涨；股价下跌后回落在某一条均线上，只要是缩量的，有下影线的，不管K线是阴是阳，不管厚薄就认为止跌了，于是低吸买进。这类买点，具有赢利与亏损均道不出理由的特性。参与这样的买点，日子可能越过越薄甚至度日如年。

单独看股价的位置、形态，同位置、同形态涨起来的应该是小部分，随后能持续进攻的股票更在小部分里面占极小比例。那么，如何挑选、把握好的拉升形态？如何剔选好的题材？要成为赢家，这是必须修炼的一堂课！

两耳不闻窗外事，做好股票有点难；

两耳全是窗外事，做好股票相当难。

眼里只有形态，做好股票有些难；

眼里全无形态，做好股票非常难。

2021年2月初，市场上有了一些造纸行业的利好消息，纸张涨价潮不断。如何求证这一市场题材的强弱度？如何在这一板块中寻求题材强度的归属？是有选择地进行跟踪还是随意抓一只股票来操作？选择的依据是什么？是采用均线的排列状况还是成交量的状态来判断？

下面我们对同一时段两只股票的走势进行分析，说明一些好买点与热点的关系。

晨鸣纸业（000488）股价在B区上再一次异动出现单日强硬洗盘，于2021年2月8日强势反转，说明有市场的强势资金选取了该股来迎合题材，均线系统也在密集区再次翘头，说明市场成本也在同一价区凝聚，拉升时机也恰到好处，随后，股价连续拉升应在情理之中。见图7-2-1。

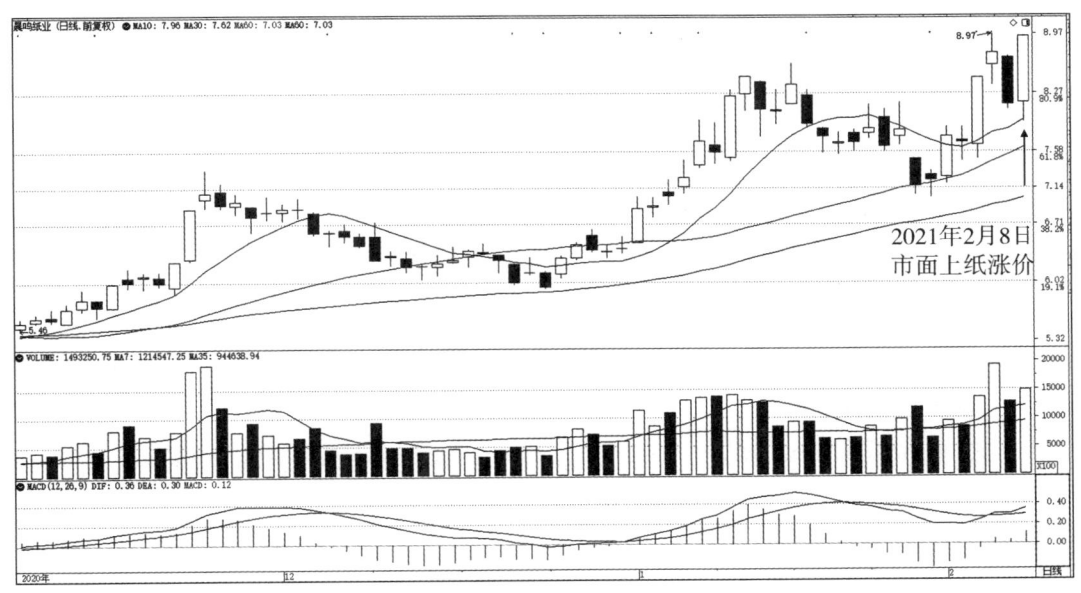

图7-2-1

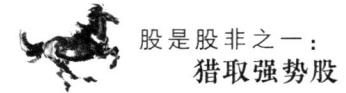

就在晨鸣纸业强势反转涨停启动的同一天，同一板块的民丰特纸（600235）也在盘中有小异动，股价出现长下影止跌。股价虽然止跌，但是图中可以看到该股前不久的走势图上出现较多较大的阴量，股价回落也较深，这都在说明，此股目前没有强势资金关注，位置也差，即使市场消息面有利好支持，该股也不会有好的表现。见图7－2－2。

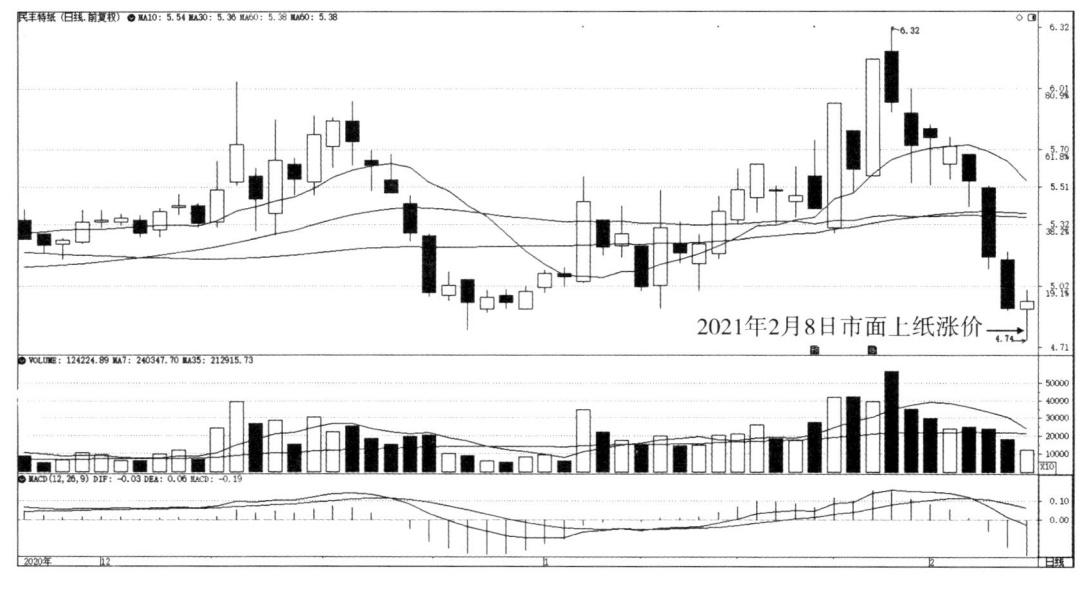

图7－2－2

晨鸣纸业股价在B区正式强势启动，不停歇地拉出包含有三个涨停板的五根大阳线，行情迅猛而高远。图中可见，股价在大启动之前曾有一次回调，这是不是主力挖的坑，只有随后在均线密集区出现几天明显持续放大的正能量，证明资金再次入场才最有发言权。结合前期走势，我们判断，市场强势资金又选择该股来呼应造纸行业涨价的题材做行情。像这样的股票就值得高度关注，要择机果断跟进。见图7－2－3。

而同期的民丰特纸也有上涨，但涨得少，还东倒西歪。两只股票，两相对比，走势一目了然，一个正极量能充沛，趋势尚好，走势好；一个阴量聚集，趋势不好，走势差。仅此对比，面对题材当做何选择，读者当已心中有数了。见图7－2－4。

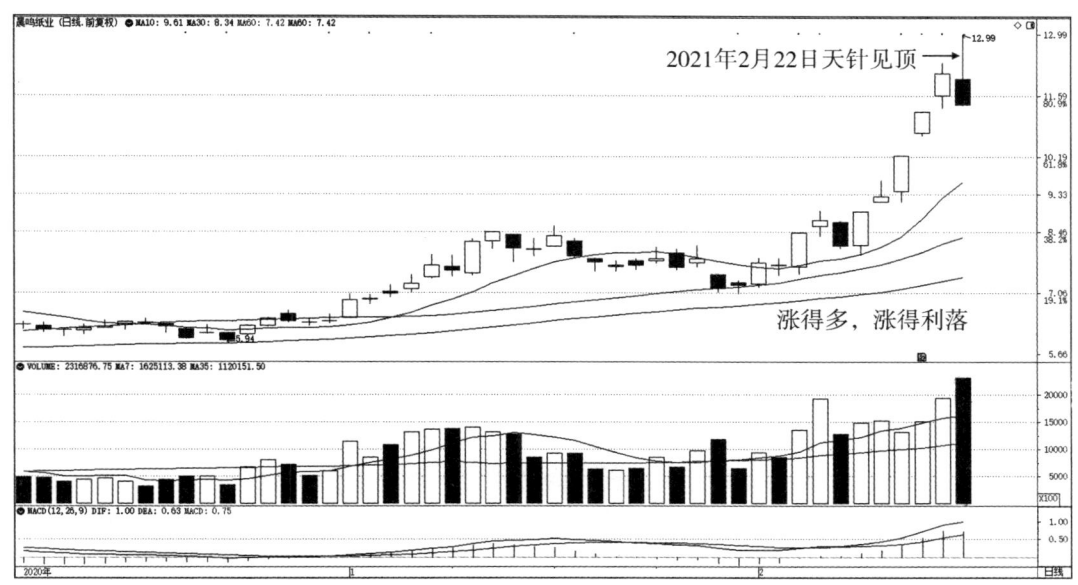

图 7-2-3

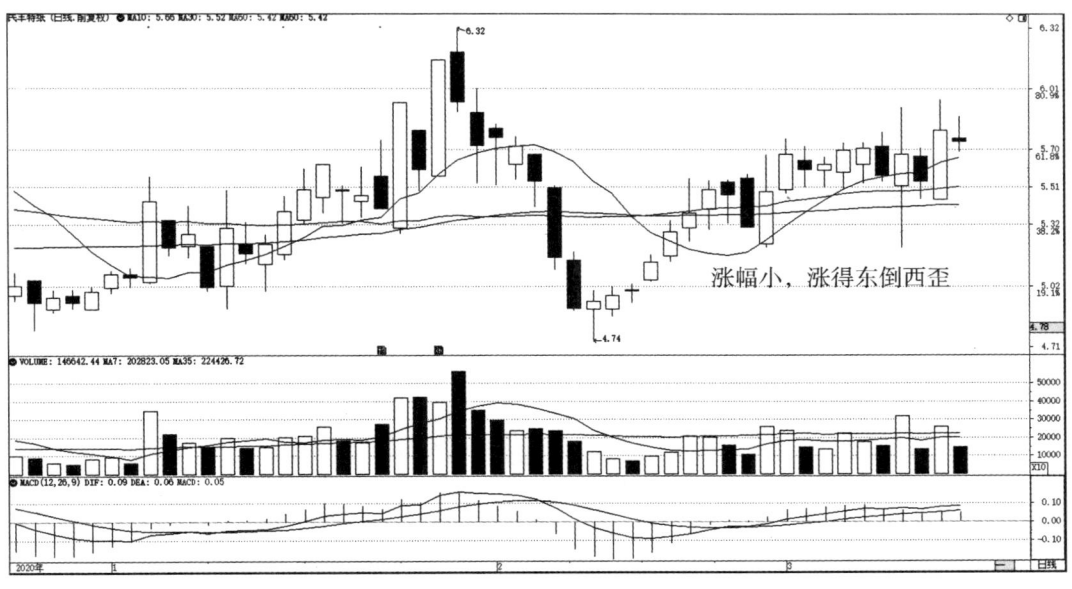

图 7-2-4

**总结：**

面对同一板块、同一题材，一些股票走得酣畅淋漓，一些股票走得拖泥带水，还有一些股票纹丝不动甚至垂头低走，如此行情，也是公说公有理，婆说婆有理。"公"可能时常告诉你，前期有涨势好的标杆，应该在同一板块中买进还没涨、还没引起市

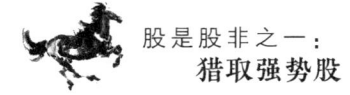
股是股非之一：
## 猎取强势股

场注意的股票，等待后期拉升，轻松获利。"婆"可能不断鼓动你，当股价回调到一个合理价格区就可以开始低吸，并即刻向你告知应该设置的止损价，同时嘱咐，只要股价不破某个价位，就坚决持有。如此公婆说法也许没有错，笔者却是不太赞同。笔者认为，为了介入后不感到"适应困难"，为了避免太多的前手下单、后手设置止损价的被动，关注热点题材里面有强势资金认可的股票，才是投资的"王道"！

在一套交易系统中，形态买点犹如一套设备优良的硬件，是基础，是保障；题材热点犹如设备的软件，是匹配，是助力。只有"软硬兼施"，运行效果才能会出彩；二者协力，才能有"将相和"之局面，缺失其一，都只能是"落花有意，流水无情"的牵强。对于好位置、好形态、好量能的股票，有热点题材的是首选，因为它涨得更猛烈、持久；对于好题材的股票，好位置、好形态、好量能的是首选，因为它涨得有道理有底气；消息面没有风吹草动，选股必须是好位置、好形态、好量能，因为要规避风险；什么都没有就什么都不选，因为空仓也是选择。最佳的交易策略是在买点与热点共生时择机参与——在热点中寻求买点，在买点中求证热点。这就是三度理论一直努力倡导的"强势两点印证"交易法则。

上述全部内容也可作为硬件基础，而严格状态下的操作与取舍态度，以及行为可视作与之匹配的软件，二者皆具备就可以"知道，看到，做到"，但大前提是要诚实地评估现阶段自己能把握哪种买点——这一点至关重要！至于自身软件的优化，必须从自身每一件小事入手，不断加以提升，包括言谈举止，这些都会潜移默化人们在股市里的操作习惯，所谓"功夫在诗外"就是这个道理。"天下难事必做于易，天下大事必做于细"，这是老子留给我们"细微之处见功夫"的真知启示。查尔斯·狄更斯在其主编的周刊《一年到头》中写道：有人被问及什么是天才？回答是天才就是注意细节的人。

我想说：天才就是主动去注意细节的人。

量价异动促使均线归位——到底在表达什么？

A区、B区是最佳交易区——想说明什么？

强势再收集，最后超常规短资投入——有何市场意义？

量时空的风险评估——该当如何？

三阳控三阴、均线五定律——呈现了几多安然与踏实？

再机无价——诉说着哪般情景？

正能量、领涨龙头——如何衡量？

……

股市,不会成全"差不多"先生,也成全不了"不想那么多"太太。如果一方面是对梦想望眼欲穿的渴求,一方面是马马虎虎、凑凑合合的随意行为,"程序""严谨""稳重""理性"这些字眼只在失利后才猛然记起并不良循环,长此以往的结果会是什么?对那样的结果不感到恐惧吗?那样的恐惧还想延续下去吗?欲终止恐惧,现在该怎样做?

股海无涯处处是是非非,价格跌宕翻手为云覆手为雨。大浪淘不尽三千泥沙,股事癫狂终归在 A、B 之间落幕。

## 第三节 学习经典案例及交易策略

这一节的主要内容是将一系列有关经典赢利模式的实战案例进行分解,包括走势分析、最佳介入时机、持股、出局等整个交易策略,以及让资金奔跑起来的恒定交易理念。本节所提及的案例,大部分也是来自三度同学群里同学们的实战交流案例。这些同学有全职人士也有兼职人士,其实战交流均遵循厚度、力度、速度的赢利模式,并在盘面叠加于一体时无畏出击。罗列历史,主旨在于让读者朋友知道,在这个高风险的市场,我们需要有水一样的淡定、山一般的诚实。既需要对规则绝对遵守,更需要对经典虔诚等候,这样才可以在交易中大获全胜。为增加本书的饱满度与温度,此章节遴选了十来篇三度同学及读者朋友的信稿,希望这些信稿里的一些观点、心路历程、情怀,能给其他读者朋友带来益处。

【案例1】

锦龙股份(000712)股价在底部横盘震荡期间走势不温不火,没任何亮点。不过,在图中画框处出现很明显的量价异动后,此股的关注价值就具备了。关注价值体现在两方面:一是量价异动,二是均线系统归位于密集区。量价异动后,股价有节制回调,再阳线止跌企稳。2020 年 7 月 2 日,股价于 A 区强势启动收放量大阳线,这是波段启动点的大阳线,当天值得跟进。见图 7-3-1。

圣人曰:"信信,信也;疑疑,信也。"意思是,相信该相信的是对自己的诚信;怀疑该怀疑的也是对自己的诚信。人无信不立,对他人不讲诚信,他人就会避你于三舍,到头来你将付出成倍的代价;对自己言而无信从表面上看不会付出代价,但终将一事无成,所以,对自己说话算数也是极其重要的。相信并积极参与量价异动让均线归位后的拉升是自己对自己交易系统的执守诚信；怀疑并拒绝参与量时空未稀释风险、量形态未还原主力身影的拉升更是自己对自己交易系统的诚信操守。

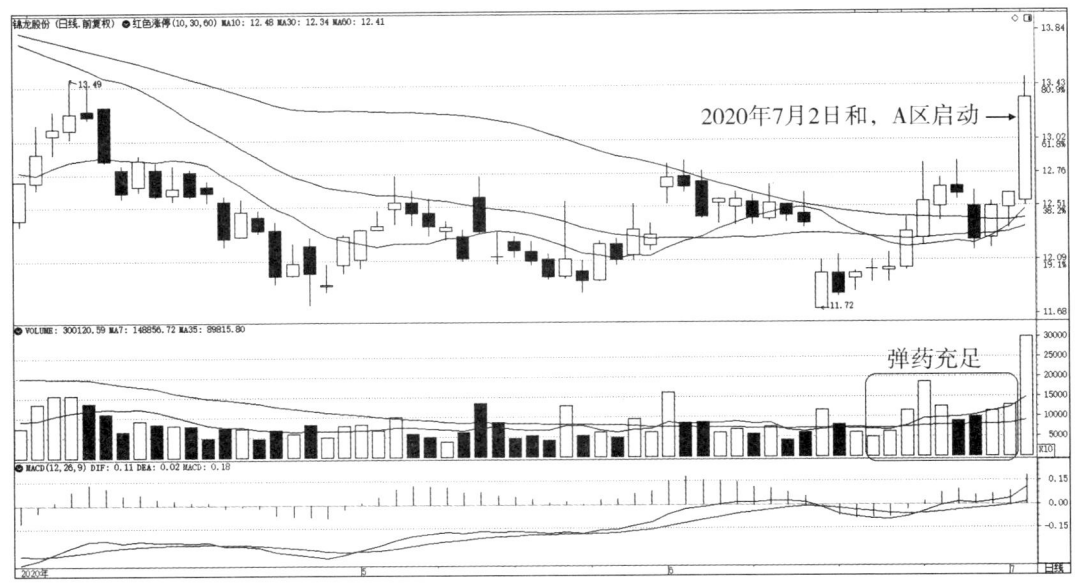

图 7-3-1

锦龙股份于 A 区启动的股价，借助整个券商板块的市场题材发酵以及市场人气拉出了相对较好的波段行情，在前一个小顶面前停下了上攻脚步。见图 7-3-2。

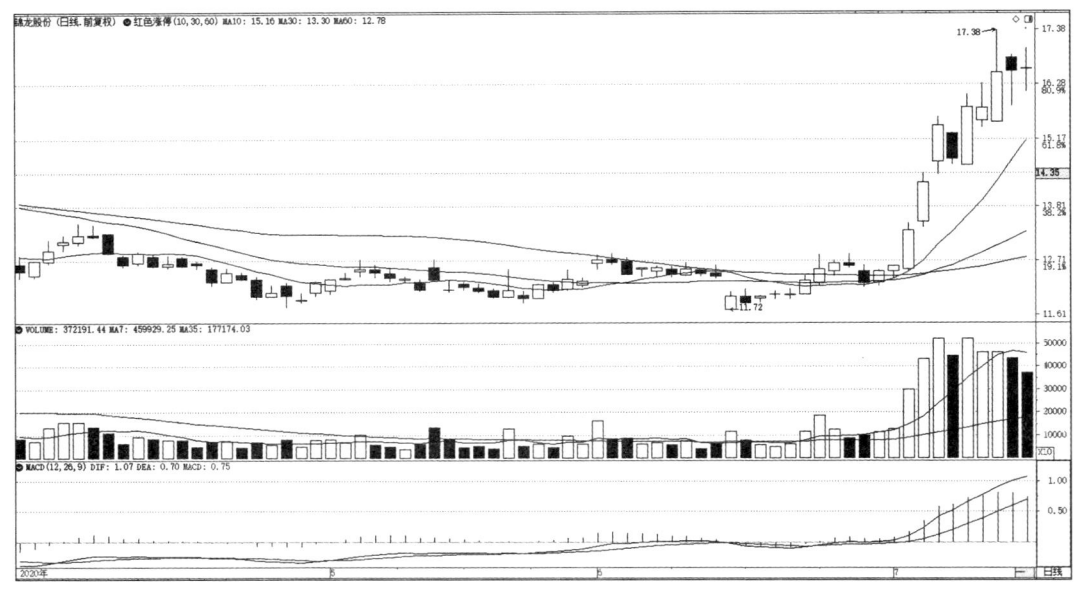

图 7-3-2

**交易策略：** 量价异动均线归位要关注，健康回调后在 A 区攻击，显示主力拉升意愿强烈而真实，宜早介入，并且全天均是买入时机；股价经连续拉升之后，在重要受压位置留下长上影时宜出局。长上影后面再接两根小阴线，笔者认为这个主力已经很大度了，就看你是否知足。

**【案例 2】**

首钢股份（000959）股价在走势波澜不惊的情况下出现一根巨量大阳线，平静的局面被打破，强弱之线已划出，至此，颓废走势可能即将改变。随后的股价在大阳线里调整，调整图中又现正极能量持续介入。2020 年 6 月 8 日，股价高开过前巨量大阳线，盘中多波拉升收涨停板，股价刚好处于等腰三角形的均线第三结点处，这为波段走势多添了一份胜算。见图 7-3-3。

图 7-3-3

任何一只股票，展开时间跨度来看，就能发现上涨的时间其实很短，横盘、下跌的时间很长；快速上涨的主升浪很少，震荡小行情较多。身在股市的投资者，谁不想抓住强势行情主升浪呢！在整个股市，通往强势主升浪的路径可能有很多条，但对于中小投资者，明显的量价异动这条道，应该是很安全且很坚实的路径吧。

首钢股份的股价次日在涨停板顶部歇息了一天，即开展了连续上攻，走出了当时

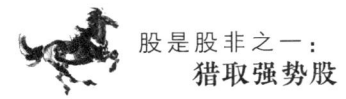

段钢铁板块里的一道亮丽行情，久违地发动了一波强势领涨的主升浪。见图7-3-4。

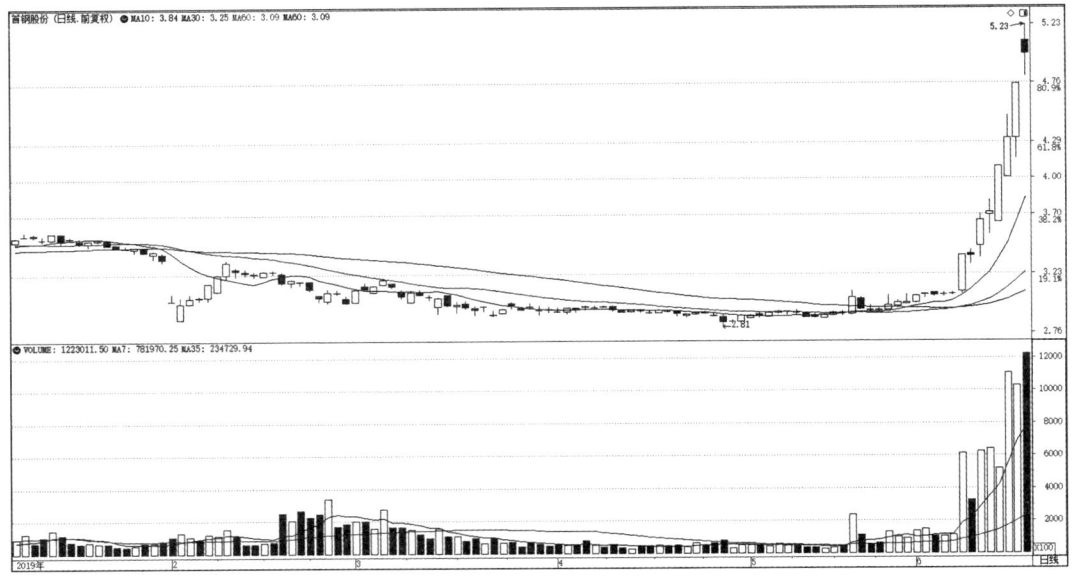

图7-3-4

**交易策略：** 股价有强势表现且无透支行情，在关键位置的滞涨要关注，健康调整或再次收集筹码后的启动要立即跟进。对于板块异动的领涨龙头，更要大胆参与，龙头没行情，股市就转不起来，这个道理一定要想明白，想明白了，事情就好办了。

告诉你我的故事。曾经因为自己的愚钝与鲁莽，所有的资源快被股市耗尽，那时的我，面对股票真正感受到了什么是手足无措，自己面对镜中丑陋的身躯，我强迫自己安静地坐下来，一根K线一根K线地看；一个涨停板一个涨停板地推敲；一段均线一段均线地琢磨；一堆成交量一堆成交量地感悟……A股、B股数千只股票，每一段较直接的涨势以及无功而返的行情都久久回荡在脑海中，数百张经典的股谱似乎融进了血液，没日没夜地否定了再肯定，肯定了再否定，高强度地看盘、析盘、筛选、提炼、定性、感悟，最后，终于在股市中找到了安放灵魂的一角。这种学习方法很累、很慢、很辛苦、很不"高科技"，但实在。苦心人，天不负！如果没有更好的方法让自己更快进步，建议你也尝试这样做做，因为股市是一个充满矛盾的统一体，它既是不公平的也是公平的。

## 第七章 赢利之路

● **三度操盘之我见：诗外**

念念不忘，必有回响。天高水远路长，望一步一丈量。笔端无语，难诉衷肠。来日，共醉沙场！

老师您好：

虽然从您那里回来已经一段时间了，但这些情深意厚的话语每每想起都会让我获得情感上的共鸣、心灵上的共振，也更加敬佩老师对我们的倾情奉献。每句话、每个细微之处都让我们在短短时间里受益匪浅，我们所能回报的就是将老师的心血、成果在交易实战中淋漓尽致地发挥，让亏损远离我们，不再影响我们的生活，让赢利成为一种习惯！向老师汇报一下，由于找到了学习、努力的方向，现在我每天都会集中精力去充实老师反复叮咛、让我们组建文件夹的内容，通过组建经典位置与经典赢利模式文件夹的解析工作，我的思路与轮廓更加清晰，这让我更加充满信心。另外，也许是运气好吧，刚回来的两个星期，大盘也在走好，我运用强势短线赢利模式操作了四只股票，投入的小资金到今天已经翻了一倍！这段时间的操作，让我更加深了对老师传授的"三度模式"在领涨盘面时，对于强势短线股票的操作意境的认识，同时我也在坚定遵守"资金没在短时间之内翻倍就没资格追加资金"的师训，先让赢利稳住，再图奔跑！

"让赢利成为一种习惯"，多么至真至简的名言！正是常常想着老师的这句话，我在实战中不再惧怕，不再背着失败的包袱，勇敢地运用老师的理念与战术，锋利而简单地向交易杀去，每当战果显现的时候，我都会在心里默默地说一声：谢谢您，老师！也会时时想念一起学习的兄弟姐妹，不知他们是否也在一步一步地实现梦想。

对于了解老师三度理论的兄弟姐妹，我有几句话与你们交流分享：三度引爆强势之花怒放，其精妙之处在于我们能否观赏并品味出其含苞欲放后的绚丽，心股合一才能达其功、至其效，才能把恩师的精准出击发挥得淋漓尽致，才能在这个看不到硝烟的战场上尽情地搏杀！身在股市，心在何方？身心合一才能从容面对股市，爱它就要为之付出，就要包容这个市场所发生的一切，无论是喜是悲，常怀虚心感知股市，直至融入其中，让春华秋实合二为一，让智慧与财富合二为一，让休养与劳作合二为一，才能从容雅致地身处其中。

借用老师的话来结尾吧。

股市很霸道，也很奇妙！霸道在于不是你我说了算，是市场说了算。奇妙在于心诚则灵，信则有不信则无。然后，尽一切努力让赢利成为一种习惯。

辽宁周女士——散人

**【案例3】**

兴化股份（002109）2021年2月18日出现一带量的涨停板，涨停板高度正好接近前期T板高度，尽管这个涨停板盘中涨势凶猛，但前期股价下跌时甩出众多阴量挡在面前，盘中拉升当持谨慎观望态度。而后全天收稳且释放出巨量，则与前期大阴量遥相呼应，风险也随之稀释，此股就有了跟踪价值。见图7-3-5。

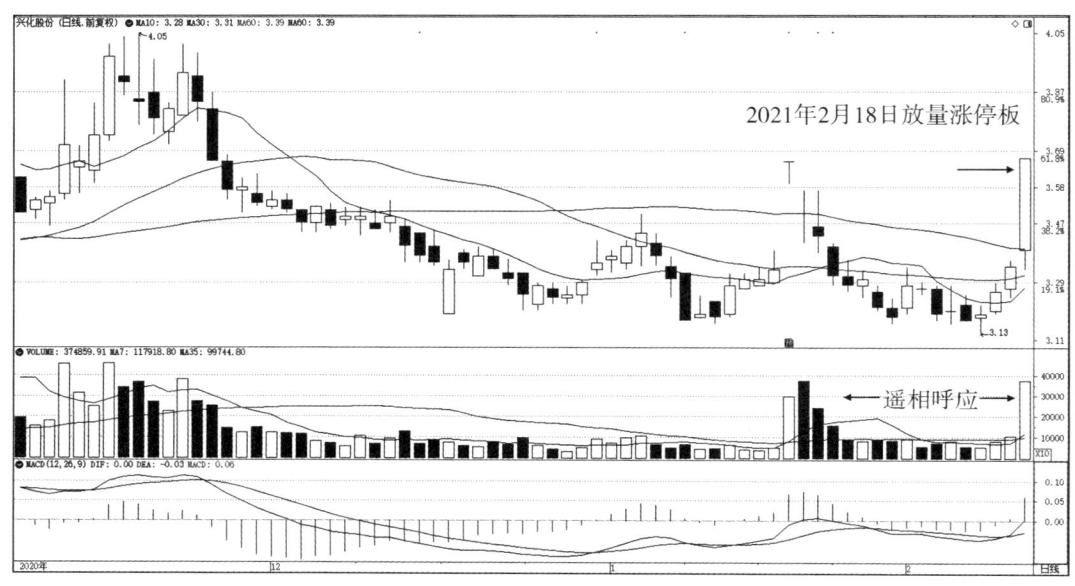

图7-3-5

涨停板、大阳线每天不少，次日继续上涨的不多；竞价低开的每天很多，低开上涨的不少，买进后股价总是要下跌，卖了后股价就要涨，看上去模棱两可的股市，机会到底在哪里？

兴化股份的股价次日集合竞价大幅低开，这势必给前一日追涨买进或打板买进的短线客造成心理冲击，看竞价成交量可知，选择竞价卖出者不在少数。开盘后的股价强势上蹿一口气上涨六七个点，全天强势涨停。见图7-3-6、图7-3-7。

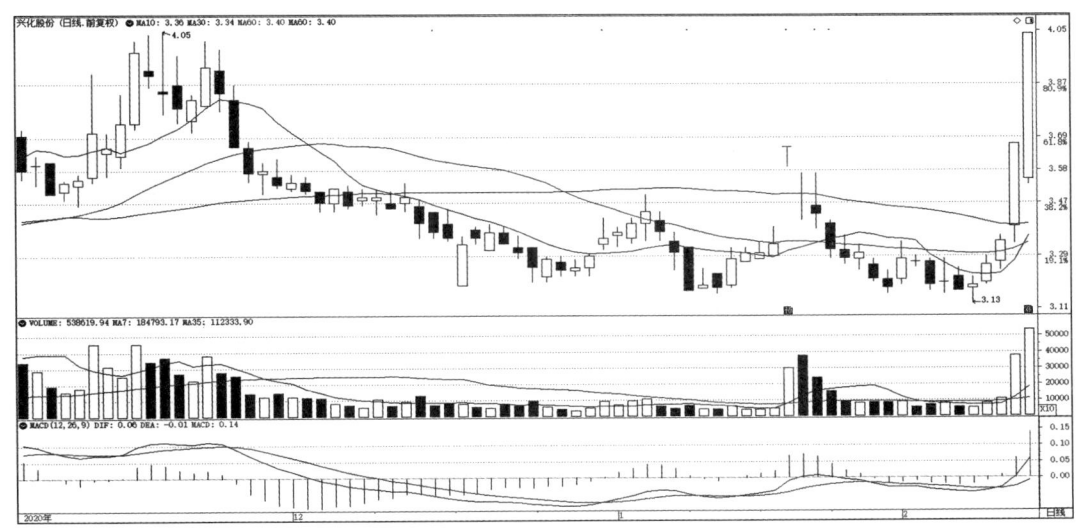

图 7-3-6

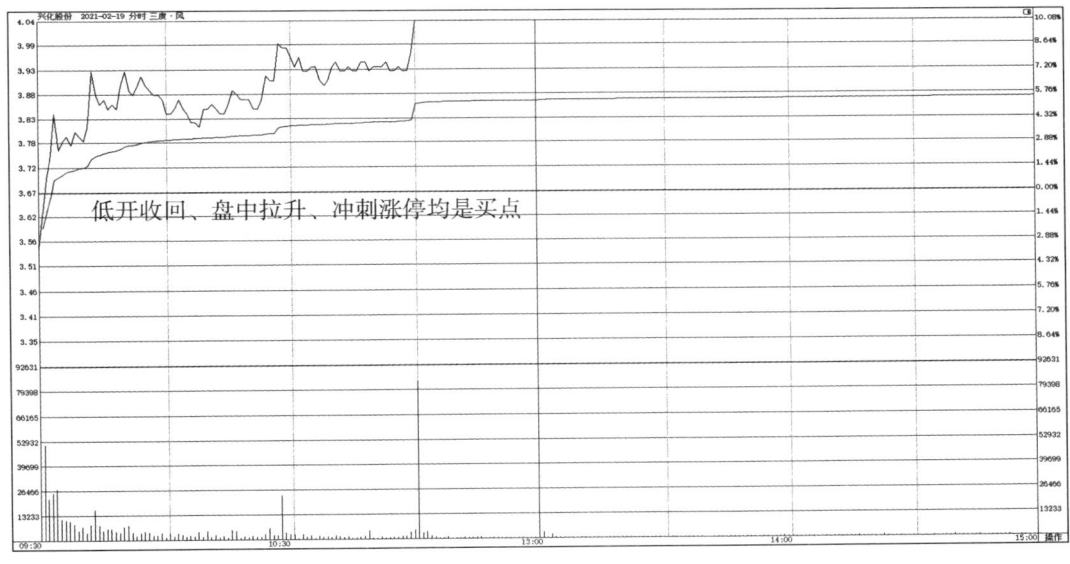

图 7-3-7

做第二板的方法较多,有看头日成交量换手大小的,看谁涨得快的;有看位置的;有看消息的;有看二日竞价换手的、看谁开最高的、看二日谁涨得快的;等等。这些似乎都对,似乎也不对。笔者以为,二板尽管要讲"胜出",但要结合市场氛围、板块状况、个股质地进行综合考量,最终等待印证。兴化股份在 A 区稀释了前期筹码风险后,接连涨停一路上行,直到高位大幅高开,股价形成巨量倒灌见顶。见图 7-3-8。

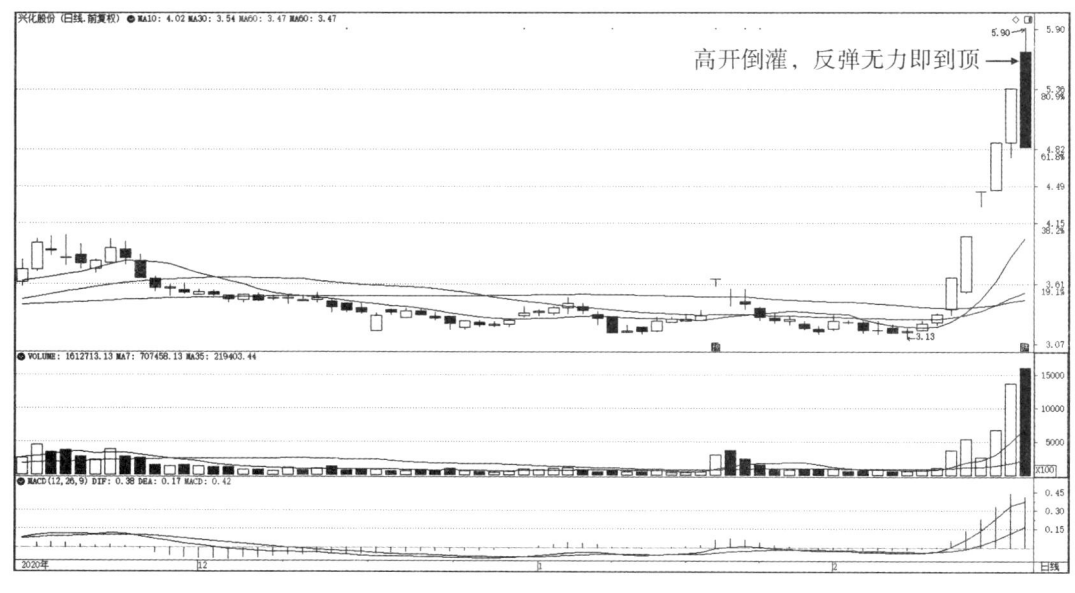

图 7-3-8

**交易策略**：股价上下跳缺口是一种明显异动，诱空缺口也是一种异动，不过，很多主力大出货也是从下跳缺口开始的，因此，诱空缺口需要新资金重新进场加以印证。当兴化股份的股价带量稀释了前期下跳缺口时，我们可以判断主力资金的真实意图，那就是主力还要做行情，同时我们也可感受到其实力雄厚。当股价再次进攻时，要在第一时间抢进。判断缺口价值一定要结合个股的整体走势以及量能的配合，否则就会把资金无辜葬在各种形式的缺口里。

● **三度操盘之我见：海燕**

蒋老师：

您好！学生盼您到山西老院子这边来转转已经很久了！

自有幸成为您的学生后，我这个在股市里泡了十几年的老顽童对股市有了崭新的认识，也再次找回了丢失已久的自信。想想自己几十年把脉病人无数，却始终"望闻问切"不出股票的一山半水，不服这口气啊！还好，在股友转载的日志里见到"一路奔行"的网名把我引到了您的身边，缘分啊！在一年多的实战总结中，我也逐步形成更适合我现状的赢利模式。现将我一年来走过的历程以及认识向老师做个肤浅汇报吧。

记得和恩师第一次语音时，您就毫不隐瞒地道出"量价异动促使均线归位；量价再次异动，使均线再度回归"的股市真谛，当时我只是个木讷的学生，只记住了这些表述，并没有理解其真正内涵；整整念了一年，才感觉有了较好领悟，实感字字千金！这才是交易的核心、图表技术的核心啊！

通过量价异动，可以找到强庄、追踪强庄。而检验异动时机的有效性，要靠均线归位！有异动未归位是癫痫躁动，有归位而无异动是瘦狗作秀，二者均不可靠。量价异动促使均线归位，其实就在告诉我们如何选强势股，如何跟有底气的主力，如何在最佳时机开仓，然后与主力共舞。"量价异动让均线归位"，初次听来简简单单，有点心动，后来越想越是回味无穷，越用越知道无价！

量价异动、量价再次异动使均线归位，是我交易系统的切入点。好位置，首次异动后的软着陆当为首选！行情透支后的C区，坚决放弃！盘后的功夫是在寻找具有共振的变盘点——强势支撑和强势止跌处。当然，个股的操作前提是具备合格的量时空，正如师言：风险不除，持股不安。

拜见老师后，自己也知道了市场中鲜为人知的一些操盘细节与真章，真是招招见血啊！一年多的股海弄潮，自有胜利的喜悦，也有痛苦的迷茫，喜悦来自坚定不移地执行系统核心规则；痛苦来自失去章法藐视风险的操作！在股市，能大幅拉开距离的是绵绵熊市。有幸通过学习，在飓风来袭的日子里，依托恩师的利器，自己也能像海燕一样穿越风浪，也能从岸边捡到贝壳。尽管操作上不能像一些师兄师姐一样大手笔，不过一个月下来，低一点可以完成20%～30%，高一点完成40%～60%，向您汇报这点成绩，感恩老师同时也算给自己一点自信。

感谢恩师！欢迎来山西做客，渴望聆听您的再次指点！

山西弋先生——榆木

## 【案例4】

焦点科技（002315），通过下图可以看到股价前期有几次小波段行情，而小波段行情的低点与高点均在逐步抬高，伴随行情释放出的成交量"三阳"特性非常明显，这些特征都在提示股价"极有可能"要实施轨道变异工程冲出云层。2020年8月27日，股价很规矩地于30日均线强势反转涨停，这一天的机会明晰而饱满，同时，均线系统呈现欲强劲发散的态势，看来股价冲出云层的时机就快到来了。见图7-3-9。

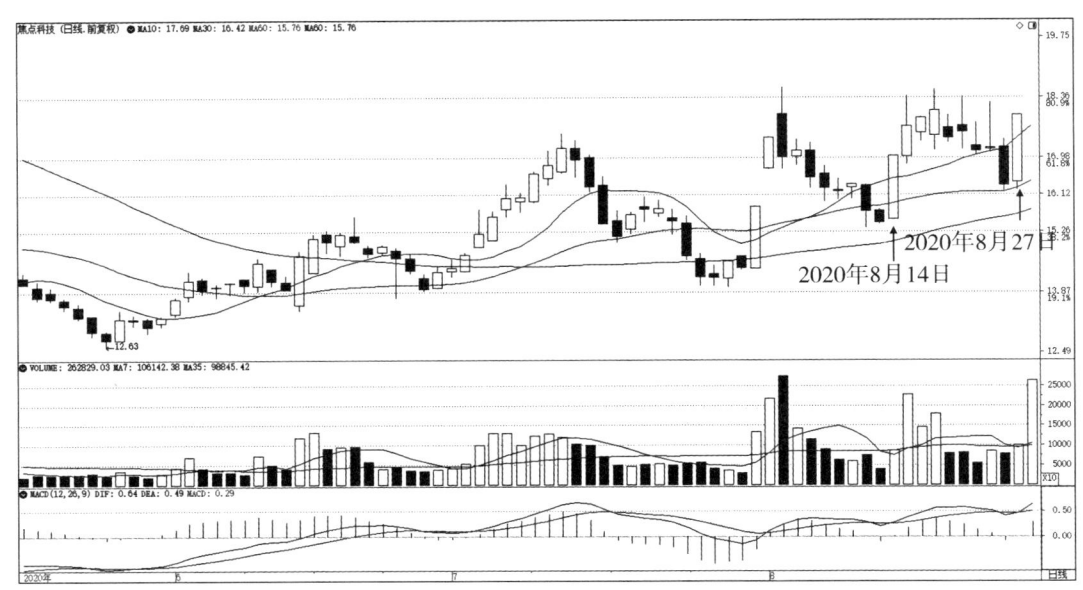

图7-3-9

明朝大家陈眉公的名著《小窗幽记》中有一句话："伏久者，飞必高；开先者，谢独早。"意思是藏伏、蓄积时间较久的事物，一旦起飞必定飞得很高远；反之，未经蓄势筹备的事物，过早开发则容易早早结束。事物的本质就是，大凡经过长时间酝酿、积蓄充足能量后的爆发力道都会很强。强势A区、B区、循环顺上等就是由经时间、空间、能量、时机叠加于一体而形成的厚积薄发之地。

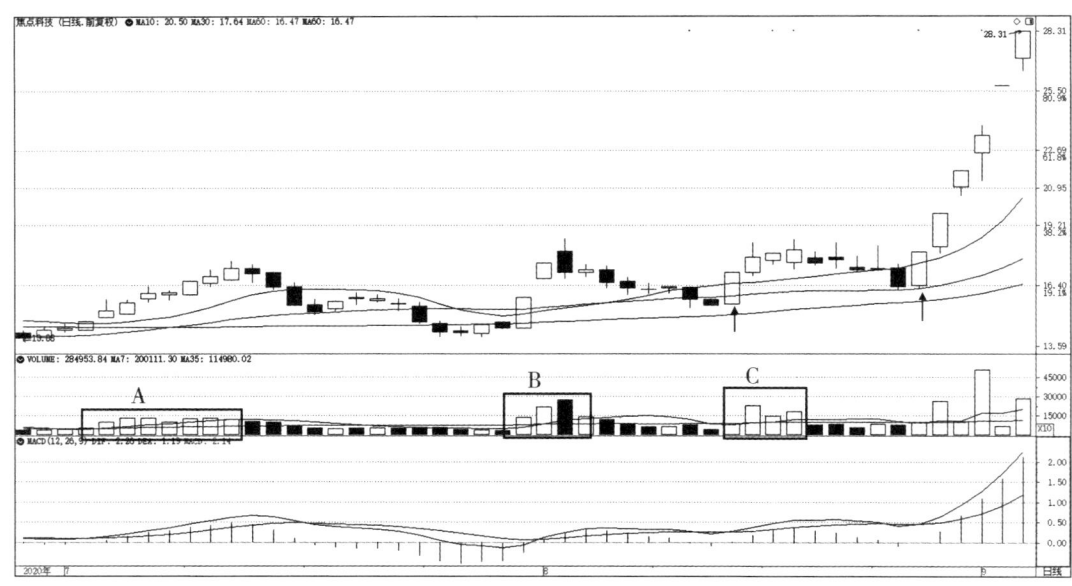

图7-3-10

次日，焦点科技的股价跳空高开过前高，盘中多波上攻强势涨停，股价也正式启动拐点突破，拐点突破的股价涨得比较任性，用连续涨停的方式很好地演绎了"伏久者，飞必高"的事物运动准则。见图7-3-10。

**交易策略：**股价带量小波段上攻并走出循环低点模式，说明主力仍在持续投入，可重点关注，前期可以在循环低点反转确认时介入，股价一旦形成拐点突破再行加仓，股价进入加速快车道不要轻易抛出筹码，直到股价明显见顶。

## ● 三度操盘之我见：恒定

敬爱的老师：

您好！首先，请受小军一拜！5号卖完法尔胜，弟子的账户从6.7万成功到达309万！（2013年3月5日）老师，您曾经说过：小军，如果你出现连续亏钱，不要遮掩立即告诉我，如果稳步赢利，忍住先不要告诉我！在突破100万时，我忍不住激动向老师做了汇报，老师您只轻轻说了一声："还行，再加把劲。"现在，我体会到老师您当时的轻轻一句话的用意，那是您希望我压住骄傲，不要有情绪波动。时隔5个多月，弟子再次向您汇报了。快两年了，我一直记得老师在临别时对我的叮嘱："小军，你怕买高，就用心做好小颈这个位置的启动，做首次量价异动后的第一个小颈，在这个位置软着陆的，重点关注它，第一个没有拉起来，敢于做第二次！几千只股票，总有一批健康回调到位再反转的股票，记住，没有速度冲破进攻线不买，没有阳量堆坚决不买，照做就行了！"老师！我太幸运了，刚开户不到一年就碰到了您，是您，在我还没受到股市摧残前，就引导我在凶险的股市找到了属于我的一条稳健赢利之路。拜谢老师！

309万，这让我成为我的家族中唯一一个在结婚之前靠自己成为百万富翁的年轻人。父母因我的成绩而骄傲更是我的动力。学生深深记得老师说过一句话："尽管命运多坎坷，但我命由我不由天！"因此，在随后的生活以及股市，任何的困苦挫折都变成了我的营养，因为我也深信：我命由我不由天！老师在教导我做好股票的同时教导我坚定地去面对人生，走好人生路。拜谢老师！

记得上次老师与我们遛街时，由于口袋里没有散钱，向我要了3块钱给路边没了一条腿的老大爷。当时我有些迷惑，老师为何不施舍10元、20元？哪怕装装面子也行啊！但您没有。后来，我从您的话语中得到答案："救济这是政府该做的大事，任何一个地方政府都是不难做到的；如果蹲在路边每天就有不错的收入，那就

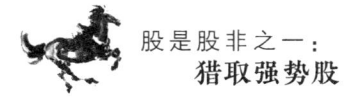

股是股非之一：
猎取强势股

没有多少人愿意留在股市受苦了，但是，可以尽到的社会责任还是要去做的。"老师，您总是那么诚实、真实、简单！现在，每一个月，我都会同女朋友到孤老院做一天义工，由此，我们感到了另一层幸福与快乐，这一点是老师在不经意间感染到我的，拜谢您，亲爱的老师！

我特别喜欢老师在日志中那篇《致敬 大海》的文章，简短几百字，老师就刻画出"海、股票、人、民族"该用哪种态度、哪种姿势才可以走向最高贵之处。非常想念老师，祝老师一切都好！还有，我的新目标是，明年的今天我能在资金后面加个"0"！您说过，资金到500万时要适当调整一下资金配置。老师请您鼓励一下我，给我更多的力量！目标达成时我就结婚，老师请一定到场！

海南陈先生——天使之吻

**【案例5】**

铁汉生态（300197）股价在B区出现了一次超常规短资投入，轻微洗盘后有一小波行情，图中两个框住的阳量堆代表主力资金大举介入。2020年9月1日，股价在10日进攻线上站稳收阳线，这是明显止跌将要再次反转的提示。见图7-3-11。

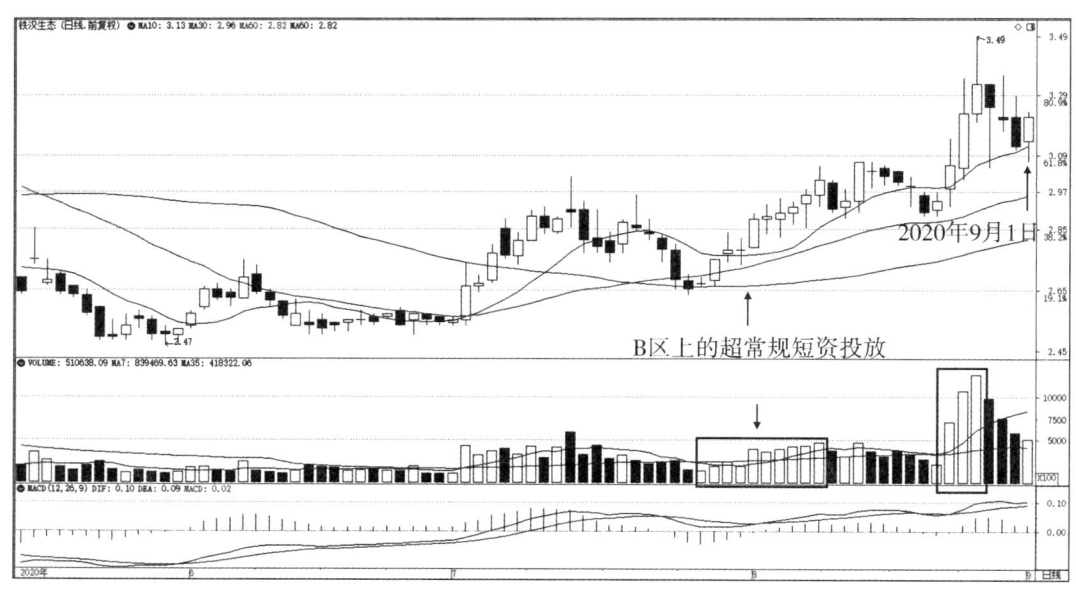

图7-3-11

股市里有很多无奈，尤其是看到盘中有自己确定的好股票上拉，而账户上的资金总会被不好或不太好的其他股票占住时，就更加责怪自己。为了大幅度降低这种

"君生我未生，我生君已老"的无奈，等待强势的经典是最好的坚持。铁汉生态的股价次日于盘中稳健上行，成功把股价推上20%的涨停板并进入上涨快车道，5个交易日时间完成近60%主升浪行情。见图7-3-12。

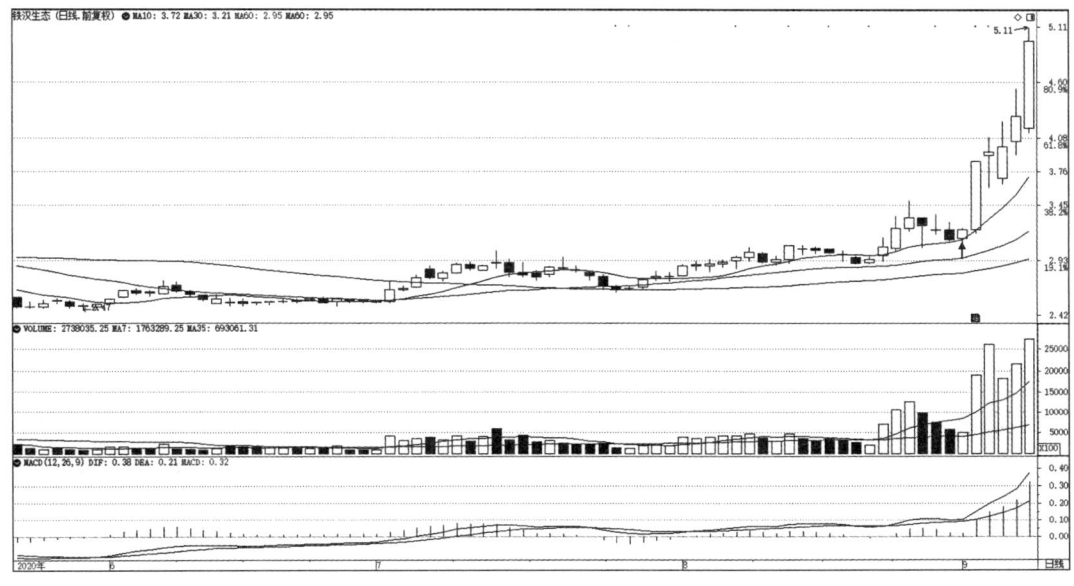

图 7-3-12

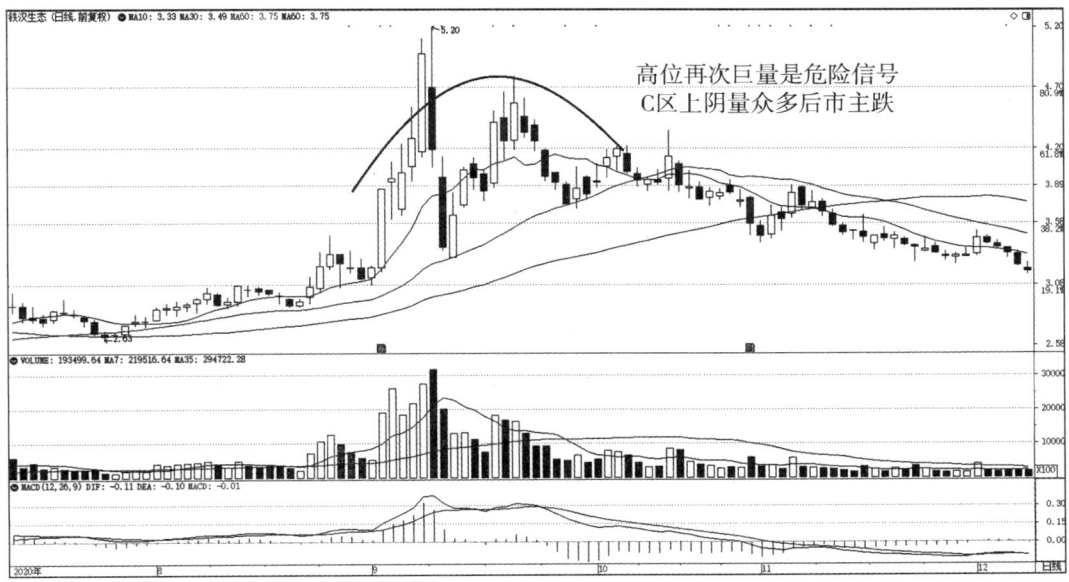

图 7-3-13

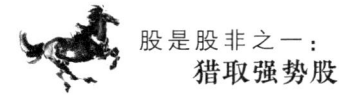

股是股非之一：
猎取强势股

　　高位再次巨量的股价往往是阶段顶部区域，铁汉生态高位再次巨量当天收涨16个多点，看上去一片欣欣向荣，而这种欣欣向荣仅仅是华丽的表象，深层次的真相是：主力在这根巨量阳线里把许多筹码甩给了市场，这极有可能是高位独阳见顶。图中可见，随后股价两日大跌，反弹后走C区，长时间不见起色。见图7－3－13。

　　**交易策略**：高位再次巨量的股价往往是阶段顶部区域，看上去一片欣欣向荣，而这种欣欣向荣仅仅是华丽的表象，深层次的真相是：主力在这根巨量阳线里把许多筹码甩给了市场，这极有可能是高位独阳见顶，持仓者要有出局动作或出局准备。

## ● 三度操盘之我见：传承

　　老师好！

　　喜闻老师"雪藏"的"股是股非"即将面世，我们很是期待。想必书中还有很多细节是我们以前不知晓或是忽略的，有了这本书，我们将更加"有据可查，有据可依"。

　　古语云：定能生慧。我想老师一定是有非常了得的定力，才能有足够的智慧去发现千变万化的股市中这份最给力的规律。因为您告诉我们："强势异动让均线归位"是一条投资主线；用"三度"说明股票的强度；用A区、B区说明股票的最佳交易位置；用强势盘面判断市场的大位置；用量时空大法规避风险……还有数不胜数、有如珍珠般可爱的追踪、介入等操盘细节。同时，您还反复对我们说，做人应有大海的宽度、韧度、低度；努力让我们认识"诚实"是股市里最伟大的品格力量。

　　在股市，强势如老师，但即便如此，每一次跟老师请教，您都会指给我不同的细节，因为市场在变化，老师仍在不停地学习，同时也告诉我们必须向市场不停地学习。"可怕"的是，一开口，您便知道我们对股市的认知程度，然后会简单明了地指出应该注意的方向。所谓师者，传道授业解惑也，大抵就是这样的吧。

　　我还想表达另外一份感情，那就是传承。当今社会环境，传承是一件多么稀罕的事，但是这在我们蒋氏体系里不是传说。有关股票的任何疑问，除了可以跟老师请教，还可以"肆无忌惮"跟做股票做得非常成功的师兄师姐们请教。我们有一位大师兄曾经连续一个月每天给大家分析股票，通过对同一时期同一板块的股票走势为何截然不同的反复剖析，来对老师所讲的东西有更深的理解。我们都表示很感激,也很感动,他却只是淡淡地说了一句:"我们都是一个老师教的,互相帮助是应该的,大家都做好股票,老师才会开心。"我想,这是对老师人格魅力最大的肯定和传承!

我认为,我在股市是遇到了真正的明师,他用极其低调的口吻告诉我该怎样一步一个脚印地走向财富的大门。牛市与熊市,现在对我已经没有多么大的区别,行情只要不是非常的糟糕,定额资金偶尔一两个月也能做到小一倍翻涨。谢谢老师一直以来的叮嘱、关注,请老师放心,我已经在路上了!

深圳李女士——悠然自得

在股市赚钱是比较难的,持续赚钱就更难。在这里,最终拼的是对投资一如既往的热情与对规则的竭力坚守。对于一个真正希望将人生与股市同行的人,一定会坚守做股票的基本原则。

投资路上,我们需要坚守什么呢?

随着股龄的增长,应当"学而知不足",学无止境。"谦受益,满招损"是亘古不变的警世良言,此心境首当坚守!

学习、增长、储备丰富,当化繁为简,去粗糙留精华,"最好的一定是最简单的","最精通的就是最好的",这是在当下日益进步的社会体系中提炼出来的真知灼见,此心意当坚守!这样,储备的知识就能压制住我们手舞足蹈的滥绪狂情,"繁花密柳中拨得开,方见手段"。

随着操作的不断累积,是是非非相应增添,实战的积累,当常检省,当常静思,当常提炼。检省"起落"的精华,静思"阴阳互换"的极末,提炼"简单"的核心,此心念毋庸置疑当坚守!这样,我们的身心就不再漂浮摇曳而得有栖所,正所谓"此心安处是吾乡"。

在汹涌的股海出行,当坚守谦卑的心境,唯有低才能装满丰盈,因为水不会往上流,而坚守简约才能让我们心无旁骛,动如光影,干净而直接。

坚守"量时空"稀释过滤评估风险,就不至于受无谓的大伤害;

坚守"量形态"还原主力身影,资金就不至于无度地被蒸发;

坚守"量价异动使均线归位",坚守A区的构架,就可寻得胜利的战机。

如此坚守,好行情可以获得大胜利大惊喜,一般行情可以获得小胜利小喜悦,而在行情下挫时可以避开伤痛收获宁静。

## 【案例6】

广信材料（300537）股价在 2020 年 9 月 29 日跳空高开并上冲至前股价高点处回落，全天收一长上影 K 线。这根长上影蛮有意思，有意思在于一是位置好，二是前几天股价刚有异动，极有可能是正式拉升前的试盘。2020 年 9 月 30 日，股价小幅低开很快收回昨日实体线，全天收大阳线，这就印证了前一日长上影是试盘，盘中的机会可以牢牢抓住。见图 7-3-14。

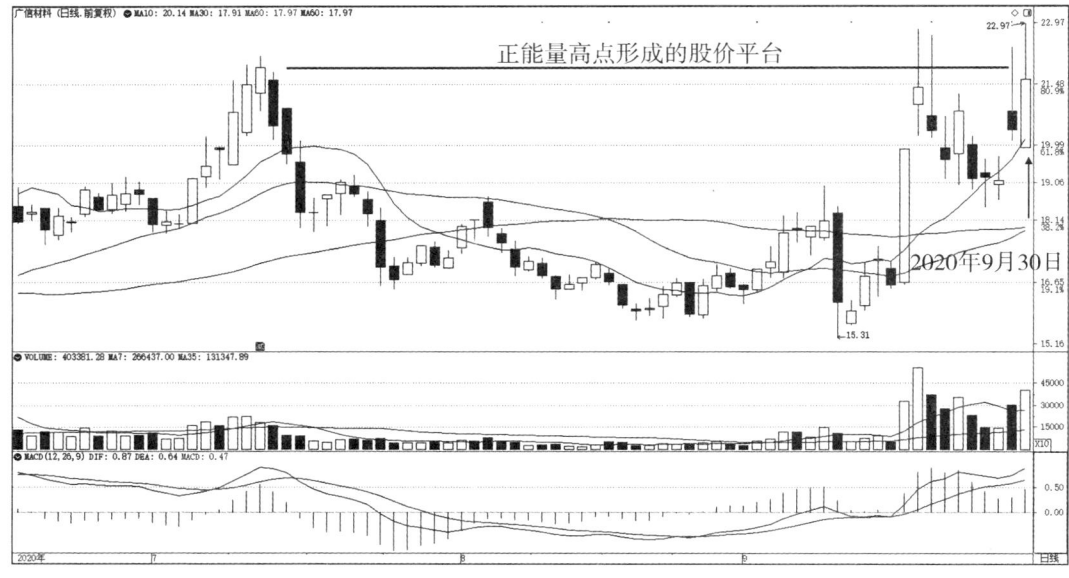

图 7-3-14

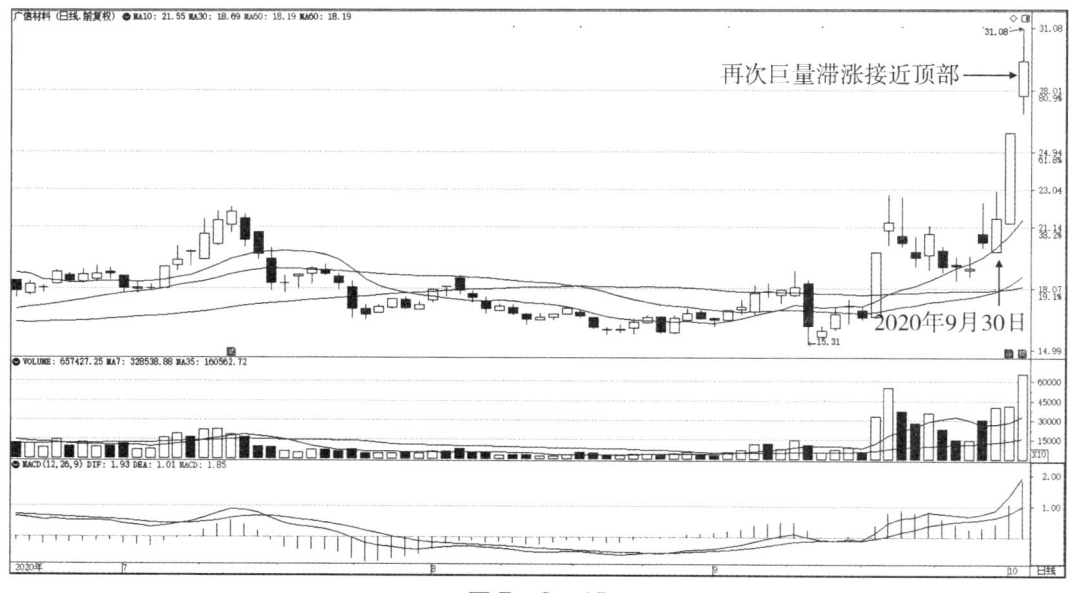

图 7-3-15

次日，广信材料的股价在上午盘多波稳健上攻牢牢收涨停板，次日再大幅跳空高开盘中收涨停，下午两点后涨停打开，巨单蜂拥而出，到收盘也无意收回，全天收巨量，这又是精准短线出局时。注册制之后，连板会有，但不会太多，涨停之后冲高将是行情表现的主流，因此，见势主动锁定利润是明智之举。见图7-3-15。

**交易策略：**异动形成好位置要关注，好位置上的再次异动要高度关注；好位置的长上影K线是经典的异动，随后的上攻要第一时间跟进，盘中继续拉升继续买；拉升之后高位巨量要提高警惕，走势不对即刻锁定利润或锁定部分利润。

## ● 三度操盘之我见：结缘

经曰："道生一，一生二，二生三，三生万物。"三度：谓股市之厚度、力度、速度。力度生于厚度之基，再以速度提领之，其势为人瞩目。三度！奇哉！

厚度乃主力强势吸筹之迹，此可觅主力影踪；力度则以能量固守之大律，提炼谓之战法；一切牛股之初，头龙之雏，皆以此律为绳，无半点逾矩。三度，妙哉！

万物归宗：无厚度之藏伏，是月下美人，终昙花一现；无力度之经典，如玉多瑕疵而抱憾事；无速度之领携，似无冲锋号角，势不力敌。而三者迎机契合，则定能碰出市场最美之焰火，其完美对接势必引群雄翘首、千股折腰。同人行于股市，当时时观强者之姿，见经典之态，应强势之声，顺势出击。

于大形中觅暗流涌动，待落花有意点头之机，则强势与安全并举，牛股与获利自当相得益彰。阴极之末随风潜入；巅峰超越昂扬出击；玩牛头于股掌，戏龙首于指尖，市场脉络，了然于胸！今吾辈有幸，得闻先生深解此法而见市场真谛，探得牛影龙迹，能安命于市，全得力于此！

噫！三度之美，美不胜收；三度之精，华而有实！尝三度之鲜者，终生回味无穷，行三度之法者，定得股市大自在也！祈"股是股非"之功德结缘红尘！

重庆何先生——如见其人

几年、十几年、几十年的股市征程，回首时尘埃落定，股海茫茫，无数英雄被折腰。书山有路"勤"为径，股海无涯"诚"做舟，扎根股市需要勤奋学习，诚实面对。股市里，勤奋的人很多，诚实的人很少。勤奋让我们可以知道很多，看到很多；诚实，可以让我们看到很多并做到很多，收获很多。能"做到"就是因为

"坚守"，这种坚守，不是呆板的故步自封，不是清高的唯我独尊，而是敞开心扉的容纳与接受。要容纳这个市场的风险，接受这个市场的多变，在变化中得到不变的收获。

**【案例7】**

沧州大化（600230）股价前期有几波大跌，后面还有没有大跌、什么时候是底谁也说不清楚，但股价出现明显异动时，见底就明朗了一半。图中可见股价大阳线止跌后又出现两个涨停板，之后回调，回调过程中A区形成，这属于明晰的量价异动让均线归位图形，当时段市场中化工涨价声一片，这两个涨停板也具备了拉高建仓的条件。2021年2月8日股价收回最后一根洗盘阳线，强势A区大阳反转，拉高建仓最终得以确认。见图7-3-16。

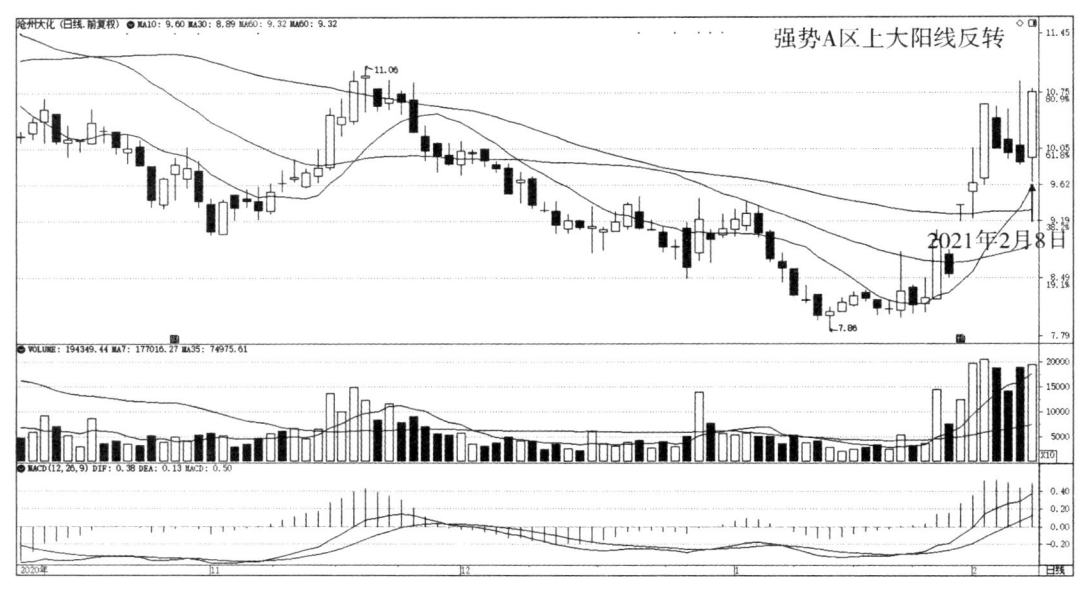

图7-3-16

股价在A区大阳线反转后，连续四根大阳线加涨停板创出较大空间后，于高位出现巨量天针紧接倒灌，股价到顶无悬念。大异动，大归位，大进攻，大撤退，大格局，大赢利。见图7-3-17。

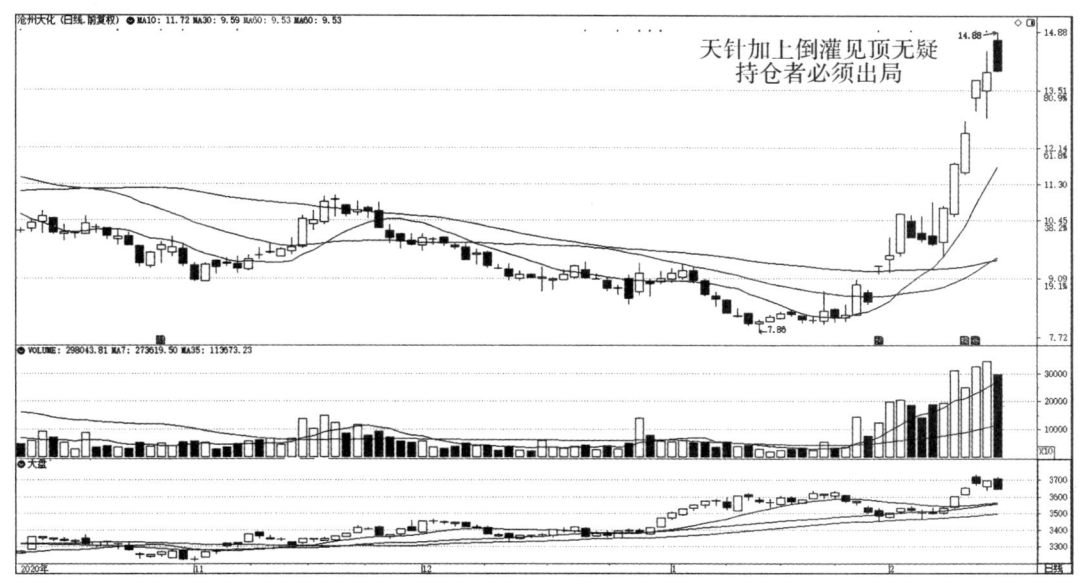

图 7-3-17

**交易策略：** 拉高建仓是主力迎合市场题材紧急建仓的经典手段，拉高建仓之后的密切跟踪不仅是一种技术手段，更是一种交易理念。技术是细节，理念是格局，当格局与细节融于一体，交易人生也就不再四处惊慌。股价在强势 A 区强势反转，不要怕，大胆跟进！有风吹，不要怕，大胆跟进！强势 A 区是大多数波段启动点之首位，不用怕！

## ● 三度操盘之我见：信念

老师：

您好！感谢您的辛勤传授以及引导我们真枪实弹地操作，这对我的影响巨大。您对强势股票的洞悉解读，可谓一针见血地道出了市场的最强音，这是我从业数年以来接受到的最具震撼的一次彻底清洗，包括投资理念与实盘技法都有了一个方向性的改变与提升。我现在感觉自信了，面对客户的咨询更有底气了，最近的自我操作与盘中推荐均取得较好成绩。

以后我要好好研习您传授的东西，好好运用主力资金的经典强势运作模式，尽最大努力熟知强势变盘前的经典模式，充分透彻地分析各级别的风险以及风险过滤法则，好好琢磨，努力提高自己的投资水平以及实战投资分析能力，以后有机会去多多帮助那些在股市亏损又找不到方向的人，争取让他们恢复投资信心和对生活的

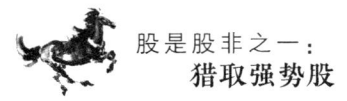

热爱。老师,您的"两点印证"彻底粉碎了我以前那些对于基本面的陈旧观点,让我更早更快地拥抱阳光!请您相信,您就是我的榜样!

此致

敬礼!

四川郑先生——思成于行

**【案例8】**

科达制造(600499)股价从A区开始到高位背离后破均线,用了不到60个交易日,走出130%的行情。这样的走势,事后没有人不喜欢,事前没多少人会喜欢。事前如何知道事后的事?笔者敲破脑袋也是不知道的。2020年11月13日,这根A区上的阳线在盘中抑或盘后都可以见到。为什么要谈这根阳线?它是A区上首根有价值的阳线。前期有资金进场再有节制洗盘后的阳线往往是波段的起点。谈它就有了实战意义。

至此,股价踩稳10日进攻线稳步推进,推进过程中阳量不减,均线等距离顺畅。直到高位双重信号提醒股价到顶。见图7-3-18。

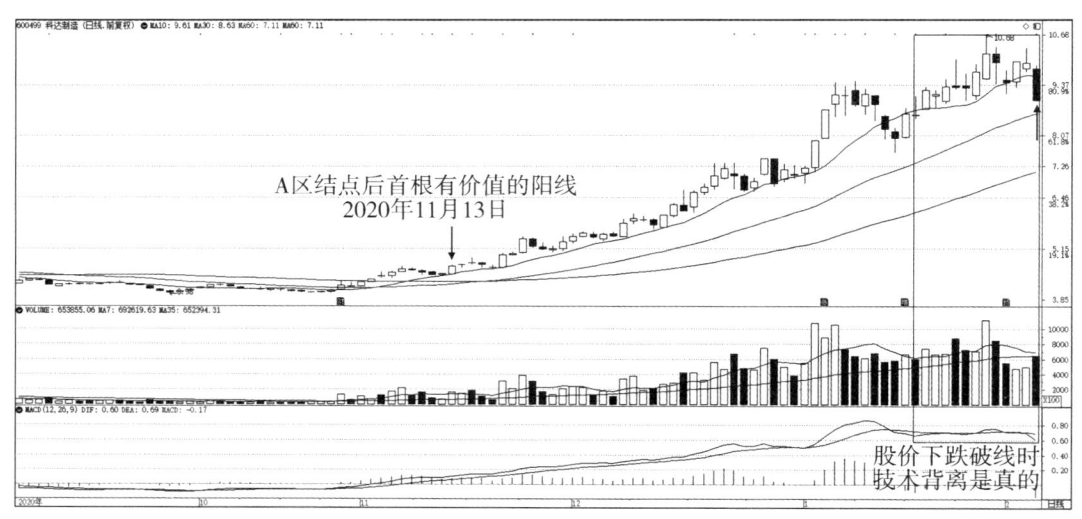

图7-3-18

**交易策略**:量价异动形成A区高度关注;A区上的首根阳线介入;均线顺畅,量能不减,价格不破,就一直持有;高位有背离警惕,破线或突然巨量滞涨出局。

## 三度操盘之我见：宝刀

老师：

您好！尽管我比您年长很多，也在大学里任教，业余时间也在研究摸索股票这档子事。但去您那里后，才知道在股市里我是文盲，请老师多指教。

2013年7月27日、28日两天的集中交流学习，我的头没有发涨，对您的三度强势理念与经典战法居然接收了，这套理念与战法比我想象的要容易一些，有点似曾相识的感觉，把来之前的疑虑基本上都打消了。总体感觉是您在嬉笑之间，把股市里的是是非非、股票的"根脉"刨出来晾在我们面前！不过，当时思想还是稍微留了点尾巴，就是不知道三度战法在实盘中的效果有多大！29日，第一天的实盘没敢动手，毕竟三度战法对于我来讲是一个新东西，还需要花时间理解。第二天，您在早盘提到了一只股票——中体产业（600158），我当时把它打开看了一下，即时图上的走势是股价站在均价线之上，一直在横盘。在我的记忆中，这种走势一般是比较强的，那就买一点试试吧，等到下午开盘不久，这只股居然涨停了！惊喜还在后面，第二天此股高开高走，盘中还封了涨停，虽然后来打开了，但是两天之内有将近20%的涨幅。我心里想，这个蒋老师貌不出众，可三度战法确实犀利啊！从中体产业当时的整体K线图看，有强势再收集、健康回调，然后在A区直接进攻，即强势A区战法；由于左有压力，所以第二天冲高回落时我选择了卖出。周四，我又是在您的提示下买了海联讯（300277），这只股仍然是在关键位置有两堆再收集量，股价向上时还有涨停板异动，出现变盘信号叠加技术上有支撑，位置非常好，买！买！买！这股强悍，上午就拉涨停，第二天高开高走轻轻松松就把股价顶到了涨停板。在回武汉途中我才理解您重点讲的那句话："强势的就是最安全的。"

我服了，在短短的一个星期，我居然能抓到四个涨停板，比我以前一年中抓的涨停板都多，并且都是在当天涨停板启动之初买进的，蒋老师，弟子佩服！佩服！佩服！

回来以后，我就加紧建立自己的文件夹和图库，反复地看笔记来理解三度战法中的大形态，以及最佳切入点的提示。这也是您对弟子们下达的死命令。2013年8月19日，早盘开盘就发现永鼎股份（600105）跳空高开，一看还是个大形态的踩量突破，周线均线密集归位叠加技术支撑，赶紧下单买进，当天封涨停，第二天高开高走又加了点仓，第三天放量滞涨冲高回落出局，这也是我对老师您说的"只留下明天早餐钱"的几个精准买点的一点体会。

第一次学习过后，对您讲的有些内容不甚理解，加之您开玩笑说"学习上更喜

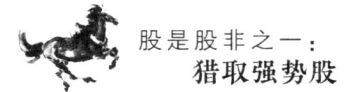

**股是股非之一：猎取强势股**

欢脸皮厚点的"，您的愿望是您的学生都能成为朋友，于是我趁热打铁，9月再次去拜见您。通过两次交流，我彻底甩掉了沉闷了十几年的操作理念，您的"主动出击并出击主动"投资策略对我触动非常大，这是一种积极向上的人生态度，是很有朝气的正能量！而同时，您又把风险把控放在系统首位。这种诚实而务实的态度是很难得的！更不可想象的是，您居然没用一个字去谈市面上那些花花绿绿的度量指标，这正如您所说：剑在手中，不在船下。

后面的操作，我一直按照您的趋强法则找经典，在2013年10月，做到了当月的半导体行情，后来的特斯拉行情、油改行情、京津冀行情，也均有斩获。每当用三度利器赢利时，就会想起只有在老师那里才能听到的、精确描述股市与股票的经典语言，谢谢蒋老师帮助我成全了宝刀不老的英雄情结！总之三个字——爽死了！

武汉张先生——老刀

**【案例9】**

受新冠疫情冲击，市场情绪恐慌，股票普跌，龙建股份（600853）股价随同大盘一起一字板跳水再跳水，但后一日的跳水低开收大阳，大阳之后持续收阳线直到收回恐慌缺口，均线系统再次回归A区，并且是强势A区。很明显这是主力资金在低位的强势再收集。股价重回A区之后采用单日强硬洗盘，就于2020年3月2日发动攻击，看来龙建股份的主力也着急，生怕错过了最佳拉升时机。见图7-3-19。

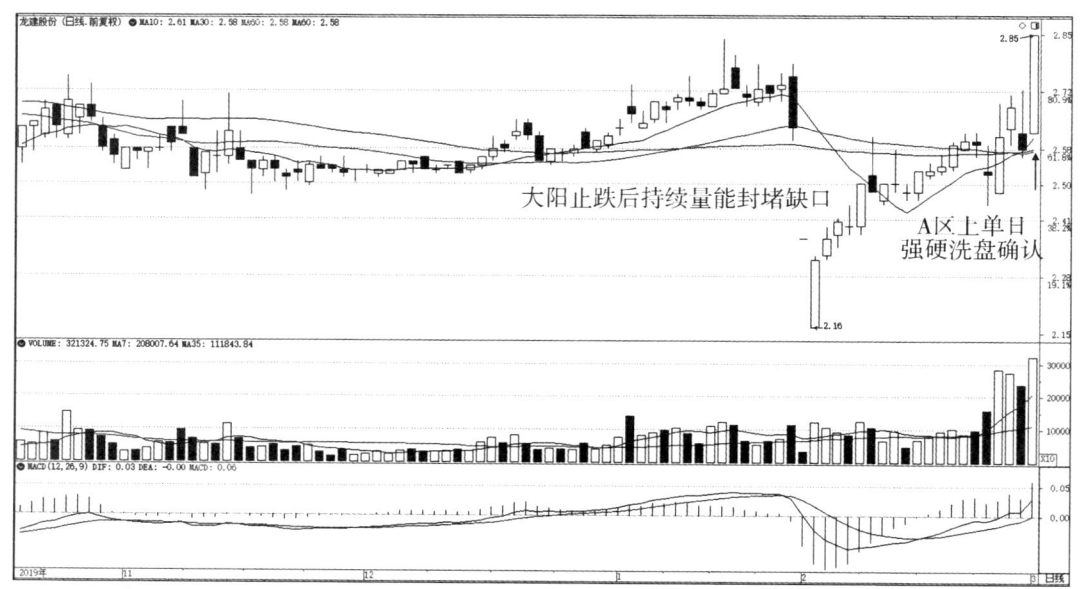

图7-3-19

龙建股份股价 A 区上攻后，主力一口气拉出四个涨停板，第五个交易日收巨量上影线股价受阻，这是见顶的信号，选择出局。随后股价的走势，也的确没再创新高，一波一波长时间走在下跌通道里。见图 7－3－20。

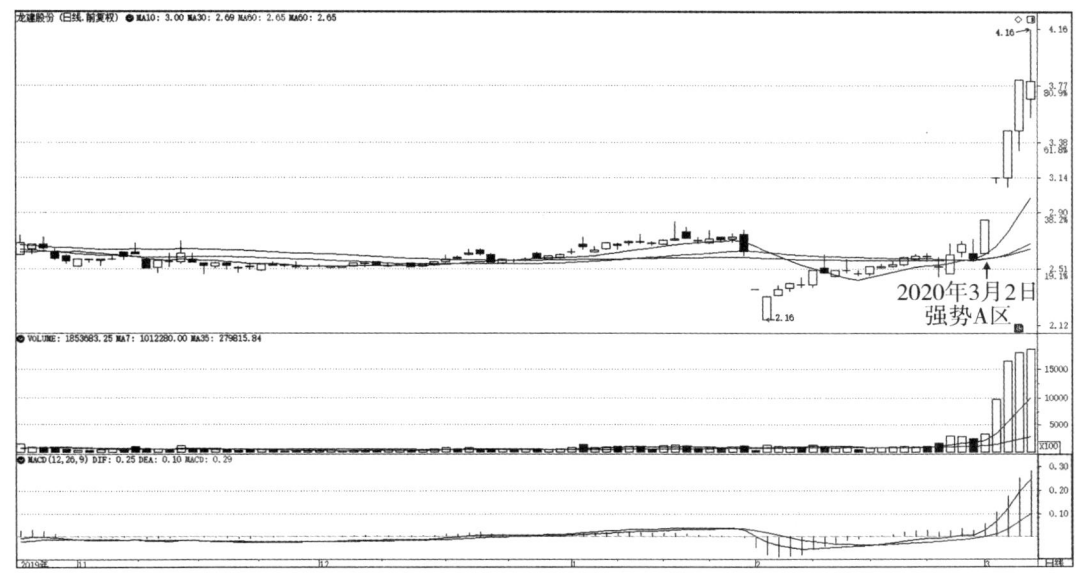

图 7－3－20

**交易策略**：强势再收集的投入是主力资金极其重要而关键的一笔投入，分量很重，出现后要高度关注。当然，不是任何一大堆阳量都是这种性质，这需要读者对前面章节多加体会。当股价出现超常规资金投入时，可以考虑布局部分资金，在行情正式爆发时追加仓位，拉升一大波之后的明显见顶要及时出局锁定利润，否则很容易退回赢利，甚至赔本。

● 三度操盘之我见：守道　守心

老师您好！结识老师，学习三度理论交易知识，是我这个在商场摸爬滚打了几十年的老顽童非常开心的事。借助给老师写这封信，我向老师汇报一下我对三度的认知以及对市场新的理解与对交易的浅见，请不吝指正。

我到三度大家庭快三年了，通过两年多实盘练习，整体有了长足的进步，强势波段时常抓住，更重要的是明白了做股票的"术"是最基础的知识。无道止于术、

## 股是股非之一：猎取强势股

有道术可求。"股市之道"是指大盘环境、行情优差、赚钱效应、题材级别、盘面健康、操作策略、进攻系统、风控系统、规则纪律等。"术"简单讲，包括竞价发现、盘中狙击、K线形态、能量堆积、变盘信号、技术指标等。在这里三言两语是讲不清楚"道"与"术"的，但我知道，简单地用"术"去穿越股市牛熊是不可能的，"道"才是做好股票的强大支撑。对于我而言，三度的"道"才足以支撑做到市场里各时段的强势股、龙头股，三度的龙头五步讲逻辑思维，讲方法策略，讲战略战术，讲思想哲辨。股市是高维博弈，把三度的"道"转化成自己在股市的博弈智慧，这要靠自己多悟，然后还要善于"守"，这样才能德财同位。做好股票的"道"比"术"重要得多得多，仅凭单一的技术就能做到龙头股，这是痴人说梦！正如老师所说："三度的龙头五步表面看上去是操作龙头的步骤，而后面的深层次逻辑才是交易的灵魂。"三度行，行大道，就是指在做交易时要运用龙头五步之"道"，而不单单是"术"的战法。主力也喜欢做个亮丽的K线形态来绞杀你的钱袋子。与世间的能人也难过美人关是一样的道理！

在股市，不但学术寻道，还要问道问心，也要守道守心。循规蹈矩，依道而行，命由天定，运由我改，一切福田，不离寸心。股市投资也必须要积德积福，来修造自己命，而后改变运。当钱赚到自己手中时，自己要扪心自问一下，德财同位吗？即使暂时疏通了财路，并不代表财路畅通无阻，所以，还要问心问道，修心修道，修宽自己的财富通道，就要多行福德，善心做事。股市危机四伏，身处风险之地的你信吗？但我信！

常说做事要有大格局，但有先天格局和后天格局。人自带先天格局，但不代表你能用好自己的先天智慧，那怎么办？只有通过积善行德、积才积德打开你先天格局中的智慧之门。儒释道三者是先天格局中的高维智慧的代表，常人可以问道三尊！通过向儒释道学习，向高人请教，再反过来悟道自己，来唤醒自己内在智慧和格局。做股票交易一样，做不好股票，是因看不到股市的本质，看不清行情核心，看不懂龙头股的内在逻辑。

股市牛熊在轮回，行情在轮回，龙头在轮回，这股市似乎就是释家的一间佛堂；

股市的逻辑思维之道，交易之道，买卖之道，龙头股之道，这股市似乎又是道家的一个道场；

做好股票的谦让格局、交易的半步之间理念，与主力和谐相处，股市又如何不是儒家的一间中庸教室呢？

做好股票，讲究的是操作思想和理念。大凡做事，底层次讲方法，高层次讲理念。要成为高级别的投资或投机大作手。读经典老书对我们做股票是很有益的。我的经历告诉我，读经诵典有助于我们建立自己的认识逻辑体系和价值价系，这最终决定自己在投资或投机路上能走多远。长期持久习经诵典，有助于提高自己对市场的认知，对于解读政策题材、分析操作逻辑都大有益处。一门深入长时熏修，持久习经加实盘锻炼，一定能行于投资大道。证券投资开市已数百年，东西南北中投资交易经典书籍广泛众多，我认为"股是股非"是一部非常值得中国股民捧读的经典大作品。

成都——任忠

## 【案例10】

晋控煤业（601001）一波小行情后进行小波段洗盘，股价在60日均线上受到支撑后又见一组超常规短资投入，量区里这一堆阳量异常醒目，看见后一定要打个记号。超规短资投入后主力选择短暂停留，向下洗盘，横向蓄势，还是星线震盘，主力随意。此主力选用向下健康回调，回调过程中B区成型。2020年7月1日一光头小阳线在B区A点反转，确认洗盘结束，当天是波段最佳介入日，见图7-3-21。

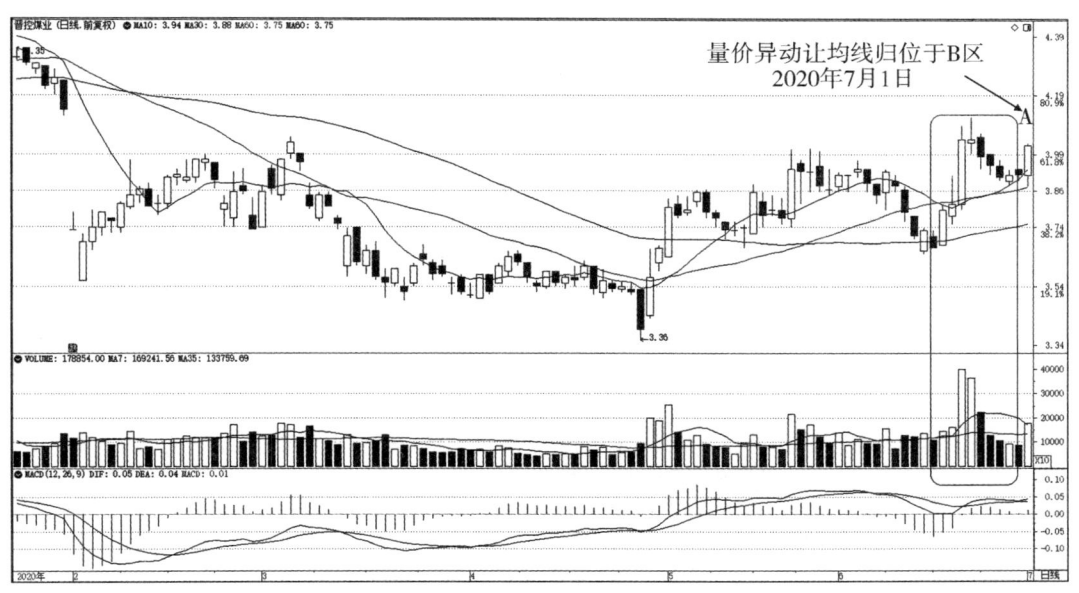

图7-3-21

股是股非之一：
猎取强势股

在三度交易体系中，等待"经典"，在"经典"中果敢出击是唯一不变的操作规则。"经典"不是用嘴说出来听的，是深刻理解后用来赢利的；"经典"也不是用笔写下来看的，是深信后用来成全自己的。脑子时常想着"强势行情"，但理念、行为、条件规则、实际抉择等方面却落后一大步甚至几大步，就在高强的反差下采取激进式操作，这太容易吃亏了！所以，笔者必须指出，三度操盘赢利模式是一种激进模式，包括强势低吸、强势追涨。由于激进就会有冒险，所以，为最大程度降低冒险行为带来的恶果，对于选择操作的条件设定就需要极其严格——不见兔子不撒鹰，不见强势不出手，同时，还必须审时度势，认真判断所选择的路线是否有利于飞鹰追击奔兔，否则，很多时候就会呈现双刃剑的另面之刃。三度赢利模式恪守的是"主动出击并出击主动"，"主动出击"是一种态度，"出击主动"是一种选择，当主动选择了有"厚度"的能量，走势上又有"力度"的呈现，期待的"速度"就有机会发生。速度会创造距离，距离会产生美，无与伦比的惊艳行情就会回馈我们！

晋控煤业股价确认了超常规短资投入的洗盘结束后，连续大阳加涨停板把股价送上高位，用巨量阴线告知股价顶部区域到来。见图7-3-22。

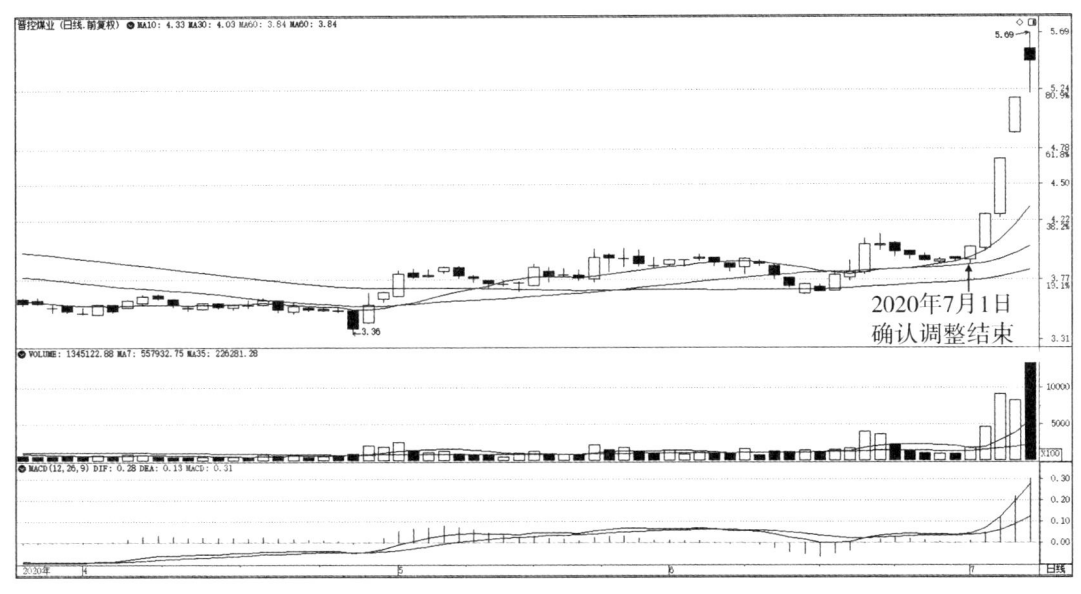

图 7-3-22

**交易策略**：股价走势波澜不惊，说明没有得到资金青睐，拉升可能遥遥无期，然而交易生命有期限，因此资金要用在刀刃上。B区超常规短资投放，是很棒的主力用很棒的方式投入资金，这是经典形态位置上的经典异动，尤其要关注其后续态势。一旦抓住行情起爆点，大利可得。

三度赢利模式的最低追求是精准短线，当天在股价的中低价区买进，当天就大幅赢利或在随后的一两天大幅赢利。

三度赢利模式的最高追求是强势波段，买进大阳线的当天或随后两三天即进入强势领涨波段。

任何一种赢利模式均有其长、有其短，三度赢利模式也不例外，在交易战略定位后，应盘面的变化采取相对应的交易战术至关重要，因为这会决定你以后的资金往前是走是跑还是飞奔！股市是一个不断洗牌、不断再分配的地方，能够持续赢利的人很少。一旦时过境迁，旧有的市场利润就不可能重复再生。所以，股市的竞争最终是人性层次的全面竞争。要赢，必须建立自己独特的核心竞争力，这样才能在市场上持续获得竞争优势。要征战股市，在拥有扎实的核心技术操作功底的同时，更需要锤炼一把心性之刃。这种刃，达观、睿智，能够帮助我们积极面对困难，坚定信念、不盲从；勤奋学习，勇于实践，善于总结；冷静、耐心、坚忍不拔；既有纵观全局的远见卓识，又有洞察入微的细心冷静；拥有不以物喜、不以己悲的宁静心境，再加点与众不同的思维。当能握紧这把刚柔并济之刃时，你同样能运用三度理念与三度赢利模式，从一个胜利走向另一个胜利。

## ● 三度操盘之我见：前行

老师：

我的恩人，感谢在我最困顿的时候遇到了您！遇到您之前的好长一段时期我失眠、焦虑、胸闷气短、后背疼，头发一把一把掉得吓人，我以为我挺不过去了，绝望中给老师打了个电话，电话中，我把委屈、无助像祥林嫂一样倾泻给老师，在静静听完我的唠叨之后，老师对我这个未谋面的读者进行了安慰，最后老师一句"我答应你，来吧，我尝试帮帮你"，突然让我感觉到了久违了的温暖和光明还有依靠。

学习期间老师一直在给我鼓励、帮助和机会，可长期的压抑使我居然提不到桌面上，内心只恨自己扶不上墙。面授结束，我很想像别人那样给老师道个别，可自卑、羞涩，外加嘴笨，我不知道该说什么，假装在教室里抄笔记，一直磨到老师离开教室，我才回去。后悔没跟老师道别，没说感谢的话，我也不知道，如果再有这样的机会，我敢不敢。

学习结束，我按照老师说的，把业余时间都用在了做图、看书、看笔记上，可长期失眠使我的记忆像鱼一样，只有七秒。每次看书、做图都跟新的一样，但我知道，只要方向是对的，理是通的，就是用蜗牛爬行的速度，我也要爬向成功。

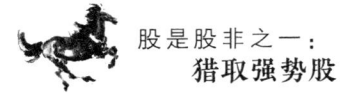

### 股是股非之一：猎取强势股

因为我的功利心太强，太想挣钱了，学习回去没按老师反复叮咛的仓位管理来管理资金，结果我的资金快速缩水，两个账户全部腰斩。强哥、胖胖姐还有同学们一直在鼓励、安慰我，强哥说：只要我不会的，随时都可以问他。这就是老师带出来的团队，无私、团结、友爱，只要相信"三度"，不放弃，就不会让任何一个人掉队。通过一段时间持续的努力，情况慢慢变好，就在我给老师写这封信的时候，我成功做了六只票，而大盘却跌得吓人。我做的合兴股份、迎丰股份、中国黄金、西昌电力、方大特钢、天秦装备，都是在周四、周五两天买的，其中四只都是周四同一天买的（2021年3月18日）。恩师请放心，我这个别人眼中的笨人将持之以恒，努力做到"放低放下不放弃"，我相信，以我这个曾经的学霸的学习能力，早晚能撑起我的梦想。再次感恩老师，第一时间批准我参加4月份的复训。笔墨水平有限，文字粗糙，难以表达我内心的感激之情。

致敬！

河北苏仪至上

**【案例11】**

铂力特（688333）股价跳空缺口涨停后开始缩量回调，在缺口上股价两次受到支撑。2020年7月23日一根阳线带量反转重上B区进攻线，缺口支撑赢利模式即刻展开。随后股价间隔一两天就来一根十几二十个点的大阳线，不经意间就完成主升浪的目标。见图7-3-23。

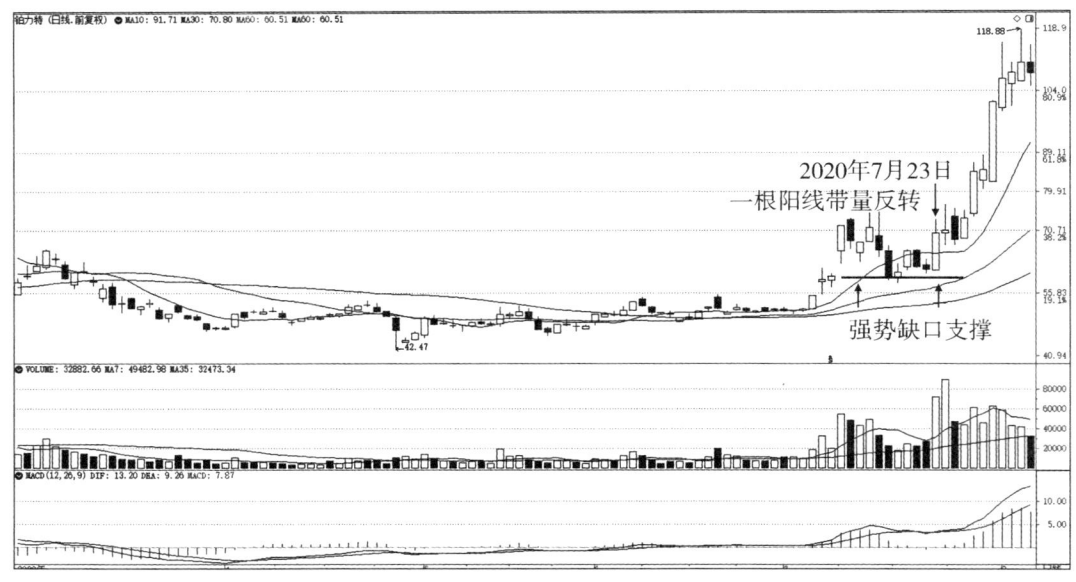

图7-3-23

主力资金运作一只股票，洗盘是非常关键的技术活，洗盘较前期的建仓、后期的拉升更有难度，也更需要智慧。下洗时要把握"度"，途中要把握市场筹码的稀释时机，以及资金的再分配等。借助B区判断主力洗盘时的"度"与时机，应该是一种不错的选择。

**交易策略**：跳空涨停后缩量回调的股票要多多关注；在缺口上下沿位置股价不再往下要高度关注；小阳线止跌可小仓位介入，大阳线强势反转加仓或开新仓；结合前期股票质地，结合行情盘面实施仓位的轻重投入；对于20个点的涨停板少期望连续三五个涨停板行情，见好就收、见信号就收相对踏实可靠。

## 【案例12】

中辰股份（300933）上市首日股价收红，次日跳空低开收跌18个点。对于短线客，如果上市首日追高买进，稍一犹豫这一两天就亏掉几十个点，这种亏损速度对持仓者造成的冲击是有力度的，因为不确定后期股价下跌的空间会有多大，多数人被迫选择次日的大阴线成型时出局或后一日再低开时出局。其实，这时候出局与不出局都是错的，知道为什么吗？

第三日、第四日、第五日连续三日阳量阳价把跳空下缺口封得严严实实，机会已若隐若现，而第五日的长上影看上去尤为可爱。2021年1月29日，低开的股价强势反转，盘中多波携量上攻把股价送至涨停，次日再高开迅速涨停，再次日大幅高开17个点低走形成倒灌，顶无疑。见图7-3-24、图7-3-25。

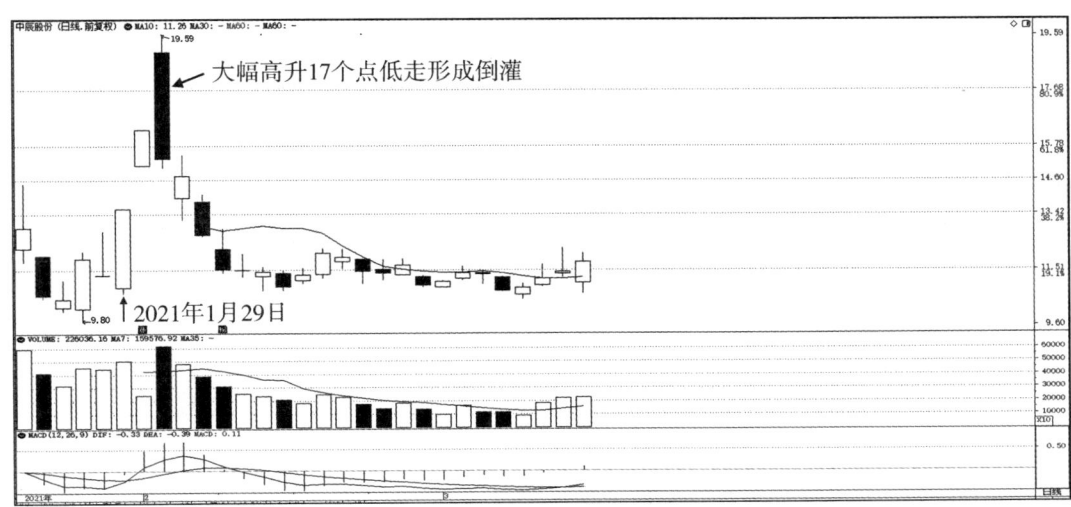

图7-3-24

## 股是股非之一：猎取强势股

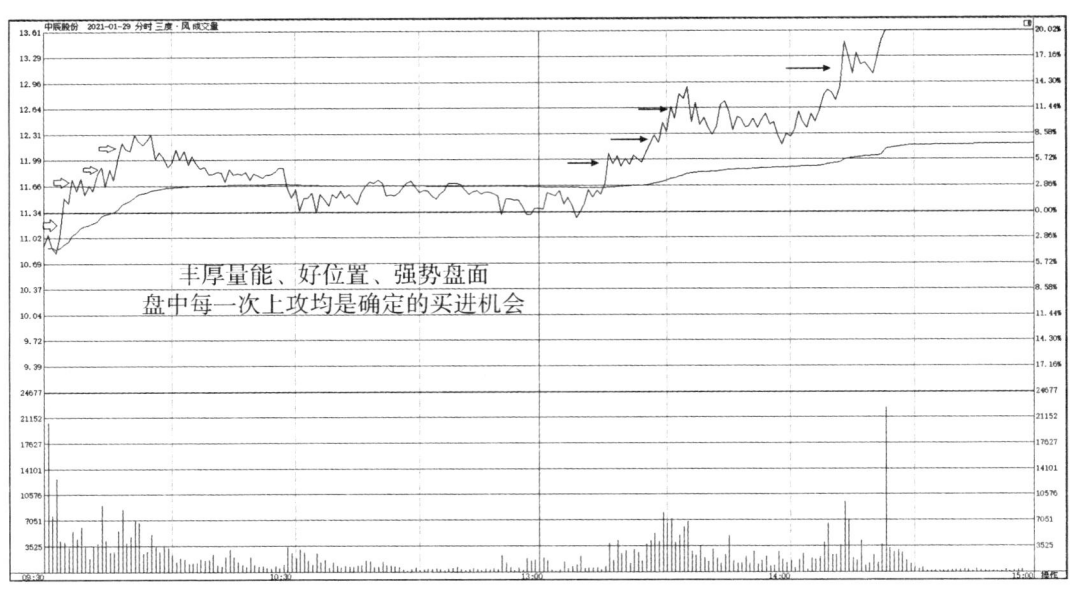

图 7-3-25

**交易策略：** 判断新上市的股票往下跳是诱空缺口需要强势资金进场确认，一旦明显有新资金进场就可纳入关注股池，若股价按照预期行进则参与交易，结合盘面与板块属性决定轻重仓位策略实施，大幅急拉后的股票再次巨幅高开，要做好出局准备，这往往是主力在最后"请君入瓮"。

### ● 三度操盘之我见：舍得

亲爱的老师：

我本一介读书人，不善浮夸谄媚之言，平素交往亦淡如水；更不善阿谀奉承之术，也不与背信弃义之人合群。历经学习与进阶，最近对三度交易系统略有感知与进步，特给恩师做简单汇报，权作阶段感悟与恩师分享。

有幸得遇恩师与诸位师兄师姐，为我人生翻开新篇章，真乃上天眷顾！

从我开户至接触三度，已是十余年光阴，此段时间资本市场充斥着无数崛起与幻灭的故事。也学习过个把理论，但都难以与实践相互结合达到稳定赢利，并且强调亏损是因为市场不好。后来得闻三度，在大部分市场行情都能有强势机会，甚觉神奇。

初学三度，是一些图表形态知识。我按师傅要求建文件夹、画图，反复识图，这是基本功，就如习武之人练习马步，或是站桩之类的，总之，就是能够快速发现机会排除风险。

待我熟悉图表，一心想着便会踏上稳步赢利的阳光大道，却没想总被市场左右打脸。恩师说,这是因为我不熟悉市场盘面,分散市场主流。主流我是知道,但盘面为何物,老师讲过我却并未细细领会。所幸的是,自己一直按照恩师所给的复盘表格每日复盘,慢慢地,了解了些市场玄机。细细回想,我们只需按部就班学习,戒除贪婪、急躁性情,不断修炼操盘,功力便可与日俱增。

每次与师兄师姐们交流,同样的感悟便是:后来者一开口,前行者便知道你在哪里。我想,恩师应该也是看到了许许多多这样的学生。如果你在前行的道路上感到迷茫,不知所措,可以请教老师,也可以问问师兄师姐。

感恩能够得到进一步进阶学习的机会,恩师的倾囊相授让我在交易的道路上减少了很多猝不及防之伤害,红彤彤的账户是对我全力以赴不懈怠的褒奖。今后,我将以更严谨态度面对交易,更严苛纪律约束己行,更刻苦精神实践操盘,以上上之心践行"舍得"精义,努力做到知行合一。

谨以此文呈恩师,并勉励自己前行。

北京——云阳

**【案例13】**

新疆交建(002941)上市后,股价连续一字涨停后打开,打开涨停板后的股价不涨也不跌在高位横盘走箱体,横盘期间阳多阴少,偶现涨停同大阳线,凭经验,此股有主力在吸纳市场筹码。2019年1月4日,股价踩着进攻线强势上攻并突破横盘箱体,经过精心运作的突破,有望走出强势波段。见图7-3-26。

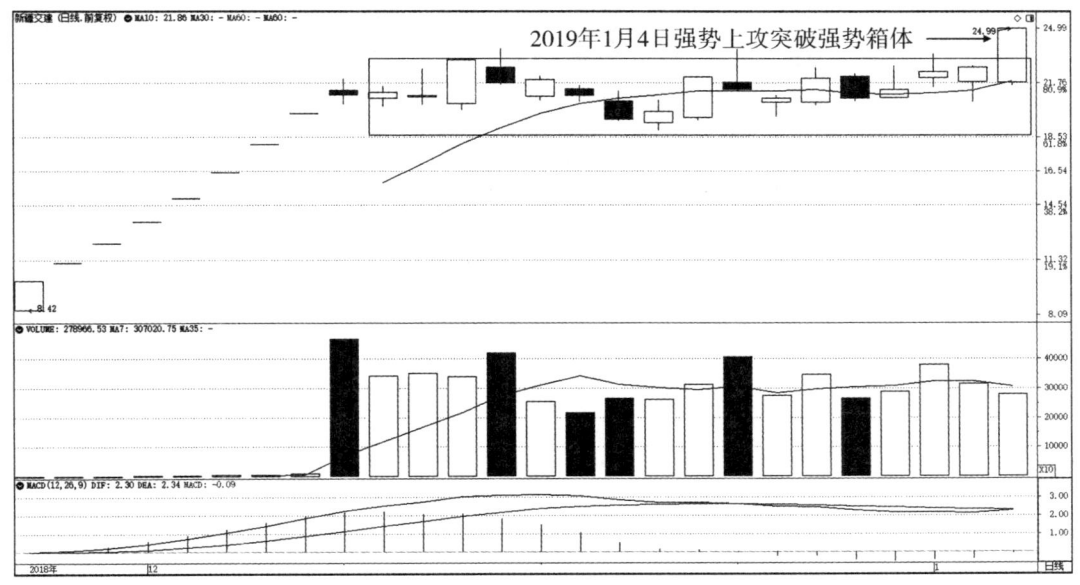

图7-3-26

一段强势行情的产生,离不开厚度、力度、速度三要素。

厚度,是行情启动的能量基石,有能量的支撑,行万事方有底气和底蕴。

力度,是主力后续工作的有效性及凝聚力,有效性加上凝聚力,凡事可顺延。

速度,是强势资金意志的爆发,底蕴加上有效性加上坚定意志,目标达成顺理成章。

突破平台的股价势如破竹,以接近7个涨停板的身姿引领市场,新疆交建这波股价的最高价格是巨量倒灌,倒灌是主力最后佯攻,主力佯攻时,眉毛是绿色的,眼睛是血色的,先离它远点,倒灌之后股价再无高点,直到2021年5月本书截稿。见图7-3-27。

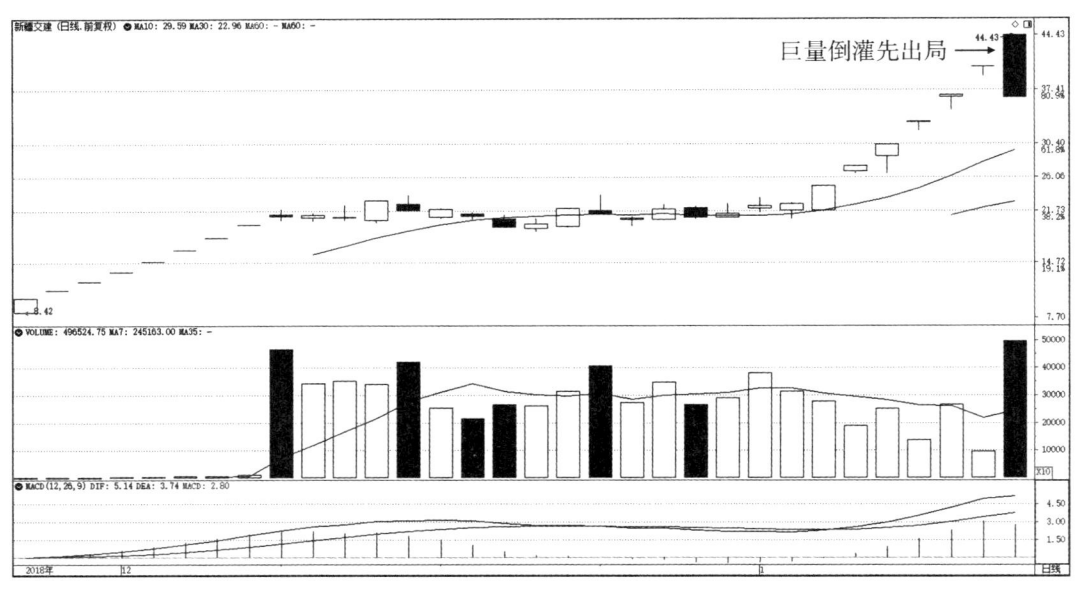

图7-3-27

**交易策略**:刚上市的次新股,在价值、价格均合理的情况下,在相对高位横盘蓄势过程中,只要正极能量较饱满,三阳控三阴特性明显,间歇有大阳线或涨停板,就可以适当关注,股价在箱体里强势反转或强势突破,值得跟进。至于股价走多远,走多久,以其真实走势为准,不设限,不虚妄。

**【案例 14】**

嘉元科技（688388）股价走势中，在 B 区出现超常规短资投入，这又是主力资金的重磅投入，这也是绝好机会的依次呈现。B 区超常规短资投入，是主力慷慨馈赠，懂者自欣喜，不懂者吐槽曰：马后炮谁不会。股价在前颈位仅假寐一日即上攻，波段行情就在眼前。见图 7-3-28。

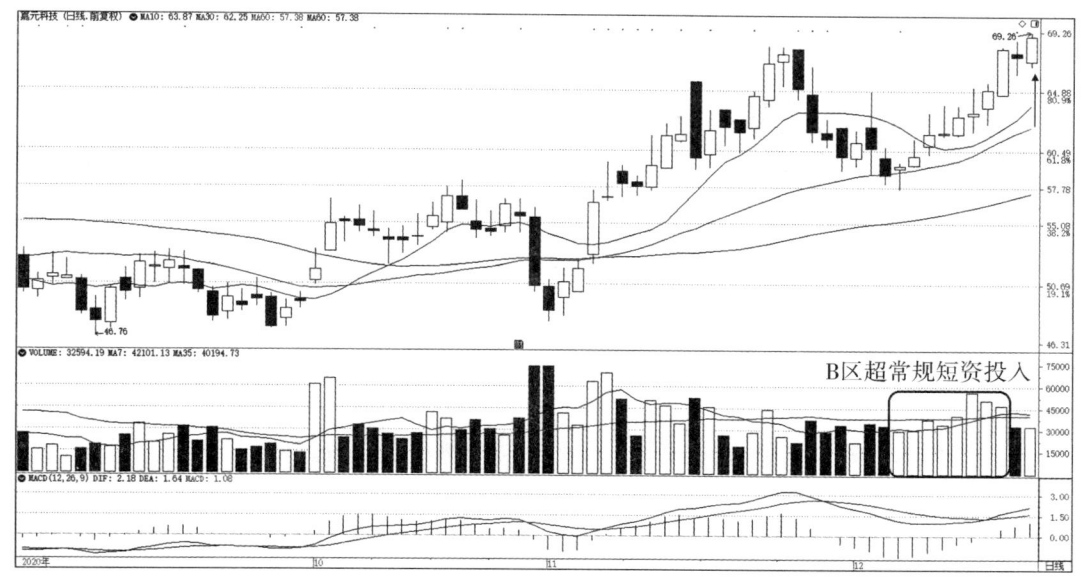

图 7-3-28

嘉元科技的股价随后即刻大阳拉升，再顺沿 10 日进攻线震荡上行，直到高位出现长上影止步，整体涨幅 50%。

股市变化多端，乍一看迷雾重重，但是，股市里也有几扇"宽门"让交易者进去。比如相同的位置、明显的异动、相同的进攻模式、吻合的时间等，这几扇明亮"宽门"在一定的市场氛围下都会敞开。"相同的位置、相同的进攻模式、明显的异动、吻合的时间"，是的，股市里的"妙门"就这样玄乎地转动着。转动的"妙门"总让人眼花缭乱。但眼花的时候一定要屏声敛气、静心思考，届时，门里的奇迹也会盛开在你的心湖之中。见图 7-3-29。

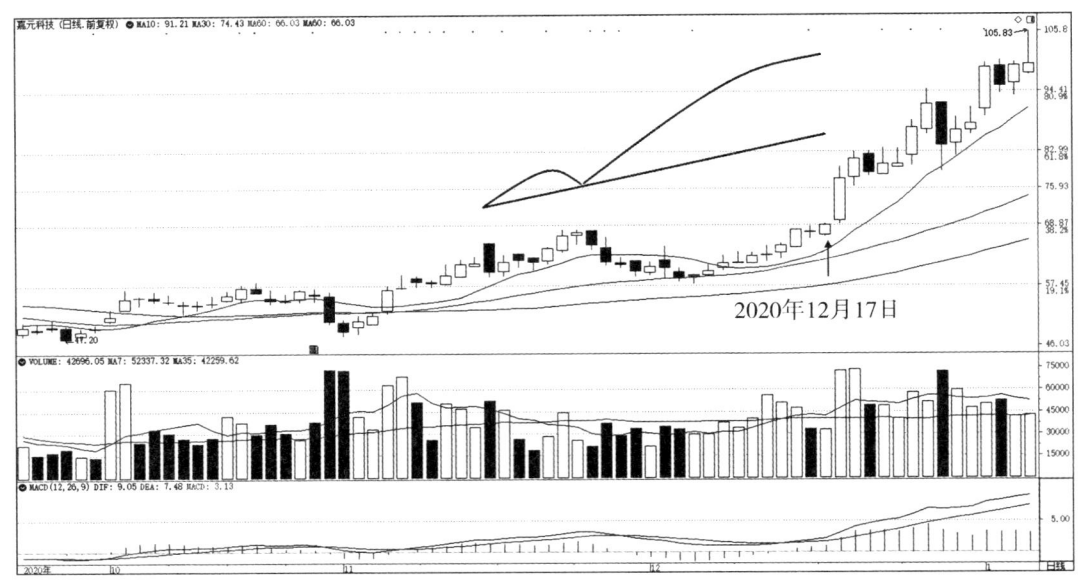

图 7-3-29

**交易策略**：B 区是三度交易体系中的极佳交易区之一，在 B 区出现量价异动或量价异动促成 B 区，就是强势 B 区，股价进入强势 B 区要高度关注，买点信号出现则要大方做多；强势 B 区也是极易生成波段的区间，介入后没有明显出局信号提示，就需多点耐心持有。

## ● 三度操盘之我见：抉择

敬爱的师傅：

您好！

得知师傅为了迎接全面注册制的到来，要对"股是股非"之一、之二、之三做全面修订，技术知识点上会做些补充修订，我很高兴。为了广大读者能阅读到与时俱进的作品，师傅做出如此巨大的工作量，我很感动。我相信"股是股非"的修订本，是经典之作，更是良心之作。

很庆幸自己在没被股市揉捏到千疮百孔时遇见"三度"，走进"三度"，成为"三度"大家庭的一员。这得感谢早期的胡师兄和翟师兄在 2019 年的推荐，胡师兄与翟师兄是我尊敬的极其优秀的朋友，他俩认可的人与事情，肯定也是极其优秀的。事后经过深入交流、深入学习也证明的确是这样的。

股市同很多地方一样，很多时候，很多事情，我们都会面对方向性的选择，选对了事半功倍，选错了则事倍功半，甚至功亏一篑，尤其是选对人最为重要。比如要学习、要深造，选择一位思想有高度、有大格局的师傅，可以让我们受益一生。比如选择股票交易，选对了板块、选对了股票，同样的时间成本，赢与输，赢多与赢少，就是天差地别。

比如说在早盘竞价阶段或竞价结束后，你选择的方向若不在强势主流或热点里，再好的方法技术都很有可能功亏一篑，而股市的奖罚分明立马体现在你的账户上。所以，选择往往比努力来得重要些，方向选对了，路就不远了。

让我最庆幸的是得到师傅的认可，在2020年10月18日进入"三度操盘·卓越研修班"进行持续一年的操盘学习，开启我交易人生的卓越之旅。感谢恩师！感谢恩师从卓越班开班以来持续不断地给我们定性，强化形成一整套强势的实战交易模式以及方法。通过"双强"机理，结合位置、量能等归纳分类的好股票，用"舍德"的思想站在更高的交易高度，运用最高交易精髓和六合双纬大格局，实施降维交易，布局一种套路，根植两种模式，切实做到"抢先一步，行半步，步步领先"。卓越，超出一般的优秀，比优秀更优秀。卓越的路上并不热闹，越往前越寂寞。所以修德、修心、修行尤为重要。感谢师傅赠予三度版"心学"助我修心。

三度理论博大精深。它不仅是在朴素地讲述一种存在的逻辑，讲述一种发展的规律，更是在指明大道的方向、做人的道理。从走近三度到走进三度，方才感知到"放低放下不放弃"。短短七个字，却树起了真高度！与之配合的"股市癫狂终将在A、B之间落幕"，这可不是一句虚话。专注在强势A、B区，有强势的表现，有题材印证，当下正在领涨，那句留下早餐钱就该派上用场了，凭什么放弃呢！《股是股非：猎取暴涨股》书中，有篇小军师兄的来信，正是契合了放低放下不放弃的"天使之吻"好位置。小军师兄的专一、专注值得我们学习，他的成功也是必然的。

在三度操盘理论中还有很多关键词：强势、经典、时机、再机无价、时空大压、动在该动处、盘中领涨、领涨确认、两点印证等。这些经典的关键词在操盘过程中应该时刻出现在我们的脑海里，从而做到主动出击并出击主动。而老师更进一步教导我：经典中的经典，当是盘面印证和逻辑印证，得用上上之心去践行。

师恩如山，我们卓越班的点滴进步和些许成绩全部凝聚着您辛劳的汗水和殷殷期盼。您就像标杆一样，引领着我们走向阳光大道。

三度行，行云流水；行三度，自在大道！

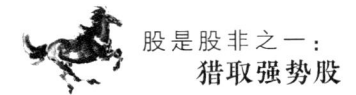

"三度牛气、老师帅气、学生好福气！"请允许我用这句口号来结尾，以表达对三度的崇高敬意。

浙江 F4 安鑫

**【案例 15】**

丰山集团（603810）2020 年 4 月 28 日，股价在前一日一字板后高开上攻，但盘中回落全天收巨量长上影，往左看发现股价正好处在前股价暴跌起始区叠加带量下跳缺口的大压区间，前量时空大压区再次出现巨大阴量长上影，这幅图的确很难看。见图 7－3－30。

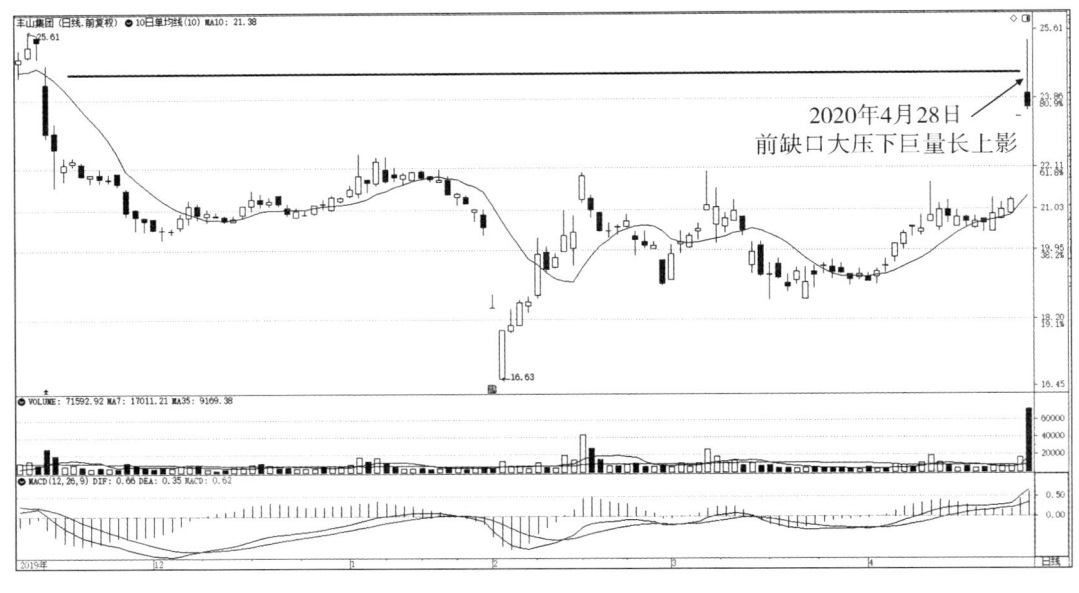

图 7－3－30

巨量长上影后，股价没下跌，而是持续阳量阳价慢慢往上挪，这是资金在持续进场，刚刚很难看的一幅走势图局势又见好了。对于股价走势的判断，对于股票好还是不好，要下一个很肯定的判断太难！如果下很肯定的判断非常容易，那离倒霉就真不远了。市场的走势从不以人的看法来发展，股价的走势也从来不是一成不变。真正能影响市场、改变股价走势的是资金以及资金感兴趣的政策和题材。2020年 5 月 18 日，一根大阳线收回头一日的单日强硬洗盘阴线，形成有效的股价突破，机会较为清晰。见图 7－3－31。

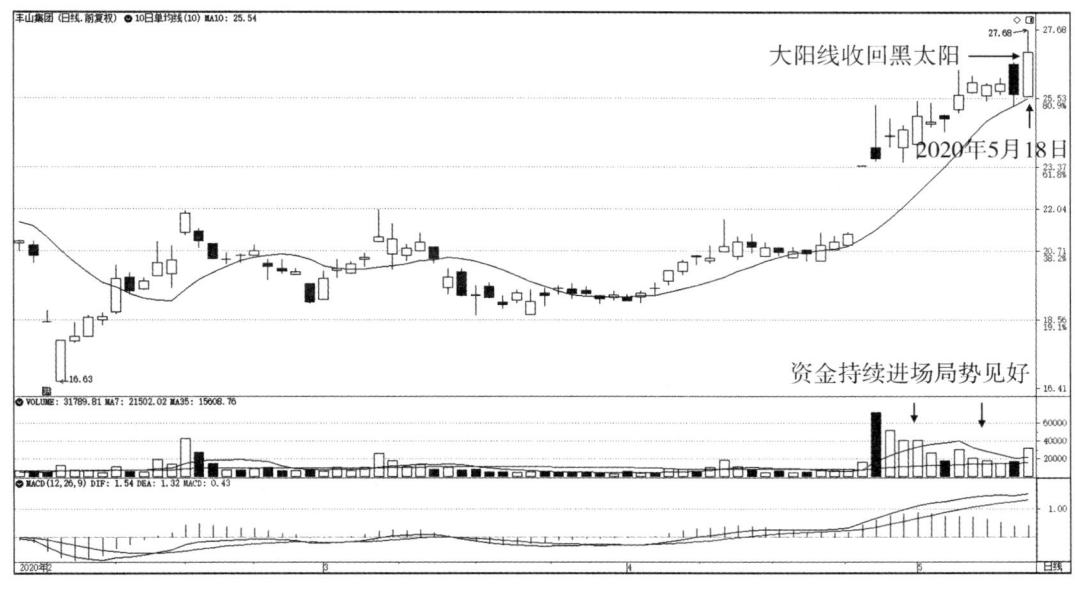

图 7-3-31

丰山集团的股价随后依附着进攻线，不急不躁向上攀爬，用 40 个交易日不声不响把股价推高了 50%。股价在行进过程中，能量持续释放不间断，这是行情稳健上行的核心动力。股价止步是躲在阳线后面的巨量天锤所提示。对于这根不声不响天锤 K 线的危害，笔者需要提醒读者朋友：小阴线可以忽视，但巨大阴量不可忽视。见图 7-3-32。

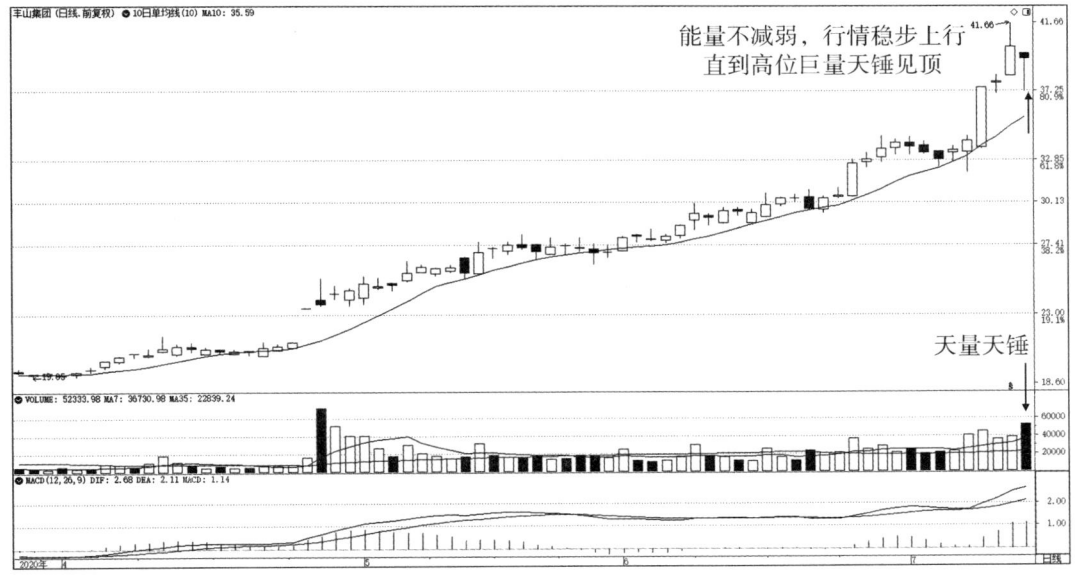

图 7-3-32

**交易策略：** 一字涨停板之后补阳量，均线仍保持上翘，这是趋势有进一步延展的信号之一，股价只要顺着均线向上走就可以一路持有；途中小幅回调后的再次回归仍是买入机会；慢慢涨的节奏一旦加速快涨，多数就是快接近顶部的征兆，此时要密切关注成交量的突然变化，结合卖出策略出局锁定利润。

**【案例 16】**

云南铜业（000878）股价在 A 区明显异动之后往下跳水，看上去气势汹汹也挺吓人，但随后补进去的阳量加上前期下跳的缩量，回头看开始的气势汹汹其实是主力在大刀阔斧排除异己的清盘行为。2020 年 7 月 1 日，股价轻轻一跳踩过缺口，正式向市场宣告，前期的下跳缺口是在诱空。当天股价突破小颈收大阳，结合当时段市场主流可以预判这是行情波段启动点。见图 7-3-33。

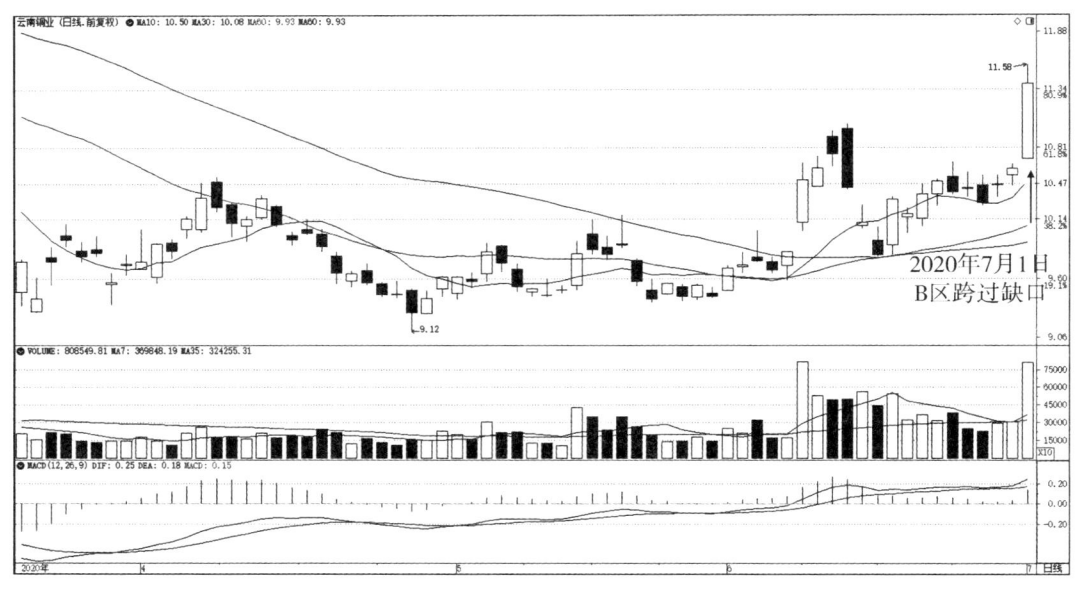

图 7-3-33

云南铜业的股价以大阳线跨过缺口后，连续上攻走出较为干脆的一波行情。通过图形结构可以看到，云南铜业的价格均线系统同成交量均线系统都是 B 区架构，这说明主力洗盘的度与筹码调控的度拿捏得很恰当，这样老道的主力值得我们跟进。见图 7-3-34。

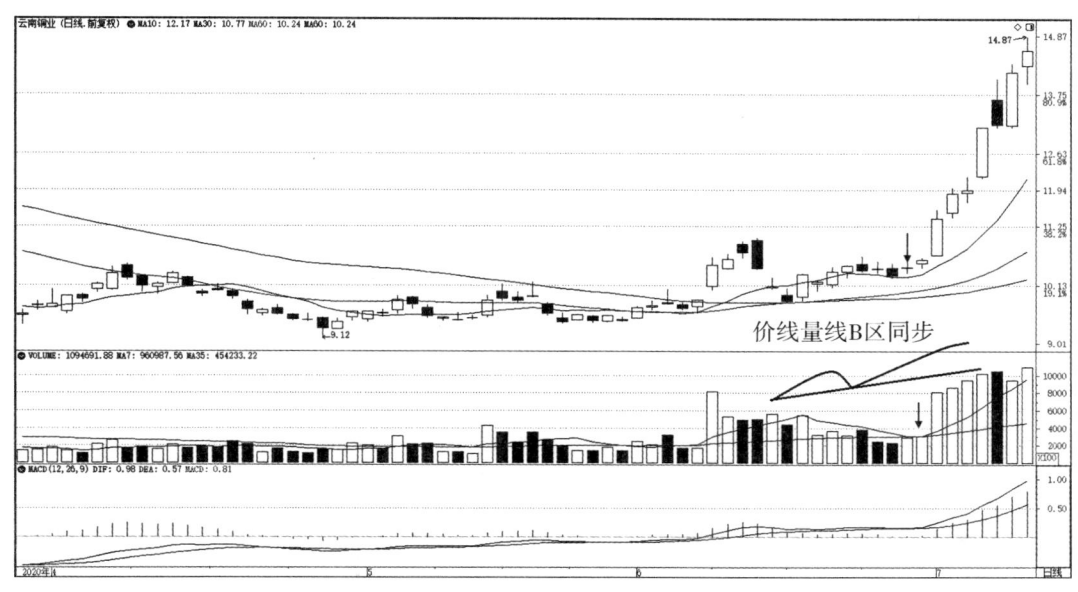

图 7-3-34

**交易策略**：量价异动高度关注；缩量下跳很快止跌高度关注；慢慢逼近缺口上沿高度关注；竞价起跳、盘中拉升抢进。配有题材消息，重仓狙击。

## ● 三度操盘之我见：沉淀

老师：

您好！

此生得幸走进三度，聆听老师如此深刻剖析股票之道，或许从我刚进入市场就已冥冥之中注定。

犹记得2015年底初入市就赶上"去杠杆""熔断"，每天开盘只能束手无策看着账户一节一节往下掉，深圳打拼多年积攒的本金在惊涛骇浪的市场反复被清洗。盘后走在温暖如春的街头直感到背脊凉飕飕，举目四望，世界皆是灰蒙蒙一片，整个人就像灵魂出窍的行尸走肉一般，无数个夜晚从睡梦中惊醒都是一身冷汗。浑浑噩噩一段时间后的某个深夜再次惊醒，再也无法入睡，冥思苦想怎样才能挣脱套在身上的囚笼。猛然间心灵深处似乎在呐喊：不把自己"武装"成专业人士能在残酷市场中赚钱吗？要专业那就必须努力学习才对啊！对！我要学习！

百转千回，兜兜转转，终于在接近绝望关头有幸拜读到老师"股是股非"系列

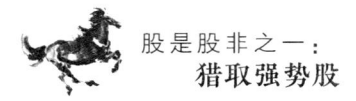
股是股非之一：
猎取强势股

著作，连续三天时间读完《股市股非之一：猎取暴涨股》，合上书闭上眼回放书中内容，那刻犹如一记重锤击中灵魂，原来还真的有人对股市如此有见地，又愿意将股市感悟写得这般深刻，书中处处透着老师对读者的良苦用心。直觉告诉我，这是高人，如果能面对面听到老师讲解强势股票的前世今生该有多幸福啊！一口气将全套三本书连读三遍，实在按捺不住内心的激动拨通了老师的电话。2018年3月下旬终于可以坐在老师面前，听老师对股市娓娓道来。七天的课程，理论加实战、套路加心法，内容干货满满当当，我这个在股票培训班天南海北求学的老油条，从内心深处认可了老师以及三度体系，也对股市、投资交易有了全新的认识。

两年后，在大家翘首以盼中，卓越之旅研习终于开班了，我幸运地成为卓越班首期学生，开班首日老师送给我们"为而不争，力达所愿"的操盘警句，经过半年的沉淀方才体会到老师良苦的用心，一句"为而不争"如利斧一般劈开了所有腐朽。

以前每天开盘充满期待又彷徨，期待着新的交易日能抓住一只牛股，然而面对九点半开盘满屏上蹿下跳又找不到下手的地方充满彷徨，勉强买进后内心又无比忐忑，直勾勾盯着持仓的票，喜怒哀乐也随着盘中上蹿下跳而波动。卓越班上老师一句话"卓越班的同学必须要具备降维交易的心胸格局"解决了我们盘中内心的惶恐不安，"精致运用好三度操盘逻辑与三度龙头赢利模式"完美对接上了实战交易。接下来不断温习课上老师所讲的知识点，一遍一遍挖掘自己"能量圈"来完善并构建自己的"舒服圈"，经过3个月的沉淀，看着红彤彤的账户不断攀升，再回想初入市场时的窘境和现在的幸福感，如未遇恩师真不知现在的自己还在何处游荡。

感谢恩师的倾囊相授，感恩师父拯救深陷"股海"沼泽又不能自拔的我。

特向恩师汇报，本周（2021年3月初）我集中精力主攻20cm，共交易了四只股票，总仓位增值超50%。永记老师教诲：抢先一步，行半步，一路领先！每天幸福从九点半开始。

深圳——钱坤

**【案例17】**

银邦股份（300337）的股价在2020年8月以前的几个月走势平平，波澜不惊，在此期间进行交易，可能会有一点小利，但这种小利可能赚得憋屈。股价长期横着是跌还是涨？跌是大跌还是小跌？涨是大涨还是小涨？任何判断也只能自我保留。2020年8月底，一组明显、未透支行情的量价异动让均线归位于B区，这又是主力肆无忌惮鲸吞筹码的图表体现，对于看得懂"超常规短资投入"者而言，又一明显的赢利交易机会明确无误横在面前。2020年8月31日，股价发动攻击，于盘中多波拉升，此时、此景、此位、此形，足可以让我们全力以赴，股价全天收涨停。见图7-3-35、图7-3-36。

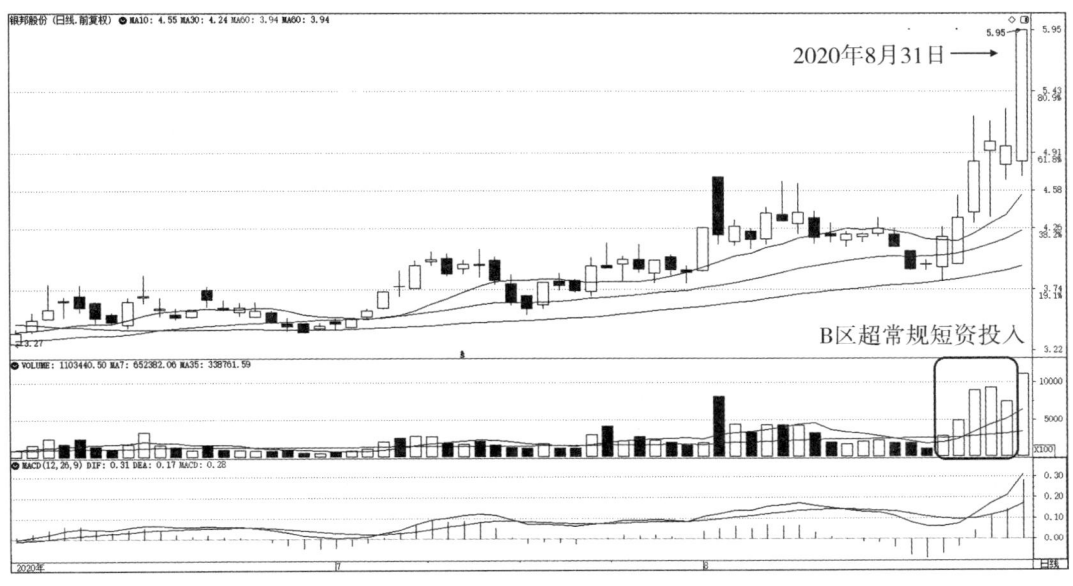

图7-3-35

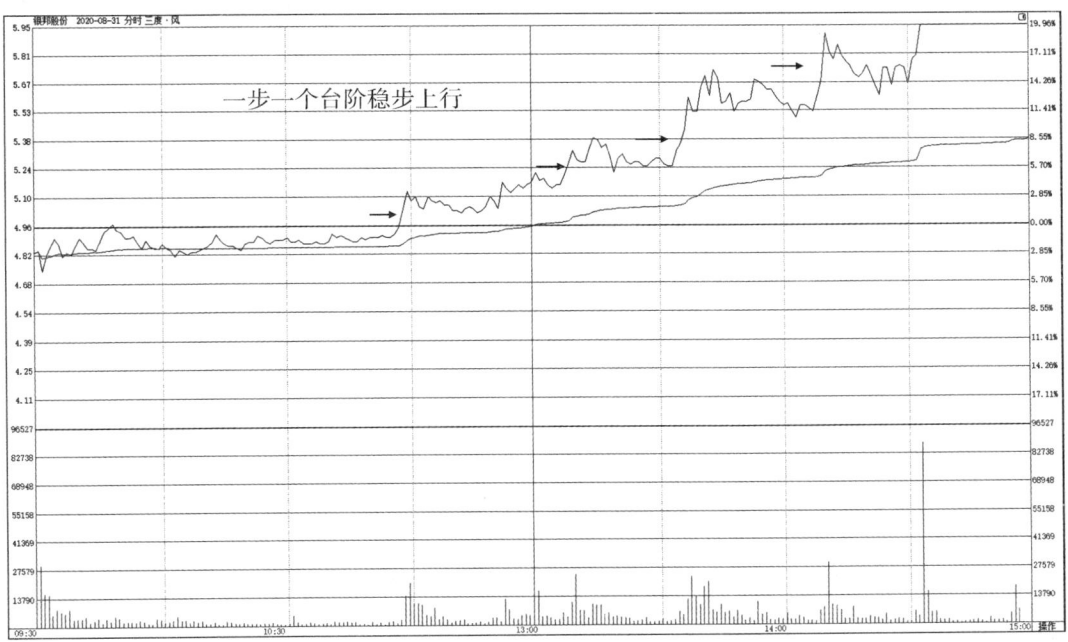

图7-3-36

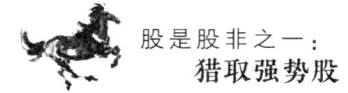

第二天,银邦股份股价大幅高开,早盘很干脆几小波封涨停,没有出局理由;第三天大幅高开,盘中有震荡,但破均价线很浅,全天涨停,出局理由很勉强,仍可以持仓;第四天股价平开,因股价涨幅巨大,盘中保持警惕严密观察,全天股价围绕均价线震荡,尾盘股价拔地而起冲向涨停未果,临近收盘成交量巨大。很显然,主力最后诱多,顶部区域无疑。见图7-3-37。

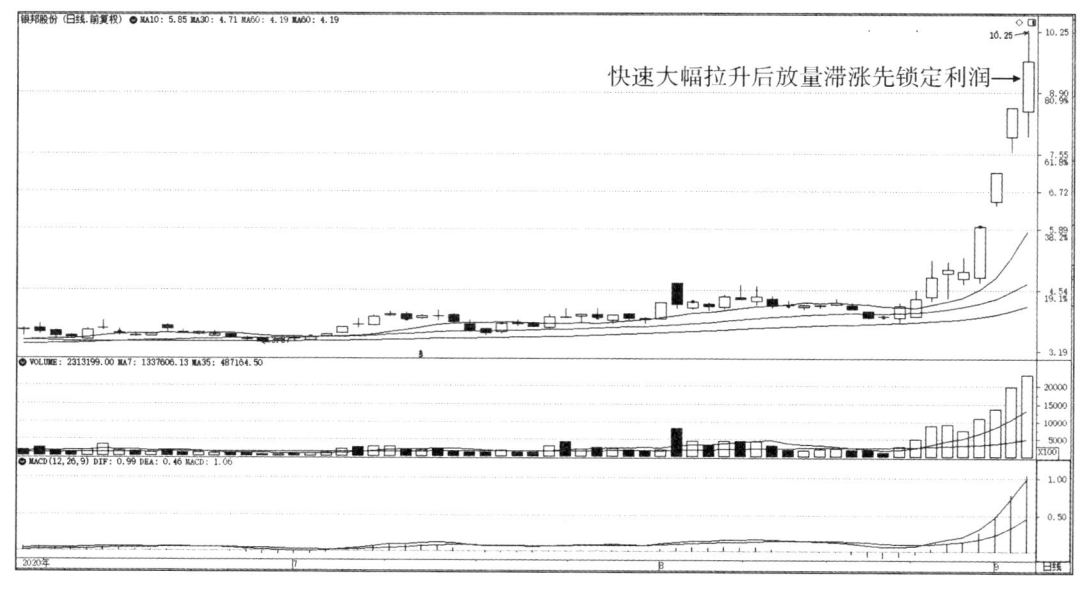

图7-3-37

**交易策略**:股价走势波澜不惊,不予关注;量价异动生成好位置,高度关注;好位置上的健康回调或积极调整后的强势进攻,要积极跟进;股价一旦进入强势拉升通道,行情空间看高一线。

## 三度操盘之我见:从心开始

亲爱的老师:

您好!

提笔给您写这封信的时候,大盘又进入了新一轮大跌,投资路上如果没有遇见您,如果没有接触三度体系,按照以前的操作惯例,面对如此密集的多次暴跌,有可能我现在已经带着满身伤痕躲在股市的某个角落了。回想起之前在股市摸爬滚打的日子，真是百味杂陈，满满的感叹，满满的唏嘘。

初入股市，什么都不懂，听人说行情好，这里是可以暴富的地方，只知道一买一卖间有差价就可以赚钱。带着对股市的零认知和发大财的心态杀进来后就到处打听消息，打听有什么股票是可以买进就坐等赚钱的。当时，在市场如日中天的时候，拿上所有的资金，听从了别人提供的消息，满仓买入一只股票，在随后的时间里，天天抱着专业人士推算能翻 5 倍以上的白日美梦痴痴地等待两年。终于有一天，梦碎了！股价在长达一年多的高位横盘后，毫不留情地出现断崖式下跌。面对这样的下跌，瞠目结舌，不知如何有效处理，任由亏损持续加深，十来天时间，股价跌得只剩零头，这是何等惨烈啊！提供消息的人士最后传过一句话："没办法，斩掉吧！"我的人生第一次遭受到如此这般的重击，那一段时间，哪里的空气都是让人窒息的。彷徨、颓废几个月后，我想，我应该结束这种现状，这是由我的性格决定的。这个世界，不太在意哭泣与吵闹声，在意的是摔倒后能否爬起来，爬起来后能否再站起来，站起来就有可能被太阳照见，站起来也才有自己的一点高度。经过从未有过的深刻反思，确切知道了是什么原因导致自己这次惨痛的失败，失败是因为对一个领域不熟悉却又生出了野心，而这种野心只是拴在一根稻草上。幻想一夜暴富让自己尝到了苦头，这是一个教训，我接受这个教训！

"强者，不是没有眼泪，而是含着热泪依然在奔跑。"接下来，我决定不再听信任何人的消息、情报，我逼着自己重新去认识股市，从头开始学习，一定要弄明白，搞清楚自己输得这么惨，最根本的原因出在哪里。从那时开始，上网找资料、看论坛、进网校，海量买书、报学习班，大众股民熟知的理论技术基本上我都钻研过。我每天不分黑夜白天地坐在电脑旁，这般苦行僧的日子过了 3 年，在这 3 年中，慢慢地知道自己当初的行为是多么的愚蠢和不负责任，也深刻认识到这个市场的残酷无情与它的公平处。在股市取得成功，绝不是偶然的，都是真枪实弹靠实力去争取的，无视学习、轻视经验、藐视市场、狂妄自大，最终是输时间、输资金、输精力而一败涂地。

大多数人选择股市的目的近乎相同，初是单纯地为了赚钱，实现财富增长，进而却越发对它感兴趣且一发不可收拾，由最初简单的目的变成一种强烈的热爱，想要把交易投资变成一种理想，一直向前去实现。几年下来，自己也感觉到，虽然学到不少技术，也没有出现大的失误，但是总觉得自己只是能看见门里透出来的光亮，想要推开门尽情享受光亮，却又不知从哪里推开它，总感觉有一道无形的墙挡在面前。被一股说不清、道不明的力量束缚了手脚。

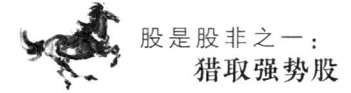

## 股是股非之一：猎取强势股

直到有一天，有机会翻开老师您著的书！还没读一半，温暖已经包裹了全身！束缚了很久的手脚也开始战栗了！问道还要问心、认识风险比认识机会更重要、量形态还原主力身影、能量未外泄、三阳控三阴、均线归位、最佳交易区、时空压力、强势再收集、超短资金超常规投入、股性同人性、烧红的铁不要碰……每一个定义都是这般有见地，雄厚而不玄虚；每一条忠告言辞恳恳，坦坦荡荡！我调出当初给我巨大伤痛的股票，一幅巨大的风险图清晰摆在面前！股价前期大涨特涨已经是烧得通红的一块铁，趋势大压形成，众多阴量触目惊心地站在量区里，暴跌之前股性极度扭曲天天是长影线，面对这幅图，我惊呆了！股市原来真的可以这样直白地呈现出来，我知道，我终于找到我自己想要的东西！我看清了顽固挡住我的这堵无形之墙，我终于看到了希望。合上电脑，驱车凤凰岭，找了个没人的地方，痛痛快快号啕大哭了一场，我知道心底那个梦想可以有机会生根发芽了，这次我再也不是白日做梦了。通过书里面传递的知识信息，我知道，路对了；那个海之上、朝阳下凝眸远眺的影像，我确定，人对了！这样的导师，展现的一定是海阔天空。

过去的经历告诉我，当习惯用责难与抱怨的姿态去面对一些不可逆转的不幸时，这人已经处在极其危险的边缘，在股市多次置身在不幸行情当中却无法摆脱，毫无疑问是认识上或观念上存在重大错误，抱怨而不反省也是危险的！还好，当初自己没有像怨妇一样去责难、去抱怨，而是痛快地接受了现实，所以，才在后来有聆听老师教导的福缘。人在关键的时候，尤其是在自己"见多识广"反而深陷迷糊时，真是需要高人指点的。哪样的人才是高人？这时最需要"听君一席话，胜读十年书"这句话里面提到的"君"给予引导。因为这样的"君"已经洞悉什么是真"懂得"，可以把我们从泥潭中拉出来。

因为与老师的著作产生了共鸣，进一步学习老师的理念系统的想法非常坚定，与老师联系并经过系统学习后，才知道股市中的"高手"两个字该怎样来写。通过学习三度强势理论，认真领悟三度经典内涵之后，逐步领会到老师所说的"市场之根脉、强势之主流、领涨之盘面"带来的操盘巅峰。三度理论及实战系统是开启巅峰的金钥匙。随着实战的积累，更深体会到三度系统的实用性、严谨性、前瞻性。遵循这样的思维，每每市场行情来时，三度系统就犹如一位即将出征的将军在沙场点兵，总能在第一时间点到士气最强最盛的先锋标兵。再回头去看以前的学习资料，看那些不断收费的所谓晋级课程，只能苦涩一笑，然后，按下删除键。

亲爱的老师，感谢有您，感恩三度这个大家庭。是您一步步领着我前行，一点点教会我怎么认清市场、认清自己并渐入佳境。在学习、进步过程中，我哭过、笑过、兴奋过、失意过，三度的陪伴让我坚持下来了。经过几番寒彻骨，我更深刻地领悟到，变化莫测的股市对不肯学习、想投机取巧的人是绞肉机，绞碎的不仅仅是财富梦想，还有整个人的信念。对勤奋钻研、永不放弃的人却是甘甜的井泉，收获的不仅是财富自由，还有自由的梦想。股市是炼丹炉，要么凤凰涅槃，要么化为灰烬。老师的潜移默化，使我更深切地领悟到，历经挫折、穿越忧伤后，心如湖之镜明的奢华。老师，您的教导使我清楚明白，"踏实、专注、勤奋"才是人这一生中正之路，"强势、经典、简单"才是股市大道。让我更明白，人这一生，任何值得去的地方都没有捷径！因此，该勤奋的必须要勤奋，该坚守的一定要坚守住，该相信的一定要勇于相信，努力做到"不怀疑、不间断、不夹杂，努力精进"。

有句话说得好："要想过上美好的生活，先要把自己变得更美好。"努力、反省、务实，一切都向美好集合；路对了，人也对了，世界也就对了！我相信，我的努力最终配得上我的梦想，我的梦想也不会辜负我的努力，不会辜负老师您的殷切期望。去过、过去，当内心宽阔时，世界也就海阔天空，这样的认识，老师您引导我已经做到了。

北京——惠之

在同一个市场，有的人在玩股票，有的人在炒股票，有的人在做股票。玩股票的人，如果资金全是他自己的，他会越玩越穷。炒股票的人，随着时间的推移，市场会让他越炒越少。而真正在做股票的人，才有机会越做越好。玩股票、炒股票、做股票，三种行为、三种态度导致不同结果，选择哪种都是自己的权利，同时股市始终微张着嘴，迎接蜂拥而至的来客。

## 【案例18】

图7-3-38所示是润禾材料（300727）的两波主升浪，一波来自A区，一波来自B区，而其余时间并未有好的表现。如此情形，在股市比比皆是，因此关注异动，关注A区、B区异动，是我们应该多花心思的地方。

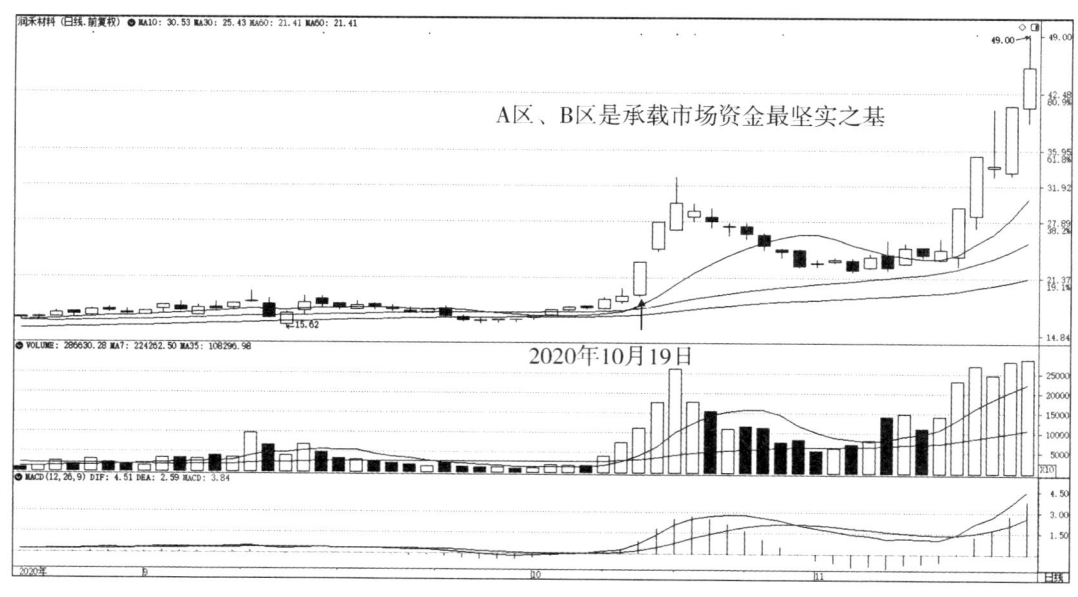

图 7-3-38

**交易策略**：专注 A 区、B 区给出的机会，再以专业的操盘程序以及操盘套路进行交易，这显然是做股票的格局。A 区、B 区是做交易的人最该经营好的两个地段。无论小波段还是大波段，无论快涨还是慢涨，无论有题材还是没题材，无论是大机构还是市场游资，无论是牛市还是熊市，无论是 A 股还是美股，无论是股票还是期货，这两个交易区均是行情最容易启动的地方。

## 三度操盘之我见：独具匠心

厚谊常存魂梦里，深恩永志我心中！

欣闻恩师"股是股非"系列前三册即将修订再版，系列之四也在策划之中，兴奋与期待难掩。"股是股非"系列的前三册发行以来受到众多投资爱好者的喜爱追捧，这些投资爱好者从中受益匪浅，更有诸多有识之士亲自前往遂宁聆听恩师原汁原味的三度经典与实战体系，沐浴广德寺温暖荣恩。作为其中的受益者，借此机会将自己对"股是股非"系列投资经典及三度系统的部分认知与感悟同各位同门同好分享并共勉。

首先，"股是股非"系列及三度理论、三度强势实战赢利系统是一个完整的强势交易体系。不仅包含了风险识别、图表技术、交易计划、交易执行、资金与仓位管理等完整的常规交易体系；更是一个可以契合市场强势，寻根主流脉络，注重"多点印证、能量叠加"的科学的强势系统。三度高阶之龙头强势赢利模式是深度剖析各阶段龙头之前世今生及盘中演进，得其逻辑奥义者，将识龙于渊，见龙在田，飞龙在天，同龙头共舞，进退自若。同时，"完整"的另一层含义在于，适应不同的市场环境与情绪阶段，以及操盘风格偏好差异，三度系统有诸多经典战法可供操练使用，投资者因性情而异择优选择。

其次，"股是股非"前三册的设计与布局是极具匠心的，恩师的写作在内容上也极具诚意。册一高屋建瓴，对投资理念、风险认知、量时空运转与量能体叠加术、经典实操战法等核心知识进行讲解，可算是坚实大基础和大心法；册二在册一的基础上，透过诸多大形态，全面剖析了主力运作过程及其经典特征，所谓大形之中暗流涌动，综其全篇也可谓画龙画虎又画骨；册三以交易中最常见、最易被忽视、最难处理的"星线"着笔，独辟蹊径，告诉我们"星线"是对抗，是均衡，是互换，是暴风雨前的宁静，是果决杀伐前的收敛，全书专注毫末、洞烛幽微，承接册二实为点睛之笔。至此恩师以极为简洁凝练的笔触将上述三度技术和盘托出，其诚意前所未见，理论经典与实战策略于平实的语言中力透纸背，其经典值得吾辈反复深入研读，以体悟其要义。

再次，"股是股非"系列也是恩师的呕心沥血之作。全系列书籍语言简练平实，几乎没有艰涩术语，更没有故弄玄虚，不管读者处于什么样的投资进阶阶段，都可以读得明白并汲取到自己需要的养分。这里需要注意的是，读者切不可因为行文简洁而忽视其中的深刻义理，事实上这样的文字是恩师千锤百炼仔细打磨的结果，如同投资本身。三度交易系统奉行极简至臻的原则，相信"经典的才是最好的，最好的一定是简单的"。也基于此，"股是股非"系列被广泛认为能够常读常新，亦是三度学生不断反复研读的范本。此外，梅花间竹般呈现在"股是股非"理论经典中的是老师精心编纂的哲理小故事及箴言警句，比如无论做人做事还是投资都要善良正直，踏实务实并诚实面对自己；比如世间没有什么轻而易举，找到正确的方向，坚定坚持就一定能够见到曙光；比如老师在书中告诉我们"每个人的心里，都藏着一个了不起的自己。只要你不颓废，不消极，一直悄悄酝酿着乐观，培养着豁达，坚持着善良，始终朝着梦想前行，就没有到达不了的远方"等，文字洋溢着正能量的同时也让人倍感温暖和力量，谆谆教导、亦师亦友。倘若正值人生暗夜，借此光亮必能重获勇气与方向！

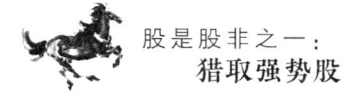

股是股非之一：
猎取强势股

　　此外还想谈一下的是关于投资技能的习得，三度强调无论是面授、函授学员还是"股是股非"系列的读者，都不可因为理论的学习而好高骛远，而要稳扎稳打，逐步精进。老师强调"眼高手低，看到而做不到仍然是不知道"，要"慢慢从三度这口锅里熬出来"。因而反复研读直至烂熟于心是其第一阶段，持续大强度制作技术"文件夹"是必不可少的第二阶段，因持续与经典图表交往，与强势主力切磋，至此无论盘中盘后，经典与强势图表的识别就能以"秒"计。此后还应坚持按照三度看盘程序与三度操盘程序，以科学而高效的方式进行看盘复盘练习，逐步构成并强化对市场"强势脉络"的认知，也即对市场最核心本质的认知，这是"成就交易走向辉煌的修炼"。辅以三度龙头五步战法，如若脚力更甚，有缘者能够达至更高境界之"意随盘面舞"。当然起点高度不一，学习能力不一，参悟禀赋不一，以上阶段划分并没有绝对的意义，吾辈当共勉！

　　辛丑初开，春寒料峭。许多股民对这个牛年的牛市期许，在春节过后的十多个交易日里便被冲击得七零八落，我本人也因公司变故及其他原因辞去了之前薪资颇丰的500强企业要职，我个人"冲太岁年"似乎也不期而至。然而我竟没有一丝消沉，反而满心平和，我相信除老师的著作给予我精神力量与指引之外，阴历牛年开市以来的操作表现也清晰地给予我强烈的信心支撑。在这二十多个交易日中，我先后捕获并成功操作的案例有中钢国际、鄂尔多斯、章源钨业、焦作万方（顺周期）；华银电力、南网能源（碳中和），大东海、西域旅游、腾邦国际（旅游大复苏）等。这些标的并非该阶段全部最强势的龙头，但也基本上完全契合强势主流，在大盘独自凋零的时间里帮助我实现了账户的大幅增长，同时重金布局的开放式基金也是早早出局从而完美规避了阶段性"杀估值"的重大风险。波折之后（可能个人之前一直比较幸运，较少波折），也许还会重返熟悉的职场，也许就此遁入浩瀚无边的投资江湖，但无论如何是恩师和三度让我多了从容选择的能力与权利！透过清亮的窗栏再回想，恩师对学生们长期的悉心指导、嘱咐叮咛、鞭策鼓舞，热心师兄师姐不厌其烦的传帮带，师兄弟之间的切磋探讨，恩师来沪访问期间不顾旅途劳顿，于百忙之中抽出时间给我们在沪的师兄弟姐妹一起开小灶，答疑解惑不厌其烦……点点滴滴，此情此景不禁在此刻都涌上心头，湿润了眼眶。我何德何能，又如此幸运能够在年届不惑之前结缘三度，结识恩师及众多真诚友善的三度同人，真的无以为报，此刻流淌在心底的除了感恩还是感恩。正是：厚谊常存魂梦里，深恩永志我心中！未来我将更加全力全情投入三度体系的研习与实战，用更优异的成绩早日迈进三度荣誉殿堂,也同所有的"股是股非"读者及三度同人一起,未来的投资之路上,"进窄门,行远路,见微光"。

上海——盛华

**【案例19】**

聚杰微纤(300819)2020年10月14日,股价在前长上影的位置再一次收巨量长上影,这是上攻受阻还是拉升前的引诱试盘?若是拉升前的试盘,主力会在什么时候正式拉升?不管会怎样,这天的巨量长上影权当异动,给予适当关注是可以的。次日,股价低开,躺在地板上赖了几分钟后突然起身并向上猛蹿,通过合理的看盘程序监视到这一幕后要大胆跟进,这是对昨日上影线单日强硬洗盘的盘中确认,机会很饱满,介入机会也挺从容,股价当天强势收涨20%。见图7-3-39。

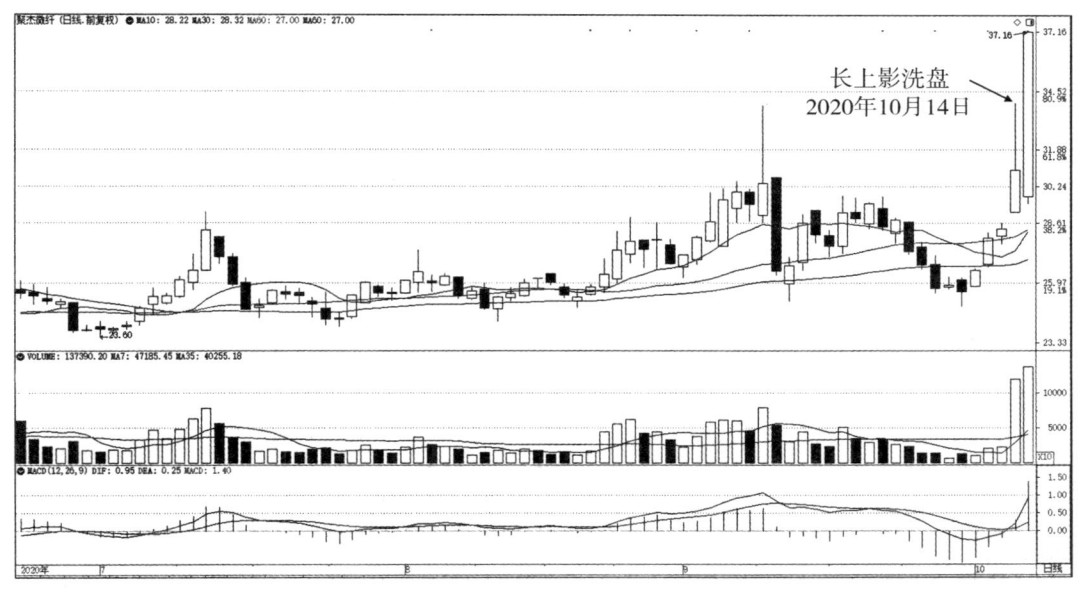

图7-3-39

聚杰微纤随后的股价再往上猛蹿了两天,于高位放量滞涨阶段到顶。这样每天20个点的涨停股票,能连续涨两三天大阳线,其上涨空间蛮大的,见好就收是锁定利润的积极做法。见图7-3-40。

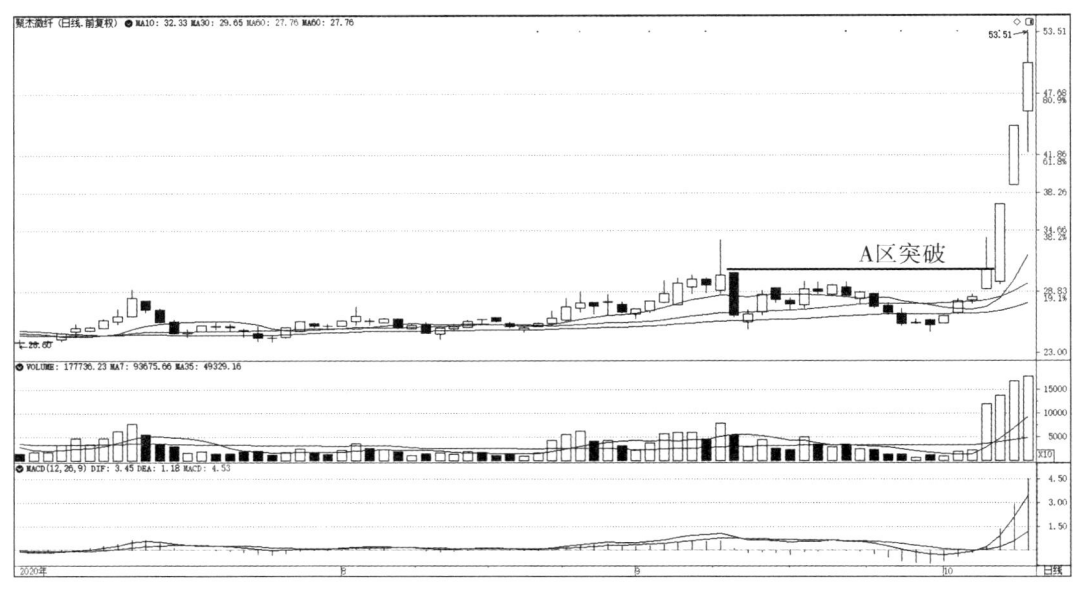

图7-3-40

回头看，聚杰微纤的位置特别好，正处在股价前小颈高处；能量足，三阳特质明显；K线形态经典，攻击这一天的拉升手法也极其经典。

另外补充一点，股价向上猛冲时，大盘指数是连续向下的，而后大盘有起色，是股市上的"英雄"带动起来的，不是预测起来的。当大盘再次回调跌落时，就会有新的个股在"卧薪尝胆"，星星之火可以燎原，下一批龙头将会在它们中诞生，明白意识到这一点，你的手已经扣住财富的门环了！

**交易策略**：当经典的位置上出现经典的攻击形态时，还有什么可犹豫的呢？不过，前提是你需要深刻理解什么是经典，经典的东西更多是隐藏在图表后面，当对经典"得意忘形"之时，形态就只是一个影子而已。当然，如果连"影子"都没见到一个时，离经典就远了。经典行情的爆发，是经典位置形态、经典正能量资金、经典变盘信号、经典盘面领涨叠加于一体所成就的。

## ● 三度操盘之我见：磐石

老师！感谢您一直以来的诚挚教诲！自从有幸拜见了老师，接触了三度战法，我对股票有了全新的认识，更增添了一分自信，也有了足够的底气。很大程度上，是您让我真正理解了股市中什么是强势、什么是经典、什么是安全，理解了股市的

"根"在哪里，这所有的东西都源于三度。

我理解的三度，就是厚度、力度和速度完美叠加催生的极致行情。刚交流的时候不完全理解它们的含义，只看到了表象，经常买到长上影，而且第二天直接低开低走，与涨停强势根本无缘。随后在您无私的帮助下，慢慢理解三度的内在关系，以后的操作也慢慢好了起来。原来，分析一只股票光有力度和速度不行，光有厚度也不行，只有三度同时符合条件，同时满足量时空安全边际，有盘面支持时，才会产生理想的效果。通过厚度可以发现主力的强与弱，是热点还是冷门，是强主力还是弱主力；通过厚度可以发现行情是否透支，可以发现主力操控这只股票的股性特征。有了厚度的支持，再看它在某个好位置上是否出现了某种经典走势，最后在盘面支撑的情况下看到盘中出现有速度的拉升，就可以证明主力的意志将得以最终体现，这时，三者就瞬间叠加，强势涨停以及强势行情就随之产生。

有人问，是强势带动了大盘，还是大盘成就了强势？我的回答是：强势带动了大盘。因为个股既然敢拉涨停，就可带动相关个股活跃，个股止跌了，大盘随之也就止跌了，所以强势的才是最安全的，但强势都离不开三度，三度生强势，强势验证三度。

认识了三度，就知道从量时空去稀释风险，从量形态去还原主力身影，从量价异动让均线归位分析机会的安全性和可靠性，从而让自己看得清楚，想得明白，做得干脆，赢得漂亮。

认识了三度，把握了强势，保证了安全，我的操作也稳定了，也取得了一些小小的成绩。在此，再次感谢蒋老师的教诲，祝老师身体健康，全家幸福。祝老师的事业发扬光大，造福更多股民。祝三度新老战友日新月异，百尺竿头更进一步。

湖北万先生——石头

股市，如同一个漂浮在大海之中的小舟，每天都会迎接风浪的拍打与洗礼。一小批人观天察地、乘风借浪被送上伟岸且手握日月，一大批人晕天昏地、手足无措被冲刷下海、葬身鱼腹。股市，机会无处不在，风险也无时不在。一周赢利、一月赢利是好现象，谁都经历过，但要成就十年赢利、长久赢利的大好局面，就需要扎实的理论功底、踏实的操盘作风、务实的学习精神、诚实的接纳品格。证券资本市场林林总总的博弈，有规则但没人可以为你做保障，风险也会随时来袭。因此，资金的风险管理就是证券投资最重要的必修课。有鉴于此，我想提醒认同三度理论与三度赢利模式的朋友、读者：

为了你的资金安全，建议考虑在 A 区、B 区动手；

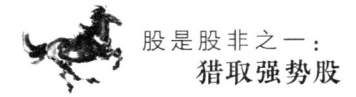

股是股非之一：
猎取强势股

为了你的资金很安全，建议在强势的 A 区、B 区动手；

为了你的资金非常安全，建议在量时空充足且强势的 A 区、B 区建立仓位。

除此以外，要敬畏并尊重市场的最终选择走向。市场是唯一正确的，它超越所有的言论，将自己的任何言论、想法、行为凌驾在市场之上，均是冒失而浅薄的。符合条件将要发生的我们高度警觉，在坚持中守候它的真实发生；正在发生的，我们用已经掌握的技艺予以判断，判断其真实性与可靠性及延续性，博取大赢小亏、多赢少亏的概率；更重要的是，没有发生的就是不存在的，没有发生就具有不确定性，在不确定状况下的行为均是自以为是，结果多以受罚责告终。诚实是这个市场最强劲的力量，亦是投资者最高的品格力量，一旦缺失，或将一事无成。

**【案例 20】**

当对风险、强势、经典有了足够认知后，在盘中我们就只做盘中应该做的事，盘中应该做的事就是尽情发挥盘后下功夫累积的能量。否则，勤奋学习何用？千百次举起梦想何用？于此，再解析一下"量价异动让均线归位"里面的"量价异动"这四个字的最深内涵：任何形式的量形态、量行为，必须得到价格 K 线的确认才有价值。轻舟已过万重山，宝剑，不在船下！

山东玻纤（605006）股价在前低点止跌出现异动，回调几日后于 2021 年 1 月 28 日强势涨停，再机上线。一个母子型双底大形态露出了头，盘中每一单有厚度的拉升都是跑步跟进时。见图 7－3－41。

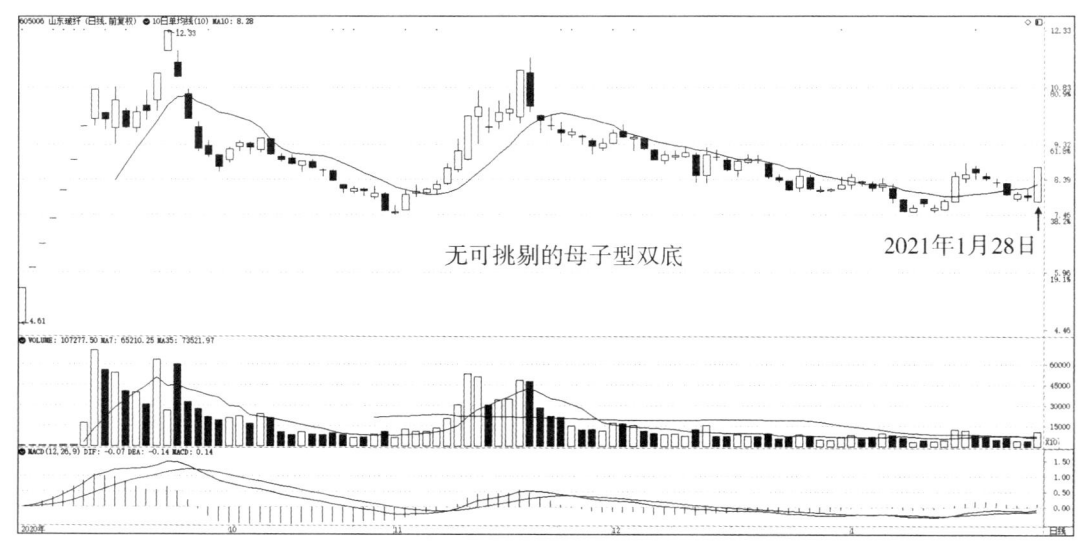

图 7－3－41

股价的底有很多种表现形式，股价的底在事后也没有人不认得，然而，股市的底却是大千世界里最难的摸底！如果问主力，啥样子才是底？主力给你的回答一定是：我还没有进去，你到哪里去找底？

股价"再机上线"之后，在涨停板上面宽幅震荡了三四日，借助这几天的震荡，主力抖落了前期较多获利盘以及亏损盘，为最后主升浪清除了大障碍。见图 7-3-42。

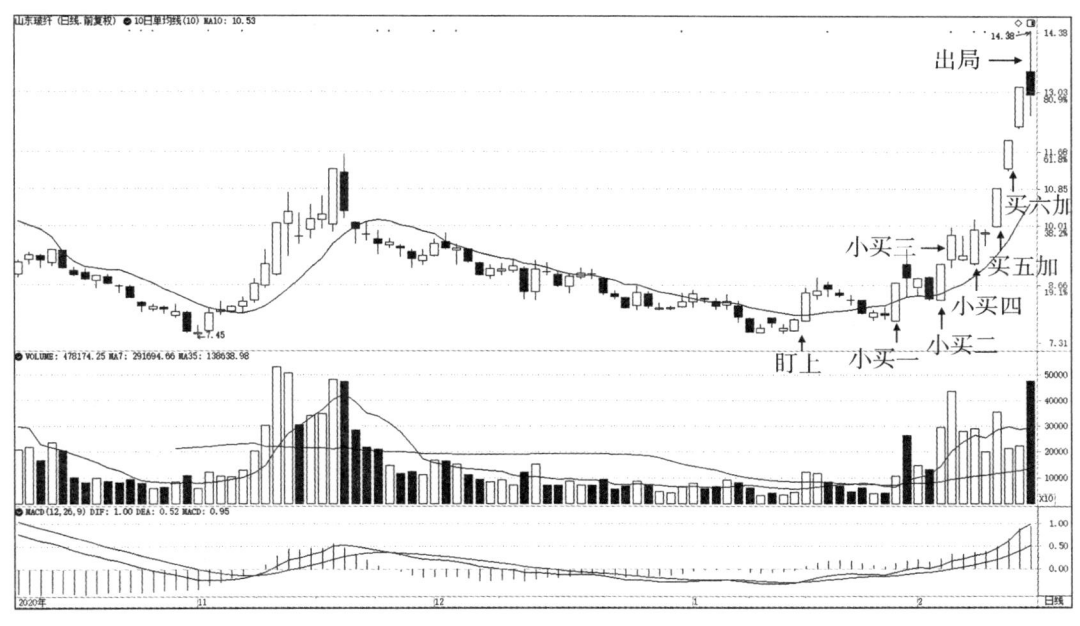

图 7-3-42

**交易策略**：震荡洗盘，为最后主升浪清除了大障碍。随后股价起跳、涨停、冲刺、拉出大空间、高位诱多、成功倒出筹码，完成一次较完美的操盘获利。

买卖股票很自由，也很任性，但是，自由与任性时一定要清楚一件事情，股市虽然摸不着，但仍是一个能体现世界观、价值观、人生观的世界。生活与交易的经历告诉我：所有的任性与自由，只有在符合世界观、价值观、人生观的真善美当中才能释放出个体美与感染力，因此，高规则的交易才能成就高层次的交易自由。

# 后记

一

亲爱的三度，与您相遇相识、相知相惜整整十年了。春去秋来，花开花谢，在平凡的日子里，我们向前走得依然是津津有味。未来的十年我们依然会在平平淡淡的岁月里一起去看股市云雾满山绕，看股市风吹草低矮，也去感受云里来风里去不沾一粒尘埃，再于安好的日子里回味岁月，铭记岁月。

有个小男孩，家有兄弟姐妹八个，他是最小的，生下来就身体单薄，但好动。母亲体弱多病，父亲更多的时间要忙于全家生计。虽然全家都在辛勤劳作，却也脱离不了贫苦的日子。在那个年代，一家十几口人能填饱肚子已属不易。

小男孩七岁时进了学校，全家七八个孩子都能读书在那时已经是相当了不起的事情。这年冬天已然很冷，小男孩穿着一双已经很破旧的棉鞋去上学。有一天，中午还有阳光的天空到了下午却下起了雪，放学的时候，路面已经铺上了一层积雪。老师叮嘱同学们沿着已消雪的路边慢慢往回走。小男孩没走几步，脚上的鞋子就被黏稠的泥浆彻底扯坏了，冰冷的寒气瞬间从脚底穿透整个身体。雪仍在下，天越来越冷，他还有好几里地才能到家。如果就这样慢慢走回去，双脚一定会冻得失去知觉。小男孩望着仍然飘着雪的天空，突然冒出一个念头，脱掉鞋子跑回家。对！脱掉鞋子跑回家！就这样，在白茫茫的天空下、野地里，一个小男孩赤着脚一路狂奔。他是在用奔跑抵御寒冷，他一路奔跑回到了家。母亲用双手不停地搓着儿子被冻得紫红的脚，淌着泪说出了天底下最温暖最有力量的话："儿子，你好有出息！"小男孩的脸上绽出俏皮而自豪的笑容。后来，小男孩到了中学，那年，就在高考前半年，他因运动性贫血数次晕倒在课堂。尽管老师是那么喜欢他，一再挽留他，但小男孩还是毅然离开了学校，在校读书对他已经没有太多的意义。道别了老师，扭

# 后 记

头的一刹那，小男孩强忍住的泪水奔涌而出，不停流下的泪水打湿了回家的路，他太想和亲爱的同学们一起学习了！那时，男孩正是班级的骄傲。在向父亲说出不在校读书的原因后，父亲责怪的眼神柔和了许多。晚上，父亲久违地摩挲着珍藏的军功章，讲起自己过去的故事，这是小男孩的父亲唯一一次对儿子像对待朋友一般讲述关于自己战场上的光荣与生活的沧桑。"世上无难事，只怕有心人。""只要有决心，山都要崩。"小男孩揣着父亲的这两句话彻夜未眠，这一年，小男孩变成了大男孩。离开学校他仍然是那么渴望学习，路边的一张旧报纸、街边被人扔掉的一本破烂书，那男孩都要捡起来，看一遍再看一遍。看书与听收音机成了他当时最佳的增加知识的方式。一有空闲，男孩就会一大早跑到书店去蹭书看，以至于县城各大小书店的工作人员到后来也不好意思（或者是不忍心）赶他出去了。那几年，书店就是他的天堂。第二年，他从父亲手上接过了家里的担子，不到20岁就挑起了家庭的重担。这个男孩就是我。尽管靠着科学种田、科学养殖，让家里脱了贫，但由于当时农村的地方政策仍不是很好，我最终选择了南下打工。少时烙下的"一路奔行"的坚强信念使我在广东这片热土上奋力前行，所有的艰难与阻力都成为更如强劲的动力，我一刻也不愿意减少对学习上进的热情。从员工、作业组长、企业管理者代表、行业工程师到行业体系建设内审员，从独自经商的跌倒、爬起，历经委屈、掌声，抑或再跌倒、再爬起……数年的磨砺让我从一个男孩成长为一个成熟的大男人。在协助朋友成功取得国内外多家知名企业的一级合作商资格后，我选择离开南方。那时，我由排斥到接受并一头扎进股市已经半年有余，在那半年中，我见证并尝试着参与了扑朔迷离的翻飞行情，最后决定安静下来，好好摸索其中的缘由。直觉告诉我，这个行业值得参与。

那是2007年5月23日，我到友人的朋友负责打理的证券公司领了证券交易卡，5月26日星期六，听了第一堂VIP客户投资课，题目是：价值投资与基金重仓股的投资策略。5月27日星期日，我邀请财富管理中心的经理到家里做客，再次请教有关价值投资的方法，并初次知道了金叉买进死叉卖出、均线支撑等知识。晚上，经过独自分析、选股，我决定在星期一开盘时买进一只缩量调整、靠近均线位置的股票。5月29日，在开盘后重仓买进四川长虹（600839），买后当天赢利接近3个点，心生欣喜，而买它的另一个理由是：政府拨付专款支持企业为国内开发某一款电子产品。5月30日，股价开始暴跌，仅仅四天，账户的资金不见了30%，就在心生恐惧的时候，股价竟奇迹般地连续上冲，继而涨停，并高出买入价好大一截，价值投资的魔力在当时展现得淋漓尽致！6月20日，该股出现巨量倒灌阴线，

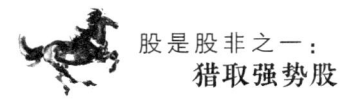

但我没有卖出。6月28日,MACD出现死叉,于是我在收盘前清仓。至此,账面亏损13%。

这是我的第一次股票交易经历。

投资理念:价值投资,基金重仓股。

交易股票:四川长虹,家乡企业。

买入位置:缩量洗盘受到均线支撑。

买入后走势:股价暴跌又暴涨。

交易结果:亏损13%。

交易心得:不会锁定利润(事后讨教证券经理所知)。

现在回头分析,我认为应有这样的投资理念:在证券市场,无论股票排在第几位,叫什么名字,在二级市场上,有强势主力资金认可才是发动行情之首要条件。

买入位置:C区——风险聚集区。

交易心得:无知+妄想。

接下来的一年多,我记不清自己多少次遭遇主力的暗算、棒喝,多少次手忙脚乱,多少次仓促买进又仓皇卖出,多少次不明就里地赢利,多少次彻夜不眠……其间,痛楚与苦头唯有自知,但仍要前行啊!啃阅了成堆证券书籍,参加了专业操盘培训,终于感觉好了些,然而始终融入不了"他们"的操盘意境;太多的输输赢赢,总是迈不开步子;意识上始终缺少一种强有力的支撑;太多的马后炮,始终不能解决实际的操盘问题。

"世上无难事,只怕有心人。"数度沉浮的伤痛,几经追梦的荒凉,看不清黑夜,忘记了白天,也不记得多少次因为看行情走势把双眼皮看成了单眼皮,把单眼皮又看成双眼皮。

最终:

通过"量时空风险过滤"寻得了交易的安全边际;

通过"量形态还原主力身影"找到了市场的能量厚度;

通过"量价异动让均线归位"定格了最佳交易机会;

通过"A区、B区进攻"选取了最佳交易区点;

通过"领涨的盘面特征"认识到了市场的大位置;

通过"一路奔行技术支撑"确定了多空筹码成功对接的形态,以及主力行为与意志叠加时的爆发行情……

此后,我更懂得了"知人者智,自知者明;胜人者力,胜己者强"在股市的绝对分量。我认识到，当拥有一套较为明晰的交易模式后，更重要的是再次彻底认识自己，更竭力地管控自己。要充分认识自己，不断攻克阻止自己前进的障碍，努力战胜自己、超越自己。只要战胜了自己，什么问题都不再是问题。一次次胸有成竹的狙击，一次次地修正提炼，多种经典战法随之集结而成。

"经典的就是最好的，最好的一定是最简单的，强势的才是最安全的。"这句话成为我行走股市的心法，最终迸发出"一路奔行"的力量，诠释出"一路奔行"的意义，也坦然翻开了"三度"之篇章。

爱因斯坦在晚年有一段关于人生的总结："我们吃别人种的粮食，穿别人缝的衣服，住别人建的房子，我们大部分知识和信仰都是通过别人所创造的语言由别人传授给我们的……"这是对人类有过巨大贡献的人面对成绩与辉煌的态度，这种态度将每时每刻鞭策后来人。

在股市，每一位摸索前行的人，都应对前辈留下的珍贵感悟心怀敬意，我们借助他们的珍贵历练，才更快地前进。笔者在股市的微小收获以及本书能成册，同样是循着前辈的足迹、吸取前辈精华的结果。我只不过是站在巨人肩膀之上，用自己的话语，从另外一个角度阐释股市而已。

向走在我们前面并留下宝贵经验和给予我们启迪的前辈致敬！

## 二

《股是股非之一：猎取强势股》定稿并付之印刷，我深感欣慰，尤其是把稿子交给四川人民出版社，使之以更华美的姿态呈现在读者面前。为此我深表谢意！借此之际，我要感谢韦其华、刘其英夫妇，王平华、蒋文艳夫妇，因你们的帮助和支持，让我更快地蹚过糟糕的岁月之河！感谢明璐女士、明卓先生、明可女士的信任与鼓励，你们的笑容让我在股市人生里满怀热情，充满力量，毫不畏惧！

股市快速赚钱的效应极具诱惑，它总是以妖艳魅力吸引着无数奋不顾身的淘金客。股市又遍布杀戮，它总以手不刃血的方式致众多人伤痕累累。妖艳的股市总让人欲罢不能，赢利了，所有的技术理论、赚钱理论均可以顺理成章一一道来。亏损了，可能依然是败在以前赚钱的理论之中，因为市场一直在变，以不同的方式在

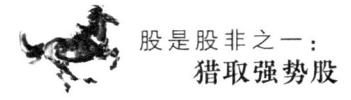

## 股是股非之一：猎取强势股

变。过于简单的固守，受伤概率就会无形增大。

在股市里赚钱有很多种方法，各门各派，手段各异，可谓万紫千红。但是在股市里亏钱就只有几种情况。第一种是想破脑袋抄市场的底，抄主力的底，抄个股的底。抄底的理由是：大盘或股价掉了一大截，可以捡到便宜了，或是股价在某一条线上出现止跌迹象，思忖着应该要反向了，又或者是其他个股已经上涨了，未涨的也会补涨。抄底与捡便宜的结局多是在可以忍受范围内，如果始终没见到底，最后不是止损出局就是不断地小赢大亏。底部真的到来时也不敢相信是底，因为抄底的一厢情愿曾多次被无情粉碎而信心全无。第二种是盲目追涨、狂情追风。听到题材就买进，股价上跳就抢入，大单一拉就狙击，盘中脉冲就发狠。盲目追涨、狂情追风的结局，多数是被利剑刺伤或被吊在山顶的树干上，随后，资金也就慢慢被风干。真正的启动点来了却再也不敢追了，因为燃烧的激情多次被无情浇灭，再也不奢望强势大涨行情。第三种是痴迷于技术形态与技术指标。很多投资者把技术形态与指标当作征战股市的开山斧，奔向财富梦想的明灯。的确，图表技术形态是基础，需要认识它、认知它，但股市是一个很丰富的领域，技术形态与指标只是构成股市的一小部分，同时，它的发生定当孕育于市场，而市场的强弱、价格运行的快慢、震荡幅度的宽窄都在变化，因此，对于形态、指标的很多问题需要投资者去思考、斟酌。相同的时段、相同的市场位置，为何行情起涨于不一样的形态？为何相同的形态起涨于不同的位置？为何同样的题材有的在涨有的在跌？为何有巨大利好股价就是不涨，而小小的题材却涨势如虹？看上去相同的缩量，为何有的在止跌后再次上涨，有的却跌了再跌？如果均线、指标线的交会穿越是进场点，如果几堆量就是催生股价拉升的因素，如果缩量止跌就是低吸点，如果一个利好的题材就是买进的依据……如果交易这样简单，我想，现实中就不会有那么多从各行各业涌入的英雄在股市被折腰了。

本书致力于扎根市场，因为它从市场坚实走来，又从容走向市场。书中的"三度"交易理念与交易模式均以"中正平和、合作共赢"为核心理念，以正能量为基石，以盘面为依据，以经典为出发点，诚实跟随市场，务实应变市场，踏实印证市场，最终青睐市场。在编写《股是股非之一：猎取强势股》的整个过程中，尽管本人也尽力想把自己在股市中的所知、所悟、所得呈现于书中，但终究篇幅有限，加之才疏学浅，故而只能寄希望于以点带面，既如此，其中定会有疏漏、有不足，甚至有错误之处，期待您的宝贵建议与中肯指正。另外，尽管书中的内容及实战赢利模式受到众多同人的认可及推崇，但我有责任在此提醒读者朋友，本书不是单纯地在表述图表技术，推广形态战法，这些只是图表上的现象，是认识股市、了解股票的一些基础，现象不完全代表真实，真实也需要在具备条件的情况下产生。基础不能引领投资，投资既需要认清图表、知道常识，还需要明白股市的更多内涵。一个成熟的投资者不会固认自己是一个纯技术派，也不会标榜自己是一个纯题材派，应该务实地把两者交融、印证，然后选强而为，我以为，这样才可以真正踏进"猎取强势股"的阵营。对于本书的读者，我希望您能从三个层次去领会书中的内容，一是"得形"，二是"得意"，最后是"得意忘形"。届时，你就不会因大盘涨跌而喜忧，无所谓多头、空头，不受制于金叉、死叉或阴线、阳线，这是笔者"一路奔行"的本意。

一路奔行

2021 年 5 月

# 附录

## 蒋文辉老师及三度操盘教育公信力展示

**一、蒋文辉老师接受央视财经专访**

2018年三度教育咨询有限公司董事长蒋文辉先生迎来了CCTV中央电视台《态度》栏目组独家专访,并于2018年11月28日受邀至中央电视台接受著名财经主持人姚雪松老师关于"中国投资与投资教育"的访谈。

**对话节目背景引言:**

资本市场是国民经济社会发展的重要体制,正是中国经济改革和转轨的内在要求催生了新资本市场,资本市场在不断的探索求进中,始终立足于服务国民经济发展,筚路蓝缕开拓创新,为推动经济体制改革、促进国民经济和社会发展做出了突出贡献。

如何顺应新时代资本市场面临新时代投资趋势的新思想与新定位?如何把握行业投资的正确方向与方法?姚雪松对话成都三度教育咨询有限公司蒋文辉,开启一场关于投资学习与思考的对话。

**主持人:** 大家好,欢迎收看我们今天的节目。

在投资市场上,我们的投资者该遵循一种什么样的投资理念呢?

今天我们请到的这位嘉宾,他专门从事着应该说叫价值投资方向的一种研究和教育。

他是来自成都三度教育咨询有限公司的董事长蒋文辉先生。

欢迎蒋总来到我们演播室。

**蒋文辉**：雪松老师好！

**节目对嘉宾介绍：**

蒋文辉，成都三度教育咨询有限公司董事长，三度行市场信息研究中心创办人，中国证券投资交易教育界杰出领军人物，证券投资交易三度理论创始人，教育行业杰出创新人物，金融博士，多所高校证券投资理论及实战特聘导师，金融大讲堂及财经投资节目特约嘉宾，擅长于全球金融信息与经济行为博弈的研究及实战运用。其创建的三度理论极高度地契合了证券市场运行规律及经济行为规律。以一路奔行为笔名编著的"股是股非"系列投资专著，已经改变了数以万计投资者的投资理念与投资行为，被业界评为极具智慧、极具良心、极具实战价值的投资作品，也被较多读者誉为中国投资交易书籍中的"圣经"。目前致力于提高中国证券投资交易水平的操盘技能教育。其组建的三度操盘教育，因高水准、高诚信、高影响力获得中国教育行业最佳典范企业、中国教育行业最具影响力品牌、质量服务诚信3A企业，个人也获得教育行业十大杰出创新人物荣誉。

**主持人**：刚才说您做的是有关价值投资方面的一些投资者的这种教育，能不能大概给我们介绍一下您所做的这个业务。

**蒋文辉**：目前我从事一些关于金融、信息以及这个市场经济行为博弈的一些研究以及实战运用。我更擅长分析一些重大的经济信息对资本市场的一个影响深度以及影响宽度这一块（教育）。

**主持人**：您的这套体系是从实践当中来的？

**蒋文辉**：首先它是来自实战，然后从实战中提炼一些经验、规律加以总结，从而再应用到市场中去。经过反复的提炼、反复的提升，达到一种实用效果。

**主持人**：通过实战经验总结出来的一套理论，然后现在应该是专门做投资者的教育，能这么理解吗？

**蒋文辉**：可以。

**主持人**：那是什么想法，是什么样的一个契机，让你觉得应该把自己的这套研究理论教给更多的人？

**蒋文辉**：首先我们自己有一些经历的时候也会去反思一些事。最开始的时候，可能就是一些朋友，听朋友传说，来接触我，但是在接触的时候，我们会看到一些

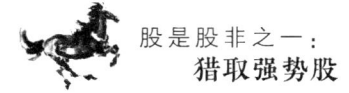

股是股非之一：
猎取强势股

比较残酷的、比较冷酷的一些事实。我发觉我自己除了自己投资以外，也可以花些时间从事这一块，对大家的思维、理念，甚至一些操盘的模式都有一些提高，在这种情况之下，就产生了这种想法。

**主持人：** 所以本身您也是从投资者的这样的一个角色当中转变过来的？

**蒋文辉：** 我一直在从事投资，边投资边从事教育。

**主持人：** 那您的这套理论体系的一个核心是什么呢？

**蒋文辉：** 我们这一套理论的核心就是怎么去顺应市场，然后抓住市场的一些本质，进行一些求真务实，包括一些比较科学严谨的行为，去顺应市场，而不是与市场去做一些无谓的争斗，在这种情况之下，可能我们取得的收益会好一点。

**主持人：** 这里您所说的顺应市场具体来讲是什么概念？

**蒋文辉：** 举个例子，我们谈基本面这一块，基本面就是所谓的价值投资，目前流行的一些价值投资可能就是一些偏理论派的、偏数字型的一些研究，以及一些推广。我觉得价值投资这一块当然无可非议，但是我们也必须要结合市场资金的认可度，因为这个市场啊，它本身有两个方面，一个是政策方面，另一个是资金方面，股市它也是资本市场一个重大的组成部分，如果脱离了资本，光谈基本面，我觉得效果不太好。

**主持人：** 嗯，您觉得中国的股市是价值投资的市场吗？

**蒋文辉：** 不完全是。如果认为单单用价值投资能够解决股市的一些问题，我觉得可能有失偏颇。

**主持人：** 偏颇在什么地方？

**蒋文辉：** 与价值相背离的可能就是一个投资的概念。投资的概念对投机好像有一种排斥，我个人是这么认为的，所谓的价值投资它是存在的，但是价值投资里面它也包含一个投机的价值，因为我们没有看到一个不懂投机的价值投资高手，所以价值里面应该包容价值投机这一块。

**主持人：** 嗯，所以这应该是诞生于中国投资市场的一套全新的理论？

**蒋文辉：** 因为我们的国家是一个具有中国特色的社会主义国家，那么我们的资本市场它也是一个具有中国特色的证券资本市场的股市，对我们老百姓而言，就多了一条投资选择的套路，也让我们有机会第一时间能够分享到政策红利，分享到行业发展的红利。但同时股市它又是一个风险多、是非多、诱惑多，三多的地方，因此机会与风险是如影随形的。

**主持人：** 嗯。我知道其实价值投资这个理念是诞生于20世纪30年代，美国大萧条之后，经济危机之后才在市场上被大家逐渐认可，才开始流行的，所以说单纯从价值投资这样的一个概念来说可能不太适应中国的股票市场，那您这套体系有没有借鉴国外市场的一些理论体系的构架呢？

**蒋文辉**：有！三度理论其实它就是说，除了具有我们中国文化元素的一些东方智慧以外，它也包含了西方的一些哲学、西方的一些文明在里面。也就是说这整个证券资本市场的发展，它应该离不开我们东方文明智慧的推动。证券市场400年以来，以前一直是以欧美的理论主导这个市场，我们中国的理论包括东方的文明智慧在这方面是缺失的。

**主持人**：解读一下您的这套理论体系，先从名字上解读。

**蒋文辉**：三度理论的第一个字是"三"，我们中国人对"三"很感兴趣。这"三"里面它就有很多，我们举个简单的例子，人的称呼是"你我他"，还有"天地人"，甚至连方位都是"上中下"。所以我们有一位老人说"三生万物"，没有说七生万物、八生万物，所以"三"它就是一个开始，也是代表一种结束。说白了就是一个起因—经过—结果，资本市场它也有一个起因—经过—结果，它就是一个因果轮回在里面。

三度的"度"，我们可以理解成一种力度，也可以理解成一种恰当的模式。在这个地方的"度"，我们只是说去代表资本市场里面的一些厚度、力度、速度，因为一个资本市场或者说一段行情的发展，除了一个深厚的底蕴、深厚的能量以外，它也要包含一些经典、一些意志在里面。这个厚度就代表我们蕴含的一些能量。这个力度就代表一些经典强势的存在，而这个意志就代表力度。

**主持人**：好，这是从名字上的一种解读，那么在具体的使用上和整个这套理论的构成上，有哪些内容？

**蒋文辉**：三度理论，它首先解决了这个资本市场资金的一个问题，资金对于政策题材有一个选取的模式，说白了就是说资本市场的发展本身离不开两条腿的支撑，其中一条腿就是政策，另外一条腿就是资本，厚度就解决了政策的有效性，包括资金的一种响应程度。力度有可能就是资金进入这个市场之后，它会做简单的一些调整、一些运作模式，在这个地方就会出现一些经典的，甚至一些我们可以追溯到的东西，我们就把它称为力度。那么这个速度呢，可能就是一个市场的引爆点。比如为什么有的消息，一个政策推广了很久，但是始终这个行情没有起来，为什么在一定的时候它就会起来？也就是说一些市场资金它一定会在关键的时候起到关键性的作用。这就是我们的三度。

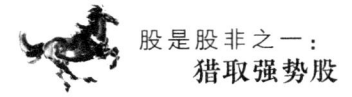

股是股非之一：
猎取强势股

**主持人**：这套理论可以说是一个数据模型吗？

**蒋文辉**：它有数据模型，但是它已经远远超越了数据模型，为什么呢？因为在这个股市里面投资，可能说我们看到的都是一些表象，表象的东西永远不能指导我们怎么去投资，这个里面一定要包含人的因素在里面，包括人的投资思想、投资逻辑，甚至投资信念，都要包含在里面。也就是说一定要存乎于心。

除了用一些正确的方法、技术，也要包括一些正确的理念，一些价值投资方面的比较核心的想法。人占主要因素，因为运用理论的人不同，它可能结果都不一样，但是最终它一定要包含技术这一块，包括基本面这一块，更重要的是包括人后面这一块，所以三度理论已经超越了数据模型这一块。

**主持人**：那人们该怎样使用呢？

**蒋文辉**：在使用三度的时候，我们先从交易成功这一块来说，证券交易投资的成功，它本身有三个重要的影响因素。第一就是对价格价值的判断。第二就是对政策题材的领会。第三就是对时机的把握。这三方面它有分歧也有统一，但是我们就要避开这个分歧产生的风险，抓住契合时、统一时的一些良机。

关于三度理论的正确使用，我在 2014 年的时候，陆续编著了这个"股是股非"系列的书籍，关于三度理论以及结合三度理论进行的一些实际操作，在书里面有一些描述，这个应该对广大的投资者有一些帮助。

三度理论它有一些经典的东西在里面，就包括投资思想、投资逻辑，包括一些哲理在里面。

在具体运用的时候，在操作层面上，我们有一些半步之间的操作模式。对于这个风险过滤这一块，我们又有量时空理论模式。尤其是对题材有效性的过滤、衡量，我们有两点印证这么一种理论。同时对于说我要追求一种比较稳健的模式，我们有一个最佳交易区的模式，而这些理论呢，它有一些具体的实战指导、一些策略以及具体手段。

总之用这些理论除了用正确的方法以外，一定要有一种诚实、务实的态度，去面对市场真实发生的情况，这一点我觉得比前面这些技术更重要，也即是说我们所有的设想只是鉴于我们对技术的追踪，而重要的是当下市场发生的情况，给我们的一些启示。

**主持人**：好的，关于这套理论的一些具体的应用和一些启发，现场有很多您的学生，我们可以现场问一下几位吗？

大家学过这套理论之后有过什么样的启发？能不能给我们举手示意一下，现场分享一下呢？

首先请您谈一谈您对这套理论的认识是什么，您觉得这套理论能帮助到您哪些方面？

**学生1**：我是一位服装企业的企业主，也拥有工商管理博士和金融学博士双学位。

在接触到三度理论以后，给我的最大的启发就是，它颠覆了我以前对投资理念的一些认识，它启发我们最直接的就是顺应了这个市场，顺应了强势，截取到了市场的一些题材，让我们做到了、把握了主流的行情，顺势去操作，最直接的就是让我们赚到钱了，这是最实在的。

**主持人**：好，谢谢您。您把话筒递给旁边的这位先生。您做股票做了多少年了？

**学生2**：我做股票有十几年了吧，也算是个老股民了。

**主持人**：是吧？你个人应该也有一套理论体系了吧？

**学生2**：不能说是理论体系，是方方面面为了赢利嘛，想尽各种办法去学习呀，去研究啊，都是为了达到一个赚钱的目的，但是这所有的付出，最后都是以亏损告终。这是在接触三度以前。但是我接触了三度以后，完全就改变了。可以说是颠覆了我整个过去所有的一切。三度带给我什么呢？带给我的就是一种稳稳当当的赢利，这是看得见的。给我最大的启发是什么呢？这一套理论给我最大的启发就是原来所谓的做股票、炒股票，那真的就是没有根没有底，买进了股票就等于买进了噩梦，天天买进股票以后就是吃不下坐不下，不知道它明天该如何，但是学习了三度以后，完全改变了。

我学习三度后，突然觉得自己知道什么是做股票了，我会买股票了，我买进来它就可以涨了，这是最实在的。因为我要的是什么？我就要这个，别的什么我也不要。

**主持人**：所以你这十年都交了学费了是吧？

**学生2**：都是学费，而且都是血泪，所以说三度给了我最大的启发就是蒋老师告诉我们，三度第一章开始告诉我们风险在哪儿，他给我们讲述的是风险，不是像其他的所有的理念告诉我们全都是机会，唯独三度跟别人不一样，首先告诉我们风险，在我知道了风险以后，然后从风险当中找出机会，所以现在稳定赢利的机会我都抓住了。

**主持人**：谢谢，也恭喜你哈。

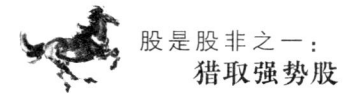

## 股是股非之一：
## 猎取强势股

那话筒是不是应该给旁边的这位女士啊？

来，我看您一直在频频点头，两位先生的观点您也同意？

**学生3**：对，同意。

**主持人**：那您对这套理论，跟蒋老师传授给您的这套理论，您的感受是什么？

**学生3**：我的感受是只有三度现在能让我赚钱，在我身上其他的技术都不好使。因为我觉得三度它是顺应市场，然后顺应盘面，顺应强势。

自20世纪30年代的美国，在经历了1929年大萧条的残酷打击后，价值投资理念开始萌芽。

格雷厄姆关注价值成长股为主流的投资理念应运而生，投资类教育在资本市场中究竟有何作用？普通投资者在政策、社会利益等综合因素下，如何建立一套鱼和熊掌兼得的保守方法？

**主持人**：中国的股民好像数字又刷新了，快两个亿了，今天在座的各位是两个亿当中的冰山一角，只占很小很小的一部分。

股市中有一句话叫割韭菜，把普通投资者都叫作韭菜了。

您觉得现在目前的这个中国股市当中普通投资者的生存状况是一个什么样子？

**蒋文辉**：我国的股民数量分布结构，的确是以中小投资者为主体，这是我们的国情所致。这种情况在很长时间之内得不到改变，并不是说一定要像欧美国家那样以机构为主，是因为我们的国情不一样，所以这种情况很难改变。我们的中小投资者，如果能够长久生存下去，稍微好一点地生存下去，我觉得首先一定要有风险意识。

刚才一个学生也谈到风险，风险意识很多人不具备，刚进来的时候可能忽略掉这些东西。

规避风险最好的模式就是全面地认知风险。你想一下，如果第一没有风险意识，第二又不知道市场的风险在哪里，那么一定是输多赢少。我们完全可以想象一下嘛，一个人什么都不懂，或者懂得很少的人，急冲冲地、兴致勃勃地走进一个非常诡异甚至多变的市场，亏钱是一定的。所以一定要有风险意识。

**主持人**：这是对于我们普通的中小投资者的一种忠告。其实现在两个亿庞大的股民基数，投资者教育市场，这也应该是一种中国特色的市场现象了。那您作为这个投资教育机构，该怎么样顺应这种市场的变化，未来我们的市场该怎么样？一直这样下去吗？

**蒋文辉**：现在的情况逐渐在发生改变，有可喜的一面。我们都知道，中国的绝大多数投资者进入股市的时候都是抱着发财梦，抱着幻想进来的，在这个市场赚钱效益非常好的时候进来的，其实风险在这个时候都已经埋下。

因为大家对这个市场认知不足，对机会与风险又不能正确地把握，同时对人性也不能很好地把控。因此资金被股市吞噬的情况很严重。中国每一两年有上千计的中产阶级家庭的财富被股市吞噬，更多的中小账户被吞噬的情况更加严重，这是一个非常残酷的现实。

面临这种现实，大家对这个教育的需求就会提高很多。我们作为教育投资企业，我觉得应该做到如下三点。

第一，目的就是为了更好地服务于大家。就是一定要加强自身水平，不管是理论水平还是实战的水平，都能够做到一个高品质的教学。

第二，加强自身的体系建设，尽量能够做到一个面、线、点全方位的教学。

第三，积极创建自己的品牌文化。因为一个优良的品牌文化，它一定代表一个企业的优质高质的态度，态度决定高度。我相信，当我们的行为与态度能够高度统一的时候，市场一定会给我们抛出橄榄枝。这样我们就能够诚心诚意地为投资者做一些有真知灼见的服务。

**主持人：** 可能说到这里就涉及我们的投资者该如何选择当下市场上存在的这些投资教育平台的问题了。

**蒋文辉：** 对的，投资者选择教育平台的时候，要尽量选择那些口碑好的，当然我们也看到很多这些教育企业、一些机构，一些有实力的，有信誉的，他们给众多的投资者提供了一些技能上的、知识上的帮助，但是同时我们也看到一些教育的乱象在不断发生，某些人包括某些团体，抓住投资者急于致富，尤其是急于扭转亏损、走捷径的心理，打着教育培训这么一个旗号，对投资者进行一些敷衍、欺骗甚至欺诈的行为。

大家选择教育平台的时候，尽量要选一些口碑好的，有系统培训的，有真知灼见的一些培训机构，一定要提防那种信誓旦旦打包票的，抵御互联网上卖什么大师秘籍、卖神奇指标、卖赢利绝招等这些唯利是图行为的诱惑，一定要警惕我们受不当教育而造成资金上的第二次亏损，资金受到第二次亏损，这个事很可怕，但是它是确实存在的。

**主持人：** 嗯，很好的一个概念，资金二次亏损。

**蒋文辉：** 因为受到不当教育造成的第二次亏损，这个事情是因为以前一个比较上年纪的学生，他跑过来给我说了一些事情，比较沉痛的事情，由此我认为，不当

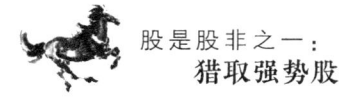

教育在股市里带来的伤害有可能比股市对我们造成的伤害更严重一点。

**主持人：** 就像医疗事故一样，医疗事故对于患者的伤害是一样的。好的，跟我们分享一下您对未来的计划。

**蒋文辉：** 三度公司2014年创建以来，我们一直保持一个高品质、高诚信、高服务的经营理念。同时在教育方面保持一种热情，高品质、高专业、高成长，这么一种教育热情。

在教育方面，我们以"正心、正念、正行"的一种模式对投资者进行思维启迪，开阔视野以及全方位提升操盘技能。

三度操盘教育有一个信念就是：我们始终相信责任心远比教育本身带来的收入更重要一些。

三度操盘教育也将始终保持这种初衷，按照这种经营理念以及热情，做出贡献。

目前我们正在筹办三度金融操盘学校，希望借助这个平台能够更广泛地帮助到有需求的投资者，我们一定会保持初衷，为整体提高中国股民的投资水平，做一些力所能及的工作。

**主持人：** 好，谢谢蒋先生能够来到我们演播室接受采访，讲述了伴随着中国股市发展应运而生的投资教育这样一个很庞大的市场，希望您在这个市场上能够越走越好。对于我们中国的股民来说还是那句老话，"股市有风险，投资需谨慎"，而在这个当中我们要认清人性，认清自己。

感谢大家关注今天的节目，再见！

微信扫一扫可观看原视频

## 二、让世界看见三度

北京时间2018年10月1日至10月7日，国庆节日连续7天。中国证券投资交易教育杰出领军人物、三度理论创始人及实战导师蒋文辉先生，在万众瞩目下登上纽约时代广场纳斯达克大屏！这是以"致敬改革开放40周年、祝福祖国69周年华诞"为主题，在美国纳斯达克大屏联合进行的"绽放改革之花，献礼40周年"杰出创新企业展映活动。

作为中国首位在纳斯达克证券交易所上宣传东方证券投资理论的先行者，蒋文辉先生不仅展现了三度操盘教育作为中国股票投资交易教育的典范精神，也是向世界展示中国经典投资理论的风采。三度投资理论作为烙有中国文化印记的投资交易理论典范，不仅高度蕴含了千年东方文明智慧的结晶，也蕴含了现代西方哲学文明的精髓。

**展示报道内容如下：**

蒋文辉先生，三度投资交易理论创始人，金融博士。中国教育行业十大杰出创新人物。

蒋文辉先生长期致力于股票、期货、外汇等强势行情的研究以及实战。

在中国出版的"股是股非"系列证券投资专著，被业界评为极具智慧、极具良心、极具实战价值的投资作品。

三度理论完整而精准地剖析了股市本质，揭示了风险源头以及强势行情的根本，是一套求真务实、科学严谨、实用高效的交易投资理论。

三度投资理论作为烙有中国文化（元素）的投资交易理论典范，不仅蕴含了千年东方文明智慧的结晶，也蕴含了现代西方哲学文明的精髓。

世界资本证券投资理论的发展，离不开东方文明智慧的推动，来自中国的三度理论必将让世界眼前一亮并从中受到重大启示。

**微信扫一扫可观看原视频**

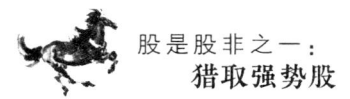

## 三、三度力量——央视著名主持人以传媒力量赋能三度操盘教育

**背景引言：**

党的十九大报告指出，推进国际传播能力建设，要讲好中国故事，展现真实、立体、全面的中国，提高国家文化软实力。

2020年5月10日，云上2020年中国品牌日活动拉开帷幕。

中共中央政治局常委、国务院总理李克强对活动做出重要批示。

批示指出：加强品牌建设，不断提升中国产品和服务的质量与影响力是坚定实施扩大内需战略、推动高质量发展的重要方面。

坚持质量第一、效益优先，在全社会进一步增强品牌意识引导企业弘扬专业精神工匠精神，打造更多名优品牌，以更强的竞争力拓展市场空间，更好满足群众消费升级和国家发展的需要。

一直以来，三度操盘教育——

秉承"正心、正念、正行、正教"的教育作风实施教学；

保持"高品质、高诚信、高服务"的严格标准推进业务发展。

为整体提高我国股民投资交易水平，贡献卓越三度力量！

**央视主持人赋能三度操盘教育寄语：**

**主持人李雨霏：**

正确理性投资，点亮精彩人生。

祝三度教育培养更多的投资人才，为国内经济带来更多的突破。

希望三度操盘教育不忘初心，为整体提高我国股民投资水平贡献新的力量。

**主持人韩非：**

三度行　行云流水　行三度　自在大道

希望三度教育能够为众多有需求的投资者提供更专业系统的教育培训。

祝愿蒋文辉先生创建的三度投资理论保持初衷，带领企业稳步向前发展，专注为整体提高中国股民的投资交易水平贡献力所能及的力量。

**主持人顾倩：**

三度行　行云流水　行三度　自在大道

投资的顺利和成功来源于正确投资理念加上正确投资方向和正确投资行为。

行投资之道历事练心，细观毫厘得天契，使之精放在精微。

祝三度教育培养更多的投资人才，为国内经济带来更多的突破。

**主持人竞戈：**

祝蒋文辉先生创立的"三度投资理论"唱响中国经典证券资讯投资理论的智慧乐章。

祝三度操盘教育这个"民族品牌"更加辉煌。

希望三度操盘教育不忘初心，为整体提高我国股民投资水平贡献新的力量。

**品牌顾问李光斗：**

三度教育致力于发展民族品牌，培养我国投资人才。

希望让每一位投资者，在股市中不再流浪，直挂云帆济沧海！

**微信扫一扫可观看原视频**

## 四、北京卫视投资者说

2017年7月7日至9日以及2017年9月20日至21日蒋文辉老师应邀做客北京卫视《天下财经》节目"投资者说",为广大投资者朋友开展了5期关于"三度理论及三度强势交易系统"的解读,并配以当时段的精彩实战案例逐一举证剖析,给投资观众朋友拧开市场玄机见真章!

**内容大纲:**

第一讲:三度系统之强势行情"根脉"

第二讲:三度系统之最佳交易区

第三讲:三度系统之"星象战法"

第四讲:三度系统之见证"强势缺口"之一

第五讲:三度系统之见证"强势缺口"之二

微信扫一扫可观看原视频